수정 증보 4판

종교학 개설

박영지 박사 著

기독교문서선교회

A Critique on Religion and Religions

By
Young-Jie Park Ph. D., D. Miss.

1990
Christian Literature Crusade
Seoul, Korea

서 문

선교대상의 보다 깊은 이해와
보다 효과적인 선교방법을 위해….

　미국에서 돌아온 직후 필자는 목에 생긴 중증근무력증으로 여러 해 동안 고생을 하다가 끝내는 1988년 말에 질식상태에까지 이르러 산소호흡기를 끼고 생사의 고비를 오락가락하였다. 그리하여 1989년 7월까지 위를 뚫어 주사기로 미음을 투입하며 투병을 했다. 감사하게도 하나님께서 기적적으로 건강을 회복시켜 주셔서 이 책을 쓰게 해 주셨다. 이 책을 탈고할 수 있도록까지 건강을 지켜 주신 주님께 먼저 감사를 드린다.
　필자가 20여 년 간 몇몇 신학교에서 종교에 관련된 과목을 가르치면서 우리나라 종교학계의 선구자요 원로이신 신사훈, 채필근, 변종호, 김득황 외에 몇 분의 저술에 힘입은 바가 많았다. 이 지면을 통해 그분들께 감사를 드린다.
　근래에 강의를 하면서 느끼는 것은 옛날 한문용어에 익숙치 못한 오늘의 학생들에게 좀더 쉬운 용어, 아니면 부가적인 설명이 필요함을 느꼈다. 또한 토막지식보다는 여러 종교에 대해 전체적인 성격을 보다 쉽게 이해토록 함이 중요함을 느꼈다. 그래서 되도록 이야기책 읽듯이 부담 없이 읽어 나가면서 여러 종교를 이해하고 비판력을 얻을 수 있도록 써 보려고 노력해 보았다. 그러나 써 놓고 보니 뜻대로 만족할 만한 것이 되지 못하였다. 앞으로 많은 질책을 받아 좀더 보충하고 다듬을 것을 다짐하면서 이번에는 이대로 내놓기로 한다. 선교에 비상한 관심을 가지는 오늘의 한국교회에 선교대상을 보다 깊이 이해하고 보다 효과적인 선교방법을 발견하는 데 조금이라도 도움이 되기를 바란다.

    이 글을 쓰면서 잊고 지나갈 수 없는 한 분이 있다. 나에게 처음으로 비교종교학을 가르쳐 주신 지금은 미국에 계신 은사 전상완 박사님이시다. 전 박사님의 가르침이 시작이 되어 오늘의 이 책이 나오게 되었음을 감사드린다. 또 한 사람, 인도에서 시작된 종교들과 중국에서 일어난 종교사상들을 배우기 위하여 오랫동안 나이 들어서 학교를 다니던 필자의 뒷바라지를 해 온 아내에게 이 자리를 통해 고마움을 표한다.

    끝으로 짧은 지식을 가지고 쓴 이 미숙한 글을 출판해 주신 기독교문서선교회 박영호 박사님께 감사를 드린다.

1990. 3.
갈현동 자택 서재에서
朴泳智 識

목 차

서 문 / 3

제 I 부   총 론 / 7

제 1 장 종교학의 발달 ································· 9
제 2 장 종교의 정의 ··································· 22
제 3 장 종교의 기원 ··································· 36
제 4 장 종교의 분류 ··································· 52
제 5 장 종교의 원시적 형태 ······················ 60
제 6 장 종교와 심리적 성장 ······················ 67
제 7 장 종교의 체험 ··································· 73

제 II 부   세계의 여러 종교 / 83

제 8 장 인도교 ·· 85
제 9 장 쟈이나교 ·· 121
제 10 장 불교 ·· 128
제 11 장 이슬람교 ······································ 163
제 12 장 시크교 ·· 175
제 13 장 유교 ·· 182
제 14 장 도교 ·· 196
제 15 장 신도 ·· 205
제 16 장 조로아스터교 ······························ 214
제 17 장 유대교 ·· 224

부 록

Ⅰ. 동서양의 신관과 기독교의 신관 비교 ·················· 244
    A. 서양의 신관
    B. 동양의 신관
    C. 기독교의 신관
    D. 범신론적 신관과 창조신관

Ⅱ. 불교의 구세론(救世論)과 기독교의 구원관(救援觀) 비교 ············ 343
    A. 현대신학의 사회복음적 구원론과 불교의 구세론 비교연구
    B. 대승불교의 보살사상과 기독교의 메시야 사상

참고문헌 / 402
색　 인 / 408

제1부

총론

제 1 장

종교학의 발달

고대의 종교연구

    종교에 대한 신앙적 태도 외에 학문적 연구는 불가능하다고 주장할 수도 있으나 종교에 대한 학문적 관심을 가지고 기록 내지 연구하는 일은 고대로부터 행해져 왔다.
    그리스의 역사가 헤로도토스(Herodotos, B.C. 484~425)는 페르시아, 이집트, 리비아인들의 종교에 대한 역사적 서술을 남겨놓아 종교에 대한 기록을 남긴 최초의 인물로 여겨지며, 시실리의 철학자 유헤메루스(Euhemerus, 약 B.C. 330~226)는 권력과 권위를 가진 사람들을 신격화(神格化)한 것이 신이라고 하여 조상숭배론의 시조로 여겨지고 있다. 그 외에도 갈대아의 베로수스(Berossus, 약 B.C. 280), 로마의 바로(Marcus Terentius Varro, B.C. 116~27) 등은 종교에 대한 역사적 고찰자로 알려져 있다.
    로마의 그리스인 철학자 플루타르크(Plutarch, 46?~120?)는 이집트와 페르시아의 종교를 연구하였고, 시리아(Syria) 태생의 루키아누스(Lucianus, 120?~200?)는 시리아의 여신(女神)에 관한 기록을 남기고 있다.

기독교 교부들의 종교연구	초기 기독교 교부들은 기독교를 변호하기 위하여 다른 종교들을 연구하였는데 그중에 알렉산드리아의 오리게네스(Origenes, 185?~254)는 그리스와 로마의 종교사상 외에 인도의 종교사상에까지 그 연구의 폭을 넓게 가지고 있었다. 한때 마니교도였던 어거스틴(Augustinus, 354~430)은 불교, 페르시아교, 기독교의 혼합종교라고 볼 수 있는 마니교에 대한 비판서를 썼다.
중세의 종교연구 로저 베이컨	영국의 수도사 베이컨(Roger Bacon, 1214?~1294)이 1266년에 완성한 『백과전서』(Opus Majus)에는 종교를 6종류로 나누어 영혼문제와 제사장제도가 없는 이교(異敎), 불교와 다신교에 나타난 우상종교, 주술로 이루어진 아시아지역의 종교, 모하메드교, 유대교, 기독교로 나누었다. 같은 시대에 이
마르코 폴로	탈리아의 마르코 폴로(Marco Polo, 1254?~1324)가 중국에 갔다가 원나라 세조의 후대를 받고 1295년에 본국에 돌아와 『동방견문록』을 쓴 것은 유명한 일이다. 독일의 신비주의자 쿠
쿠자누스	자누스(Nicolaus Cousanus, 1401~1464)는 헬라와 로마와 히브리의 여러 종교의 바탕에는 거의 동일한 신의 뜻이 나타나 있는 것으로 생각했다.
인도에서의 종교연구	인도의 모굴(Mogul) 황제 아크바르(Akbar, 1543~1556)는 학자들을 모아 당시의 브라만교, 불교, 조로아스터교, 유대교, 그리스도교, 회교 등 여러 종교를 널리 연구하고 경전들을 번역하게 하였다.
16세기의 종교연구	16세기 이후 유럽인들이 아프리카, 인도, 아메리카 대륙으로 진출하게 되면서 비교종교의 연구는 많은 필요성을 가지게 되었다. 대체로 여러 종교에 대한 연구는 여러 종교들의 공통성에 관심이 깊어지게 되었다.
허버트 경 17세기의 종교연구	근대적 의미에서 비교종교학의 효시는 이신론(理神論, deism)의 선구자 허버트 경(Herbert of Cherbury, 1583~1648)으로부터라고 할 수 있다. 17세기 중엽에 알렉산더 로스(Alexander Ross)는 여러 종교에 관한 전설을 수집하여 기

독교 입장에서 『여러 종교에 대한 견해』(*A View of all Religions*, 1653)를 저술하였으며, 홉스(T. Hobbes, 1588~1679)는 회의론적 입장에서 종교가 공포에서 기인한다고 했다. 영국의 조지 스펜서(George Spencer)는 히브리 종교와 다른 민족의 종교의식을 비교 연구하여 발표하였다 (1686).

조지 스펜서

18세기에 들어서는 많은 동양종교의 경전들이 번역되었으며 대체로 백과사전적 참고자료가 많이 연구되었다. 한편 합리주의와 경험주의 사상의 발달로 인해서 기독교 신앙에 대한 회의가 일기 시작한 후 이러한 고대 및 동양종교에 관한 연구는 필연적으로 기독교 중심의 연구에 대립하여 종교를 평등하게 보는 경향이 강해지게 되었다.

18세기의 종교연구

하이드(T. Hyde)의 『페르시아인의 종교』(*The Religion of the Persians*, 1700), 피카드와 버나드(B. Picard and J.F. Bernard)의 공저 『세계 여러 국민의 의식과 종교적 습관』(*The Ceremonies and Religious Customs of the Various Nations of the Known World*, 1733), 다신교에서 유일신교에로의 발전을 자연종교사로 보고 자연종교와 이성종교를 구별한 흄(David Hume, 1711~1776)의 『자연종교사』 (*The Natural History of Religion*, 1757), 뒤쀼이의 『종교양식의 기원』(C.F. Dupuis, *Origine de taus le cultes ou religion Universalle*, 1795), 마이너스(Christoph Meiners)의 『여러 종교들의 역사의 초안』(*Grundriss der Geschichte aller Religionen*, 1785), 『종교일반 비평사』(*Allgemeine Kritische Geschichte der Religionen*, 1806) 등은 중요한 업적들이었다. 드 브로스(Charles de Brosses, 1709~1777)도 주물숭배(fetishism)가 종교의 가장 오래된 형태라고 주장했다. 벵자맹 꽁스탕(Benjamin Constant)의 『기원과 형태와 발달에 의해 고찰된 종교』(*De la Religion comsidérée dons a source, ses formes et ses developpements*, 1824~1831)

흄

도 위의 부류에 속한다. 한편 볼테르(F. M. A. de Voltaire, 1694~1778)는 무신론자이면서 유일신교에서 다신교가 전개되었다고 주장하였다.

19세기의
종교연구

19세기에 들어서는 종교에 관한 연구가 단순한 역사적 연구에 그치지 않고 새로운 방법론에 의해 발전했다.

칸트(Immanuel Kant, 1724~1804), 헤겔(G. W. F. Hegel, 1770~1831), 슐라이엘마허(F. E. D. Schleiermacher, 1768~1834) 등의 철학적 또는 신학적 연구방법 외에 비교언어학적, 인류학적, 토속학적, 고고학적, 사회학적, 심리학적 방법론 등 여러 가지 과학적 방법론이 크게 발전해서 종교학의 면모가 새로워져 갔다. 종교학의 두 시조로 불리우는 영국의 막스 뮐러와 화란인 틸레는 종교학을 독립학문으로 세우는 데 그 기반을 닦았다.

비교언어학적
연구, 쿤

막스 뮐러

산스크리트어 학자 부르누프(E. Burnouf, 1801~1852)와 비교언어학자 쿤(A. Kuhn, 1812~1881) 등의 선구자를 거쳐 처음으로 종교학(Science of Religion)이란 용어를 사용한 막스 뮐러(Max Müller, 1823~1900)에 이르러 언어 또는 문헌학을 방법으로 한 종교연구는 본격적인 수준에 이르게 되었다. 그는 많은 동방경전을 영역(英譯) 편찬, 간행하고 많은 저술도 하였다. 그는 비교언어학을 토대로 비교종교학의 방법론을 발전시킨 사람이다. 그의 후계자들은 종교적 상징들을 자연현상의 인격화라고 보는 자연신화 학파(Nature-myth School)를 형성하였다.

토속학적 연구
틸레

네덜란드인 틸레(C. P. Tiele, 1830~1902)는 언어학, 고고학, 토속학을 응용하여 이집트, 바벨론, 앗시리아 및 미개민족의 종교를 연구하여 헤겔적 종교발전 사상에 결부시켜『종교사개론』(Outline of the History of Religion, 1877과 『종교학 원론』(Elements of the Science of Religion, 1897) 등을 저술하였다.

인류학적 연구

인류학적 또는 토속학적 방법론을 활용한 학자로 타일러

(E. B. Tylor, 1832~1917)를 특별히 꼽을 수 있다. 인류학적 또는 토속학적 연구방법은 현존하는 미개종족의 종교생활이 원시인들의 신앙과 유사하다는 생각을 토대로 하여 종교의 원초적 현상을 현재의 미개민족에게서 찾아보려고 한다. 그리하여 그는 종교의 기원이 비물질적인 영에 대한 신앙에 근거하고 있다고 생각하여 애니미즘(animism)이라는 용어를 만들어 냈다. 유사한 것으로 스펜서(Herbert Spencer, 1820~1903)의 조상숭배설이 있다. 타일러와 마찬가지로 꿈의 경험에서 얻어진 것으로 조상의 영혼을 예배하는 것이 모든 종교의 근원이라고 보았다. 이 이론은 기원전 4세기의 사상가 유헤메루스(Euhemerus)의 이름을 따라 유헤메리즘(euhemerism)이라고 부르기도 한다. 그는 신이란 원래 생전에 큰 권력과 권위를 지니고 있던 사람이 죽은 후에 신성한 존재의 지위에까지 끌어올려진 것이라고 하였다.

타일러

프레이저(James Frazer, 1854~1941)는 종교에 대한 10여 권에 달하는 『황금가지』(*Golden Bough*)라는 책을 썼는데 그는 종교가 원시문화의 특징적 요소인 주술로부터 발전해 나온 것이라고 주장했다. 그는 주술의 단계가 애니미즘보다 앞선다고 한다. 한편 마레트(R.P. Marett, 1866~1943)는 1900년에 "애니미즘 이전의 종교"(Preanimistic Religion)라는 논문을 발표하여 무생물과 생물에 침투해 있는 힘의 존재인 마나(mana)를 믿는 신앙, 곧 고드링톤(Godrington, 1830~1922)이 주장한 마나이즘(manaism)이 애니미즘보다 앞선다고 애니마티즘(animatism)을 주장했다.

프레이저

마레트

인류학적, 토속학적, 문헌학적 연구는 고고학적 연구방법에 의해 보충된다. 그리하여 독일인 빈켈만(J.J. Winckelmann, 1717~1763)의 선구적 업적을 이어받아 기독교 신학자들이 많이 활용하였다. 영국인 페트리(F. Petrie, 1853~1942)는 대규모 발굴사업을 통해 많은 연구재료를 모아『고고학의 방법과 목적』을 썼다.

고고학적 연구

페트리

이와 같은 경험과학적 종교연구의 후원자로서 히버트(Robert Hibbert, 1770~1849)와 기포드(Lard Adam Gifford, 1820~1887)의 공헌을 간과할 수 없다.

종교철학적 연구

그러나 종교학은 이러한 경험과학적 방법에 그치지 않고 19세기 후반에 들어서는 이 모든 방법을 종합한 종합적 연구를 함과 동시에 헤겔적 종교철학 곧 변증법적 발전사상과 결부시킨 딜타이(W. Dilthey, 1833~1911), 『종교학 원론』(1897)을

종교사학파

처음으로 저술한 틸레 등의 종교사학파를 거쳐 트뢸취(E. Tröltsch, 1865~1923)와 부셋(W. Bousset, 1865~1920) 등

철학사학파

을 위시한 철학사학파가 형성된다. 문화인류학적 종교학설들이 헤겔의 종교발전설과 결합되어 애니미즘-다신교-최고신교

종교발전 단계설

(henotheism)-단일신교(monotheism)의 종교발전 단계설이 형성되었다. 이들은 모든 종교를 자연적, 역사적 발달의 결과로만 본다. 이러한 종교의 진화사상은 필연적으로 기독교의 절대성을 거부하고 비록 기독교가 최고로 발달한 종교이긴 하지만 다른 고등종교와 같은 한 종류로 본다.

유일신교적 체계설

발전설에 대항해서 수립된 새로운 신학적 방법이 앤드류 랭(Andrew Lang, 1844~1912)과 빌헬름 슈미트(Wilhelm Schmidt, 1868~1954)에 의해 세워졌다. 기독교적 유일신교의 특징인 최고신 사상이 결코 발전된 결과가 아니라, 오히려 원시사회에서도 세계의 창조주로서의 최고신에 대한 신앙이 있었다고 주장했다. 곧 원시적 유일신교(primodial monotheism)로부터 다신교, 애니미즘, 주술, 주물신앙으로 이어지는 도식 곧 전파설을 주장하였다.

슈미트의 방법론은 문화사적 방법을 채용한 것으로 이것은 소위 그렙너(F. Graebner)의 문화층사상을 활용한 것이다. 이렇게 해서 종교학은 발전설과 유일신교적 체계설로 팽팽히 맞서 평행선을 걷게 되었다.

종교학의 방법론에 있어서 과학적 태도는 원시종교를, 때로는 현대종교도 하나의 잘못된 지식에 토대한 것으로 간주하

게 된다. 이에 대해서 종교의 기원을 정서적인 영역에서 찾으려고 하는 또 다른 심리학적 연구방법론이 대두되었다. 이는 일찍이 루소(J.J. Rousseau, 1712~1778) 그리고 슐라이엘마허 등에 의해 주장된 종교이론에서 사용된 것이거니와 심리학자 분트(Wilhelm Wundt, 1832~1920)는 종교란 공포와 같은 정서가 외부의 환경에 투사된 것이라고 하였으며, 마레트(R.R. Marett, 1866~1943)도 종교는 지적 탐구가 아니라 인간이 경험하는 것들에 대한 일단의 심오한 정서적 반응이라고 주장하였다. 『거룩한 것』(Das Heilige)의 저자 오토(Rudolf Otto, 1869~1937)의 '누미노제'(numinous)도 '두려우면서도 매혹적인 신비'(mysterium, tremendum, et faseinans)로서 정서적인 것이라고 볼 수 있다. 윌리엄 제임스(William James, 1842~1910)도 종교적 감정이 다른 감정과 구별되어 따로 존재하는 것은 아니로되 종교는 정령, 신 또는 초자연계에 대한 신앙과 관련된 깊은 정서적 경험에서 비롯되는 것이라고 하였다. 프로이드(Sigmund Freud, 1850~1939)는 종교를 신경증으로 설명하며, 융(Karl Jung, 1875~1951)은 프로이드의 종교관에 반대하여 꿈에서 나타나는 원형적인 상징들을 연구함으로 인간적 삶의 의미를 찾으려는 욕구가 종교적 형태를 띠게 된다고 주장하였다.

현대종교학의 관심은 방향을 돌려 새로운 당면문제를 풀어 나가려고 새로운 방법론을 도입하고 있다. 이미 콩트(Auguste Comte, 1798~1857)의 신학적, 형이상학적, 실증적, 사회발달 이론과 스펜서(Herbert Spencer, 1820~1903)의 사회유기체론(社會有機體論)에서의 조상숭배론에 종교사회학 또는 종교의 사회학이 수립되어 있었지만 실증주의적 종교사회학은 프랑스인 뒤르껭(Émile Durkheim, 1858~1917)에게서 본질적으로 다루어졌다고 본다. 그리하여 종교의 본질은 개인의식에서 나타나는 것이 아니요, 오히려 사회적 집합표상(集合表象)의 소산이라고 하였다. 윌리엄 제임스가 프로테스탄트적 개인신앙

심리학적 연구
루소

프로이드
융

사회학적 연구
콩트

뒤르껭

이라면 뒤르껭은 카톨릭적 교회신앙이라 할 것이다. 하여간에 뒤르껭은 『종교생활의 원초적 형태』라는 책에서 종교는 잘못된 지식에서 생겨난 것이 아니라 사회가 각 구성원에게 행동규칙을 부여하고 개인의 의향과는 다른 방향으로 행동하기를 강요하는데, 종교는 그러한 사회화 과정을 달성하는 한 방법이라고 한다. 그런데 토템은 사회집단을 나타내는 동시에 신과 정령들에 대한 신앙을 가지게 한다고 레낭(M. Lenan, 1827~1881)은 주장했다.

베르그송

뒤르껭에 대한 베르그송(Henri Bergson, 1859~1941)의 비판은 매우 날카로운 점이 있다. 그는 사회를 닫힌 사회와 열린 사회로 구분하고 닫힌 사회는 방어하고 공격하면서 자기 집단을 보호하는 태도를 가지는데 이러한 사회에서는 의무와 압박을 특징으로 하는 닫힌 도덕이 나오고, 열린 사회는 외부에 대하여 관용적 태도를 가지는데 이러한 사회에서는 창작과 사랑과 동경(憧憬)에 충만한 열린 도덕이 생긴다고 한다. 그런데 종교도 닫힌 사회에서는 방어수단으로서 정적(靜的) 종교가 생기고 열린 사회에서는 신비적 체험을 통하여 인류애(人類愛)로 생활하는 동적(動的) 종교가 생긴다고 한다. 뒤르껭의 종교는 정적 종교로서 토템과 타부로 자기집단을 지키려는 보수적인 종교를 의미함에 지나지 않으며 전통적 관습에 굳어지는 것이라고 한다.

사회학적 방법론을 가지고 방대한 종교연구를 수행한 사람은 막스 베버(Max Weber, 1864~1920)이다. 그는 불교, 유교사회에 이르는 고등종교의 사회를 경제적 관점에서 문제삼았다. 그의 입장은 종교개혁자 칼빈(John Calvin, 1509~1564)의 신학사상을 따라 자본주의적 부(富)를 하나님께는 영광을 돌리며 사람에게는 사랑을 베푸는 일로서 힘써 공익사업과 자선사업에 전력하도록 하는 것으로 볼 수 있다. 이것은 종교가 자본주의 사회를 지배하는 것을 의미하며 공산주의자들의 맑스(Karl Marx, 1818~1883)사상이 사회의 경제적 구조가 모든 관념의 형태를 지배한다는 사상과 정반대 됨을 의미한다.
　　오늘날 사회복음사상이나 '하나님의 선교' 사상은 사회학적 방법론에 편중하여 기독교를 이해하는 것이라고 본다.
　　20세기에 들어와서는 종교 연구자들이 대부분 종교의 기원이나 본질을 추구하는 태도에서 종교의 현상이나 기능을 기술하고자 하는 태도로 전환하였다. 종교는 인간적 행동으로, 인간적 현상으로 나타나니까 객관적으로 관찰될 수도, 기술될 수도 있다는 것이다. 또 종교는 상징체계와 의미의 요소로 이루어져 있으므로 해석할 수도 있다는 것이다. 예를 들면 종교적 상징과 의례가 개인과 사회에 어떤 작용을 하는가, 어떤 문제를 해결해 주는가 등을 다루는 것이다. 이는 기능에 초점을 두는 연구와 해석에 초점을 두는 연구가 서로 보완적이기 때문에 현대의 학자들은 양면을 겸하여 연구하는 것이다. 　현상학적 연구
　기능적 연구

　　최근의 바하(Joachim Wach, 1898~1955), 엘리아데(Mircea Eliade, 1907~1986) 등은 역사적인 연구방법을 채용하면서 복합적인 종교현상을 다양한 그대로 충실히 기술하여 현대종교학을 이끌어 왔다. 　바하
　엘리아데

　　현대 종교학자들은 종교문제를 다룸에 있어서 지리적인 광대함, 시간적인 오램, 다양한 상징과 형태, 주관적인 차이 등의 어려운 장벽에 부딪힐 때마다 다양한 연구방법을 가지고 극복해서 상당히 객관성 있는 연구업적을 이루어 왔다. 그리하여 역사적, 종교철학적, 문화인류학적, 종교심리학적, 종교사회학적, 종교현상학적 연구를 거쳐 이제는 관찰법, 조사법, 문답법, 기호학까지 동원하여 종교의 기능을 연구하고 나아가 종교 상징의 구조나 의미를 해석하는 연구에 몰두하기까지에 이르렀다. 그리하여 구조기능주의 학파가 생기는가 하면 현상학적 종교사회학이라는 분과가 생기기도 하였다. 종교학의 발전과정 가운데 나타난 종교학에 사용된 방법들을 다시 간추려 보면, 첫째 역사적 기술방법, 둘째 비교종교학적(언어학적) 방법, 셋째 종교철학적 방법, 넷째 종교심리학적 방법, 다섯째 문화인

류학적(토속학적) 방법, 여섯째 종교사회학적 방법, 일곱째 종교현상학적 방법 등을 꼽을 수 있다.

역사적 방법은 경전, 교리, 성전건물, 찬가, 예술적 표현물, 의식, 기타 도구 등 가능한 다양한 자료를 토대로 종교사를 연구하는 데 중점을 둔다. 물론 다른 보조방법들의 도움이 필요하다. 특히 문자 이전의 종교연구에는 인류학, 토속학, 금석학 등의 도움이 절대적으로 필요하다.

비교종교학적 방법은 여러 종교들의 공통성, 유사성 또는 차이점 그리고 외적, 내적 유형들을 합리적으로, 객관적으로 연구하는 방법이라고 말할 수 있다. 여기에도 다른 여러 방법들의 도움이 요구되나 특히 비교언어학이 이 방법의 발전에 중심역할을 하였다.

종교심리학적 방법은 종교행위의 내적 동기, 원인, 목적, 의미를 파악하는 데 힘쓴다. 특히 정신분석학적 입장에서는 종교를 인간정신형상의 한 표현양상으로 보는데 나타난 현상보다 그 밑에 숨은 무의식의 동기를 중요시한다. 그리하여 종교는 인간의 궁극적 소망의 표현이라고 보며 이러한 종교에 인간의 정신적 갈등을 승화시키는 기능이 있음을 인정한다. 반대로 종교가 정신적 갈등을 일으킬 수도 있음을 인정한다. 그리하여 개인적 또는 집단적 종교행위 또는 상징을 해석한다. 결국 정신분석을 통해 무의식을 파악함으로 종교연구에 기여한다고 생각한다. 여기에도 물론 다른 모든 연구방법의 공동연구가 필요하다.

문화인류학적 방법은 역사적 연구방법에 내포시킬 수 있는 것으로 인류학, 고고학, 토속학, 금석학 등을 통틀어 의미한다. 이 방법은 특별히 문자 이전의 종교 또는 문자를 가지지 않은 미개사회의 종교를 연구하는 데 크게 공헌한 방법이다. 문명인보다 미개인은 종교에 의해 지배되는 영역이 더욱 넓다. 일상용품에까지 모두 종교적 의미가 들어 있다.

문화인류학적인 종교의 연구를 대분하면, 첫째 종교의 기원관계, 둘째 종교의 발달문제 그리고 셋째 종교의 기능문제로 나누어 볼 수 있다. 기원문제에는 다양한 원시적 신 또는 초월자가 연구의 대상이 되며, 발달문제에는 진화주의, 전파주의가 대립되어 오고 있다.

기능적 연구는 대체로 구조적 분석을 통하여 종교와 사회의 관련을 문제삼는다. 즉 종교를 통해 그 집단의 문화적 핵심을 연구하려는 것이다. 종교란 민족정기와 세계관을 개인에 내재화하여 기존사회가 체제를 강화하고 존속시키는 기능을 가지는 것으로 본다. 이러한 의미에서 오늘날 문화인류학에서는 인간의 내적 문화유형을 반영하는 것으로 또는 가치관의 반영으로, 특히 문화의 유형뿐 아니라 감추어진 문화의 핵으로서 종교에 대한 많은 연구가 이루어지고 있다.

종교사회학적 방법은 종교와 사회, 종교와 국가, 종교와 가족 또는 종교와 정치, 종교와 경제 등 종교의 사회적 관계 또는 기능을 연구한다. 종교사회학은 일반사회학보다 앞서서 발전했다. 종교사회학에서는, 종교는 개인의 이념에 그치지 않고 그 사회의 이념이라고 본다. 유물사관적 견해와 유신론적 견해가 대립되어 방법과 입장을 달리하고 있다.

종교현상학적 방법은 종교적 범주에 속하는 현상을 기술하고 해석, 분류한다.

이상의 연구방법들은 객관성을 표방한다. 이에 반하여 종교철학은 주관적이라고 말할 수 있다. 전자가 기술(記述)과학에 속한다 하면 종교철학은 규범과학(normative science)에 속한다고 하겠다. 종교철학적 방법은 어떤 자료보다 논리성이 더 요구된다. 그것은 종교의 규범, 곧 본질적인 것을 더 문제삼기 때문이다.

규범과학

학문이라고 하면 대체로 합리적이고 객관성을 가져야 한다고 생각한다. 그러나 그것이 기술과학이 아니고 규범과학인 경우에는 어차피 주관성을 벗어날 수 없다. 더구나 종교 곧 초월자, 내적인 주관적 경험 그리고 인격적 행위 등을 문제삼는 종

20   종교학 개설

기술적 연구방법

교학에 있어서는 주관적 성격을 탈피할 수가 없다. 상술한 바와 같은 여러 기술적(記述的) 연구방법에 의한 객관적 종교학이 행해지고 있으며 가능하다고 주장되고 있으나, 그러한 종교학은 역시 본질적 종교학이 못되고 지엽적, 부분적 연구에 그치고 말 것이다.

　바하(Joachin Wach, 1898~1955)는 종교학의 과제는 경험적 여러 종교를 연구하고 서술하는 일인데 그 과제의 실현은 구체적인 여러 종교현상을 역사적, 체계적으로 연구하는 길에 있다고 하며, 종교학은 규범적 학문이 될 수 없고 오성적 기술과학(beschreibend Verstehendswissenschaft)의 형태를 갖는다고 하였다. 종교학은 종교사를 기술하는데 종교현상을 확정함에 있어서 종교철학과 관련된다고 한다. 종교표현의 자료를 어떻게 이해하느냐의 방식문제가 종교학의 방법론이라고 한다. 그는 종교학의 방법을 단적으로 경험적 방법이라고 한다. 그것을 그는 추체험(追體驗)과 참여자로서 관찰하는 것이라고 한다. 그는 종교를 형태와 본체의 두 부분으로 나누고, 전자는 종교학의 연구대상이고 후자는 종교철학의 대상이라고 한다. 그리고 종교학의 체계적인 문제군(問題群)은 ① 종교현상의 형식 ② 종교의 전개단계와 구조법칙 ③ 특징 ④ 상호관계 ⑤ 상호간의 유형이라고 한다. 그리고 종교가 갖는 여러 법칙은 특수종교인에게 제시하고 사건의 증세와 혼돈을 교정하기를 바란다고 하였다. 그런데 과연 주관적 가치판단 없이 특수종교인에게 교정을 맡겨 버려야 할 것인가? 종교는 미신적 신앙에 빠져서는 안 된다. 이기적 기복신앙, 정치적 도구, 경제적 착취의 수단, 향락주의적 놀이, 단순한 축제에 떨어지거나 배타적 민족종교에 그쳐서도 안 될 것이다. 종교학은 종교학인 이상 윤리학이나 철학에 그쳐서도 안 될 것이다. 바하의 말대로 본질적인 것은 종교철학에 떠맡기고 종교학은 편하게 기술과학에 머물러 규범적 가치판단 없이 유형이나 특성이나 연구해서 특수종교에게 어떤 힘있는 조언을 할 수 있단 말인가? 바하 자신의 말대로 종교현상을 확정하는 데 있어서 종교철학과 관계된다면 종교학은 결코 기술과학에 머물러 있을 수 없는 것이다. 종교학은 오히려 마땅히 종교철학적 바른 가치판단을 가지고 종교에 바른 신앙을 조언할 수 있는 규범과학의 범주를 벗어나서는 안 될 것이다. 종교학은 기술과학으로서 합리적이고 객관적인 연구방법을 충실히 활용해야 하겠지만 아울러 참된 종교학은 바른 가치판단을 줄 수 있는 규범과학으로서 바른 종교철학의 방법을 가져야 할 것이다.

제 2 장

종교의 정의

종교의 주체 종교는 개인적인 것이면서 동시에 사회적인, 즉 가족적, 부족적 또는 국가적인 경우가 많으며 대개는 집단적이다. 그러나 현대사회의 종교적 특징은 개인주의의 팽창에 따라 종교생활이 점점 개인주의적으로 되어 간다고 볼 수 있다.

종교의 보편성 개인적으로나 사회적으로나 인간은 옛부터 종교적이었다. 그럼에도 불구하고 의식적으로 종교를 경시 또는 무시한 개인 또는 사회는 끝내 허무와 몰락에 빠지게 되는 것을 볼 수 있다. 왜냐하면 유한한 현실 속에서 인간은 만족할 수 없는 존재이기 때문이다.

종교의 필요성과 동기 왜 인간은 종교를 가지게 되는가? 무엇인가 다른 어떤 것에 의지하거나 지향하는 것은 결국 자기의 결핍, 무지, 무능 등에서, 즉 공포, 불안, 슬픔, 고통 죽음 등에 직면해서 안심, 평안, 기쁨, 물적(物的), 지적(知的) 만족, 평화롭고 행복한 삶, 사교, 정의로운 사회, 인격적 성취, 내세의 영생 등을 추구하여 종교생활을 시작하게 되는 것이다.

종교의 실천 종교생활은 대체로 개인의 내적, 외적 생활로, 집단적 의식

(儀式)으로 그리고 학문적 연구로 수행된다. 그리하여 현대의 종교학에서는 규범과학으로서 종교철학뿐 아니라 기술과학으로서 종교사, 종교현상학, 종교심리학, 종교사회학, 비교종교학 등이 수행된다.

 "종교란 무엇인가?"라고 질문할 때 이미 우리는 종교란 말을 돌맹이나 경제학과 구별하여 일반적으로 사용하는 상식적인 개념을 가지고 있으면서 보다 더 깊은 본질적인 또는 학술적인 의미를 묻는 것이다. 종교에 대한 설명 내지 정의는 여러 가지 측면에서 이루어진다. 긍정적인 견해가 있는가 하면 부정적인 견해가 맞서기도 하고, 내적인 면에 치중하는가 하면 외적인 면에 치중하기도 하며, 신중심적 종교에 대해 인간중심적 종교를 강조하기도 한다.

 본래 종교적 주장들은 대개 각자의 절대성을 주장하는 것이 그 일반적인 특성이기 때문에, 즉 서로의 배타성 때문에 종합적 보편적 정의를 내리기가 힘들다. 더구나 각 시대, 각 민족의 종교가 상이한 특징을 가지고 있기 때문에 더욱 하나의 정의를 내리기가 힘들다. 한 하나님, 한 예수를 말하는 신학마저도 이상의 모든 입장이 다 적용되어 수다한 대립된 정의를 내리고 있다. 이 같은 상황에서는 결국 각종 정의에 그 차이 또는 옳고 그름, 좋고 나쁜 평가를 가하여 판단해 보지 않을 수 없게 된다. 그러나 종교적 평가란 그 자체가 수학이나 일반논리와 달리 만민에게 설득력을 가진 것이 아니라, 확신의 성격을 벗어나지 못한다. 인간 최고도의 지성과 양심의 효능이 작용하여 최선의 것을 산출하겠으나 역시 그 인간적 한계성을 벗어나지 못함으로 결국 하나의 정의로 통일할 수 있는 것이 못되고 하나의 최량의 것을 주장할 따름이다. 절대적인 것만이 최량의 것이 될 수 있다. 좋은 시대에 좋은 나라에 좋은 부모에게 태어난 것 못지않게 좋은 종교에 접해서 좋은 종교관을 가지고 옳은 종교생활을 하게 되는 것은 복이 아닐 수 없다.

 종교에 대한 부정적 견해들 가운데 대표적인 것은 유물론

종교학

종교의 정의의 성격

종교에 대한

부정적 견해들 유물론	적 입장이다. 원자론의 창설자인 데모크리토스(Demokritos, B.C. 460~370)는 무엇이나 어떻게(how)는 있어도 왜(why)는 없다고 보아 신과 영혼을 부정하여 종교의 여지를 갖지 못하였다. 헤겔(G. W. F. Hegel, 1770~1831)의 좌파 포이에르바하(L. Feuerbach, 1804~1872)는 "하나님이 자기 형상대로 인간을 창조했다"(창 1:27)는 성경의 말씀을 뒤집어 "인간이 자기의 형상대로 하나님을 창조해 냈다"고 하면서 종교를 반대하여 후에 칼 마르크스(Karl Marx, 1818~1883)와 엥겔스(F. Engels, 1820~1895)의 환영을 받았다. 맑스는 "종교는 아편이다"라고 극단적인 종교 반대론을 주장하여 레닌(N. Lenin, 1870~1924)으로부터 인류에게 알려 준 위대한 격언이라고 칭찬을 받았다. 오늘날 공산주의자들은 종교는 그 근거성이 없다고 보며 또한 무용한 것일 뿐 아니라, 인류에게 해로운 것이라고까지 생각하고 있다. 그들의 유물사관(唯物史觀)에서는 필연적으로 그러한 결론이 요청되겠으나 실은 그 공산주의 유물사관이 하나의 종교적 대역을 하고 있는 것이다.
과학만능주의	과학만능주의적 입장에서 또는 진화론의 입장에서 종교가 배격되는가 하면 또 한편으로는 사회학적으로도 종교가 배격되었다. 콩트는 인류역사를 3기로 나누어 종교적, 신학적 시대, 형이상학적, 철학적 시대 그리고 현재의 과학적, 실증적 시대로 구분하였다. 이성적(理性的) 인간을 숭배하는 콩트의 인간숭배종교는 아름다운 여인숭배종교를 탄생시켰다. 신을 불가사의(不可思議)한 것으로 생각하는 과학주의는 필경 인간숭배로 빠지게 된다. 과학자 뉴턴(Issac Newton, 1642~1727)이나 영국의 경험론 철학의 영향 아래 있는 자들은 종교로 하여금
이신론	과학을 피하도록 하기 위하여 이신론(理神論)을 주장하기도 하였다. 이는 사실 재래의 모든 종교를 모두 배격함이나 다를 바 없는 것이다.
프로이드	종교에 대해 부정적 입장을 취한 자로서 심리학자 프로이드를 언급하지 않을 수 없다. 그는 소위 오이디푸스 컴플렉스

(Oedipus complex)이론을 펴서 종교를 성(sex)의 표현으로 설명하였다. 아버지 하나님 숭배는 딸이 아버지를 좋아하는 마음의 표현이요, 성모 마리아 숭배는 아들이·어머니를 좋아하는 마음의 표현이라고 정신분석학적으로 종교를 설명하는 것이다. 그에게 심리학적 정신의학이 있을 뿐 종교는 없는 것이다.

철학자 니체(Nietzsche, 1844~1900)는 모든 종교를, 특히 기독교를 노예도덕으로 규정하고 공박하며 초인(超人) 곧 의지적 이상인(理想人)을 내세웠다. 원수를 사랑하라는 기독교의 사랑의 원리를 정복하고 용감하게 장애물을 극복해 나가는 인간의 위대한 자유의지의 굴종이라고 니체는 기독교를 비판한다. 이는 사랑이 최대, 최고, 최강의 자유의지의 실현인 것을 곡해한 것이거니와 니체는 스스로 정신이상에 빠지고 말았던 것이다.

니체

종교에 대한 긍정적 견해도 심리학적 견해, 사회학적 견해, 철학적 견해 등 여러 가지 다양한 형태를 가진다. 종교에 대한 심리학적 견해는 능력심리학을 따라 종교를 지정의(知情意) 세 방면에서 보는 견해와 지정의를 종합한 전인격적 입장에서 보는 견해가 있다. 지적 입장에서는 종교의 본질을 이성(理性)으로 설명해 보려고 하며, 정적 입장에서는 종교적 본능 또는 직관성을 토대로 하여 의존, 숭배, 경외 등 감정적 경험을 서술하여 종교를 설명해 보려고 하며, 의지적 입장에서는 종교를 자유의지에 의한 실천적 윤리행위로서 종교를 설명해 보려고 한다. 그러나 의지를 주로 한 칸트나 이성을 주로 한 헤겔이나 감정을 주로 한 슐라이엘마허나 도덕종교로 귀일하는 데는 다 같이 일치하고 있다.

종교에 대한 긍정적 견해들
심리학적 견해

인격적 입장이란 지정의 각각의 편파성을 벗어나 지정의 자체가 인격의 세 방면으로서 신앙대상과 종합적으로 관계하는 것을 종교로 보고자 하는 것이다. 사실 자연숭배에서도 자연적 신앙대상을 인격화하는 것을 볼 수 있으며 관념적 신앙대상도 역시 모든 인격적 진선미성(眞善美聖)의 가치를 소유하고 있는

인격적 견해

도덕종교	것으로 표현하고 있다. 도덕종교는 바로 이러한 인격적 가치를 실현하려는 것이다. 자연과학과 철학이 진리를 추구하고 예술이 미를 추구하며 도덕이 선을 추구한다면, 종교는 과학이나 철학을 결코 무시하지 아니하며 예술과 도덕을 고취하며 성을 이루어 나간다. 완전과 무한과 영원의 세계를 소망하면서 현실의 삶을 이끌어 나가는 것이 참 종교의 모습이라 할 것이다.
미신, 유사종교, 사이비종교, 사교	이에 어긋나는 것들을 미신 또는 유사 내지 사이비종교라고 판단하며 의도적인 극단의 불량종교를 사교로 규정한다.
지적인 견해	종교에 대한 일가견을 가진 사람들은 그 어느 한 가지에만 단순히 집착하지 않으나 대체로 그 경향성을 따라, 말하자면 첫째로 이지적인 견지에 서는 사람은 대체로 희랍적 이성주의를 따르는 것이라고 볼 수 있는데 플라톤(Platon, B.C. 427~347)적 유심론적 관념론으로 흐르는 것이 그 주류를 이루고 있다고 본다. 특히 근대적인 이상(理想)에 따라 종교를 세계와 인생의 근본이나 종국으로서 절대자를 아는, 즉 최고의 궁극적 진리를 파악하는 것으로 보려는 견해가 그것이다. 이 견해를 따르면 과학이 감각에 의해서 사물의 외부적 관계를 파악하려는 것에 대하여 그 내부적 조화관계를 이해하는 것이 종교가 된다. 이러한 입장은 현실의 존재를 알 수 없는 신비로서 해석하는 것이 종교이며 경험을 초월한 원리, 즉 신의 관념에 의해서 현실의 가치를 설명하는 것이 종교라는 것이다. 이 주장에는 초월적 존재의 관념이 예상되고 바로 그것이 종교가 과학이나 철학과 다른 특징이 된다. 따라서 종교를 절대무한 영원한 실재를 인식하는 것으로 본다.
스피노자	"신이 곧 자연이다"라고 말하며 범신론을 주장한 스피노자(Baruch de Spinoza, 1632~1677)는 완전한 자를 알고 신비한 자를 사랑하는 것이 종교라고 보았다. 즉 신에 관한 지적인 사랑에서 지성(知性)의 힘은 그 절정에 달하며 그 안에서 인간은 정념(情念)에서 해방되어 고요한 행복에 이른다는 것이다.
라이프니츠	단자론을 주장한 라이프니츠(G. W. Leibniz, 1646~1716)

는 온전히 선하신 하나님의 예정 속의 조화에 가장 좋은 세계가 이루어져 있으므로 신을 경험 없이도 파악할 수 있으며 신의식 속에서 이성이 가장 발달한 덕 있는 사람은 조화(調和)에 순응하는 생활이 가능하여 남을 사랑하는 생활을 할 수 있게 된다고 하였다.

쉘링(S.W.J. Schelling, 1775~1854)은 우리의 아는 것과 행하는 것 두 가지 사이에 있는 가장 높은 조화의식을 종교라고 부르면서 종교는 곧 신의 인간정신에 있어서의 자기계시, 자기인식이라고 하였다. 그는 신에 대한 표상(表象)의 변천은 신의 본질의 발전이며 철학의 최고기관은 신화종교(神話宗敎)라고 하였다.   쉘링

헤겔은 신을 절대정신 또는 절대지(絶對知)로 표현하였으며 종교는 유한한 신의 개입을 통하여 알려지는 거룩한 신 자체의 지식이라고 하였다. 하나님의 사상(寫像)은 의식적인 종교기능의 출발점이 되며 또 세계의 모든 난문제는 종교에서 해결된다고 하였다.

모든 종교는 죽은 사람의 망령(亡靈) 숭배에서 시작되었다고 말한 스펜서(Herbert Spencer)는 신비를 알아보려는 마음에서 종교가 일어난 것이라고 하였다.   스펜서

인도의 종교를 연구하고 자연숭배가 종교의 기원이라고 주장한 막스 뮐러(Friedlich Max Müller, 1823~1900)는 종교는 무한한 존재를 지각하는 것이라고 하면서, 이 무한의 지각은 직접적으로 인간의 덕성을 감화시킬 만한 것이므로 종교는 인간의 도덕적 품성을 바로잡아 줄 수 있는 표현으로서 무한을 지각하는 곳에 나타난다고 하였다.   뮐러

하르트만(K.R.E. Hartmann, 1842~1906)은 인간이 자기 감정에 영향을 줄 수 있는 형이상학적 개념을 가지고 있다고 하면서 이것이 곧 종교의 신앙이라고 하였다.   하르트만

둘째로 종교를 감정적인 견지에서 설명해 보려고 할 때 종교에서 느끼는 감정은 공포, 경외, 경건, 찬송, 감사, 희열, 신   정서적인 견해

뢰, 자비, 긍휼 등을 열거할 수 있다. 결국 감정적 경험에서 숭배(reverence)의 감정, 경건(frömmigkeit)의 감정 또는 신적 존재나 우주와 나의 조화합일이란 신비감정, 즉 인간의 감정적 경험이나 행동을 종교로 간주하는 것이다.

이 견해는 신적 체험을 종교의 중심요소로 이해하는 것이다. 조화적 신비감정은 희랍의 유명한 수학자로 알려진 피타고라스(Pythagoras, B.C. 582~500)의 종교사상에서 찾아볼 수 있다. 그의 애지로서 관조는 음악과 수학에서의 조화감정이라고 볼 수 있을 것이다.

피타고라스

신플라톤 학파의 플로티노스(Plotinos, 205~270)의 일자(一者)와의 합일도 사실 애미적 직관(愛美的 直觀)이었던 것이다.

플로티노스

종교의 감정적 이해와 체험은 중세와 근세를 걸쳐 신비가들에 의해 이어졌다고 볼 것인데 근세에 있어서 이성(理性)보다 감정을 더 신뢰한 선구자는 루소라고 할 수 있다. 그는 낭만주의의 역사적 대표로서 종교는 절대자를 향한 감정의 귀의라고 하였다.

루소

이러한 종교의 감정적 이해를 토대로 획기적으로 신학을 이룩한 사람이 현대신학의 아버지라 부르는 슐라이엘마허였다. 그의 주저인 『종교강화』(Reden über die Religion an die Gebildeten under ihren Verachtern)에 나타난 그의 종교이론은 이지적 이해가 종교의 바탕으로서 그 힘을 발휘하지 못함으로 신앙의 바탕이 흔들리고 있을 때, 신앙의 근거를 감정에 두고 종교의 바탕을 구축하여 종교계에 새로운 활력을 일으켜 주었다. 그는 둘째 강화에서 종교의 본질을 논하였는데 종교는 원리와 교리에 대한 지식이 아니며 도덕계율을 따르는 행위도 아니다. 그것은 신으로서 우주에 대한 직접적 직관이요 느낌이다. 그리고 이것이 가장 보편적이고 높은 수준의 종교라고 하였다. 우주에 대한 직관은 종교적 개체 속에 의존감정을 만들어낸다. 종교적 감정은 영원한 것과 불가시적인 것에 대한

슐라이엘마허

경외, 겸손, 감사, 기쁨, 확신, 신뢰 등으로 나타난다. 이러한 감정의 강도가 종교의 정도를 나타낸다. 이러한 감정과 개인적 태도가 종교의 진정한 본질이라고 한다. 슐라이엘마허가 감정을 강조하고 그의 신앙론의 통일적 원리로서 신에 대한 절대의 존을 강조하고 기독교적 체험과 영혼의 운동을 강조한 것은 그의 신학이 종교적 심리학의 성격을 지닌 결과를 나타내고 있다. 그가 신중심적 관심을 버리고 인간중심적 관심으로 바꾼 것도 이러한 심리적 경향의 근거에서였다.

  종교학의 2대 원조로 불리우는 네덜란드의 틸레도 종교란 무엇이든지 자기 이외의 것 가운데서 자기보다 우월한 존재에 관하여 존경하며 자기는 그의 힘의 지배 밑에 있는 줄로 믿고 그 존재를 접촉하며 갈망하는 데서 성립된다고 한다.   틸레

  종교민족학파에 속하며 정령숭배가 종교의 기원이라고 한 영국의 타일러도 종교는 영적 존재에 대한 숭경과 신뢰에서 성립한다고 하였다.   타일러

  누구보다도 종교를 성스러움과 두려움과 매혹적인 감정으로 설명한 자는 『거룩한 것』(Das Heilige)의 저자인 오토(Rudolf Otto, 1896~1937)이다. 그는 감정을 형이상학적 진리에 통하는 길이라고 보았다. 종교는 순수한 내성적 학문이 아니라 차라리 그것은 타자, 즉 하나님과의 사귐을 설정하는 것이다. 합리적 가치를 초월하는 것으로서 거룩(numinous)한 것은 곧 신비적인 것이며 인간의 영혼을 경이와 외경으로 가득 차게 만드는 절대타자이다. 한편 거룩한 것은 인간의 신뢰를 획득하는 매혹적이고 황홀한 어떤 것을 가지고 있다고 한다.   오토

  셋째로 종교를 의지적 견지에서 설명할 수 있는 고대적 형태는 감정적인 것의 고대형태인 쾌락주의에 대립한 고행주의라고 할 수 있을 것이다. 동양에서나 서양에서나 고행은 가장 중요한 종교적 수행방법이었다. 강한 의지적 실천으로 덕, 해탈 또는 구원을 성취하려는 것이었다.   의지적 견해 고행주의

  이러한 도덕종교는 근세에 와서 본격적으로 주장되었다.

볼프	특히 능력심리학의 선구자 볼프(C. Wolff, 1679~1754)는 보편적 종교로서 도덕종교를 주장한 선구자였다고 볼 수 있다.
테텐스	지정의 심리 삼분적 능력심리학은 테텐스(J.N. Tetens,
칸트	1736~1805)에게서 완성을 보고 이러한 사상은 바로 칸트에게 넘겨졌다.

볼프에게서 강조된 의지의 자유를 토대로 한 도덕종교는 칸트에게서 완성된다. 그는 도덕과 같이 종교도 자유의지 곧 실천이성에 기초를 둔다. 이러한 종교가 그의 이성의 한계 내에서의 종교이다. 도덕은 자유를 요청하고 내세와 영혼불멸과 신을 요청한다. 여기서 그는, 종교는 일체의 의무를 신의 명령으로 알고 행하는 것으로 보았다.

피히테
　　피히테(J.G. Fichte, 1762~1814)는, 종교는 도덕적 질서를 내용으로 하는 신앙을 밝힌다고 하였다.

뒤르껭
　　프랑스의 종교사회학자 뒤르껭도 한 종교는 신성한 것들, 다시 말하면 절연되어 있고 금지되어 있는 것들에 관한 여러 가지 신앙과 실천의 연대적 체계라고 했다. 그리고 여러 가지 신앙과 실천은 같은 신앙과 실천을 가진 모든 사람들을 교회라고 부르는 한 동일한 윤리공동체 속에 결합시키는 것이라고 하였다. 이들은 모두가 종교를 의지 또는 도덕적 책임의 완성으로 정의하였다.

　　19세기 중엽은 한 위대한 정신적 혁명으로 특징지워진다. 철학적 관념론은 불신을 당하게 되었다. 슐라이엘마허 학파의 신비적 경험은 그 세력을 잃게 되었다. 실천적 종교의 생명은 19세기 초엽의 종교적 부흥이 그 세력을 잃게 되었기 때문에 쇠퇴되어 가고 있었다. 일반적인 관심은 철학과 종교로부터 떠나서 과학과 사회적, 정치적 운동들이 세력을 떨치게 되고 진화의 개념과 유물론 사상이 종교에 대한 반동세력으로 의기양양하게 나타났다. 이때에 칸트에게로 돌아가자는 신칸트주의가

신칸트학파
일어났다. 하나님은 철학이나 과학과는 아무런 관계도 없는 실체였다. 그러나 정신적 인격은 자연보다 더 강조되어야 하며

모든 종교적 개념은 비록 그것이 이론적으로 그릇된 것이라 할지라도 실천적 가치로 다루어져야 한다고 주장하였다. 이러한 정신적 상황에서 종교의 인격적 이해에의 과도적 인물은 리츨 (Albert Benjamin Ritschl, 1822~1889)이라고 할 수 있다.

리츨

리츨은 신앙의 독자성을 강조하여 철학과 과학이 지적 진리의 영역에 속하는 것이라면 종교는 실천적 가치의 영역에 그 터전을 가지고 있는 것이라고 하였다. 리츨은 기독교에서 지적인 요소를 배제하려고 노력하는 한편 감정적이고 신비적인 모든 것을 제거하려고 노력하였다. 리츨은 강조점을 전적으로 의지에 두었다. 그리하여 그는 칸트의 전통을 따라 기독교의 도덕화를 이루어 놓았다. 그는 종교적 경험을 종교적 진리의 근원으로 보지 않았다. 그의 신개념은 철저하게 인격주의적이다. 성서를 그의 진술의 기초로 삼았음에도 불구하고 리츨은 역사적 기독교를 인격적 윤리종교로 만들고 말았다.

인격주의적 견해

1900년 이후 종교사학파가 급기야 종교철학에로 발전함에 이르러 종교의 본질에 대한 깊은 반성이 있게 되었다. 영국의 콜리즈(S.T. Coleridge 1772~1834)와 같이 트뢸취(Ernst Tröltsch, 1865~1923)는 종교적인 아프리오리(apriori)를 주장했다. 종교는 언제나 인격적 확신의 문제라고 하였다. 리츨 학도로서 그는 완전한 인격주의적 종교를 주관적이고 인격적인, 그러면서 편견이 없고 객관적 정신을 가진 개인의 확신에 호소했다.

트뢸취

인격주의적 입장에 보다 더 결정적인 역할을 한 사람은 자유주의적 학자였으나 한편 보수적인 성직자로 스웨덴 교회의 수장이었던 죄더블롬(Nathan Söderblom, 1866~1931)이라 하겠다. 그는 비교종교학회에도 관여한 성직자요 언어학자였다. 그에게 있어서 종교적 경험은 전체적인 인간 인격성의 자연적 반응인 두려움과 고뇌, 죽음과 지옥의 경험과 결합된 하나님의 무한한 존엄성과 성결(거룩)에 대한 경험이었다. 그는, 종교는 문화의 소산이 아니라고 단언한다.

죄더블롬

사회학적 견해 콩트가 종교를 사회현상으로 본 것과 같이 일본 동경대 종
기시모도 히데오 교학과 주임이었던 기시모도 히데오(Kishimoto Hideo, 岸本英夫)는 종교란 인간생활의 궁극적인 의미를 밝히고 인간생활의 궁극적인 해결과 관련이 있다고 믿어지는 사람들의 문화현상이라고 문화적 견지에서 종교를 정의했다. 앞서 언급한 뒤르껭은 종교를 윤리공동체라 했고 역사가들은 종교를 문화사의 한 항목으로 취급한다. 죄더블롬은 종교를 윤리화하는 입장을 단호히 거부하였다. 종교는 문화의 소산이 아니라 문화 이전의 것이다. 종교는 윤리적 내용을 가득히 가진다. 그러나 종교는 윤리 이전의 것이다. 왜냐하면 종교에 대하여 던져지는 질문은 "당신은 어떻게 나의 생을 형성시켜 줄 것이며 나의 생은 무엇이 되어야 하겠는가?"라는 것이 아니라, 그것은 차라리 "당신은 어떻게 나의 생을 구출하고 보존해서 나로 하여금 무의미한 존재로 굴러떨어지거나 절망에 빠지지 않게 해 줄 수 있겠는가?"라는 것이기 때문이다.

　　죄더블롬은 종교의 어원을 가지고 기독교에 있어서 인격적 종교
religion 성을 잘 드러내어 설명하고 있다. 본래 종교(religion)의 라틴어 어원에 관한 학설로는 두 가지의 대표적인 것이 있다. 로마의 철학자 키
키케로 케로(Cicero, B.C. 106~43)는 종교의 라틴어 어원인 렐리기오(religio)의 어원을 'relegere'로 본다. 그 뜻은 "신중하게 양심적으로 어떤 것에 주의를 기울인다"이다. 우리 말에 정성드리는 심정에 해당한다고 하겠다. 그것도 좋은 의미를 제시하고 있다고 보겠다. 종교를 신, 곧 거룩한 자에 대한 경외라고 생각할 때 좋은 해석이 될 것이다. 그러나 죄더블롬은 'religio'의 어원이 결합이라는 의미
락탄티우스 를 가진 'religare'라고 주장하는 락탄티우스(Lactantius, 250~325)의 설을 따라서 종교는 창조주와 피조물(인간)과의 재결합이라고 하였다. 이러한 락탄티우스의 언어학적 해석에는 프랑스의 언어학자 메일레(A. Meillet, 1866~1936) 외에 많은 사람이 정당한 것으로 동조하거니와 이 같은 기독교적 태도는
어거스틴 어거스틴이 그의 고백록 11권 9장에서 "도대체 이 찬란하게 내

눈을 찌르는 것이 무엇일까? 내 마음을 뒤흔들고 그러면서도 상처를 입히지 않고 그것 때문에 내가 전율하면서 동시에 불타오르는 것 이것이 도대체 무엇일까? 떤다는 것은 내가 이것을 너무나 닮고 있지 않은 탓이며 불탄다는 것은 내가 그만큼 이것에 닮아 있으니까 말이다"라고 말하면서 "우리들이 등한히 함으로써 신을 잃고 신을 회복하여(religentes) 신에게로 끌려간다"라고 한 표현에도 나타난다. 대체로 'religio'라는 말은 불가사의한 것을 대할 때 생기는 공포, 불안, 의혹 등의 감정으로 신에 대한 사랑의 의무와 교제하는 데 쓸 뿐더러 그 의무를 봉행(奉行)하며 교제하기 위한 여러 가지 준비까지 포함시켜 사용하는 말이었다. 그것은 대개 제사, 예배, 기도 등의 종교의식으로 표현된다. 내면적인 종교적 인격이 표면적으로 나타나 기도와 의식적 예배를 드렸거니와 불교, 유교 등에서는 신앙의 주체와 동등한 같은 인간을 신격화하여 인격적으로 제사하여 왔다. 한편으로는 고도의 형이상학적 이념적 존재를 신으로 확신하여 기도의 대상 내지 도덕적 수양 및 가치실현을 이루어 오기도 하였다. 그러나 이러한 모든 종교들은 변화무쌍하여 오류의 종교사, 곧 개정에 개정을 거듭해 내려갔다. 이에 반하여 기독교는 어떻게 스스로를 규정하고 있는가?

    기독교의 하나님은 신앙의 대상으로 경배하는 유일신 여호와요(출 3:14~15), 그는 예배의 대상으로 거룩하신 분이요(출 20:8; 레 19:2; 수 24:19; 시 99:5; 사 6:3), 그는 신앙의 주체로서 인간에게 대하여 하나님으로(시 89:26; 사 63:16; 마 6:8~9; 요 8:41), 인격적 사랑의 관계자로 나타나며, 실천적 대상으로 절대 영원한 길이요 진리요 생명이 된다(요 14:6). 그는 신령과 진리로(요 4:23) 예배할 자이시며(마 4:10) 찬양 받으실 자이시다(엡 1:14; 시 147~150편)라고 하였다.   성서적인 견해

    종교란 무엇인가? 틸리히(Paul Tilich, 1886~1965)는 종교를 궁극적 관심(ultimate concern)이라고 하였으나 그것으로는 부족하다.   틸리히

칼빈	성서는 인간이 하나님의 축복을 받고 하나님을 섬기는 것을 참 종교로 가르친다. 칼빈(J. Calvin, 1509~1563)은 종교는 인간의 신성한 감정으로 신을 의뢰하는 경외심이라고 한다.
벌코프	벌코프(L. F. Berkhof)는 종교는 인간과 신 사이에 맺어진 진실하고 생명 있는 의식적 관계를 가리키는 것인데 그것은 신이 스스로 인간에게 제시함으로 결정된 계약이요 또 그 표시는 예배와 교제와 봉사로 된다고 하였다. 그 요건은 신의 존재와 신이 자기를 인간에게 계시하심과 또 인간이 그 계시를 받아 실행하는 것이라고 하였다.
종교(宗敎)의 뜻	종교란 무엇인가? 한문 뜻에 따르면 '종교'(宗敎)는 곧 으뜸 되는 가르침이다. 과학과 철학적 이상의 근원이 되는 가르침이다. 인간 삶의 근본법도이다. 그리하여 동양에서는 도(道)라 하였다. 이 가르침은 본래적인 가르침이다. 종교는 인간본질 속에 뿌리박고 있다. 그러나 이 가르침이 잘못 깨달아지고, 잘못 전해지고, 잘못 실천되어져 그릇된 종교현상이 나타난다. 이 그릇된 종교현상을 역사적으로, 사회학적으로, 심리학적으로 또는 철학적으로 규명하는 것은 편협한 종교정의를 내리는 결과를 초래할 뿐이다. 19세기까지는 모두가 그러한 편협한 기술적(記述的) 정의가 많았다. 보다 바른 정의는 종합적이면서
기술적 정의	
당위적 정의	도 또한 당위적 정의가 되지 않으면 안 된다. 그러나 아침에 도를 깨달으면 저녁에 죽어도 한이 없다고 한 공자의 말과 같이 이 도를 인간의 지혜나 경험이나 실천으로 깨달을 수 없는 것이 종교의 비밀인 것이다. 그리하여 성경도 이를 오묘한 비밀이라고 하였다(엡 1:9). 물론 앞서 논술한 학습적 정의들이 무가치한 것은 아니다. 그러나 그 모든 교훈들은 불완전한 것들이며 또한 우리 인간 자신이 실천에 임하여 사도 바울의 고백과 같이 원하는 선은 행치 아니하고 원치 않는 악만 행한다는 울부짖음이 나오지 않을 수 없는 것이다.
참 종교	참 종교는 여기에서 참 절대자의 깨우침과 그의 도우심으로 우리의 무능 이상의 결과에 도달할 수 있는 것이어야 한다.

불교와 같은 인위적인 자력종교는 야스퍼스(Jaspers)적 한계상황을 넘어설 수 없는 것이다. 종교란 무엇인가? 우리는 종교라고 다 종교로 볼 것이 아니라 참 종교를 종교라고 불러야 할 것이다. 참 종교는 서술적 종교 이상의 실천적 산 신앙의 생명 있는 종교이어야 할 것이다. 모든 인간적 가치가 인간적 수준 이상으로 실천되는 종교라야 할 것이다. 우리는 이 차원에서 모든 역사적인 종교를 소유해야 할 것이다. 참 종교는 개인의 종교이면서 사회의 종교이며 나아가서 전 인류의 종교이어야 할 것이며 현대의 전인류의 종교이면서 과거의 종교였고 또 영원한 미래의 종교이어야 할 것이다. 이러한 종교가 어느 종교인가? 성경은 "네 마음을 다하고 목숨을 다하고 뜻을 다하여 주 너의 하나님을 사랑하라…네 이웃을 네 몸과 같이 사랑하라"(마 22:37~40; 막 12:30; 눅 10:27; 신 6:5; 10:12; 30:6)고 말한다.

제 3 장

종교의 기원

다양한 견해들   어떤 종교가 어떻게 시작되었는가 하는 것은 매우 흥미 있는 일일 뿐 아니라, 또한 그 종교의 본질을 이해하는 데에도 크게 도움이 된다. 그런데 한때에는 많은 종교학자들이 이 모든 종교가 하나의 근원을 가지고 있지 않을까, 따라서 모든 종교는 본질적으로 동일하지 않을까 하고 생각하여 그 하나의 근원을 찾으려고 애썼다. 그리하여 어떤 사람은 종교의 기원을 심리학적으로 규명하여 종교는 공포와 욕망 또는 희망심에서 유래되었다고 하였다. 어떤 사람은 종교의 기원을 사회학적 견지에서 탐구하기도 하고 종교 민족학파의 사람들은 원시종교에 그 기원을 돌리기도 하였다. 또 어떤 사람은 그 근원성을 철학적으로 규명하려 하는가 하면 일부의 종교들은 자기들 나름의 게시성을 주장하기도 한다.

    그런데 이상의 몇몇 유형의 종교기원설들을 크게 두 가지로 구분해 보면, 그 하나는 종교를 불완전한 사유(思惟)의 산물로 보려는 부정적 견해와 다른 하나는 종교의 실재성을 긍정하는 견해로 대립시켜 볼 수 있다.

부정적 견해
긍정적 견해

첫째 견해는 막스 뮐러가 말한 대로 '객체'들을 '행위하는 주체'로 생각하는 정신적 과오로 보는 태도인데 그것은 필연코 신화의 오류는 철학적으로, 철학의 오류는 실증과학으로 극복된다는 콩트의 견해와 같이 신화, 곧 종교는 사라져 버려야 할 것으로 보는 태도요, 둘째의 견해는 오토(Rudolf Otto, 1869~1937)가 주장한 '거룩한 것' 이상인 살아서 역사하는 산 하나님으로부터 근원한 산 종교의 생명을 주장하는 것이라고 보겠다. 전자는 소위 상대적 진리를 주장하는 상대종교요, 후자는 절대자를 주장하는 절대종교인 것이다. 이 두 가지 대립된 경향은 각각 하나의 난문제를 내포하고 있다. 과연 종교는 사라져 버려야 할 과도적, 상대적 가치밖에 가지지 않는 것인가 하는 것이 그 전자의 난문이요, 그 후자의 난문은 참된 근원성을 주장할 때 나타나는 절대성과 배타성의 문제이다. 종교적인 부조리, 곧 종교인의 오류를 어떻게 처리할 수 있는가 하는 문제이다. 결코 종교는 사라져 버릴 존재현상은 아니다. 지금도 살아 있고 과학적 진리 이상의 진리와 과학의 힘이 미치지 못하는 더 큰 힘과 가치를 가지고 역사하며 존속해 나갈 것이다. 종교는 소멸하리라는 콩트의 예언이나 유물론자의 주장은 맞지 않았고 또 미래에도 영원히 맞지 않을 것이다. 또 한편 우리 종교적 오류를 긍정해야 한다. 모든 종교를 다 용납하고 동일하게 참된 것으로 대해 줄 수는 없다.

그렇다면 사교 및 유사종교는 어느 것이며, 존속되어야 할 종교는 어느 것인가? 여기서 우리는 상술한 유형들의 여러 종교파들의 근원을 살펴 각 종교의 본질을 규명하고, 나아가 이 시대의 종교적 혼란을 정비해야 할 줄 안다.

심리학적 기원설 중에 가장 대표적인 것은 공포설이다. 이는 루크레티우스(Lucretius, B.C. 99~55)의 견해로 알려져 있거니와 그 외에도 희랍철학자 에피쿠로스(Epicurus, B.C. 342~270)와 버질리우스(Virgilius, B.C. 70~19), 프랑스의 심리학자 리보(T.A. Ribot, 1839~1917)와 독일 심리학자 분트

막스 뮐러

콩트
오토

심리학적 기원설
공포설
루크레티우스
에피쿠로스
버질리우스
리보, 분트

(Wundt, 1832~1920) 등도 다 같이 종교기원의 공포설을 주장한다고 본다. 전자들은 공포심이 신을 낳았다고, 후자들은 종교의식이 공포심에서 나왔다고 표현하고 있는 바 입장은 양편이 다 같은 것이다.

사람이 원시인이나 현대인이나를 막론하고 깊은 밤 산 속에서 또는 험한 풍랑 속에서, 천둥과 벼락 아래서 또는 어떤 위험이 닥칠 때 보다 큰 지능과 힘이 있는 줄로 믿는 무엇에게 보호와 구원을 의뢰하게 되는 것은 본능적이요 자연스런 일이며, 종교현상의 한 부분이 되고 있음에 틀림없다. 그러나 공포심을 일으키는 대상이라 해서 다 반드시 종교적 신앙의 대상이 된다고는 말할 수 없으며, 또한 공포심으로 인해 종교심이 일으켜진다고 해서 공포심이 종교심의 전체적 원인이나 궁극적 기원이 될 수는 없다. 왜냐하면 공포심은 종교의 원인은 될지 몰라도 종교심의 동기는 되기가 힘들기 때문이다. 종교심은 오히려 대상에 대한 두려움보다도 사랑이 섞인 경외라고 보기 때문이다. 공포심은 두 가지 현상을 자아내는데, 그 하나는 공포의 대상을 잘 대접하여 자기의 위난을 피해 보고자 하는 유화책이요 또 하나는 공포의 대상보다 더 큰 대상에게 의뢰하여 그 힘으로 공포의 대상을 멀리 쫓아내려는 강경책이다. 자연숭배와 정령숭배, 곧 무당종교와 주물, 주술종교 등에서 그러한 현상을 두드러지게 볼 수 있다. 교회 안에서도 잘못된 신앙을 가진 자들 중에서 그와 비슷한 신앙을 찾아 볼 수 있다. 이 같은 신앙은 단순히 물질적, 육체적, 질병의 재난에서 벗어나는 수단으로만 생각하는 세속적인 복받기만을 위주로 하는 신앙이다. 거기에는 인간의 본분으로서 하나님을 경배하는 사상이나, 진리와 의를 사랑하는 의미에서의 하나님 사상이나, 죄로부터의 영원한 구원의 의미는 찾아보기 힘들다. 공포심에 의한 종교심의 발로는 흄이 지적한 대로 사람들이 유치하고 순박한 상태에서 객관, 곧 외적 대상을 주관과 구별할 줄 모르는 심리 상태에서 일어나는 그릇된 종교심의 발로인 것이다. 그것은 인간의 이해 관계로만 이끌어가는, 참된 종교에로까지 이끌어가지 못하는 종교현상의 부분에 불과한 것이다. 칸트가 주장한 대로 그것은 이해관계를 떠난 순수한 무상명법(無上命法)으로서 신앙의 수준에 미치지 못한 미신의 수준을 면치 못하는 것이다. 그러나 그것이 미숙한 출발이라 할지라도 그것을 참 종교의 입장에서 바른 신앙에로 잘 선도하기만 한다면 그것은 좋은 과정이 될 수도 있다. 사실 많은 사람들의 바른 신앙이 꼭 공포심을 통해서만 일으켜지는 것은 아니다. 그러므로 부당주연(不當周延)의 오류를 범해서는 안 된다.

공포설과 맞서는 또 하나의 심리학적 기원설이 있으니, 욕망설 또는 희망설이라고 하는 것이 그것이다. 이것은 사실 공포설과 안과 밖을 이루고 있는 것으로, 인간의 재난을 면하려는 소극적 태도에 반하여 적극적으로 인간의 욕망과 필요를 따라 그 목적을 얻으려는 희망이 곧 종교의 기원이라고 보는 것이다. 프랑스의 신학자 사바티에(A. Sabatier, 1839~1901)의 희망설이 이에 속한다. 그는 공포심 위에 희망을 더하여 기도를 드리며 서원을 하는 데서 종교가 발생했다고 하였다.

포이에르바하는 사람들이 신으로 받들어 숭배하는 것은 다만 '희망존재' 이외의 아무것도 아니라고 한다. 말하자면 신들은 인격화한 희망이란 것이다. 그는 창세기의 말씀을 뒤집어서 "인간이 자기의 형상대로 하나님을 창조했다"고 주장한다. 그는 결국 종교를 사람이 자신을 무한존재인 것처럼 우주에 크게 나타내 보려는 인간의 그릇된 노력으로 해석하였다. 포이에르바하의 투영설에 의하면 하나님의 섭리는 우리 사람이 중요하다는 것을 믿으려면 욕구의 표시요, 인격적 하나님을 경험한다는 것은 우리의 인격이 가장 높은 형태의 존재란 것을 언명하려는 노력을 의미하는 것이요, 기도는 우리 자신으로 더불어 담화하려는 욕구의 표현이요, 기적은 신앙의 중심으로서 비록 인간의 희망과 욕구를 처리하는 자연적인 방법이 만족하다 할지라도 희망의 성질이 부합되는 방법, 제일 하고 싶어하는 방

욕망설

희망설, 사바티에

포이에르바하
투영설

법, 곧 기다리는 수고를 할 것 없이 우리의 소원을 즉시 성취하기 때문에 우리는 그것을 좋아한다는 것이다. 고로 이와 같은 인간의 이기심에 따라서 종교가 발생하게 되기 때문에, 개인의 지식과 관념의 차이에 따라 신의 형상이나 속성에도 차이가 있게 된다. 왜냐하면 각 개인이 신에게서 자기 자신을 묘사한 까닭이다. 그러므로 흑인은 신을 흑인처럼 그린다. 이 같은 사실은 칼 마르크스에게 전해져 그는 하늘의 맛있는 떡을 몽상하므로 빈곤을 견딜 수 있게 하는 종교는 인간에게 가장 해로운 아편이라고 규정하였다. 이 사상은 레닌에게 넘어가 사회적 관념에서 다시 살아난다.

칼 마르크스

레닌

프로이드

심리학자 프로이드는 이 투영설(投影說)을 본격적으로 들고 나와 종교는 일종의 성(sex)적 욕망에서 발생한 것으로 주장하였다. 그리하여 모든 종교 현상을 잠재적 섹스 감정의 표현으로 설명하였다. 그의 심리학은 성적 충동의 우세와 아울러 유년기 경험의 결정적인 중요성에 대해 강조하는 잘 알려진 사상이거니와 소위 그의 심리학적 방법이란 궁핍, 자연의 악, 죽음 등 인간의 견딜 수 없는 연속적인 문제의 해결에 대한 방법으로 자연을 인간화하는 것이다. 곧 자연 및 운명의 위험에 대한 방지책과 인류 사회의 죄악에 대한 방지책으로 우주 안에는 초인간적인 인격이 있어 도덕적 정의를 세워 나간다는 사상, 곧 신이라는 것을 발명했다는 것이다.

과연 종교 및 신이라는 것이 이렇게 인간의 욕망 및 희망의 한낱 환상에 불과한 것일까? 하나의 생의 방법으로서 허깨비에 불과한 것일까? 과연 살아 계신 전지전능하신 여호와 하나님은 실재하지 않는 것일까? 이는 변증학적 문제이거니와, 모든 참된 신신념(神信念)의 소유자와 종교인들은 사실 프로이드의 생각대로가 아니라 종교적 경험이 따로 있어 심리학을 넘어선 초심리학적인 능력 또는 현상을 통해 신신념을 가지며 종교생활을 하고 있는 것이다(마 16:17). 그리하여 융(C.G. Jung)은 프로이드의 잠재의식설을 극복하여 집단 무의식(kollektive

융
집단 무의식

Unbewuste)을 주장하였는데 이것은 일종의 외적인 계시와도 같은 것이다. 하기는 불교의 통속적 극락사상이나 도교의 신선 사상들은 사실 이 같은 인간 욕망 또는 희망에 의해 생겨진 것이라고 해도 좋을 것이다. 그러나 불교의 근본사상마저도 해탈과 공(空)을 주장하는 바에야 프로이드의 이론이나, 그 어느 사람의 욕망설이나, 희망설이나, 이기설이 용납될 여지가 없다. 하물며 자기를 비어 십자가에서 고난을 받기까지 한 사람의 종교인 기독교에서야 더 말할 나위가 없다. 구원의 자리에서 제하여질지라도 민족의 용서함을 빌던 모세, 자기의 이름이 생명책에서 제하여지는 한이 있어도 동족의 구원을 간구한 사도 바울의 신앙을 저 욕망설, 희망설 같은 이기설은 설명할 수가 없는 것이다. 그 이론으로는 윤리적 양심의 절대적 명령마저도 풀이할 길이 없다.

그러나 오늘날 기독교 신자들 중에도 참된 복의 의미를 깨닫지 못하고 이기적 행복을 추구하는 것만으로 기독교 신앙을 오해하는 기복적 신앙자가 많은 것은 비극이 아닐 수 없다. 영락영복은 하나님의 나라에서 안락을 누리는 것만이 그 전부가 아니라 하나님의 성품에 참여하는 것이 그 본질인 것임을 깨달아야 할 것이다. "이로써 그 보배롭고 지극히 큰 약속을 우리에게 주사 이 약속으로 말미암아 너희로 정욕을 인하여 세상에서 썩어질 것을 피하여 신의 성품에 참여하는 자가 되게 하려 하셨으니"(벧후 1:3). "찬송하리로다 하나님 곧 우리 주 예수 그리스도의 아버지께서 그리스도 안에서 하늘에 속한 모든 신령한 복으로 우리에게 복주시되 곧 창세 전에 그리스도 안에서 그 앞에 거룩하고 흠이 없게 하시려고"(엡 1:3~4)라고 하였으니 신의 성품과 신령한 복은 우리 욕망과 단순한 자연적 희망에 그치는 이기적인 것이 아니라, 그것은 의의 나라, 곧 거룩한 하나님의 나라를 우리 안에 그리고 영원히 이룩하는 것이다.

종교가 인간에게서 발생한 것이 아니요, 신의 계시에서 시

성서적 견해

작한 것이라고 믿는 계시종교 편에서도 신의 계시를 받을 때의 심리는 공포설이나 희망설이 적용될 수 있다. 그러나 공포설과 희망설은 한편을 가지고 양편을 덮으려는 것이라고 보지 않을 수 없다. 신학을 인간학으로 바꾼 이기적 종교 기원설은 이타심의 본질인 아가페적 사랑의 진수를 깨닫지 못한, 유한한 인간이 무한한 절대자의 심리를 깨닫지 못한 어리석은 자의 졸견이 아닐 수 없다.

스펜서
상상설

공포설과 희망설 외에 인간의 이성적 심리 측면에서 종교의 기원을 찾아보려는 학설이 몇 가지 또 있다. 종교는 인간심리의 상상작용에서 나온 것이라고 하는 영국 철학자 스펜서의 상상설(想像說)이 그 하나이다. 그는 인간을 물질적인 신체와 정신적인 영의 합성체로 보고, 이 정신적인 영에 중점을 두고 생활하는 것이 종교인데 이 종교생활은 실은 연구하고 인식할 수 없는 것으로 단정하여 불가지론에 떨어졌다. 그가 설명한 종교의 내용은 빈약하기 짝이 없는 것이었다. 그는 종교현상의 실례를 들어 말하기를 사람이 잘 때 꾸게 되는 꿈이라든가, 명상중에 나타나는 환상이라든가, 실신상태에서의 몽롱한 의식 등등을 내세(來世) 또는 신의 활동으로 상상함에서 종교가 시작되었다고 본다. 물론 이것은 자연숭배, 서물숭배, 정령숭배(조상숭배)를 비판하는 이론이 될 수는 있다. 그러나 그러한 이론은 기독교에는 해당되지 않는다.

기독교의 기원은 상상설에 의한 것이 아닐 뿐 아니라, 죄로 인해 타락하여 세계 각국에 산재하여 있는 그러한 잘못된 종교와 동화(同化) 또는 토착화되어서는 안 된다. 사실 많은 종류의 신앙들이 이 이론과 같이 인간의 상상에 의해 생겨진 것들이다. 특히 원시사회에서 더욱 그러했거니와 그것은 망상 또는 착각이 아닐 수 없다. 심지어는 자유주의 신학자들 중에도 기독교의 부활사상을 제자들의 환상에서 생긴 것으로 설명하기도 하나 그것은 기독교의 참 본질을 곡해한 것이 아닐 수 없다. 앞에서 지적한 대로 참 하나님, 참 종교를 찾지 못한 인간들이 자기 멋대로의 상상에 빠져 그릇된 종교에 빠지는 것은 불행한 일이 아닐 수 없다. 이러한 상상설은 실은 인간의 정서적 측면과 이성적 측면이 혼합하여 이루어진 이론이라고 볼 수 있다. 그러나 그 중심은 인간의 지력(知力)에 토대한, 삼라만상에 대한 호기심과 그 심오한 것을 찾아내려는 탐구심에 의한 추리의 결과라고 볼 수밖에 없다. 자연을 신화(神化)하고 인격화하여 이루어지는 종교, 곧 자연숭배, 서물숭배, 정령숭배, 토테미즘, 주술, 주물신앙, 조상숭배 등이 다 이러한 인간 추리작용에 의한 잘못된 신앙이요 잘못된 종교들인 것이다.

이러한 종교적 추리작용은 불교나 기타 큰 종교에서도 심하다. 이러한 추리작용은 철학적인 이론과 배경을 가지고 나타날 때 고등종교 행세를 하기도 하고 지성인들을 설득하기도 하여 역사에 큰 영향을 미치기도 한다. 철학적 종교사상들이 바로 그러한 것들이다. 이러한 종교들을 비판하여 종교를 자연에 대한 전과학(前科學)적 설명으로 처리해 버리려는 과학주의도 시대에 뒤떨어진 이론이다. 종교와 과학의 한계를 모르는 무지의 소치이다. 또는 종교는 형이상학적 개념을 순진하고 유치하고 원시적으로 표현한 것에 불과하다고 하여 종교를 간단히 처리해 버리려고 하는 태도도 옳지 못하다. 소위 막스 밀러의 무한감설 등과 같이, 무한성에 대한 철학적 관심과 종교의 무한 및 절대성은 유사성이 있어 헤겔 등과 같이 자기들의 철학적, 형이상학적 결론들과 종교적 개념간에 혼동을 일으키는 것이다.

전과학적 설명

무한감설

종교와 형이상학은 엄연히 다른 것이다. 이는 철학절대주의에서 오는 오류이다. 헤겔에 의하면 궁극적인 것은 유한한 인간 정신이 절대정신 속에서 자기를 이해하는 것을 의미한다. 이 궁극적인 것이 종교이념과 철학적 개념으로 자기를 나타낸다는 것이다. 그리하여 종교는 정신과 절대정신과의 관계라는 것이다. 철학적 종교는 미신과 유물론적 종교관을 가진 자들에게 종교의 입장을 변호하기는 하였으나 역시 종교를 인간의 소산으로 만들고야 말았다. 그것도 특히 인간의 지성의 소산으로

종교와 형이상학

만들고 말았다.

  종교는 위로부터 시작해서 위로 향하는 인간에게 주어진 선물이요 은혜인 것이다. 그런데 종교가 인간의 소산물이 되면 종교는 종교로서 인간에게 군림할 사실상의 권리를 스스로 버린 격이 될 수밖에 없는 것이다. 결국 인본종교(人本宗敎)를 이루는 데 그치고 마는 것이다. 그러므로 그들의 무한개념은 어디까지나 인간의 유한성을 넘어서지 못하는 것이다.

인본종교

  종교는 참으로 실재하는 무한자, 곧 영원절대자에 의해 인간에게 계시해 주는 진리 위에 근거하는 것이다. 진리란 말의 헬라어 '알레데이아'는 비밀을 밝히는 것, 감추어져 있는 것을 드러내는 것을 의미한다. 부정사 '아'와 감추어져 있는 것을 의미하는 '레데이아'로 합성된 단어다. 계시라는 말과 같은 뜻을 가진다. 계시가 곧 종교의 시작이다. 기독교에서는 이 계시가 바로 예수 그리스도인 것이다. 참 종교는 이성적 추리, 곧 무한에 대한 추리라는 공허한 사유가 아니라 삶 그 자체인 것이다. 참 종교는 참 하나님에 의하여 시발되고 참 하나님에 의하여 인간의 삶을 완성하여 이루는 구원을 의미하는 것이다. 참 하나님의 구원의 작업이 참 종교의 근원이요 끝이다. 이 하나님의 작업에 따르고 사는 것이 기독교의 믿음의 생활인 것이다. 종교에 대한 인간의 이성적 관심은 다만 인간이 상실한 하나님을 찾아 더듬는 무력한 노력에 불과한 것이다. 고로 이성에 토대한 모든 종교는 그릇된, 불완전한 종교에 불과한 것이다.

계시종교

  다음으로는 인간의 의지의 작용으로 종교가 기원됨을 주장하는 도덕의식설을 생각해 보자. 칸트는 합리적 이성에 의하여 알 수 있는 현상세계 외에 도덕적, 가능적 세계 그리고 도덕적 가치들의 궁극성에 대한 인간 속에 깊이 간직된 그리고 제거할 수 없는 느낌을 보존해 주는 원리들이 절대로 없을 수 없다는 생각을 신앙에 의해서 품는 것이 두말할 여지없이 당연하다고 보게 되었다. 그것들을 칸트의 도덕생활의 요청, 곧 실천성의 요청이라고 불렀다. 도덕의 최고 원리는 의지의 자율적 원리라

도덕의식설

칸트

고 보았다. 의지의 자율이란 의지가 자기 자신에게 자유롭게 부과하는 법칙을 따를 수 있는 의지의 능력이다.

    칸트는 합리적 이성의 활동도 근원적으로 하나의 자발성으로부터 연원시키거니와 그는 또 현상적 자아와 구별되는 본체적 자아를 가상하고 이로부터 자유로운 의지적 활동이 나온다고 한다. 이 가상된 자유는 최고선, 곧 완전한 세계를 향하여 그칠 줄 모르고 전진한다. 그러나 감관의 현실세계에서는 그것은 불가능한 것이다. 여기에서 내세가 요청되고 따라서 내세에서의 자유의 완전한 가능존재로서 영혼의 불멸을 요청하지 않으면 안 되게 된다. 아울러 내세의 완전한 성취, 곧 도덕적으로 완전한 세계의 성취를 위해서 신이 요청된다. 자유, 내세, 영혼불멸, 신의 요청들은 이론적 이설(理說)이 아니라, 오히려 도덕의 여러 갈망에 대해서 의미를 주는 실천적 조건이다. 그것들은 지식이 아니요, 오히려 신앙인 것이다. 이 같은 이론은 과학의 세력에도 불구하고 종교의 기원적 설명도 되는 것이다. 칸트는 재래적 신존재 증명을 거부하고 오직 이 도덕론적 신증명에 의한 기독교 신앙의 변호를 주장하여 과학의 발달 및 합리론적 계몽사상에 의해 흔들렸던 기독교 신앙의 터전을 새롭게 굳혔다고 믿었다. 이 신앙은 도덕적 지상명령으로 나타나는 양심에 초인적 근원성을 가지고 이루어지는 것이다. 자연의 인가를 요하지 않는 것이다.

    우리는 칸트의 공로를 인정한다. 기독교의 변증만이 아니라 종교일반의 근거에 대한 변증도 되는 것이다. 그러나 과연 종교, 특히 기독교가 도덕에만 근거가 있는 것이요, 도덕에서만 기원되어야 할 것인가 하는 문제는 우리가 선뜻 동의할 수가 없다. 도덕성이 종교, 특히 기독교에서 가장 중요한 가치성이 되어 있고 종교, 특히 기독교에서 도덕을 제거하는 것은 상상도 할 수 없는 일이겠으나, 도덕과 종교를 동일시함에는 동의할 수 없다. 칸트는 종교, 곧 신앙에서 나와야 할 도덕을 오히려 반대로 종교, 곧 신앙을 도덕에 예속시킨 감이 있는 것이

종교와 도덕

다. 도덕이 종교의 본질이 되어 버렸다. 많은 사람들이 이 견해에 동의하고 있기도 하나, 그러나 종교는 도덕 이상의 보다 귀중하고 보다 다른 영역과 본질이 따로 있다고 생각하지 않으면 안 된다. 그러기에 참 종교의 근거와 기원은 도덕에서뿐 아니라 더 근원적인 것에서 찾지 않으면 안 되는 것이다. 그리하여 성서는 "하나님과 우리 주 예수를 앎으로 은혜와 평강이 너희에게 더욱 많을지어다 그의 신기한 능력으로 생명과 경건에 속한 모든 것을 우리에게 주셨으니 이는 자기의 영광과 덕으로써 우리를 부르신 자를 앎으로 말미암음이라 이로써 그 보배롭고 지극히 큰 약속을 우리에게 주사 이 약속으로 말미암아 너희로 정욕을 인하여 세상에서 썩어질 것을 피하여 신의 성품에 참여하는 자가 되게 하려 하셨으니…(벧후 1:2~4)"라고 하였다. 이 말씀을 볼 때 우리 신앙의 근거와 기원이 하나님의 은혜로부터요, 도덕적인 실천은 그 결과로 나타나져야 하는 것을 알 수 있다. 그리고 참 종교로서의 기독교는 도덕적 주체가 되는 우리 영혼 그 자체의 문제인 것을 보여 주고 있다.

피히테   칸트의 주의주의(主意主義)는 피히테에게 넘어간다. 그에 의하면 지능과 감각의 배후에는 의지가 있다. 그리고 이 의지는 바로 도덕적 의지인데, 양심은 모든 경험과 모든 현실의 뿌리라고 하며, 영속하는 사물이라든가 영원한 자아라든가 하는 개념들은 모두 공상의 허구라고 하여 존재하는 것으로서 내가 인식하고 있는 것은 내 자신의 행위, 곧 자신의 객관화에 불과하다고 주장한다. 자연은 결국 자기 자신에게 포섭되는 비아(非我)로서 칸트의 이원론을 일원론으로 극복하려 하여 결국 칸트가 도덕의 수준으로 끌어내린 종교를 피히테는 자연의 수준으로 끌어내려 자연의 수준에서의 인간 의지 일변도 속에 종교는 그만 범신론적 자태 속에 흐트러지고 말았다. 이것이 칸트적 종교의 도덕의식설이 변모되어 간 모습이요, 끝내는 니체 같은 무신론적 주의주의가 나오게 되고 말았다. 종교에 대한 주의주의적 도덕의식설도 종교의 기원에 대한 참된 설명이 되

니체

지 못한다.

    종교가 인간의 심리에서 기원했다고 보는 견해에 맞서서 종교는 사회현상의 산물이라고 보는 종교 기원설이 있다. 실은 이 학설은 프랑스의 종교학자인 뒤르껭이 이론화하기 전에 고대 희랍의 비정통 소크라테스 학파 중 하나인 쿼레네(Kyrene) 학파의 유헤메루스(Euhemerus)에서부터 비롯되었다고 할 수 있다. 그에 의하면 희랍신화 중에 나타난 탁월한 지배자에 대한 존경이 마침내 제의(祭儀)로 발전하게 되었다는 것이다. 이러한 사상은 포이에르바하에 의하여 뒷받침되었는데, 이 설에 의하면 종교는 개인적, 심리적 욕망이나 공포에서 유래된 것이 아니라 공동체와 그 제도를 보호하려는 사회심리에서 비롯되었다고 한다. 최초의 종교적 경외감은 사회질서에 대한 것으로 표현되었다. 즉 결혼의 질서, 법 질서, 국가의 권위의 질서, 사회기구와 계급의 질서 등을 신성불가침(sacred)하다고 생각하는 데서 신에 대한 경외감이 싹트기 시작했다는 것이다. 이리하여 결국 종교는 개인심리에서가 아니라 사회 내지 종족심리에서 유래되었고, 개인적 요구에서가 아니라 전체적 요구와 사교의 의욕에서부터 유래되었고, 무엇보다도 가족, 씨족, 국가의 사회제도에 대한 경외감에서 종교가 유래되었다고 한다.

    뒤르껭은 그의 저서 『종교생활의 원초적 형태』에서 "종교는 사회를 신성한 존재에게 결합시키는 신앙과 행동이다. 종교는 개인의 감정에서 나온 것이 아니요, 사회의 생활의식에서 생겨 나온 산물이다. 옛날에는 사회가 개인에게 절대적 명령권을 장악하였기 때문에 사회생활은 신성불가침이어서 사회가 곧 신이라 할 수 있다. 그러므로 종교의식의 근원은 사회의식의 근원에서 구하지 아니할 수 없는 것이다"라고 하였다. 그들에 의하면 개인적 종교는 어디까지나 예외적 현상이며, 종교의 타락상태에서 오는 일개 현상에 불과하며, 진정한 활력 있는 생명적 종교는 이 같은 집단적 힘의 소산이라는 것이다. 원시종교는 순전히 그러한 것이라고 주장하며 그런고로 종교는 본질적으로

― 사회학설

― 유헤메루스

― 뒤르껭

원시인의 관심사라고 한다.

 뒤르껭의 이론은 종교를 순전히 개인적 욕망에서 나온 산물로 보는 편협한 이론에 대해 새로운 측면을 보여 주고 있다. 이러한 주장은 주로 실증주의자 콩트 등에 의해서 행해졌는데, 그들은 종교, 형이상학의 시기는 실증주의적 과학의 시기로 교체된다고 하였다. 이러한 사회학적 설명의 한 변형을 우리는 맑스주의(Marxism)에서 본다. 그들은 종교를 경제 위에 세워진 이데올로기의 상부구조(ideological super-structure)에 불과하다고 본다.

 소위 궤계설(詭計說)도 이러한 사회학적 기원설에 포함시킬 수 있다. 이 설은 종교는 지배자의 권한을 확보하기 위해서 만들어진 것이라고 주장하는 것으로서 일찍이 홉스(T. Hobbes, 1588~1679) 등 계몽주의 학자에 의해서 주장되었는데, 이러한 이론은 정치가들이 종교를 이용한 역사적 사실로 인해 종교를 곡해하고 있는 것이다. 물론 종교의 특성에는 사회성이 있다. 그러나 개인성을 떠나서 종교의 사회성이 있는 것은 아니다. 종교의 기원은 사회현상성 이전에 보다 근원적인 곳에서 찾지 않으면 안 된다. 성경은 우주만물의 창조 계획 속에, 피조물 중의 영장으로서 인간과 창조자 여호와 하나님과의 관계 속에 이미 인간의 본질로서 종교성을 전제하고 있는 것이다. 종교의 사회적 기원설은 종교의 사회성을 과대의식한 것이다. 특히 프로테스탄트에서는 신앙의 개인성(만인제사장사상)이 중요시되어 구원의 대치작용을 용납하지 않거니와 카톨릭과 달리 사후 구원이나 집단 구원이 있을 수 없다. 이웃 사랑이 곧 하나님 사랑이라는 성경사상을 사회기원설에서 생각하는 것과 같이 신을 사회 속에 매몰시켜 이해할 수 없다. 거꾸로 그것은 하나님 사랑에 이웃 사랑이 따르는 것을 의미한다.

 공포설은 종교의 발생현상에 있어서 자기보전의 본능적 작용을 설명한 것이었다. 그것은 동시에 무한감, 곧 영원, 완전, 절대, 궁극적 존재에 대한 상상 내지 추리의 도움을 받아 더

고차적인 종교현상을 이루며, 이러한 종교는 더욱 나아가 인간에게 강압성을 가지고 나타나 복종과 의무감을 주며, 이러한 상태에 이른 종교에서는 직접적인 안위를 버리는 새로운 종교의 본질을 지니게 된다. 일시의 위안과 자기 소원의 성취라는 점과는 정반대가 되는 점이 오히려 종교의 본질을 이루게 된다. 이러한 종교는 개인적이면서 동시에 사회적 성격을 띠고 있어 사회의식설이 주장된다. 그러나 그것은 결코 궤계설, 곧 지배계급의 창안으로 볼 수 없으니, 종교는 지배계급 자신의 개인적 종교도 부정할 수 없기 때문이요 또 한편 많은 종교가 피지배계급에서 발생한 것도 무시할 수 없기 때문이다.

이상은 아래로부터 인간에게서 종교의 기원을 찾으려는 태도이거니와, 이와 반대로 위로부터 그 근원을 찾으려는 입장이 또 있다. 듀이(John Dewey) 일파의 실용주의 철학자들의 주장하는 바, 소위 기능심리학자들의 주장을 학자들은 천부설이라 한다. 그들은 인간에게는 천연적으로 주어진 여러 기능이 있는데 그중에 종교심이라는 것도 특수한 기능으로, 이 기능에 의거하여 종교가 발생하는 것으로 보는 것이다. 이와 같은 천부설은 이름만 천부설이지 역시 인간 심리에 근거하는 종교 기원설에 불과한 것이요 기능심리학이 이미 퇴색한 심리학으로 이 종교 기원설도 유력한 기원설이 될 수는 없다.

존 듀이

천부설

신에 대한 절대의존 감정을 일으키는 슐라이엘마허의 종교 본능설이나 종교의 바탕으로 주장한 영국의 콜리즈(S.T. Coleridge, 1772~1834)의 종교적 아프리오리(apriori)사상도 천부설과 같은 것이라고 볼 수 있다. 그러나 이것 역시 하나님을 더듬어 찾는 소위 자연계시에 불과한 것이지 기독교의 근원을 삼는 특별계시는 아니다.

슐라이엘마허
콜리즈

대부분의 교주들은 천계(天啓) 또는 신탁(神託)을 주장한다. 각자 자기가 신봉하는 최고신 또는 그 신의 사자(使者)들에게서 계시를 받아 가르치기를 시작하며 경전을 이루었다고 주장한다. 그리하여 대개는 배타적 절대성을 주장한다. 다른

신탁

종교는 옳지 못한 것이요 믿어서도 안 되고, 자기 종교만을 믿어야 된다고 주장한다. 그러나 그런 것들의 대부분은 유사, 사교들인 경우가 많고, 혹 사회에서 또는 민족적으로 인정을 받는다 해도 기성종교를 모방한 혼합종교에 대해서는 언급할 필요조차 없다. 기독교 외에 독자적으로 계시종교를 이룩한 역사적, 보편적 종교는 찾아보기 힘들다. 세력 형성에 성공적 결과를 이룩한 회교(Mohamedanism)는 기독교와 아랍 토착신앙과의 혼합이요 한국의 계시종교를 자칭하는 천도교도 역시 혼합종교인 것은 이미 널리 학계에 알려진 사실이다.

기독교의 기원 기독교는 본래부터 계시에 토대한 종교요 현재 가장 완벽한 계시신학을 형성한 종교이다. 기독교는 계시로서 성경의 절대성, 곧 성경의 인위적 가감의 불용납과 성경만으로 진리의 완전성을 주장한다. 계시로서 성경은 하나님의 자기 계시요, 인간 구원의 유일한 길로서 메시야 예수를 중심한다. 예수는 참 하나님 여호와의 자기계시의 중심이요 본질이다. 계시로서 예수가 기독교의 기원적 토대이다. 모든 구약의 예언은 메시야로서 예수에 대한 예언이요, 모든 신약의 내용은 메시야로서 예수의 계시 성취를 가리킨다. 이러한 계시를 기독교에서는 일반적 계시와 구별하여 특별계시라고 부른다. 건전한 일반 종교를 가능케 하는 인간의 감정, 이성, 양심 등을 기독교에서는

일반계시 일반계시라고 부른다. 그 안에서 어느 정도의 진선미성의 가치를 우리는 가진다. 기독교에서도 이러한 일반계시의 내용을 가

특별계시 진다. 그러나 기독교는 그 위에 특별계시로서 성경과 예수를 통한 유일한 참 종교의 성취를 주장한다. 또한 인간 구원의 유일절대성을, 곧 배타성을 주장한다. "다른 이로서는 구원을 얻을 수 없나니 천하 인간에 구원을 얻을 만한 다른 이름을 우리에게 주신 일이 없음이니라"(행 4:12).

인격 세계의 특성은 가능한 여러 경우에 있어서 택일성을 그 특성으로 가진다. 자유의 특권을 가진 자유자들에게 있어서 (인격자에게 있어서) 언약으로 이루어지는 결정은 언약자들에

게 있어서 다른 가능성을 배제한다. 인격신으로서 인간에게 자기를 계시하시는 여호와 하나님은 자유자로서 창조주의 자격을 가지신 분이요, 그의 인간 구원의 계획은 그대로 인간에게 계시로서 주어진 언약이 되었고, 이 계시로서의 언약이 인류의 유일한 구원의 길이 되며, 이 언약이 참 종교의 기원이 되는 것이다. "내가 곧 길이요 진리요 생명이니 나로 말미암지 않고는 아버지께로 올 자가 없느니라"(요 14:6).

참 종교는 길이요 진리요 생명이신 예수를 보내신 여호와 아버지 하나님에게 그 기원을 가지며, 동시에 그에게로만 돌아가고자 하는 목적을 가진다. 창조주 하나님과 피조물 인간과의 인격적, 생명적 관계에서 죄인인 인간이 영원한 사망 아래 놓여 있어 소망이 끊어졌을 때, 사랑의 하나님으로부터 주어진 은혜의 복음인 구원의 기쁜 소식이 인류에게 계시됨으로 우리는 하나님을 경외하는 새 종교를 가지게 되는 것이다.

제 4 장

종교의 분류

원시종교와
    문명종교
하등종교와
    고등종교

자연종교
윤리종교

    종교학자들은 종교를 문화적 발달 정도에 따라 원시종교와 문명종교로 또는 하등종교와 고등종교로 구분한다. 고대의 자연종교나 현대의 미개인적 자연종교들은 대개 원시종교에 포함시킬 수 있으며 의식과 교리와 교단이 체계화되어 있으며 상당한 윤리성을 가진 종교를 문명종교라 할 수 있다. 대체적으로 원시하등종교는 다신적 자연종교이며 고등문명종교는 일신적(一神的) 윤리종교로 지향하는 것을 볼 수 있다.

    일반적으로 종교학자들은 원시 자연종교에는 자연(自然) 또는 천연(天然)숭배(nature worship), 주물(呪物)숭배(fetishism), 주술(呪術)신앙(magic), 정령(精靈)숭배(animism) 또는 조상숭배, 무당신앙(shamanism), 토테미즘(totemism) 등을 열거하고 혹자는 자연숭배를 물활론(物活論)으로 취급하기도 한다.

    고등문명종교에는 대개 인도교(印度敎, Brahmanism), 시크교(Sikhism), 쟈이나교(Jainism), 파르시교(Parseeism), 불교(Buddhism), 유교(Confucianism), 도교(Taoism), 신도

(Shintoism), 배화교(Zoroastrianism), 회교(Islam), 유대교(Judaism), 기독교(Christianity) 등을 열거한다.

혹자는 원시자연종교를 다시 열등자연교(劣等自然敎=多靈敎, polydemonism)와 고등자연교(多神敎, polytheism)로 세분하기도 한다. 종교를 그 분포되어 있는 정도에 따라 부족 또는 민족종교와 보편 또는 세계종교로 구분하기도 한다. 대체로 열등자연종교는 부족적 종교인 것이 보통이고, 보편종교는 민족과 국가를 넘어서 범세계적 종교를 지향하는 것을 볼 수 있다. 불교, 이슬람교, 기독교 등이 그 대표적인 것들이다.   민족종교 / 세계종교

또 한 가지 종교 분류 형식으로 신앙 대상의 성격을 따라 자연을 숭배하는 것과 인간을 숭배하는 것, 신을 숭배하는 것, 자연과 인간과 신을 통틀어 일체로 보는 범신교 등으로 나누어 볼 수도 있다.   자연숭배 종교 / 인간숭배 종교 / 신숭배 종교

기독교에서는 기독교를 유일신교를 믿는 계시종교로 보고 여타 모든 종교를 자연종교로 구별하기도 하며, 기독교를 특별계시종교로 보고 다른 종교를 일반(자연)계시종교로 보기도 한다. 그 취지는 다 같다.   특별계시 종교 / 일반계시 종교

기타 원시부족종교와 같이 전도를 별로 힘쓰지 않는 비전도교(非傳道敎)와 대체로 보편종교에서와 같이 열심히 전도하는 전도교로 구분하기도 하고, 교주의 유무, 경전의 유무에 따라 종교를 구분하기도 한다. 종교를 자력교(自力敎)와 타력교(他力敎)로 구별하기도 하는데 자력종교는 고행 또는 명상, 즉 인본적(人本的) 특성을 가진 종교로서 불교가 그 대표적인 예요, 타력종교는 계시와 기도를 특성으로 하는 종교로 기독교가 그 대표적인 예이다.   비전도교 / 전도교 / 자력교, 타력교

종교 분류는 독특한 표준을 필요에 따라 만들어 지리적으로, 국가적으로 다양하게 분류해 볼 수 있다. 특성 중심으로 몇몇 종교학자들의 종교 분류를 열거해 보면 종교이해에 도움이 될 것이다.   종교학자들의 종교분류

막스 뮐러(Max Müller, 1823～1900)의 분류

Ⅰ. 아리안계(인도, 게르만계)
  1. 동방 아리안계
    (1) 인도계
      ① 베다교
      ② 브라만교
      ③ 불교
      ④ 쟈이나교
    (2) 페르시아계
      ① 조로아스터교
      ② 마니교
    (3) 소아시아계
      ① 프르기아교
  2. 서방 아리안계
    (1) 헬레네 고대인의 종교
    (2) 로마 고대인의 종교
    (3) 게르마니아 고대인의 종교
    (4) 스칸디나비아 고대인의 종교
    (5) 켈트인의 종교
    (6) 슬라브 고대인의 종교

Ⅱ. 셈계
  1. 남방 셈계
    (1) 사비아인의 종교(아라비아 반도 서부)
    (2) 아라비아 고대인의 종교
    (3) 이슬람교
  2. 북방 셈계
    (1) 아랍인의 종교
    (2) 소아시아 고대인의 종교

(3) 블레셋인의 종교
(4) 페니키아인의 종교
(5) 가나안인의 종교
(6) 히브리인의 종교
　① 이스라엘의 고대종교
　② 모세의 율법교
　③ 예언자들의 종교
　④ 유대교

Ⅲ. 튜라니안계
　1. 북방 튜라니안계
　　(1) 샤만교
　2. 남방 튜라니안계
　　(1) 도교
　　(2) 유교

Ⅳ. 아프리카계
　1. 애굽 고대인의 종교
　2. 아카디아인의 종교(고대 서아시아)
　3. 그 밖에 아프리카 고대인의 종교

Ⅴ. 아메리카계
　1. 에스키모인의 종교
　2. 마야인의 종교(멕시코)
　3. 잉카인의 종교(페루)

Ⅵ. 대양주계
　1. 말레이인의 종교
　2. 멜라네시아인의 종교
　3. 오스트레일리아 원주민의 종교

4. 미크로네시아인의 종교
5. 폴리네시아인의 종교

틸레(C.P. Tiele, 1830~1902)의 분류

Ⅰ. 자연종교
 1. 정령숭배
 2. 의수인적(疑獸人的) 다신교(중국, 애굽, 페르시아, 아라비아의 고대종교)
 3. 의인적 다신교
   (1) 베다교
   (2) 이란의 고대 종교
   (3) 바빌로니아인의 종교
   (4) 앗시리아인의 종교
   (5) 페니키아인의 종교
   (6) 가나안인의 종교
   (7) 켈트인의 종교
   (8) 게르만인의 종교
   (9) 로마의 고대종교

Ⅱ. 윤리종교
 1. 국민적 율법적 종교
   (1) 유교
   (2) 도교
   (3) 브라만교
   (4) 초기불교
   (5) 쟈이나교
   (6) 조로아스터교
   (7) 모세의 종교
   (8) 유대교

2. 세계적 종교
  (1) 불교
  (2) 이슬람교
  (3) 기독교

타일러(E.B. Tylor, 1832~1917)의 분류

I. 미개인의 종교
  1. 신념의 애니미즘
  2. 행위의 주술
  3. 조상숭배

II. 반개 민족의 종교
  1. 다신교
  2. 이원(二元) 신교
  3. 교체(交替) 신교
  4. 유일신교

III. 문화인의 종교
  1. 윤리적 종교
    (1) 율법적 종교(브라만교, 원시유대교)
    (2) 도덕적 종교
      ① 예언자의 종교(이스라엘)
      ② 조로아스터교
      ③ 이슬람교
  2. 보편적 종교
    (1) 불교
    (2) 기독교

헤겔(G.W.F. Hegel, 1770~1831)의 분류

Ⅰ. 자연종교(인류의 유년기)
  1. 직접적 종교
    (1) 마법
    (2) 주술
    (3) 서물숭배
  2. 만유신교
    (1) 법규의 종교인 공자교
    (2) 공상의 종교인 브라만교
    (3) 실상(實相)에 관한 종교인 불교
  3. 자유의 종교
    (1) 광명의 종교인 조로아스터교
    (2) 비애의 종교인 시리아교
    (3) 비의(秘義)의 종교인 애굽교

Ⅱ. 심령종교(인류의 청년기)
  1. 히브리인의 주권적 종교
  2. 헬라인의 예술적 종교
  3. 로마인의 오성(悟性)적 종교

Ⅲ. 절대종교(인류의 성년기)
  1. 기독교

기성종교 　끝으로 지금까지 역사적으로 존재해 오는 종교를 기성종교
신흥종교 (旣成宗敎)라 하고 새로이 일어난 종교를 신흥종교(新興宗敎)
이단   　라 한다. 그중에 정통적인 종교에서 많이 변질된 것들을 이단
　　　　　(異端)이라고 부르며 영어로는 'heresy' 또는 통속적으로
　　　　　'cults'라고도 부른다. 한편 사회에 해를 끼치며 도덕적으로까
사교   　지 타락된 종교들을 사교(邪敎, heretical religion)로 규탄,
　　　　　배척한다. 이러한 신흥 사교들은 기성종교의 타락으로 그 종교
　　　　　적 역할을 다하지 못하며, 그 사회가 타락하고 불안하게 될 때

발생한다. 다시 말하면 종교와 사회는 상관관계 속에 있기 때문에 타락한 종교가 사회를 타락시키며 타락한 사회가 또 종교를 타락하게도 한다.

그러나 종교가 사회의 정신적, 영적 생명이라 할진대 종교가 사회의 타락에 그 책임을 돌려 자기의 사회생명적 본분의 책임을 회피할 수는 없다. 종교는 사회의 궁극적 책임을 스스로 짊어지고 그 사명을 감당해 나가야 할 것이다. 종교의 자유는 사교 및 개인과 그 사회와 국가에 해가 되는 종교까지 용납할 것을 의미하지 않는다. 종교의 자유를 빙자해서 종교적 사회악이 발생되어서는 안 된다. 한 국가 사회는 어떤 종교가 그 정신적, 영적 주축이 되느냐에 따라 흥망성쇠가 달려 있는 것은 역사가 증명하고 있거니와 한국적 다종교 사회에서 참 종교의 선택은 더 더욱 중요한 것이 아닐 수 없다. 한 개인, 한 사회, 한 국가에게 필수적으로 필요한 진정한 종교를 분별하는 것이 바로 종교 분류의 궁극적 목표가 된다고 보겠다. 과거의 한 시점에서 개인에게 또는 국가 사회에 어느 정도, 어느 차원에서 공헌을 했다고 해서 오늘의 개인 또는 국가 사회에 필연적으로 공헌할 수 있는 것은 아니다. 새 포도주는 새 부대에 넣으라는 성경 말씀이(마 9:17; 막 2:22) 종교 분별의 방향을 제시해 주고 있다고 본다. 성경은 모든 종교의 종교성을 부인하지 않는다(행 17~22; 25:19). 그러면서 동시에 개인과 온 인류에게 주어진 복음과 이방종교라는 이분법으로 종교를 분류한다. 다시 말해서 구원의 생명종교와 구원이 없는 멸망의 종교로 양분한다.

제 5 장

종교의 원시적 형태

대표적인 원시 종교들	종교의 기원에 있어서 심리학적, 사회학적, 철학적 기원설 이론 외에 역사적으로 볼 때에는 원시자연종교들이 고대로부터 널리 퍼져 있던 것을 고고학과 인류학은 말해 주고 있다. 자연숭배, 정령숭배, 조상숭배, 주술 또는 주물신앙, 토테미즘 (totemism) 등이 그 대표적인 것들이다.
자연숭배	자연숭배는 천연(天然)숭배라고도 하고 배물교(拜物敎)라고도 부르는데 이것은 해, 달, 별, 비, 바람, 불, 번개, 우뢰, 산, 강, 바위, 고목, 심지어는 동물에 이르기까지 어떤 자연물을 대상으로 실제 그대로를 의인적으로 생각해서 신으로 믿는 것이다. 예를 들면 달이면 달 속에 어떤 영적 존재를 따로 생각하는 것이 아니라, 달 그 자체를 신으로 섬기는 것이다. 고대로부터 현재의 미개인에게 걸쳐 전세계에 유포되어 있거니와 현대 문명세계에서까지도 많이 볼 수 있다.
불숭배	불숭배신앙은 불의 위대함과 고마움에서 생긴 것으로 보며, 이것에는 인도의 아그니 불신, 이란의 불의 화신(化身) 인타프, 일본의 아궁이 화신, 오스트레일리아의 불토템 등이 있다.

태양숭배로는 이집트의 태양신과 잉카와 마야문명의 태양   태양숭배
신이 널리 알려져 있으며 우리나라와 일본도 본래 태양숭배 신
앙을 가지고 동으로, 동으로 해가 뜨는 곳을 향해 옮겨 온 민
족으로 본다. 이것도 역시 태양의 고마움과 위대함, 특히 농경
생활과 관련된 것으로 본다.

  땅의 신을 섬기는 것으로는 여러 고대문명에서 찾아볼 수   땅숭배
있는 토우숭배신앙이 그 중요한 예로 들어가고 있거니와 중국
하왕조(夏王朝)의 시조 우왕(禹王)을 토지의 지신으로 마을 수
호의 사당을 짓고 섬겼으며, 곡물신으로 오늘에 이르기까지 사
신(社神)으로 섬기고 있거니와 우리나라 사직공원의 사직제단
(社稷祭壇)도 바로 그 한 예가 된다.

  자연신은 우상신으로 발전하거니와 특히 유목민들에게는   우상
목축의 신으로 말이나 소나 코끼리 등이 신성시되며 유목민들
에게 더욱 중요한 것은 별에 대한 신앙이요 여기서 점성술이   점성술
또한 발달하기도 한다.

  자연숭배신앙은 무생물과 생물, 자연생물과 인간 사이에
질적 구별을 하지 못하는 원시적 신앙이다. 소위 물활론으로도
설명하거니와 앞에서도 언급한 바 있듯이 자연에 대한 공포 또
는 감사의 관념에서 자연적으로 발생된 것으로 이해되고 있다.
그러나 실은 발생근거를 보다 깊은 곳에서 찾지 않으면 안 될
것이다. 또한 이것이 우리의 이기성의 요구와 충족의 형태로
발전되어 있음을 볼 수 있다. 따라서 신앙대상으로서의 그 자
연은 의인화 내지 신격화된 것이다. 종교로서 이러한 신앙은
근세 이후에 미신으로 여겨 많이 타파되었다. 이러한 신앙을
성서에서는 우상숭배로 철저히 배격하고 있다. "너는 나 외에   십계명
는 다른 신들을 네게 있게 말지니라 너를 위하여 새긴 우상을
만들지 말고 또 위로 하늘에 있는 것이나 아래로 땅에 있는 것
이나 땅 아래 물속에 있는 것의 아무 형상이든지 만들지 말며
그것들에게 절하지 말며 그것들을 섬기지 말라"(출 20:2~5).

  자연숭배와 비슷한 것으로 서물(庶物) 또는 주물(呪物)숭배   주물숭배

호부	(fetishism)라고 하는 것이 있다. 이 'fetishism'의 어원인 'fetico'는 어떤 비인격적 힘을 가진 호부(護符)를 의미하는 것이었다. 이는 자연숭배보다 뒤에 생긴 것으로 우상숭배의 시작으로 보는 사람도 있다. 주물은 단순한 힘을 가진 실물로서 기술적인 주술과는 구별된다. 인도, 아프리카, 남미 등 세계 곳곳에서 해골, 이빨, 돌, 조개, 금속 등을 몸에 지니거나 또는 집이나 마을에 비치함으로써 재앙을 물리치는 것으로 믿는다. 대체로 현실적, 경험적인 점이 특색이라고 볼 수 있다.
주술신앙	주물신앙과 상관관계를 가지는 주술신앙(呪術信仰, magic)이 있다. 이것은 신비적 힘을 원하는 대로 작용시키기 위한 틀림없는 능력을 가진다고 생각하는 기술을 의미한다. 우리나라의 부적(符籍)도 여기에 속하는 것이 있다. 자기를 보호할 뿐 아니라 어떤 대상을 저주하는 데도 사용한다. 주술에는
모방적 주술 공감주술	비슷한 것이 비슷한 것을 낳는다는 원칙에 근거한 모방적 주술 또는 공감주술(共感呪術)로서 부적신앙 같은 것이 있고, 접근의 법칙에 근거한, 예를 들면 소유물을 해침으로 소유주를 해하는 것으로 믿거나 유사한 것을 해함으로 그 본주(本主)를 해
전염성 주술	하는 것으로 믿는 전염성의 주술(혹은 類感 또는 感染呪術)이 있다. 전자는 시각적, 청각적인 것인 데 비하여 후자는 관념적, 언어적으로 반드시 주문과 더불어 행해지는 것이 특색이다. 이러한 주술은 대개 주물신앙과 샤머니즘(shamanism) 등과 혼합되어서 시행된다.
혼합종교	주술의식은 제사의식의 선형으로 보기도 한다. 그리하여 어떤 대상에 대한 신앙이 그 대상을 움직이게 하는 기술에 대한 신앙이 되고 마침내는 그 기술을 수행하는 행동자를 신앙하는 변화를 가진다고 본다. 심지어 이러한 현상은 현대 문명종교에서도 볼 수 있다. 여기에서 종교혼합의 계기가 생기는 것이다. 기독교의 대전도자 사도 바울은 자기를 신으로 알고 절하려는 자들에게 강하게 만류한 바가 있다(행 14:8~18).
정령숭배	다음으로 정령숭배(animism)사상에 근거한 몇 가지의 종

교 현상들은 원시적 종교 중에 가장 보편적인 것들에 속한다. 생기설(生氣說)이라고도 하는 정령숭배의 특색은 자연물 그 자체를 숭배하는 자연숭배와 달리 어떤 신앙대상인 물체든지 그 속에 실체로서 정령(animaspirit)이 있어 그 아니마(anima)의 존재와 활동을 믿는 것이다. 본래 아니마라는 라틴어는 숨쉬는 것, 목숨, 생명, 영혼 등의 뜻으로 이해되는 말로 희랍어 프쉬케($\psi\nu\chi\eta$)에 해당하는 말이다. 신령사상, 영혼불멸사상, 조상숭배, 망령사상, 샤머니즘(무당) 등이 모두 이 종류에 속하는 것이다. 철학적으로는 이것은 기계설에 대립되는 활력설(vitalism) 또는 물활론(物活論, hylozoism)에 속하는 것으로 볼 수 있는 것으로, 이것은 앞에서 언급한 바와 같이 인간생활의 화복에 관련하여 영적 존재와의 교섭 내지는 투쟁으로 나타난다.

아니마

물활론

영혼불멸사상은 이집트의 미이라에서 중국의 조상숭배에까지 편만되어 있다. 중국의 조상숭배사상은 유교의 효(孝)사상으로 발전하여 조상제사 종교로서 현대까지 굳어졌으며 나아가 명당사상(明堂思想)과 결합되어 극동대륙의 주축을 이룬 종교사상이 되었다. 이렇게 된 조상숭배사상은 한국 땅에 그 뿌리를 깊게 내려 종교관습에 그치지 않고 사회제도화되어 오늘에까지 이르게 되었다.

영혼불멸사상
조상숭배

명당숭배

조상숭배가 국가적 차원에서 제도화되어 발전한 데 반해 무당사상(shamanism)은 대중생활 속에 한국의 본래 종교의 맥을 이어 편만되어 있다. 무당종교는 정령사상(animism)이 의식화(儀式化)된 종교형태 중 하나이다. 주로 남아시아 주변(white shaman)과 시베리아계 민족들에게서(black shaman) 크게 번져 있다. 우리나라에서 샤만(薩滿, shaman)은 무당(巫堂)으로 불려지고 있다. 남자 무당인 경우 박수(拍手)라 불리운다. 무당은 영매자(靈媒者), 곧 인간과 영을 중개하는 자로서 영과 교통할 수 있는 능력을 가지고 있으며 초인적 능력을 발휘하는 자다. 그는 입신(extasy)의 망아상태(忘我狀態)에서 망

샤머니즘

령(亡靈)의 뜻을 대변하기도 하고 그를 무마하거나 신령에 힘입어 쫓아내기도 한다. 그리하여 무당에게 의지하는 개인 또는 가정은 질병의 쾌유나 안녕무사를 도모하게 한다. 우리나라에서는 신이 내려서(降神) 무당이 되는 게 보통이나 일본에서는 대체로 세습되는 것이 통례이다. 무당종교(shamanism)에는 고등종교의 절대적 신앙에서 가지는 윤리성이 결여되어 있으며, 임기응변적 상대적 신앙의 수준을 넘지 못하는 원시신앙이다. 그러나 현대 문명세계에도 잔존하고 있어 무시 못할 종교가 되어있다. 그것은 이 신앙이 영적 세계의 긍정, 특히 인간 영혼 존재 신앙의 타당성에 그 뿌리를 두고 있기 때문이요, 또 직접적인 기복 방법이 인간의 욕구 충족에 크게 매력적이기 때문이다. 특히 한국에서는 유교, 불교 그리고 기독교와도 혼합되어서 큰 종교들을 변질시키고 있다.

강신

마나이즘

정령숭배 신앙과 비슷한 것으로 마나이즘(manaism, 靈力說)이 있다. 마나(mana)란 말은 초자연적, 비인격적 힘으로서 모든 힘의 근원적인 것으로 본다. 태평양의 멜라네시아(Melanesia)인의 종교를 연구한 콜링톤(R.H. Colington, 1770~1851)에 의해 주장된 이 학설은 마나가 무력(武力), 농작물의 풍작, 떠나가는 배, 주술 등에 공통적으로 들어 있는 힘의 본원으로 믿는 것이다. 성경은 여호와께서 자기 백성에게 힘을 주신다고 하였으며(시 29:11), 표적과 기사의 능력이라고 하였다(롬 15:18).

콜링톤

마니즘
허버트 스펜서

마나이즘(manaism)과 혼동하기 쉬운 마니즘(manism, 亡靈崇拜)이 있다. 마니즘(manism)은 스펜서(H. Spencer, 1820~1903)가 종교의 기원으로 삼은 종교설인데 모든 종교는 죽은 사람의 망령숭배에서 시작됐다고 한다.

토테미즘

자연숭배신앙과 조상숭배신앙이 혼합된 것으로 보여지는 토테미즘은 동물, 식물 또는 자연에 대한 한 집단 내지 부족의 태도를 말하는 것인데, 이 대상은 그 부족의 조상과 같은 것으로 상상되며 따라서 존경과 공포의 대상으로 받아들여진다. 토테미즘은 아프리카, 남북 아메리카, 오스트레일리아 등에 분포되어 있으며, 한국에는 곰 토테미즘이 전해 오고 있으나 실제로 남아 있는 것은 없다. 일본에는 북쪽 아이누족에 곰 토테미즘이 남아 있다고 한다. 토템(totem)이란 말은 미국 인디언 민족 중에 치폐와(Chipewa) 부족의 속어인데 기호(記號)라는 의미를 가진 말이라고 한다. 인디언들은 자기들의 토템(totem)인 동물은 죽이지 아니하고 학대하는 것도 엄금한다. 종교의 기원을 토테미즘에서 추구해 본 사람은 스코틀랜드인 맥 레난(J. F. Mac Lennen, 1827~1881), 프레이저(J. G. Frazer, 1854~1941) 등이 있다. 그러나 토테미즘은 점점 도태되어 가고 있는 종교라고 생각된다. 맥 레난
프레이저

  단순한 것이면서도 전세계에 번져 있는 종교현상 중에 금기(禁忌, taboo)가 있다. 타부란 말은 태평양 폴리네시아 군도의 말이다. 이 말은 신성한 규범으로서 금하고 경계하는 것을 의미한다. 이것은 여러 종류의 종교형태와 결부된 신성에 대한 경배와 신앙의 의식이다. 그것은 특정한 현상이나 사물에 접하면 초자연적인 제재를 받는다는 개인적인 감각 또는 사회적인 관습을 말한다. 사람이 세상을 떠난 상가(喪家)의 기중(忌中)의 표시, 아기를 낳은 해산집의 금줄 또는 삼줄 등이 그것이다. 결례(潔禮)와 같이 위생적, 심리적 의미를 다분히 내포하고 있다. 대상은 상처를 입힐 위험성이 있는 칼 등 무기류 또는 도구 등과 위생과 관련이 있는 병고(病苦), 기타 생명과 신체에 관련된 머리, 피, 시체 등에 관련된 것들이 많다. 이런 것들을 회피하는 금기(taboo)는 여러 가지 종교형태를 떠나 독자적으로 종교적 역할을 하기 때문이다. 우리나라 성황당(城隍堂) 혹은 서낭당은 금기적이면서 주물, 주술, 무당행사와 제사행사가 곁들여진 것이라고 볼 수 있다. 금기(타부)

  이상의 여러 가지 원시종교들은 영혼의 발견, 내세신앙, 하나님 인정, 죄 인정, 구원의 요망을 일으킨다고 평가된다. 그러나 혹자는 "순교가 나지 않는다"고 비평하였다. 거기에는 선

악의 윤리성이 부족하여 하나님을 영화롭게 섬기는 것이라기 보다는 개인적 또는 집단적 이기심과 동경심에서 행해지는 것이었으나, 오늘날에는 미신으로 모두 타파되는 경향을 면할 수 없는 것들이다.

제 6 장

종교와 심리적 성장

    발달심리학에서는 인간심리의 발달을 신체적 발달에 따라 서서히 발달하는 것으로 보며 아울러 심신의 발달은 상호 구별되는 몇 가지 특징이 있는 단계가 있다고 본다. 그 구분단계는 학자들에 따라 다르나 통상적 견해를 종합하면 전체를 출생 전 발달과 출생 후 발달로 나누고, 출생 후 발달을 유년기(1~2세), 아동기(여자 1~11세, 남자 2~13세), 전청년기(소년기, 여자 11~13세, 남자 13~15세), 청년기(여자 13~24세, 남자 15~24세), 장년기(25~65세), 노년기(65세 이후)로 구분할 수 있다.   발달심리학

    심리적 발달은 선천적 요인과 환경적 요인의 상관관계 속에서 변하게 되는데 유년기는 감정의 분화가 현저한 때요, 아동기는 언어를 사용하게 되어 지적 활동이 풍부해지는 때다. 이 시기에는 욕구와 의도에 있어서 자기중심적 경향이 뚜렷해지기도 한다. 그러나 자기 통제력이 부족해서 정신적 동요가 심한 때이다. 자기 감정이 강해서 고집이 세지기도 하고 반항적 행동의 경향이 나타나 제일반항기(第一反抗期)라고도 한다.   아동기

청년기	청년기는 자아의 제2탄생기로 보통 사춘기(思春期)라고 하나 학자들에 따라 사춘기의 연령적 구분이 구구각색이다. 하나만 예를 들면 헐러크(Huilock)는 성적(性的) 성숙을 구분의 조건으로 전청년기(남자 11~13세, 여자 10~11세)와 청년기로 나누고, 다시 청년기를 전기(남자 13~17세, 여자 11~17세)와 후기(남자 17~24세, 여자 17~24세)로 나누며, 전기를 사춘기라고 부르며 이 사춘기를 전사춘기, 사춘기(성숙기), 후사춘기로 다시 구분한다. 개인적 차이, 문화적 차이가 크지만 대체로 전사춘기는 성적으로 아직 미성숙 상태여서 생식세포가 없다고 본다. 신체적, 발달적 변화가 계속된다. 성숙기는 성기관에 생식세포가 산출된다. 후사춘기는 성기 및 성적 기능이 성숙한다. 제2차 성적 특징의 발달적 변화가 끝나고, 남녀의 신체적 특질이 충분하게 발달한다.
청년기의 특징	청년기에 있어서 자아의식의 확립은 청년기의 인격의 기본적 특질로서, 반항현상, 정서적 불안과 고민, 사회적 고독감, 생활설계의 문제로서의 이상성(理想性) 등이 있다. 이러한 배경에서 청년은 부적응(不適應)의 특질적인 현상을 나타내기 쉬운데, 무책임한 태도, 공격적 태도, 불안정감, 극단적 자기희생, 향수병(home-sickness), 지나친 공상, 퇴행, 합리화 내지 행동의 위장 등의 현상이 나타나기 쉽다. 부적응이 심해지면 신경증 또는 비행(非行)으로 발전하기도 한다. 고로 신체적인 급격한 변화에 따라 정서적, 지적, 사회적 발달을 조화 있게 잘 발달시켜야 한다.
장년기	성인기 또는 장년기는 주로 가정과 직장에서의 원만하고 성숙한 적응이 문제가 되는 시기다.
노년기	노년기는 더욱 개인차가 심한데 대개 50세 전후 기간을 초로기(初老期)라고 보며 70세 전후를 노쇠기라고 본다. 최근에 노인의 소외(疎外)문제가 가장 심각한 문제로 등장하고 있다.
	인간의 각 성장단계에 따른 종교적 성향은 어떠한가?
아동기의	유치원 내지 국민학교에 다니는 시기의 아동들은 형식적으

로 또는 재미를 느껴 주일학교 및 종교적 모임에 참석한다. 아동의 신관(神觀)은 외형적, 현실적, 의인적, 구체적이다. 목수로 설명되는 하나님, 거인으로 설명되는 위대하신 하나님, 부모로 설명되는 사랑의 하나님이다. 사소한 장난감을 선물로 주시기를 기도할 때 그 기도를 들어주시는 하나님으로, 자기 중심적, 마술적 욕망을 충족시켜 주시는 하나님으로 생각한다. 의식을 가지게 될 때 하나님께 자복하지만 아버지, 어머니, 선생님에게 용서받아야 확실하게 느낀다. 하나님께 대한 두려움, 신비감, 감사와 사랑, 신뢰 등의 종교적 감정이 어려서부터 나타나는 것은 사실이다. 그러나 이러한 종교적 지식이나, 감정이나, 실천적 의지를 아동의 정신적, 인격적 성장에 따라 계속적으로 변화 있게, 깊이 있게 정도에 맞추어 성장시켜 주는 일이 필요하다. 그렇게 하지 못할 때 주일학교 다니던 많은 아이들이 신앙심이 흐려져 청년기에 교회를 떠나고 신앙을 버리게 되는 일이 허다하기 때문이다.

 청년기에 들어서면 집단적 충동이 강해진다. 따라서 경기단체, 비밀조직 등 여러 종류의 단체들을 결성하며 선후배 관계가 강해지고 아울러 종교적 문제와 모임에도 열렬한 태도를 가지기도 한다. 이 시기에는 무엇에든지 정열적이어서, 그러면서도 아직은 넓은 식견이 없기 때문에 독단적으로 흐르기 쉽다. 청소년들은 언제나 옳거나 그르거나 둘 중의 하나로 빠지며 그 중간은 없다. 곧 흑백논리에 빠져 절충과 조화를 잃기 쉽다. 편협적이어서 한 가지에 열중하며 다른 중요한 일을 소홀히 하기가 일쑤다. 추상적 이론이 발달하며 분노, 자기 주장 및 자기 비굴의 충동이 스스로 감당할 수 없도록 강해져 흔히 과민하기 쉽고 언쟁을 잘하며, 때로는 극도로 수줍어 하는가 하면 때로는 자기 과시나 자만에 치우치기도 한다. 청년기는 개성이 형성되는 시기다. 취미, 습관 등이 고정되는 때이기 때문에 악습이 생겨 생의 방향을 잘못 잡을 수도 있다. 따라서 종교에 대한 태도와 교회관계의 생활을 청년기에 든든히 해 두

종교적 성향

청년기의 종교적 성향

지 않으면 안 된다.

스탠리 헐
회심
스타벅크

　헐(G. Stanley Hall)의 회심(conversion)에 대한 연구는 종교심리학에 중요한 위치를 차지한다. 같은 클라크 학파의 한 사람인 스타벅크(I. D. Starbuck)는 종교적 회심 연령의 최소가 6세이고 평균치는 16.4세이며, 여성이 남성보다 조숙하다고 하였다. 비기독교국가에서는 바울이나 어거스틴처럼 장년기에 개종하는 일이 허다하다. 하지만 청년기가 회심의 가능성을 가장 크게 가지고 있다는 사실에는 이의가 없다. 청년기의 추상적 이론에서 아동기의 외형적 하나님은 전지전능, 영원무한의 절대자로서 진리와 정의의 존재요 사랑과 구원의 인격적 궁극 실존으로 이해된다. 종교적 형식, 곧 모든 의식의 본질적 의미를 파악하게 되며 이를 실천에 옮기려는 강렬한 의지가 일어나

회의

게 된다. 그러나 이러한 종교심은 반드시 회의(懷疑)의 과정과 강렬한 본능과의 투쟁을 통해서만 이루어지기 마련이니 이러한 청년들의 어려운 과도기를 잘 극복하여 신앙적 체계를 확립할 수 있도록 해 주지 않으면 안 된다.

　개인적인 차이는 있지만 자기의 가정 또는 사회의 전통적 종교의 분위기 속에서 종교적인 교육을 계속적으로 잘 받은 사람은 신앙적 회의나 윤리적 투쟁을 극렬하게 느끼지 않고 그 신앙이 점진적으로 굳어지지만, 독특한 사람 또는 종교생활의 신입 또는 개종현상을 겪는 사람은 신앙적 급변현상을 체험하는 경우가 많다. 그 어느 한 가지만을 정당한 것으로 생각할 때엔 청년들에게 신앙의 혼란을 일으키기가 쉽다. 그 어느 경우이든 간에 아동기의 종교적 훈련은 잠재의식적으로 작용하여 청년기의 신앙에 영향을 끼친다. 그것은 아동기의 종교적 생활의 성격에 따라 긍정적 요소가 될 수도 있고 부정적 요소가 될 수도 있으므로 아동기에서의 신앙생활이 반감을 일으키는 과정이 되지 않도록 해야 하며 청년기에서도 역시 마찬가지다. 고로 아동이나 청년기나 종교적 훈련은 이해와 흥미를 겸하는 것

급변적 신앙체험

이 중요하다. 대체로 급변적 신앙체험(예를 들면 거듭나는 체

험, 신체적 체험 등)은 간절한 기대와 감정적인 기질과 수동적 심리성이 강한 사람이 잘 가지게 되며 또한 그러한 사람은 신앙이 확고해지는 것이 보통이다. 그러나 그러한 신앙도 회의와 윤리적 투쟁의 생활에 있어서 굴곡이 없다는 것을 의미하지는 않는다. 정도의 차이는 있으나 모든 신앙인에게 굴곡의 현상이 있으므로 급변적 체험도 유익하지만 지속적인 신앙교육을 통하여 신앙을 꾸준히 중단하지 않고 지속해 나갈 수 있도록 하지 않으면 안 된다.

　장년기는 심리적으로 안정기요 사회적으로도 모든 관계가 정착된 상태이기 때문에 별안간 습관과 취미와 인생관을 바꾸고 사회적 관계의 파괴를 무릅쓰고 신앙을 새롭게 갖게 되기는 대단히 힘든 시기다. 더구나 가정적, 사회적 생활에 집중되기 때문에 장년기에 종교적 관심을 가지기가 힘들며, 비기독교적 사회에서 기독교적 신앙을 갖게 되는 것은 장년기에는 더욱 힘들다. 대체적으로 장년기에 종교에 의뢰하게 되는 경우는 타락적인 방탕한 생활을 하던 경우이거나, 개인 또는 사회생활에서 실패의 고통을 겪은 경우가 많다. 그것도 아동기 또는 청년기의 신앙이 잠재적으로 있다가 살아나는 경우가 많다. 정상적으로 청년기부터 지속적으로 신앙생활을 계속한 사람은 장년기에 와서 대체로 성숙한 신앙으로 발전한다.

장년기의
종교적 성향

　노년기에 들면 죽음을 앞두고 내세에 관심을 기울이며 영생에 대한 희구심이 커지는 것은 하나의 상례라고 할 것이다. 그리하여 젊어서는 믿어지지 않던 내세와 부활신앙이 노년기에는 믿어지게 되는 것을 볼 수 있다. 분주했던 생활에서 은퇴하면서, 젊은이들로부터 소외되면서, 신체적인 노쇠현상에서 자연히 종교에의 관심이 깊어지는 것은 당연하다. 그러나 일평생 굳어진 자기 나름의 인생관을 깨뜨리고 새로운 신앙으로 자기 인격을 개조하기가 그리 쉬운 일은 아니다.

노년기의
종교적 성향

　끝으로 기억할 것은 다만 단순한 심리적 변화가 종교적 신앙인 것은 아니다. 그러나 종교적 신앙은 심리적 현상으로 나타난다.

신앙과 심리변화
최면술, 마술
　신앙과 단순한 심리변화를 혼동하기 쉽기 때문에 여기에서 신앙과 심리뿐 아니라 신앙과 최면술, 신앙과 마술을 구별하는 것이 필요하다. 심리적 변화 작용은 신앙생활에 필요하고 유익한 것이나 혼동하는 경우는 해가 될 수 있으니 이는 자기를 속이고 남을 속일 수가 있기 때문이다. 종교는 종교적 심리를 유익하게 활용할 필요가 있는 것이다.

자기 부정
　회심 후에는 신앙생활의 특징적 성격으로 먼저 자기 부정의 태도가 나타나 과거의 생활방향이나 방식이 180도 전환되며, 새로운 삶의 힘이 솟구치고, 높은 차원의 삶의 목표를 가지게 되어야 한다. 그리하여 원숙한 종교적 인격에로까지 성장하여 유익한 헌신 봉사자가 되어야 한다. 알포트(G. W. Allport)는 종교적 인격의 성숙을 나타내는 기준으로 자기 확대(extention of the self), 자기 객관화(self-objectification), 통일적 인생관(Unifying philosophy) 등 세 가지를 들었다.

알포트
자기 확대
자기 객관화

에릭슨
에릭슨(E. M. Erikson)은 유아기의 친밀성(intimacy), 청년기의 사랑(love), 장년기의 배려(care), 노년기의 생에 대해 긍정적 자세를 가지는 지혜(wisdom)를 종교적 인격의 덕으로 삼았다. 성경은 신망애를 종교적 최고의 덕으로 삼는다.

제 7 장

종교의 체험
(N. Geisler의 종교체험론)

    체험이란 개인이 갖고 있는 의식(意識)을 의미한다. 그것은 주관적이지만 그 의식의 대상을 가지기도 한다. 자아의식인 경우도 의식의 주체로서의 자아와 대상으로서의 자아를 구별할 수 있다. 의식에는 살아 있다는 의식과 같은 일반의식과, 일정한 일에 주의력을 집중하는 특별의식이 있다. 본 장에서 언급하는 종교체험은 신비체험 또는 기도나 예배 등에서 느끼는 특수한 체험이 아니라 초월자의식(超越者意識) 등 종교체험 일반을 논하고자 한다. 의식에는 잠재의식 또는 무의식 등 무반성적 근본적 1차 의식이 있고, 기억, 추리 등 지각적 2차 의식이 있다. 2차 의식은 1차 의식에 기초한다. 종교체험도 이 두 가지 의식에 관계되지만 다른 사람의 종교체험을 이해하기 위해서는 직접적으로 접근하지 못하고 그들의 표현에 의존하지 않으면 안 된다.
    종교의식은 공통적으로 초월자에 대한 의식을 내포한다. 그 초월자를 무엇이라고 믿느냐에 따라 여러 가지 신관이 이루어진다. 종교체험에서 초월성은 자기 초월의 과정을 의미하기

       체험의 뜻

       의식

       종교체험
       신비체험
       초월자의식

       종교의식

초월의 대상 초월자	도 하고 초월의 대상 곧 초월자를 의미하기도 한다. 초월자로 주장된 것들 중에는 유신론, 범신론을 포함하여 여러 가지가 있다. 힌두교의 브라만(Brahman), 불교의 열반(nirvana), 도교의 도(道), 오토(Otto)의 누멘(numen), 틸리히(Tilich)의 존재 넘어 존재 (being-beyond-being) 등은 초월자를 관찰하는 하나의 방법들이다.
초월자의 차원	초월자는 위에, 깊은 곳에, 중심에, 안에, 근원에, 영원에 등 여러 차원을 가진다. 초월적이란 말은 자아, 잠재의식, 본체 등과 같이 한 사람의 직접적인 의식을 넘어서는 그 이상을 의미하기도 하고, 궁극적인 것으로 신앙되는 전적 위임의 대상을 의미하기도 한다.
종교적 초월 도덕적 초월	종교적 초월은 도덕적 초월과 다르다. 도덕적 신념은 일정한 방식대로 단순히 행동하려는 의도(intention)인데 종교적 초월은 일정한 위안을 가진 의도이다. 윤리적 체험은 도덕법칙에 반응하는 반면에, 종교체험은 도덕법칙의 입법자 자신에 응답한다. 도덕은 인간의 책임에 대한 의무를 요구하고 종교는 초월자에 대한 숭배를 요구한다.
	종교적 체험은 당위적 인간에 대한 위임의 행위를 포함하는 전인적인 초월자에 대한 위임이며 소망의 문제이다. 도덕상의 실수는 범죄를 낳지만 종교만이 오직 실수와 범죄를 동시에 극복하기 위해 은총을 공급한다.
오토	오토(Otto)에 의하면 성스러운 종교와 숭고한 예술은 설명할 수 없으며 보는 자를 낮추게 하거나 높이는 이중성을 갖는
슐라이엘마허	데서 유사하다. 그러나 슐라이엘마허는 "모든 과학은 인간 속에서의 사물들의 존재이며, 예술은 사물들 속에서의 인간의 존재이다. 그러나 예술과 과학은 무한자 속에 있는 보편적인 존재에 의존한다"고 하였다. 과학은 사변적이고, 예술은 실제적
플로티누스 키에르케고르	이고, 종교는 직관적이다. 플로티누스에게 있어서는 절대미(美 혹은 善, 一者)는 하나님과 동일시되고 있다. 그러나 키에르케고르는 심미적 수준은 자유로운 감정의 단계, 윤리적 수준은

의지적 결단의 단계, 종교적 수준은 존재의 단계라고 상승적인 단계로 구별했다. 이것은 자기중심에서 법칙중심, 법칙중심에서 하나님 중심으로 비약하는 것으로 된다. 요약하면 미학은 사람이 파악(소유)하는 어떤 것이지만 종교는 사람이 존재하는 (소유되는) 어떤 것이다. 전자가 비인격적이라면 후자는 인격적이다. 전자는 후자를 불러 일으킨다. 전자는 경탄의 감정을 포함하지만 종교는 숭배와 공경의 감정을 내포한다. 심미적 체험의 대상은 궁극적이 아니기 때문에 관심의 태도를 갖는 반면에, 종교적 체험의 대상은 궁극적이기 때문에 매혹뿐 아니라 두려움을 가지며 위임의 태도를 갖는다.

반종교적으로 될 수 있는 첫째 방법은 어떤 종류의 초월일지라도 그것을 인정하지 않는 길이다. 이것이 현대의 세속성의 특징이다. 자기 충족적이다. 신은 죽었다(Altizer), 신에 대한 언어는 무의미하다(Van Buren), 신은 개념화에 의해 가려졌다(Buber) 또는 신은 침묵을 지키고 있다거나 은폐되어 있다고 할 때 초월자는 이해되지 않는다. 현대인은 자기를 초월자에게 위임하려고 하지 않는다. 내재적이고 반종교적 입장이다. 즉 그들은 헌신할 만한 가치가 없다고 생각하거나, 사람은 자신을 초월자 없이도 잘 지낼 수 있을 만큼 충분히 성숙했다고 생각하며, 개별자는 자신을 궁극적인 것으로 존경하려고 한다는 것이다.

반종교적 태도

알타이저
반뷰렌
부버

대부분의 세속적인 체험은 여전히 준종교적이다. 틸리히는 무신론자들도 그들의 인격의 중심을 갖고 있다고 하고, 오토는 예술적 능력이 보편적인 것처럼 종교적 보편성을 주장하고, 엘레아데(Eleade)는 니체주의나 공산주의의 황금시대에 대한 갈망 등이 모두 종교적 유산이라고 설명한다. 신이 되려는 욕망이 근본적으로 인간적 투사(投射)라는 사르트르(Sartre)의 말은 본질적으로 종교적 인간의 특성을 보다 명확하게 지적한 것이다.

틸리히

엘레아데

사르트르

초월자의 차원과 정의들은 다르지만 그것이 어느 것이든

76 종교학 개설

누미누스,
전적 타자
존재 자체

제임스, 융,
포이에르바하,
싸르트르,
프로이드, 프롬,
듀이

코에스텐바움,
부버

람제이, 전적 위임
틸리히, 궁극적
관심

슐라이엘마허,
절대의존

종교체험의 유형

종교체험은 초월자를 내포한다. 슐라이엘마허의 전체로서 우주, 오토의 누미누스(numinous), 키에르케고르의 전적 타자, 틸리히의 존재 자체 등 그 모두가 종교체험 속에 내포되는 초월자들이다. 한편 초월자의 객관적 실체를 부인하는 자들까지도 초월자의 실재에 대한 신앙이 종교의 특징을 이룬다는 것은 인정한다. 제임스의 개별자의 잠재의식, 융의 집단적 잠재의식, 포이에르바하의 상상적 투사, 사르트르의 불합리한 투사, 프로이드의 신경증적 환상의 대상, 프롬(Fromm)의 이상적인 자아, 듀이의 가치들의 상상적 통일 등이 모두 종교체험에 나타난 초월자에 해당되는 것들이라고 볼 수 있다. 종교인들은 이러한 초월자를 타자(他者)로 의식한다. 왜냐하면 종교인은 궁극적인 타자가 홀로 자존하는 분으로 안다면 그 외의 다른 대상을 타자로 숭배하지 않을 것이기 때문이다. 코에스텐바움(Kösten-baum), 부버(Buber) 등은 종교는 나와 당신의 관계라고 생각했다.

종교체험은 전적 위임을 내포한다. 인간은 철저한 충성과 헌신으로 자신을 무엇엔가에 위임한다. 람제이(Ramsey)가 전적 위임으로 파악하고 있는 것을 틸리히(Tilich)는 궁극적 관심이라고 불렀다. 자기 자신을 궁극적이 아닌 것에 궁극적으로 위임하는 것은 우상숭배다. 그리고 숭배는 종교체험의 중심에 놓인다고 그는 말한다. 또 슐라이엘마허는 절대의존감정이라 하였다.

보편적인 종교체험은 초월자에 대한 의식과 초월자에 대한 전적 위임을 내포한다고 하였다. 그것은 인간이 자신을 초월하려는 욕구가 있다 할지라도 인간이 초월할 여지가 없다면 인간은 자신을 초월할 수 없기 때문에 인간은 자기를 초월할 수 있기 위해서는 초월의 여지로서 초월자가 필연적이라는 것을 주장하는 것을 의미한다.

종교체험의 유형에는 첫째, 기원을 향한 초월이 있고 다음으로 위로 향한 초월, 바깥을 향한 초월, 앞을 향한 초월, 중심을 향한 초월, 깊이에로의 초월, 순환적인 초월 등이 있다.

    종교체험의 유형 곧 차원에는 첫째로 기원들의 신화와 같은 기원을 향한 초월(transcendence toward the beginning)이 있다. 그것은 일종의 회고적인 초월(retrospective transcendence or transcending backward)인데 신화적인 시간은 신들의 최초의 행위를 제의(祭儀) 속에서 반복함으로써 현재화할 수 있다. 그리하여 종교적 시간은 제의에 의해 순환적으로, 주기적으로 현재화된다. 그러나 기독교는 종교적 시간이 역사 속에서 그리스도의 성육신을 통하여 펼쳐진다고 주장함으로써 종교적 시간의 성격을 근본적으로 바꾸어 놓았다. 엘리아데(Eleade)의 회고적인 종교적 초월은 그것이 종교체험의 유익한 방법이라고 생각하는 데 잘못이 있다. 만일 신화들이나 기원을 통한 회고적 초월이 초월의 유일한 방법이라면 고대인을 제외한 모든 사람이 비종교적인 인간이 된다.   *회고적 초월*

    희랍철학은 새로운 초월의 차원을 열었다. 신화를 넘어서 이성에 의해 우주창성을 우주론으로 바꾸어 원질(아르케) 또는 절대적인 시점으로 부동의 원동자 또는 제일원인을 주장했다. 신화가 아니라 존재론적으로 초월을 시도했다. 그러나 합리화는 완전하지 않다.

    플라톤의 이데아, 플로티누스의 일자(一者) 등은 위에 있는 통일성으로부터 아래에 있는 다양성으로의 운동이다. 따라서 위로 향한 회귀운동(recturn move upward)이 있게 된다. 이것은 바로 지고자를 향한 초월(transcending forward the highest)을 의미한다. 플로티누스에 있어서는 감각적인 물질계로부터 지성적인 누스(nous)의 차원에로 그리고 누스의 차원에서 직관적인 것, 곧 절대적 통일 또는 단순성인 지고자(至高者) 또는 중심(中心)과의 일치로 또 다른 초월을 가진다. 합리적 초월은 플로티누스에서 신비적, 직관적 초월에 이르렀다. 그러나 플로티누스에 있어서 자연적인 성격은 기독교에 있어서 초자연적인 성격과 조화되기 어려운 점이 있다.   *위로 향한 초월*

바깥에로의 초월	바깥 또는 저 너머(outward or beyond)로의 초월은 인간이 신에 도달하기 위하여 자신으로부터 바깥으로 초월하는 것을 말한다. 엑크하르트(Eckhart)의 무한한 구형(球形, infinite sphere), 이신론(deism), 칸트의 초월신, 불트만(Bultman)의 신화 뒤에 숨어 있는 실재 등이 바깥에로의 초월의 대표적인 대상이라고 보겠다.
앞으로의 초월	앞으로의 초월(transcending forward) 또는 종말론적 초월(eschatological transcendence)은 히브리적 직선적 역사관(linearview of history)을 따른 발전사상에 의한 초월이다. 알타이저(Altizer)는 회고적 초월성과 수직적 초월성을 거부하지만 종말론적 초월성을 배제하지 않는다. 오늘날 사람들이 신의 부재의 사상을 가지고 있는 데 반해 "기독교인들만이 신이 죽었고 그 신의 죽음은 하나의 최종적이고 취소할 수 없는 사건이라고 믿고 있다"고 알타이저가 말하는 것을 보면, 알타이저는 그가 신이 죽었다고 말할 때 니체와 같이 신이 죽은 채로 있다거나, 뷰렌(Buren)과 같이 신이라는 개념이나 단어가 오늘날 그 효력을 상실했다거나, 부버가 주장하듯이 신은 인간의 눈에 가리워져 있다는 것을 의미하지 않는다. 하나님은 십자가 위에서 실제로 죽었다. 헤겔과 같이 인간은 최초의 성스러운 것의 죽음을 넘어서서 성과 속을 화해시키고 통일시키는 종말론적인 반대의 일치를 향해 움직여야 하는 것으로 생각한다. 성스러운 형태로 속(the profone)이 부활할 것을 궁극적으로 기대한다. 전진적인 초월의 방향이 개방되어 있다.

본회퍼(Bonhöffer)는 초월적인 미래를 기다리는 동안은 모든 초월적인 것을 배격하고 초월자 없이 기독자의 생활이 현재 속에서 신이 죽은 것처럼 영위되어야 한다고 신학을 인간학으로 변형시켰다. 브라운(Herbert Braun)은 신은 세계 저편에서 발견될 수 없고 오직 다른 사람 안에서 발견될 수 있다고 한다. 이러한 현대신학과 윤리학은 내재주의적이다. 유일한 초월성도 종말론적인 것뿐이다. "나를 본 자는 아버지를 보았거

늘"(요 14:9)이라고 말한 현실 인간 예수 안에서만 신을 알 수 있다.

 중심을 향한 초월이 있다. 원시적 종교인은 우주의 중심을 신에 이르는 출입구로 본다. 제단이 이곳에 세워진다. 원시종교인은 자신을 그곳에 갖다 놓으려고 한다. 엑크하르트나 플로티누스는 중심으로의 초월을 말하기도 한다. 샤르뎅(Teilhard Chardin)은 원시적인 신화와 중세적 신비주의를 다 피하려고 하지만 그가 신의 영역이라고 부르는 하나의 초월적인 중심을 남겨 둔다. 그에 의하면 신은 모든 실재들이 수렴하는 궁극적인 신이기 때문에 자신을 어느 곳에서나 하나의 보편적인 영역으로 제시하신다. 그러므로 인간은 그것을 향해 초월해야 한다. 차딘은 우리에게 세상을 떠나지 말고 지구 표면을 떠나서 신에게 뛰어들어 신의 영역 안에 자리잡으라고 한다. 더욱이 기독교인에게 있어서 신의 영역이 갖는 무한한 매력은 예수 안에 계시된 신인접촉에 기인하고 있다. 우리는 역사적 예수에 초점이 맞춰진 신의 중심을 향해 초월한다고 한다.

 깊이 또는 바탕에로의 초월이 또 있다. 고대로부터 신비주의자들은 자신의 영혼의 깊숙한 곳에서 신성을 추구했다. 로빈슨(Robinson)은 뒤로나 위로 초월할 수 없다는 자들을 깊이에로의 초월로 유도한다. 그것은 범신론적 또는 내재적인 것이 아니라, 그것은 틸리히의 입장과 같이 높은 것에 대한 얕은 것이 아니라, 오히려 얕은 것에 대한 깊은 것으로서의 모든 존재의 깊음과 바람이다. 이것은 또한 인격적인 관련성이 아래 깊숙히 있는 것들의 궁극적인 진리와 실재성으로서의 신은 사랑이라는 것이다.

 프로이드나 제임스의 잠재의식은 신적인 것에로의 초월을 낳게 하는 출처로 지적된다. 어거스틴의 진리의 내적 표준, 데카르트의 본유관념 등도 역시 신에로의 초월의 연결점으로 주장된다. 더 나아가 융의 집단 무의식은 아예 신으로 간주되어져 초월자의 실재성의 가치를 어떻게 판단할 것인가에 대한 문

중심을 향한 초월

바탕에로의 초월

제를 새롭게 제기한다.

순환적 초월　　순환적인 초월은 자아초월을 자기 자신의 형태로 바꾼 니체의 영원회귀의 초인의 초월에서 볼 수 있다. 불합리에 대한 까뮤(Camus)의 체념은 니체의 영원회귀와 유사하다. 생활의 영원한 불합리성을 각오함으로써 개인적인 허무주의를 초월할 수 있다는 의미에서 까뮤도 일종의 순환적인 초월성에 관련된다. 불교의 해탈 또한 순환적인 초월에서 떼놓을 수 없을 것이다.

결국 인간은 필연적으로 종교적이다. 종교체험은 많은 차원을 갖는다. 초월의 한 가지 방법이 끊겨질 때 다른 방법을 찾게 된다. 참 종교인은 실재성을 추구하지만, 고지식한 불신자는 궁극적인 의미나 실재성이 없다고 보고 그것에 통합되기를 거절한다.

종교체험과
실재성　　종교체험의 실재성은 자명한 것은 아니다. 종교인들이 믿는 초월자는 그 실재성을 보증하지는 못한다. 다시 반복해서 말하지만 여기서 말하는 종교체험은 넓은 의미에서 초월자에 대한 의식으로 받아들여진 것이지 신비체험 같은 특수한 한 종교적 힘을 말하는 것이 아니었다. 이러한 종교체험은 그 초월적 대상에 대한 의식을 가질 뿐 아니라, 궁극적인 것으로서의 그 대상에 대한 전적 위임을 내포한다고 하였다. 그 전적 위임은 궁극적인 관심을 전제하여 숭배의 체험을 그 내용으로 갖는다. 종교체험에서 기본적인 것은 인간이 궁극적인 것으로 간구하는 것에 온전히 의존하고 있다고 느끼는 감정이다.

실재성은 인간의 체험의 주관적인 조건 이상이어야 한다. 실재성은 인간의 상상적 투사 이상이어야 한다. 실재성은 소원성취의 대상 이상이어야 한다. 실재성은 인간의 체험에 있어서의 잠재의식적인 힘 이상이어야 한다. 실재성은 독립된 실존을 갖고 있음을 의미한다. 즉 초월자는 그것을 생각해 내는 마음 바깥에 그리고 그것을 경험하여 아는 체험 바깥에 존재하는 어떤 것을 뜻한다. 실재성은 객관적인 실존을 갖고 있음을 의미한다. 객관적이란 말은 주관에 의해 만들어진 객관화뿐만 아니라 그 자체가 하나의 주관인 것을 의미한다. 속임과 환상이 가능하기 때문에 이러한 종교체험의 실재성의 기반이 있는지 없는지 따져봐야 한다. 키에르케고르는 이성에 의해서가 아니라 오직 신앙의 비약을 통해서만 신에게로 인도된다고 한다. 불신자에게는 증명이 불필요하며 믿는 자에게 증명하는 것은 다만 참 신과 거짓신을 구별하는 데 필요하다고 본다. 많은 사람은 초월자의 필요성을 고백한다. 절대의존 감정, 죽음에 대한 불안 등은 초월자의 필요성을 웅변한다. 칸트는 신을 요청했으며 사르트르(Sartre)까지도 신의 필요성의 체험을 고백했다. 초월자의 필요성을 충족시키는 가능성이 있는가? 논리는 외뿔소의 존재 가능성을 배제하기 위한 방법이 못된다. 논리가 아니라 관찰이 실재성을 결정하는 수단이 된다. 정방형의 원은 존재할 수 없다. 그러나 초월자의 존재가 반드시 불가능한 것은 아니다. 사람들이 실제로 필요로 하고 있는 것, 즉 실제로 존재한다는 것은 순환논법적 주장으로 배격하기보다는 오히려 실제적 힘이 있다. 그 전제는 인간의 기본적인 기대들과 일치하기 때문이다. 인간의 진정한 요구들이 성취될 수 있는 원리는 인간의 경험으로부터 확증될 수 있다. 사람이 물을 요구하면서 어디엔가에 그것을 얻을 수 있는 것으로 기대한다는 사실은 실제로 어디엔가에 물이 있음을 가리키는 것이다. 사람이 갈증으로 죽는 일이 있다는 사실이 아무데도 물이 없다는 입증은 되지 못한다. 남성에 대한 여성, 아기에 대한 어머니의 젖, 이러한 것들은 종교적 초월자에 대한 필요의 단순한 속임이나 환상이 아니라, 그 초월자가 인간들에게 실제로 필요로 하는 것으로 실제로 존재하는 것을 입증해 준다. 신의 필요성은 그 필요성을 만족시키는 신이 어디인가에 존재한다는 사실을 보여줄 뿐만 아니라, 어떤 사람 안에 있는 신의 필요성의 성취는 신과 함께하는 이러한 체험이 실제로 성취될 수 있음을 가리키고 있다는 것을 보여 준다.

제 II 부

세계의 여러 종교

제 8 장

인도교(印度教, Hinduism)

1. 초기의 자연종교 — 베다종교

인도교는 인도의 종교를 말하는데 일반적으로 브라만교 (Brahmanism, 婆羅門教) 또는 힌두교(Hinduism)라고 부른다. 브라만교란 말은 인도의 네 가지 계급 중 제사(祭司)계급의 이름인 브라만(Brahmans)에서 유래된 이름이다. 힌두교란 말은 인도 민족의 호칭인 힌두(Hindu)에서 유래된 이름이다. 힌두(Hindhu)란 말은 인더스강의 명칭에서 유래된 호칭인데 신두(Sindhu, 身毒)에서 힌두(Hindhu)로 변음된 것으로 본다. 대체로 고대의 인도교는 브라만교라고 불려지고, 후대의 인도교는 힌두교라고 불려지고 있다.

인도교의 명칭

본래 고대에는 인더스강 유역, 펀잡(Punjab) 지방을 중심으로 해서 아리안 민족이 들어오기 전 주전 3000년경부터 1000여 년 간 모헨조, 하랍바 문명이 발생했다. 그 문명권은 세계 5대 문명 발생권 중의 하나로 꼽히는데 동기(銅器)문명시대로 문자도 있었음이 확인되었다. 그 중심 민족은 드라비다족

인도 원주민의 종교

(Dravidian)이란 원주민이었던 것으로 알려지고 있다. 그들은 남근숭배(男根崇拜), 지모신(地母神), 식물, 동물 등을 숭배하는 다신교적 우상숭배자들이었다(Siva신의 원형이 남아 있다).

    그런데 주전 1000여 년 훨씬 이전에 중앙아시아 지방에서 이동해 내려온 아리안족(Aryan)의 일파가 인더스강 유역으로 침입해 들어와 원주민을 정복하고 인도의 지배계급이 되었다. 이들은 본래 페르시아, 그리스인들과 같은 인도-유럽어족으로 여러 가지 자연신을 숭배하던 민족이었다. 그들의 초기 종교사상을 전해 주고 있는 것이 편잡 지역에 들어온 초기부터 형성되기 시작한 『베다』(Veda, 吠陀)경전이다.

    베다라는 말은 '지식'이라는 뜻을 가진 말인데, 이것은 오랜 세월을 거치면서 구전되어 오다가 나중에는 산스크리트어로 기록된 종교적 문헌들을 가리킨다. 대체로 주전 12세기로부터 10세기까지의 어간에 형성된 것으로 본다. 제의(祭儀)를 행하던 보다 높은 지식을 가진 사제(司祭)들이 고상하고 합리적인 형태로 성립시킨 것이 베다종교의 시초였다고 생각된다. 네 가지 부류의 『베다』가 있는데 통틀어 슈루티(Sruti, 계시경전), 샤무히타(Samuhitas, 本集) 또는 만뜨라(Mantra, 기도)라고 한다. 당시의 인도에는 아리안 계통의 이 정복민족 외에 많은 혈통과 언어가 다른 원주민들이 넓은 인도 대국에 살고 있었으므로 베다종교의 세력은 처음에는 정복자 아리안 민족과 그 정착지역인 서북지방 안에 한하는 것이었으나 이 정복자들의 종교는 점차로 전체 인도 사회의 큰 세력으로 팽창하면서 브라만이라는 인도 사회의 최고 제사계급을 형성하게 된다.

    이 『베다』 문서는 네 가지 부류(리그 베다〈Rig-Veda〉, 勸請僧; 사마 베다〈Sama-Veda〉, 歌詠僧; 야주르 베다〈Yajur-Veda〉, 行祭僧; 아트하르바 베다〈Athar-va-Veda〉, 祈禱僧)로 시대에 따라 형성되었는데 그중에 제일 먼저 형성된 것이 『리그 베다』이다. 그 내용은 1017 혹은 1028편의 찬가로 되어 있는데 그 대부분은 천·공·지(天空地)의 어느 곳을 무대로 하여 활약하는 많은 신들을 찬양하는 시들이다. 이것들은 오래 구전되어 오던 신화들과 제의를 행할 때 저들이 섬기는 여러 신들을 찬송하는 노래들이 합쳐져서 이루어진 것들이다. 물론 그 형성되는 과정에서, 주전 3000년경부터 인더스강 유역에 형성되었던 원주민의 고도의 문명이 아리안 민족이 들어올 때에는 언제인가 큰 홍수로 깊이 매몰되어 있었지만, 그래도 그 잔존한 문명과 베다종교는 혼합되지 않을 수 없었다고 본다. 본래 아리안족들은 유목민으로 알려지고 있는데 그들의 유목생활에서 섬겨지던 신들과 종교생활은 이제 인더스강 유역에 정착한 농경생활로의 변화에 따라 그들의 종교도 농경에 관계 깊은 신들을 모시는 제의법식의 종교로 변하지 않을 수 없게 되었다. 원래 아리안의 제관(祭官)들이 찬가를 제작한 것은 공리적(功利的) 동기에서였다고 말할 수 있다. 그들은 전쟁의 승리, 자손, 식량 등을 보장하고 획득시키는 수단으로 생각된 제의(祭儀)에 있어서 불리워 사용되기 위한 찬가를 만든 것이었다. 베다의 종교는 공물(供物)과 의례(儀禮)와 찬가(讚歌)로 신들의 환심을 사서 신으로부터 현실적 은혜를 받으려는 공희종교(供犧宗敎, offer-religion)였다고 볼 수 있다. 후에는 여기에서 섬겨지던 의인적(擬人的) 자연신에 대한 대중의 회의적인 반응으로 인해 시인들이 보다 합리적인 정신에 의해서 신 개념이 보다 더 초월적인 제삼천계(第三天界)의 일체신(一切神)이라는 종합명사론까지 발전한다.

시간적 발전에 따라 베다종교에서는 신보다 제사의식 자체에, 제사의식보다는 사제(司祭) 자신에게 점점 대중들의 관심이 기울어진다. 신의 은혜는 제사의식의 축복으로, 제사의식의 축복은 제관(祭官)의 도움으로 바뀌어진다. 나아가 제관의 주문은 대중에게 더욱 매력적인 것이 된다. 신성(神性)이 주문 속에 내재하는 것으로 믿어지게 됨에 따라 신은 보다 내재적, 신비적인 것이 되며 자연히 범신적으로 발전하게 된다. 이러한 경향은 결국에는 신과 자기와의 동일 또는 합일을 바라는 감정

신앙형태에서의
사상적 발전

으로 흐르게 된다. 이리하여 베다의 종교는 밀의종교(密義宗敎)로 바뀌어져 간다. 밀의종교란 구별된 사람들만이 참가한 비공개적 제의에서 인간과 신과의 합일을 실현하려는 것이다. 이러한 베다종교의 사상은 철학적 내용을 담은 신화(神話) 속에 표현되고 있는데 그 대표적인 것이 천지개벽(天地開闢)신화다.

의인적 자연신

의인적 자연신들은 최초의 하늘의 신 디야우스(天神, Dyaus)[1]를 비롯하여 천부(天父, Dyaus-Pital)[2], 태양신 수리야(Surya), 새벽의 여신 우샤스(Ushas), 생명의 신 사비트리(Savitri), 양육의 신 푸샨(Pusan), 편만(遍滿)의 신 비수누(Visnu), 상서로운 신 시바(Siva), 자연법칙과 도덕법칙을 맡은 바루나(Varuna), 무한의 신 아디티(Aditi), 부(富)의 신 브하가(Bhaga), 믿음의 신 슈라드드하(Suraddha), 인간의 시조 마누(Manu), 저승의 신 야마(耶摩, Yama)[3], 폭풍의 신 루드라(Rudra), 바람신 바이유(Vayu), 비(雨)의 신 파르자니야(Parjanya), 물의 신 아파스(Apas), 불의 신 아그니(Agni), 술의 신 소마(Soma), 언어의 신 봐츠(Vac), 하천의 여신 사라스와티(Saraswati, 후대의 吉祥天), 공계(空界)의 신으로 가장 처음으로 나타나는, 아리안 민족의 최고의 수호신으로 베다의 4분의 1을 채워 천양하고 있는 우뢰의 신 인드라(印陀羅, Indra)[4], 창조신 또는 중생주(衆生主)로 프라자파티(Prajapati)

---

1) 디야우스는 희랍의 데오스(Deos), 제우스(Zeus)와 같으며, 중국의 제(帝)와도 발음이 유사하다.
2) 디야우스 피탈은 로마의 주피터(Jupiter)와 어원이 같다.
3) 우리나라 불교의 야마천(夜摩天)과 일반적으로 불리우는 염라대왕(閻羅大王)은 모두 이 야마신에 그 근원을 가진다.
4) 인드라신은 처음에 벼락(雷雷, 雷神)의 신이었는데 점점 다채로운 신화를 형성했다. 구름으로 된 암소의 배에서 태어난 인드라는 금강저(金剛杵)를 손에 쥐고, 전투용 수레를 타고, 바람신을 좇아 달리며, 쏘마술을 고래같이 마시고, 비를 내리지 못하게 하는 괴물 백리트라를 격멸하는 선신(善神)이다. 인드라는 또 팔과 손 99개를 가진 악령 우라나와 세 머리 여섯 눈을 가진 비시와 르바와, 철성(鐵城)에 거하는 악마 샴바라를 정벌하여 세상을 평안케 한 신이다. 그리하여 인드라는 특별히 무사왕족 계급인 크샤트리야의 수호신으로 섬겨졌다. 이 신이 우리나라의 삼국유사

등 무수하게 나타난다. 악신(惡神)도 있었으니 아수라(阿修羅, Asura), 락샤사(羅刹, Rakshasa) 등이 그것이다. 이 모든 신들을 분류해 보면, 첫째, 자연의 존재나 힘을 신격화한 것 둘째, 추상적 관념을 신격화한 것 셋째, 제사의 구성 부분을 신격화한 것으로 나누어 볼 수 있다.

초기 베다종교는 다신교(多神敎)였다. 삼계(三界) 곧 천·공·지(天空地)에 33신이 있다고 하나 실은 그 신들이 때에 따라 호칭이 달리 불리워지며 또는 예속된 신 모양으로 다양하게 나타나 교체신(交替神, kathenotheism)적인 성격을 가지기 때문에 그 수가 훨씬 많은 것으로 나타나며 또한 정확한 수를 분별해서 헤아리기도 힘들다. 하여간 이러한 의인적 다신들은 초월적 신성을 가진 불사(不死)의 존재이면서 동시에 인간적인 면을 다분히 가지고 술도 마시고 기뻐하기도 한다. 이러한 신은 정의를 수호하고 인간의 원적(怨敵)을 물리쳐 주기도 하며 인간의 악을 벌하기도 하고 또 속죄를 구하는 자에게는 사면해 주기도 한다.

교체신

앞에서도 말했거니와, 막스 뮐러가 지적한 대로 베다종교의 다신숭배사상은 교체신을 거쳐 단일신 또는 일원론(一元論) 사상으로 발전해 가며 아울러 범신적(汎神的) 성격을 띠기도 한다.

신관의 발전

범주(梵主, Brahmanaspati), 황금의 태(黃金胎, Hiranyagarbha), 조물주(造物主, Visva Karman), 유일자(唯一者, Tad Ekam), 도(道, Rita) 등이 그 실례다. 근원적 세계 원리를 모색하며 하나에서 잡다한 것이 이루어져 나온다는 전변설(轉變說)을 잘 나타내는 것이 무유찬가(無有讚歌,

무유찬가

에 나오는 단군신화에서 석제환인(釋帝桓因)으로 불려지는데 이는 불경(佛經)의 석제환인타라(釋帝桓因陀羅, Sakra devan-Indra)의 약칭이요 그 뜻은 '강한 신 인드라'를 의미한다. 간단히 제석천(帝釋天)이라 부르기도 한다. 삼국유사의 단군신화는 그 저자인 불교의 중(僧) 일연(一然)이 우리나라의 고대 설화에 인도의 인드라 신을 끌어들여 섞어서 만든 신화라고 볼 수 있다.

Na-sad-asiya sukha)다.[5)]

| 무, 유 | 그때에는 비유(非有)도 없고 유도 없고 공계(空界)도 없고, 그 너머에 광천계(光天界)도 없었다. 무엇이 어디서 운동하기 시작했는가? 누가 이를 돌보았는가? 밑 없는 깊은 물이 거기에 있었는가?

유일자 | 그때에는 죽음도 없었고 불멸도 없었다. 밤과 낮을 구별하는 표도 없었다. 저 유일자(Tad Ekam)는 바람도 없이 그 자신의 충동에 의해 숨쉬었다. 그것 외에는 그 너머에 아무것도 없었다.

태초
생명 | 태초에 어두움(tamas)은 어두움에 의해 숨겨져 있었다. 이 모든 것은 무차별의 물결이었다. 허공(tucchi)으로 덮힌 생명(abhu), 그 유일자(Tad Ekam)는 열(熱, tapas)의 힘으로 생겨났다.

그 유일자 위에 처음으로 욕망(kama)이 일어났으니 그것이 의식의 최초의 씨였다. 마음속에 지혜를 가지고 찾는 성현들은 비유(非有, asad)에서 유(有, sad)의 연자(緣者, bandh)를 찾았다.

그들의 벼리는 옆으로 늘어져 처졌다. 그 밑이 있는가? 그 위가 있는가? 씨받이들이 있었나니, 힘들이 있었나니, 자성(自性)은 밑에 있었고 노력은 위에 있었다.

창조 | 실로 누가 알리오? 누가 여기서 설명하겠는가? 그것이 어디로부터 생겼는가? 이 창조는 어디로부터 유래하였는가? 신들도 그 후에 이 우주의 창조와 더불어 나타난 것이니 그러면 그것이 어디서 생겨진 것인가를 아는 자는 누구인가?

이 창조가 어디로부터 유래하였는가? 아마도 스스로 되었는지, 아니면 그렇지 않을지도 모르지만, 가장 높은 하늘에서 그것을 굽어보는 자, 그이만이 알거야! 혹은 그도 모를지도 몰라.

(리그 베다 X, 129:1~7)

원인 찬가 | 원인(原人, Purusa) 찬가(Rig Veda X, 90:12)는 인도의 사성계급(四性階及)의 발생을 말해 주는 신화로서 제1계급인 제사장계급 브라만의 우월적 의식을 보여 준다.

---

5) 인도에는 전변설 외에 다(多)에서 다(多)라는 적취설(績聚說)이 있고, 후에 불교에서는 이 전변설과 적취설을 지양(止揚)하여 인연설(因緣說)을 주장한다.

① 푸루사(사람)는 천 개의 손, 천 개의 눈, 천 개의 발이다. 그는 모든 방면으로부터 땅을 포용하고도 열 손가락이 남는다.

② 오직 푸루사만이 과거에 있었던 것들과 미래에 있을 모든 것들의 전체다. 그는 불멸성의 지배자다.

③ … ⑧ …그는…짐승들을 만들었다.

⑫ 그의 입은 브라만이 되었고, 그의 팔들은 무사를 만들었고, 백성들은 그의 배로부터 그리고 그 발로부터는 종들이 태어났다.

⑬ 달은 그의 마음으로부터 태어났고, 그의 눈으로부터는 해가, 그의 입으로부터는 인드라와 아그니(火神)가 나왔고, 그의 산 숨결에서는 바람이 태어났다.

⑭ 그의 배꼽으로부터 공간의 중심영역이 일어났고, 그의 머리로부터 하늘이 전개되었다. 그의 두 발로부터 땅이 나왔고, 하늘의 4분의 1은 그의 귀로부터 나왔다. 그와 같이 그들은 세상을 정돈하였다.

자연신을 단순히 믿었을 때보다 의심하는 데서 더 깊은 신비성이 나타난다. 베다종교의 말기에 이르러 전래의 신화가 융합되어 개벽신화를 형성하며 이 개벽신화가 밀의종교의 주역을 맡게 된다. 베다종교는 신앙과 말기의 회의의 갈등 속에『사마 베다』(Sama Veda)와『야주르 베다』(Yajur Veda)의 주법종교(呪法宗敎)의 시대가 열린다. 제관(祭官)들에 의한 제의(祭儀)는 계속된다. 제관들은 하나하나의 의례나 제물 등에 직접으로 신비력의 존재를 인정함으로써 제의는 주법의 수단으로 변해버렸다. 이러한 제의 중심의 분위기 중에서 제관의 권위가 신들의 권위에 대치된다.

『사마 베다』는 1549개의 영가(詠歌)로 되어 있고『야주르 베다』는 제사법을 기록하고 있는데 10편(mandola)으로 이루어져 있다.

베다의 마지막 부분을『아트하르바 베다』(Atharva Veda)

『사마 베다』,
『야주르 베다』

『아트하르바 베다』

라고 하는데 내용의 대부분은 주문으로 되어 있다. 신화 및 의식에 관한 것은 『리그 베다』와 비슷하나 서민 대중들의 욕구에 응하여 부귀, 다남(多男), 장수 등을 위한 주문, 질병과 재앙을 주는 악령이나 요귀를 쫓아내거나 달래는 주문은 『아트하르바 베다』의 특징을 이루고 있다. 이것은 원주민의 영향이 컸던 것으로 간주된다. 『아트하르바 베다』의 철학사상은 『리그 베다』의 그것과 같이 범신론적인 것이기는 하지만 최고 실재가 만물을 창조한 후에 일체의 피조물 가운데로 들어가서 내부로부터 그들을 지배한다고 하는 만유재신론(萬有在神論, panentheism) 적인 사상은 『리그 베다』에서 보다 더욱 분명히 나타나고 있다. 이러한 사상적 분위기 속에서 범천(梵天, Brahman)과 인간(Ātman)의 두 개념에 비로소 철학적 의미를 가지게 한다.

만유재신론

브라흐만(Brahman)이란 말은 본래 성장(growth)이란 뜻이었는데(Allan Menjies, *History of Religion*, p. 339) 『리그 베다』시대에는 기원(祈願), 찬가(讚歌) 등의 뜻이 되었으나 『아트하르바 베다』의 주법종교에서는 주문이나 약초(藥草) 중에 잠재하는 주법적 유동체(流動體)라는 의의도 가지게 되었다. 이것이 우주에 편재한 무한한 힘으로서의 범(梵, Brahman)이 된 것이다. 주문이나 주물이 병을 고치고 재난을 방지해 주는 것은 그들 중에 잠재해 있던 브라흐만이 사람의 신체에 들어오기 때문이라고 생각한 것이다. 이때에 주법사는 우주에 가득 찬 주력(呪力)을 가지고 있는 절대적인 존재가 된다. 이와 같이 주법사와 브라흐만(梵)을 관련시켜 생각하게 될 때 브라흐만은 본래 인간에 내재하고 있으나 이 내재한 힘을 고행이나 내관(內觀)에 의해 자기 안에서 찾아낸 사람이 아니면 이 위대한 힘을 사용할 수 없다고 생각하게 되었다. 그런데 카알라(時間, kāla) 찬가에서 보면 "그는 일체 중생을 성취시키고, 그는 실로 일체 중생을 지배하였다. 중생의 아버지로서 그의 아들이 되었다. 이보다 더한 위력은 없다. 시간은 하늘을 낳고 또 시간은 땅을 낳았다. 과거의 존재와 미래의 존재, 모든 것이 시

브라흐만

카알라 찬가

간으로 말미암아 창출되어 전개한다. 시간은 대지를 낳았다. 태양이 시간 속에 빛난다. 일체 중생이 시간 속에 존재한다. 눈이 무엇을 볼 수 있는 것도 이 시간 속에서이다. 사고(思考, manas)가 시간 속에 있으며, 호흡(prana)이 시간 속에 있으며, 이름이 또한 시간 속에 위치한다. 시간이 도달할 때 일체 중생은 기뻐한다. 열(tapas)이 시간 속에 있으며, 최고물(最高物)이 시간 속에 있으며, 브라흐만이 시간 속에 위치한다. 시간은 일체의 주인공이다. 모든 것이 시간에 의해 창출되어, 그에 의해 산출되어, 일체는 그 속에 서 있다. 시간은 브라흐만이 되어 최승자(最勝者)를 버틴다. 시간은 중생(衆生)을 만들었다. 시간은 최초의 생주(生主)이며, 스스로 태어난 카샤파(Kasyapa, 신적 존재)도 시간으로 말미암아 생겼다. 타파스(tapas)도 시간으로 생겨났다"(아트하르바 베다 XIX, 53:4~10). 여기서 브라흐만과 프라자파티가 동일한 존재로 나타나는 것을 본다. 자손과 가축의 증식, 보호의 신 프라자파티(衆生主, Prajapati)는 『리그 베다』에 나오는데 우주를 개벽하는 창조주의 지위에 있었다. 그것이 점차 변해서 브리하스파티(Brihaspati) 혹은 브라마나스파티(Brahmanaspati, 기도주)가 되었다가 다시 파티(主)라는 끝음절을 떼고 브라흐만(Brahman)이 되었다. 아트만(Ātman)의 개념은 본래 자기 또는 주부(主部)라는 말이다. 그 개념적인 본질은 마음속을 향한 내면성을 띠고 있다. 직관으로 아트만(Ātman)을 아는 것은 브라흐만이 인간(Purusa)의 내면을 점령하고 있음을 아는 것을 의미한다. 인간이라는 말도 『아트하르바 베다』에서 브라흐만과 관련하여 등장하여 외면적, 객체적(客體的)인 인간을 의미한다. 그러나 이 세 가지 개념의 관계는 후에 브라흐마나(梵書, Brahmanas)사상시대를 거쳐 우파니샤드에서 보다 넓고 깊은 사상으로 발전한다.

  인도 고대의 제사는 가정에서도 성행되었는데 제물은 우유, 버터, 쏘마술과 떡과 밀가루 같은 것이 있었다. 또한 소나

프라자파티

아트만

제사

양이나 염소나 말을 희생으로 바쳤다. 가장이 제관이 되기도 하고 전문적인 제관이 있기도 하였는데 여러 종류의 제사에 여러 종류의 제관이 있었다. 그중에는 조상봉양제도 있었다.

영혼과 내세   영혼(마나스)에 해당하는 것으로는 생기(아스) 같은 것이 실체로 인간 염통 속에 존재한다고 보고 내세의 주체는 이 영혼이라고 보았으며 아그니(Agni, 火神)가 이 영혼을 보호하고 내세로 인도해야 한다고 한다. 이 불의 신 아그니와 시체의 화장법과 관계가 있다고 생각된다. 내세 중 야마신이 예비한 야마천(耶摩天)이 있어 이곳은 좋은 곳이고, 고통스러운 곳으로 지옥(地獄)의 사상은 『아트하르바 베다』에서 비로소 나타난다. 깊은 구렁, 어두운 곳, 피의 못 혹은 고통스러운 곳으로 나타냈다.

2. 제사적(祭司的) 인도교

편잡지방에 정착한 아리안 민족이 이 지방의 동방 경계인 구루(Kuru) 지방에서 『베다』경전을 편찬한 후 다시 동방 갠지스강 쪽으로 진출하여 야무나(Yamuna)강을 넘어 돕(Doab) 지역에 이르러 비옥한 평원에서 농경생활에 정착하면서 사제(司祭)들을 중심한 소위 카스트(Caste, Varna=Color) 계급사회가 확립되었다.

브라만(Brahman, 婆羅門)이라는 사제(司祭)계급은 최고의 지위에 올라 존경과 절대적인 권위를 가지게 되었다. 크샤트리야(Ksatriya, 刹帝利)라는 무사 왕족계급은 제2의 계급으로 독립된 권리를 가지게 되었으나 계급간의 결혼은 금지되고 계급과 직업도 세습적으로 되어 갔다. 생산계급인 평민들은 바이샤(Vaisya, 毘舍)라는 제3계급이 되고 원주민들은 노예로서 수드라(Sūdra, 首陀羅)라고 부르는 제4계급이 되었다.

기원전 10세기로부터 8세기에 이르는 동안 위와 같은 계급사회가 형성되면서 베다에 대한 주석서로서 『브라흐마나』

(Brahmanas, 梵書)가 성립된다. 새로운 정착생활에 따라 전 　범서
문적 사제들간에 분파현상이 일어나 각 파의 제자 양성을 위한
여러 가지 『베다』에 대한 해석적 문헌이 작성되었으니 크게 나
누어 흑 야쥬르 베다라는 것과 백 야쥬르 베다라는 것으로 구
별한다. 야쥬르 베다의 본문과 해석적 부분이 분명한 것을 백
야쥬르 베다라 하고, 분명치 않게 혼잡된 것을 흑 야쥬르 베다
라 한다. 이 해석적 부분을 『브라흐마나』라 하는데 많이 상실
되어 현재 17권 정도가 남아 있다. 『브라흐마나』의 특징은 많
은 악한 신들이 두각을 나타내며 『리그 베다』의 신들도 인격성
이 약화되어 나타난다. 윤리성보다는 제사의식이 더욱 강조되
고 더욱 중요한 것은 내세관의 변모인데 고대 『베다』에 있어서
즐겁고 좋은 곳이었던 야마(Yama) 왕국은 괴로움도 있고 죽　야마 왕국
을 수도 있는 곳으로 바뀌어지게 되니, 여기서 윤회(輪廻,　윤회
samsāra)라는 개념이 싹트기 시작했다고 본다. 전체적으로 신
들은 명목상의 존재일 뿐이요 제관들은 봉사자가 아니라 주력
(呪力)을 가지고 신들을 부리는 종교적 주권자가 되었다. 종교
는 형식에 흐르고 제사는 직업화되어 갔다. 프라자파티는 원래
자손과 가축의 번식, 보호의 신이었으며 만물을 그 내부로부터
출생한 단순한 개벽창조신이었던 것이 보다 구체적 내용이 첨
가된 창조신으로 변모한다.

　　브라흐마나 종교의 특색 중 또 한 가지는 의식적 종교에서
새로이 신지학적(神智學的) 사변이 일어났다는 것이다. 이것은　신지학
인간의 종교의식을 종교로부터 해방시키는 출발이 되어 이후
우파니샤드사상의 발달을 낳게 되는 시원(始元)이 되었다고 보
여진다. 여기에서 브라흐만은 자존의 존재, 즉 세계 만물을 창
조하고 유지하며 또 자기 안에 포섭하는 형이상학적 존재로서
파악된다. 아트만은 브라흐만적 사변에서 얻어진 주관성에 관
련하여 더욱 명석한 개념을 이루게 된다. 더욱 푸루사
(Purusa, 인간)의 개념은 객체(客體)적인 것에서 인간 존재의
주체로서 개인 주관의 내부에서 브라흐만과 합일하는 것으로

발전되었다. 객관적인 최고 실재인 브라흐만과 주관적 존재인 아트만과 인간 실재의 주체인 푸루사와의 종합이 철학의 근본과제로서 제시되어 있다. 이러한 사상의 발달이 이후의 우파니샤드 철학인 것이다.

  8세기에서 7세기경 어간에 성립된 『브라흐마나』(梵書)의 마지막 부분을 아랑야카(Aranyaka, 森林書)라 한다. 은유와 상징을 많이 사용하여 보다 더 철학적으로 제의의 의미를 설명하며, 나아가 자연계와 인간계를 다 종합한 관계 속에서 철학적 이해를 펼쳐 나간다. 삼림 속에서 더위를 피하며 사색하는 철인(哲人)들이 앞으로의 우파니샤드시대를 열게 되는 것이다.

삼림서

3. 철학적 인도교

『우파니샤드』

  『우파니샤드』(Upanisad)는 전통적으로 비의(秘義) 또는 오의(奧義)를 의미하는 것으로 신비사상에 속하는 종교 내지 철학사상이다. 본래 우파(upa)라는 말은 옆이라는 뜻이요, 니(ni)라는 말은 아래라는 뜻이요, 샤드(sad)라는 말은 앉는다는 말이니 스승과 제자간에 가까이 앉아 깊은 진리를 가르치고 배우며 토론하고 때로는 깊은 수행으로 황홀한 지경에 빠지는 모습을 생각케 한다. 앞 절에서 언급한 대로 『우파니샤드』의 신비적 사상의 기원은 리그 베다종교의 말기부터 나타난 밀의종교(密義宗敎)에서부터 구하지 않으면 안 된다. 이 신비사상은 『아트하르바 베다』의 주법(呪法)종교나 『브라흐마나』의 신지학(神智學) 그리고 『아랑야카』의 사상적 환경 속에 살아 계승되었을 뿐 아니라, 나아가 새로운 환경에서 새로운 영향을 받아 깊은 철학사상을 이루게 되었던 것이다. 우파니샤드사상이 이루어지던 초기에는 사상적 환경과 분위기가 개방적이어서 계급, 신분, 학파의 구별을 초월하여 사상가들 개인간의 사상의 교환이 자유롭게 행해지고 있었던 것 같다. 당시의 사회제도는 여전히 사성제도(Caste, 四姓制度)가 강하게 뿌리박고 있는 농촌사회였으나 제2계급인 왕족 크샤트리야족의 지위가 사회적으로 크게 강화되었던 것 같다. 그것은 타락한 제사계급에 대한 민중의 염증과 왕족의 반발을 의미한다. 주전 8세기경부터 시작된 이러한 자유로운 사색과 자아인식의 탐구는 주후 5세기 이후까지 이르면서 적게 잡아 52종, 많이 잡으면 250여 종이나 되는 많은 철학적 문헌을 낳았다. 오랜 것으로는 베다의 사상을 전하기도 하고 새 것으로는 회교의 사상을 인용하기도 한다. 『우파니샤드』는 이렇게 잡다한 사상의 총체라고 하겠으나 대체적으로는 주후 2세기까지 이루어진 것들로 127가지 또는 108가지를 꼽는다.

① 초기(불교 이전, B.C. 800~)
　제1기 브라다라니야카 우파니샤드(Brhādaranyaka Upa.), 챤도니야 우파니샤드(Chandogya Upa.).
　제2기 아이아레야 우파니샤드(Aiareya Upa.), 카우시타키 우파니샤드(Kausitaki Upa.), 타이트리야 우파니샤드(Taittriya Upa.).
　제3기 케나 우파니샤드(Kena Upa.), 이사 우파니샤드(Isa Upa.).
② 중기(불교 이후, B.C. 350~200)
　제1기 카타카 우파니샤드(Kāthaka Upa.), 문다카 우파니샤드(Mundaka Upa.), 프라사 우파니샤드(Pra'sa Upa.).
　제2기 스베츠바타라 우파니샤드(Svet'svatara Upa.).
③ 후기(B.C. 200~A.D. 200)
　제1기 마이트라야나 우파니샤드(Maitrāyana Upa.), 만두키야 우파니샤드(Māndūkya Upa.).
　제2기 마이트리야나 우파니샤드(Maitriyāna Upa., A.D. 1~200).

『우파니샤드』의 서술 방법도 대화적 방법이 많고 은유(隱喩)가 많다. 『우파니샤드』의 사상은 사실 논리적 사색의 결과

이기도 하지만 신비적 영감에 의한 종교적 확신이라고 봄이 더 가까울 것이다. 『우파니샤드』의 중심적 흐름은 사물의 근원적 힘으로서 우주적 브라흐만(梵, Brahman)과 인간의 내부에 있는 형이상학적 실체인 아트만(我, Ātman)은 결국 하나라는 범아일여(梵我一如)라는 신비사상이다.

범아일여
샨들리야

샨들리야(Sandlya)는 일체의 만물과 브라흐만은 동일한 것이라고 하였다. 다시 말하면 브라흐만은 만유의 근원이며, 인간의 운명도 그의 뜻에 따라 정해지며, 인간 실체 곧 아트만은 곧 브라흐만이라는 것이다.

① 이 우주 전체가 참으로 브라흐만이니라. 그는 처음이며 나중이며 모든 것의 생명이니라. 고요한 중에 여실히 찬양을 그에게 돌릴지어다.

② 참으로 사람은 믿음(意向, kratu)으로 되어진 것이니라. 그 믿음이 이생 안에 있음같이 그는 또한 내세에서도 되어지느니라. 그로 하여금 믿음과 환상을 따라 행케 할지어다.

③ 마음이며, 생명이고, 빛이며, 진리이며, 광대한 허공인 영(自我)이 있느니라. 그는 모든 일들과 욕망들과 모든 향기와 모든 맛들을 품고 있느니라. 그는 온 우주를 싸안고 있으며 고요중에 모든 것에 사랑을 베풀고 있느니라.

④ 이것이 쌀알보다도 작고 보리 알이나 겨자씨 알보다도 작고 카나리아 씨앗, 아니 카나리아 씨앗의 눈보다도 작은 내 마음속에 있는 영(自我)이니라. 이것이 땅보다 더 크고, 하늘보다 더 크며, 하늘나라 그것보다 더 크고, 이 모든 세상 것들보다 더 큰, 내 마음속에 있는 영(自我)이니라.

⑤ 그는 모든 일들과 욕망들과 모든 향기와 모든 맛들을 품고 있느니라. 그는 그 온 우주를 싸안고 있으며 고요중에 모든 것에 사랑을 베풀고 있느니라. 이것이 내 마음속에 있는 영(自我, Ātman)이니라. 이것이 브라흐만이니라.

⑥ 내가 이생을 넘어갈 때 나는 그에게로 가게 되느니라. 믿고 의심치 않는 자에게 그는 오시느니라. 이렇게 샨들리야가

말하였노라. 이렇게 샨들리야가 말하였노라(찬도기야 우파니샤드 Ⅲ 14, 1~4. 브라다라니야카 우파니샤드 Ⅴ 6.).

웃달라카(Uddalaka)는 범아일여사상을 다른 각도에서 전개했다. "흙으로 벌어진 모든 것은 진흙이라는 그 본질 자체를 앎으로써 모두 다 알 수 있는 것이다. 그것이 도자기이건, 물그릇이건, 항아리이건 그 모든 것들은 단지 말에서 생긴 변형된 이름일 뿐이다. 진리는 흙—바로 그것일 뿐이다. 이와 같이 사랑하는 아들아, 태초에는 오직 사트(sat, 存在 또는 有)만이 존재하였을 뿐 제2의 것은 없었다. 그것의 변형된 모습이 이 세계일 뿐이다. 진리는 다만 사트—그것뿐이다"(찬도기야 우파니샤드 Ⅳ 1:2~3). 이에 대하여 어떤 사람은 말했다. 태초에 이 우주는 무(非有, asat) 뿐이었고 오직 하나였으며, 제2의 것도 없었고 그 무로부터 유가 생겼다고. 그러나 웃달라카는 이것에 반대한다. 그리고 이 사트가 "내가 많아지리라. 번식하리라"고 생각하고, 그는 처음으로 불(tapas)을 만들었고, 그 불은 물을, 물은 곡식을 만들어냈다고 한다. 그리고 사트는 또 불과 물과 땅속에 들어가 명색(名色)을 전개하리라고 생각했다 한다. 찬도기야 우파니샤드 Ⅵ 2:3~4에는 다음과 같이 말한다. "만유는 사트를 본성으로 하고 있다. 그는 진실하며 그는 아트만이다. '네가 바로 그것이다.' 생명이 숨을 거둘 때 이 육신은 죽는다. 그러나 아트만은 죽지 않는다. 이 일체는 세미한 사트를 본성으로 하고 있다."

웃달라카의 제자 야즈냐발키야(Yājñavalkhya)는 아트만에 대해 사상을 더 전개했다. 아트만(Ātman)은 본래 숨(氣息)의 뜻으로 쓰인 말인데 생기(生氣), 신체(身體)의 뜻으로 바뀌었고, 나아가 '생명의 원리', '진아(眞我)', '자기', '영혼'의 뜻으로 바뀌어 쓰여졌다. 브리하다 우파니샤드 Ⅳ 5:1에는 "아트만은 실재이다. 그것은 우리가 경험한 모든 사물, 현상의 기원이다"라고 하였으며, 그리고 이어서 아트만을 드러내려고 한다면 우리 인간 전 존재의 마음은 지혜로워져야 한다고 한

웃달라카

유론(有論)

야즈냐발키야
아트만

다. 그것은 은밀하고 깊은 예지라고 한다. 아트만을 발현시키는 것이 해탈이라고 한다. 아트만은 나의 주체적 본체이며 결코 무(無)가 아니라고 한다(이 점에서 불교와 다르다). 업(業)에 의해 세계는 윤회를 계속하는데 윤회의 주체는 없어지지 않고 업(業)의 과보(果報)는 내세(來世)에 가서 모두 다 받게 된다고 한다. 그리고 금욕과 고행을 권장한다.

신비사상   신비사상이란 여러 가지 방법을 통하여 우리의 심의활동(心意活動)을 바깥의 모든 것들로부터 격리시켜 내면적인 방향으로 이끌어 주관의 깊은 곳에서 자기와 절대자와의 동일성을, 주관과 객관의 합일을 직관적으로 실현하려는 노력이며, 다른 한편으로는 현실적 생활이나 이해를 떠나 오직 이상적인 세계로의 탈출, 곧 해탈(解脫)이라는 생명의 전체적인 목적을 추구하는 것이다. 따라서 신비주의는 염세적(厭世的)으로 되지 않을 수 없게 된다.

『우파니샤드』의 중심적 사상가들은 그들의 신비적 체험의 장엄한 것을 브라흐만의 환희(Brahman ānanda)라고 말하며 그것은 인간의 최고 행복의 100의 7제곱이나 된다고 하였다. **해탈** 그것을 영원하고 자유로운 해탈(解脫, moksa)이라고 한다. 우 **윤회** 파니샤드시대에 이르러 이 해탈사상에 윤회(輪廻, samsāra)사상이 가미되는데 이것은 왕족계통의 사상가들에 의해서 된 것 같다. 『우파니샤드』의 이 원시적 윤회사상은 초기에 기계적이며 유물론적(唯物論的)이었는데 후대 신비사상가들은 정신적이요 관념적인 것으로 발전시켰다(후대의 불교에서는 이것을 아예 실체를 부정하는 데까지 발전시킨다). 윤회사상과 아울러 업(業, karma)사상도 우파니샤드시대에 나타났다. 이 사상도 왕족계급의 사상가들에게서 나왔으며 도덕적 책임관념에 의한 인간의 운명과 자유에 대한 합리적 생각의 산물이다. 그들은 개인의 생애를 과거의 책임에 귀일시킴으로써 미래적 자유를 보장할 수 있다고 생각하였다.

요가   『우파니샤드』의 관법(觀法)은 관상(觀想, dhyana) 또는 요가

(瑜伽, yoga)로 불려진다. 요가 행법(行法)은 인도에서 철학과 종교의 가장 보편적인 방법이 되었다. 그것은 즈냐나(知)를 얻어 해탈하고자 하는 것이다. 이것은 우파니샤드 신비사상이 관념적 지혜뿐 아니라 실천적 체험의 지혜로써 얻어지는 것임을 보여 준다. 따라서 체험에 따라 우파니샤드사상은 다양하기도 하다. 근본적 존재의 명칭도 앞에서 언급한 브라흐만 (Brahman), 아트만(Ātman), 사트(sat), 아사트(asat) 외에도 중요한 것 중에 푸루사(眞我, Purusa), 푸랑아(氣息, purāna), 이사(生命, īsa), 아사사(存在, asasa) 등이 있다. 이들은 다 같이 최고 실재의 명칭으로 각각 독자적으로 발전, 형성된 개념들이다. 그중에서도 우파니샤드시대 전체를 통해서 유력했던 것은 브라흐만, 아트만, 푸루사다.

 브라흐만은 절대자의 객관성을 표현하는 점으로 그 특징을 가지고, 아트만과 푸루사는 다 같이 인간의 주체적인 면에서 절대자를 나타내는 점이 특징이다. 브라흐만은 밖으로 확산적 성질을 가진 데 반하여 아트만은 안으로 집중적, 내향적(內向的) 성질을 가진다. 그러면서도 이 두 개념은 『우파니샤드』사상에서 신비적 체험에 토대하여 본질적으로 동일한 것으로 된다. 그런데 푸루사(眞我, Purusa)는 전체성을 표현하는 개념으로 중기(中期) 『우파니샤드』에서는 브라흐만과 아트만을 종합하는 원리가 된다. 그리하여 푸루사는 달리 마하스바라(Mahasvara, 大自在神)라고 불리워지며 절대귀의의 신앙의 대상이 된다. 인간의 주체성에서 파악되던 푸루사가 인간의 내적 제약으로부터 초월한 신(神)을 나타내게 된다. 다시 말해서 일신교적(一神敎的) 신앙의 대상이 된 것이다. 그것은 요가행법과 브하크티(bhakti, 信愛) 신앙과의 매개를 인하여 발전한 것이다. 브라흐만이 공간적 포괄성의 특징을 가지는 데 반해서, 푸루사는 주체적 초월성을 특징으로 한다. 고로 요가행자의 수행 목표 또는 대상이 된다. 나아가 해탈의 매개가 된다.

 문화의 중심이 주전 5세기부터 갠지스 중류지방으로 옮겨

푸루사

브하크티

지고, 아리안인들은 원주민들과 혼혈이 성행하게 되고, 대중언어는 아리안인들의 산스크리트어 대신 통속어인 프라크리트(Prakṛt)어가 사용되었다. 물질적 생활이 넉넉해지고 상공업이 발달하여 도시 경제가 발달함에 따라 도시국가가 생기고 시민계급인 바이샤계급이 부귀를 누리며 그 지위를 점점 강화하게 되면서 반힌두교사상이 일게 되었다. 그러나 이러한 세속적, 물질적 생활의 향상은 도덕적 타락을 낳게 되었다. 사상적으로는 유물론자(唯物論者), 회의론자(懷疑論者), 쾌락론자(快樂論者), 운명론자(運命論者)들이 나타나기 시작했다. 불교경전에는 62개나 되는 교설(敎說)이 있었다고 하는데 그중에 중요한 것들을 육사외도(六師外道)라고 불렀다. 외도라 부르는 것은 이들이 『베다』경전의 권위를 무시하기 때문에 붙여지는 이름이었다. 푸라나 카샤파(Pūrana Kāśyapa)는 노예의 아들이었는데 도덕부정론자였다. 살생, 강도, 거짓말, 간통 그 어느 것도 죄라고 보지 않았고 극기(克己), 제사의식 등은 무의미하게 보았다. 오직 자신의 감각적 쾌락만이 지상의 목표였다. 파쿠다 카차아야나(Pakuda Kacc yana)는 7요소설을 주장하였는데 지·수·화·풍(地, 水, 火, 風) 4원소와 고·락·생명(苦, 樂, 生命)을 변하지 않는 것이라 하였다. 마칼리 고사알라(Makkhali Gosāla)는 결정론(決定論)자였으며 그 무리들의 교리는 도덕적 배척이기보다는 형식주의적이었고 주술적이었다. 불교에서는 사명외도(師命外道)로 배척을 받았으나 3세기 후에는 쟈이나교(支邢敎, Jainism)에 흡수되어 버렸다. 아지타 케샤 캄바림(Ajita Kesa Kambalim)은 유물론자로 지·수·화·풍 4대 원소를 주장하였으며 쾌락주의에 떨어져 불교측으로부터 순세파(順世派)라고 배척받았다. 산쟈야 베라티푸타(Sanjaya Belatthiputta)는 회의론자였는데 비도덕주의에 기울었다.

　　육사외도 중 마지막은 원시 쟈이나교를 꼽는다. 니간타 나타푸트라(Nigantha Nataputra, B.C. 599~527 또는 B.C.

444~372)에 의해 창시된 이 종교는 인도에서는 불교에 맞먹   쟈이나교
는 반힌두교 교파가 되었다. 『베다』경전의 권위를 부정하고 카
스트제도를 배척하여 개혁적 운동을 강하게 일으켰다. 이러한
반힌두교사상이 강하게 일어나는 가운데 힌두교는 경직된 종교
로 변해 갔다.

4. 율법주의적 인도교

많은 큰 종교들이 대개 그러하듯이 사회가 타락할 때 종교
는 형식적 또는 율법적으로 된다. 인도에서도 상류 지식계급자
들에게서는 심오한 철학이 발전했지만 일반적으로는 율법, 즉
카스트(Caste)제도의 모든 법을 잘 준수함으로 구원받는 것으
로 생각하는 신앙이 보편화되어 갔다. 주전 250년경에 부모와
스승에 대한 존경과 복종, 약혼의 준수, 일반적인 예의, 악(惡)
에 대해 노(努)하지 아니하고 끈기 있게 인내하는 일 등 사회
법과 도덕률과 종교법에 대한 법전(法典)이 형성되었다. 시가
체(詩歌體)로 된 12장의 이 법전을 마누(Manu)법전 또는 정   마누법전
율집(挺律集)이라고 한다. 본래 마누(Manu)는 인도 신화에서
인류의 시조로 또는 여러 신들에 대한 최초의 사제자(司祭者)
로 나타나는데, 대홍수 때 활약하였으며 인류 번식의 기인(起
因)을 이룬 것으로 전하여진다. 마누 법전은 이 마누의 계시에
의하여 제정되었다고 한다. 주로 8장과 9장에 종교적인 율법이
들어 있다.

쟈이나교의 적극적 운동과 마우리야(Maurya) 왕조의 인
도 통일왕 아쇼카(阿育王, Asoka, B.C. 264~217)왕에 의한
불교의 거국적 발흥도 브라만교의 뿌리는 뽑지 못하였다. 그러
나 강력한 반브라만 교파들의 자극으로 주전 1, 2세기에는 정
통적 브라만교의 교학(敎學)들을 정비하게 되었다. 베다, 우파
니샤드, 브라흐마나 등의 보조문헌으로 네 가지 책이 생겼다.
이것들은 스므리티(smrti, 聖傳書)로서 역시 경전(Sūtra)으로   스므리티

여겨졌다. 천계경(天啓經, Śrauta sūtra), 가정경(家廷經, Grhya-sūtra), 율법경(律法經, Dharma-sutra), 제단경(祭壇經, Sulva-sutra) 이 네 가지를 총칭해서 제사경(祭事經, Kalpa-sutra)이라고 한다. 이 시기에는 정통 브라만교의 철학적 요소보다는 종교적 성격을 강하게 가졌는데 특히 시바(Śiva)신에 대한 숭배가 크게 일어났다. 시바신은 원래 무서운 존재로 손에 활을 들고 호랑이 가죽옷을 입고 산과 들을 누비는 신이었다. 이 신에게 공양(供養)함으로써 모든 불행을 방지할 수 있다고 믿었다. 또 옛 태양신 비슈누(Visnu)와 인격신 크리슈나(Krisna) 등도 숭배하였는데 비슈누는 태양을 신격화한 신으로 그의 아내 라크사미이(Laksamī)는 미(美)와 행운의 여신(女神, 吉詳天女)으로 숭배되었다. 크리슈나는 괴력을 가진 목동으로 악마와 악인을 물리친다고 믿었다.

시바신

비슈누
크리슈나

주전 250년경에 카트야야나(Katyayana)는 『베다』에 대한 주석서(Varttika)를 지었고, 파탄잘리(Patānjali)는 대주석서(Mahābhāsya)를 지었다. 이들은 모두 산스크리트 문법의 세칙을 조목별로 기술하고 언어에 대한 철학적 성찰을 가하고 베다 성전과 브라만교의 절대적 권위를 높였다.

카트야야나
파탄잘리

5. 헌신적 인도교

아쇼카(B.C. 264~217)왕의 불교적 통일왕국이 붕괴되고 기원전 2세기경부터 인도는 정치적으로 완전히 분열상태에 들어갔다. 이때에 민중들은 성수숭배(聖樹崇拜), 성신숭배(星辰崇拜)를 많이 하게 되고 따라서 유신론적(有神論的) 경향으로 흐르게 되었다. 이때에 이루어진 훌륭한 민족서사시 중에 마하브하라타(Mahābhārata)가 있는데 이는 위대한 브라타타족의 전쟁사(戰爭史)를 그린 것으로 18편에 10만의 송(頌)으로 되어있으며, 하리밤샤(Harivamsa)라는 1,100송의 부록이 보태져 있다. 작자는 브야사(Vyasa)라고 하나 편집자인 듯하다. 주전

마하브하라타

2세기경부터 주후 2세기경 사이에 성립된 것으로 보이는 이 대서사시는 신화나 전설 등을 포함하여 당시의 법률, 사회제도 등을 기술할 뿐 아니라, 민간신앙이나 통속적 철학을 전해 주고 있어 종교적으로 중요한 자료가 되고 있다. 주제는 선과 악의 싸움을 상징적으로 묘사한 것이다.

드리타 라슈트라(Dhrita-rashtra)와 판두(Pandu) 두 형제 중 동생인 판두가 아버지의 왕위를 계승하게 되자 장남인 형이 불만을 품게 된다. 동생 판두가 죽자 형이 기어이 왕위를 차지하게 된다. 형은 왕위에 오르자 조카들을 몰아내니 이에 조카들과 큰 아버지 사이에 투쟁이 벌어진다. 혁명군의 지휘자인 아르쥬나(Arjúna)는 번민에 빠진다. 정당한 싸움이라 하더라도 혈육끼리 피를 흘리는 것은 괴로운 일이었던 것이다. 이 때 크리슈나(Krishna)신이 아르쥬나의 마부(馬夫)로 나타나서 악을 뿌리뽑는 성전(聖戰)의 신념을 불어넣어 줌으로 아르쥬나는 신념을 얻어 전쟁을 승리로 이끌게 된다.

마하브하라타 중에 6편 25장에서 42장까지 삽입된 브하가바드-기타(Bhagavad-Gita)라는 것이 있는데 이것은 주전 2세기경에 성립되어 1세기 초엽에 현재의 모습으로 갖추어진 700송의 시편이다. 대부분 크리슈나의 독백으로 이루어지는데 정의(正義)의 전쟁의 필연성이 역설되고 있다. 결국 카스트제도에 속한 자가 각기 자기의 의무에 헌신함으로써 구원을 얻을 수 있다는 것이다. 또한 그것을 위한 철학적 또는 종교적 실천 행위가 강조되는데 특히 지혜(智慧, jñana), 신애(信愛, bhakti), 업(業, karma)이 그 중요한 강목(綱目)으로 나타난다.

지혜와 신애는 베다에서 편만(遍滿)의 뜻으로 나타난 비슈누(Vishnu)의 관조(觀照)에 의한 것인데, 여기에서 비슈누는 불생(不生), 무시(無始)의 최고신으로 최고아(最高我)와 동일한 존재다. 만유의 지배자요 내재하는 영력(靈力, māyā)과 동일한 존재다. 이와 같은 범신론적 경향은 브하가바드-기타의 사상이 우파니샤드의 범아일여(梵我一如)사상을 이어받고 있는

브하가바드-기타

크리슈나

지혜, 신애, 업

비슈누

것으로 볼 수 있다. 우파니샤드에서 즈냐나(jñāna)가 브라흐만에 이르는 길이었던 것처럼 브하가바드-기타에서도 즈냐나는 최고신에 이르는 길이 된다. 브하크티(信愛, bhakti)는 즈냐나에 더해져서 해탈을 이룬다. 브하크티는 신(神)이 주신 빛이요, 신과 인간, 인간과 인간의 관계를 매주는 힘이다. 끝으로 윤회의 주체로서 까르마(業)는 인간의 충실한 행위를 의미한다. 이 세 가지의 조화 있는 실천으로 인간은 정의의 싸움에서 충실한 전사(戰士)가 되어야 하는 것이다. 이와 같이 브하가바드-기타는 유신론적(有神論的) 경향을 가지면서 인도의 여러 종교적 사상을 포함하고 있어 인도인에게 사랑을 받아 읽혀지고 경전으로 존중받아 오고 있다.

6. 부파적(部派的) 인도교

주전 6세기경에 힌두교의 타락에 따라 쟈이나교와 불교가 일어났고, 주전 4세기에는 희랍의 알렉산더가 페르시아를 정복하고 북인도에 침입한 사건이 인도인들로 하여금 자주심을 불러 일으켰다. 그 결과 주전 317년에 쨔드라굽타(Candragupta, B.C. 321~299 재위)에 의해 마우리야(Maurya) 왕조가 건설되고 인도의 중북부 지역을 통일하였다. 쨔드라굽타와 그 다음의, 빈두사아라는 쟈이나교도였으나 남인도까지 인도를 통일한 3대왕 아쇼카(Aśoka, 阿育王, B.C. 264~217)왕은 충실한 불교도가 되었다. 이리하여 타락한 인도교는 그 주도권을 쟈이나교와 불교에 넘겨주게 되었으나 쟈이나교는 잠시 세력을 잡았을 뿐이었고, 주도권을 이어받은 호불적 아쇼카왕은 불교를 크게 일으키면서도 재래 힌두교를 크게 억압하지는 않아 상키야파, 요가파 등 새로운 힌두교 종파들이 일어나 불교에 맞서 힌두교의 맥을 이어 갔다.

주전 130년경에는 아시아 북부의 흉노(胸奴)계의 부족이 내려와 쿠산(Kusāna) 왕조를 일으켜 인도 역사상 아쇼카왕 다음으로 두번째 강력한 통일국가를 이룩했다. 이 왕조의 3대왕 카니쉬카(Kaniska)왕이 불교에 귀의하여 대승불교 발흥에 크게 이바지하였고, 후대 여러 왕들도 불교를 옹호하여 주후 5세기에 이르렀다. 그러나 인도 사회에 깊이 뿌리박은 힌두교적 계급은 뽑히지 않았고, 여러 가지 고대 경전의 주석서인 성전서(聖傳書, Smrti)들의 출현(B.C. 200~100)과 더불어 다양한 보조학들이 발전하였다(6 보조학: 제사학〈祭事學〉, 음운학〈音韻學〉, 음율학〈音律學〉, 천문학〈天文學〉, 어원학〈語源學〉, 문법학〈文法學〉). 이러한 발전 속에 힌두교의 새로운 학파로 바이세시카(Vaisesika)파, 미만사(Mimansa)파 등이 주전 2세기경에 일어났고, 베단타(Vedanta)파와 나야야(Nyaya)파가 주전 1세기경에 일어났다. 이러한 신흥 종파들은 점점 그 세력을 키워 10세기 이후에는 인도교를 대표하는 세력이 되었다. 이 종파들은 각자 독특한 특징을 가지고 있으나 지·수·화·풍(地水火風)의 4원소, 겁(劫, kalpa), 자아의 실재, 고(苦), 윤회(輪廻), 해탈(解脫)사상 등에는 공통적 입장을 취하고 있다.

카니쉬카왕
대승불교

(1) 상키야(Sāmkhya, 數論)파

이 파의 창시자는 일찍이 카필라(Kapila, B.C. 350~250년경)라고 전해져 오고 있으며, 그 어원을 따라 수론(數論)이라 하며 음역으로 승법(僧法)이라 한다. 상키야-요가(Sāmkhya-yoga)라는 말이 우파니샤드와 브하가바드 해석서(Bhagavata)에도 나오는 것을 보면 상키야 사상은 일찍부터 여러 학파와 결합된 형태로서 일반적으로 있었던 것이었다. 그 중에도 요가파와 관계가 깊어 요가의 심리학적 분석에 기초를 두고 성립한 실재론적 형이상학이 상키야파의 사상이다. 그것은 웃달라카의 유론(有論)에서 영향을 입었으나 그것을 개혁, 발전시켜 물질(自性, Prakṛti)과 정신(眞我, purusa)으로 양분하는 무신론적 이원론으로 발전하여 구체적으로는 25개의 형이상학적 존재를 상정한다.

상키야파

프라크리티
푸루사

『상키야송』

　　이러한 학설을 전하는 최고(最高)의 원전(原典)은 이슈와라 크리슈나(Iśvarakṛsna)가 지은 『상키야송』(頌, Sāmkhya-korika)이 있다.

　　상키야파에서는 절대적, 실체적 원리로서 푸루사(purusa, 眞我)와 물질적 원리로서 근원적 원질인 프라크리티(Prakṛti, 自我)를 상정하였다. 푸루사는 순수정신이며 현상세계를 전개시킨 원리다. 그의 본질은 즈냐(jña, 知)와 치트(cit, 思惟)다. 푸루사는 비활동적 초월자임에 대하여 프라크리트는 활동적 질료인(質料因)이다. 여기서 전변(轉變, parināma)이 나오고 이 전변에서 나오는 자기중심적 자아의식의 잘못된 생각에서 윤회(輪廻)가 나온다고 한다. 고로 수행으로 이 프라크리트적인 면을 벗어나서 푸루사를 현현시켜야 한다고 한다. 이것을 해탈이라 한다. 그 수행방법에는 지혜에 의한 방법과 실천적 방법이 있다. 현량(現量, 경험), 비량(比量, 推理), 성교량(聖教量)을 사용한다. 그러나 그 완전한 경지는 죽은 후에야 이루어진다고 본다. 왜냐하면 생을 마쳐야 전생의 법이 끝나기 때문이다.

　　이상과 같은 상키야파 사상은 그 이름대로 수론적(數論的)으로 전개시켜 나가는데, 이는 요가의 심리학적 이론을 우주론적으로 확대시킨 것이라고 본다. 일원(一元)에서 이원(二元)으로, 다시 결과적으로 다원(多元)으로 전개되므로 결국 인중유

인중요과론
과론(因中有菓論, sat-kery-vada)이다.

(2) 요가(Yoga, 瑜伽)파

요가파
　　요가(yoga)라는 말의 어원은 유즈(yuj)라는 말인데 결합한다는 뜻을 가진 말이며, 후에는 지멸(止滅)이라는 뜻을 가지게 되었다.

요가 수트라
　　요가파의 근본 경전은 『요가 수트라』(Yoga-Sūtra)인데 파탄잘리(Patañjali)가 편집했다 하나, 현존 형태는 400~450년경에 이루어진 것으로 본다.

　　요가학파는 옛 원주민들이 삼림 속에 앉아 명상을 행하며

안락을 구하던 습속(習俗)이 점점 종교적 의미를 가지게 되고
종교적 실천법으로 발전한 것이다. 그들은 일상생활의 상대적
동요를 초월하여 절대적 고요의 신비경에 들어가 해탈로써 절
대자와 합일을 실현하는 삼매경(三昧境)을 수행목표로 삼는다.   삼매경
요가파에서도 상키야파와 같이 현량, 비량, 성교량을 방법으로
삼는다. 이러한 요가 수행에는 제계(制戒, yama)와 내제(內
制, niyama)의 두 가지 준비 수행이 있는데, 제계는 불살생   제계
(不殺生), 진실(眞實, 不妄語), 부도(不盜), 불사음(不邪淫), 불
탐(不貪) 등 5계(五戒)를 말하며, 내제(內制)는 순결(純潔), 지
족(知足), 고행(苦行), 학수(學修, 주문인 옴〈om〉이나 성전〈聖
典〉을 외우는 일), 염신(念神) 등 다섯 가지를 말한다. 이와 같
은 일상생활의 생리적, 심리적, 윤리적 수행 후에 여섯 단계의
정신적 통일의 수행으로 들어간다.

  첫째는 조신(調神, āsana)이라는 것으로 앉는 법을 바로   조신
하여 신체의 안정을 이루는 것인데 47가지 또는 84가지가 있다
고 한다. 이는 두 가지로 나눌 수 있는데, 하나는 명상을 위해
하는 불교의 결가부좌(結跏趺坐)와 비슷한 것이 있고, 다른 하
나는 신체 단련의 자세로서 신체조직을 따라 행하는 맨손체조
와 같은 것이 있다. 서구의 체조가 힘을 기르고 미를 나타내기
위한 것인 데 비해 요가 체조는 내적 통제 작용으로서 주객통
일의 삼매경을 목적으로 함이 다른 점이라고 볼 수 있다.

  둘째는 조식(調息, prāṇāyāma)이라는 것으로 호흡을 고   조식
르게 하여 자기의 영적인 내재력을 일으키는 것이다. 숨을 닫
는 지식법(止息法)으로부터 심호흡, 가늘고 긴 호흡 등의 여러
가지 호흡법이 있다.

  셋째는 제감(制感, pratyahāra)이라는 것으로 이는 모든   제감
감각 기능을 외적 대상의 자극으로부터 분리시켜 정의작용(情
意作用)인 번뇌(煩惱)를 가라앉히는 것을 의미한다.

  넷째로 총지(總持, dhāraṇī)라는 것은 마음을 어느 한 곳   총지
에 두어 의식(意識)을 집중시키는 것을 의미한다.

정려	다섯째로 정려(靜慮, dhyāna)는 마음이 대상에 집중되어 드디어 일치되는 것을 말한다. 그러나 이 단계에서는 아직 자기가 그 대상에 머물고 있다는 자아의식이 남아 있다.
삼매	여섯째로 삼매(三昧, samādhi)는 주객이 하나로 되어 완전히 자아의식조차 없어져 공허한 경지에 이르게 됨을 말한다. 이러한 삼매가 푸루사(Purusa, 眞我)가 나타나는 경지다.

(3) 미만사(Mimānsā, 彌曼蹉, 聲論)파

미만사파	이 파는 『베다』경전의 제사의례를 철학적으로 해석하여 발전한 파로 쟈이미니(Jaimini, B.C. 200~100)에 의해 확립되었으나 주후 100년경에 근본경전인 『미만사 수트라』(Mimānsā-Sūtra)가 형성되었다. 이 파는 법(法, dharma, 진리)을 추구하는 것을 목적으로 한다. 이 법은 『베다』의 제사의식의 실행이요, 이 제사의식의 실행이 종교적 이상을 실현시키는 것으로 해석하며 이것은 카스트의 상층의 세 계급에만 허용된다.
『미만사 수트라』 법	

    이 파의 특징은 베다는 말(聖語)로 되어 있는데 이 말은 단순한 음성이 아니고 이 말이 음성을 초월하여 상주(常住)하여 존재한다고 하는 데 있다. 그리고 그 선천적, 항구적 말의 명령에 절대 복종해야 한다고 한다. 다시 말하면 제사를 실행하면 그 제사로 말미암아 우리에게 넋는 힘(神得力, apūrva)이 생겨 그로 인해 생천(生天)하고 복락을 누린다는 것이다.

(4) 바이세시카(Vaisesika, 勝論)파

바이세시카파 『바이세시카 수트라』 『파다르타다르마 상그라하』 6원리	바이세시카파의 창시자는 카나아다(Kanāda, B.C. 150~50)라고 하며, 그는 이 파의 근본경전(Vaisesika-Sūtra)을 편찬하였다고 한다. 이 경전 외에 또 50~150년경에 편찬된 『파다르타다르마 상그라하』(Padarthadharma-samgraha, 同義法要綱)가 있다. 이 파에서는 현상계를 6원리(六句義, 實體, 性質, 運動, 普遍, 特殊, 內容)로 설명한다. 이 6원리를 깨닫는 것을 최고 행복으로 여겨 해탈로 생각한다. 직접지각(直接知

覺, 現量)과 추론(推理, 比量)을 통해 이같이 순수한 지식에 이르는 것을 궁극적 목표로 하는 것이 적취설(積聚說)이요 유물론(唯物論)이다. 그러나 삼매(三昧)에의 진입은 요가에 의해서 가능하다고 한다.

(5) 베단타(Vedānta)파

베단타파는 후대 인도사상에 가장 많은 영향을 끼쳤다. 이 파의 명칭 자체가 인도의 정통사상임을 자처하고 있다. 이 파의 개조는 바아다라야나(Bādarāyana, B.C. 100~101)인데 사실 미만사파와 대동소이하다. 다만 해탈사상에 있어서 그 방법을 지식의 탐구에 두고 있는 점이 그 다른 점이다. 이들은 정통사상을 따라 인생의 해탈을 범아일여(梵我一如)에 둔다.

이 파의 근본경전은 『브라흐마 수트라』(Brahma-Sūtra 혹은 Vedānta-Sūtra)인데 주후 400~450년경에 현재의 모습으로 편찬되었다.

범(梵, Brahman)은 사물을 생성시킨 절대자이고 사물에 내재되어 있는 근원적 힘이며, 정신적 실체로서 인격적 존재이기도 하다. 범은 첫 활동으로 허공을 낳았고, 허공은 바람을, 바람은 불을, 불은 물을, 물은 땅을 낳았다. 이것을 5원소라 한다. 세상의 창조, 존속, 귀멸은 무한한 윤회다. 이 윤회를, 지혜를 얻어 벗어나 범과 하나가 됨이 해탈이다. 그러나 여기에도 요가행은 따른다. 이러한 사상은 용수(龍樹)의 진속원융(眞俗圓融)의 사상에 영향을 받아서 상카라(Samkara)의 불일불이론(不一不二論)으로 발전하였다고 본다. 그러나 이 이론은 범아(梵我)가 모두 물질적 실체라는 점에서 불교사상과 다르다.

(6) 니야야(Nyāya, 正理)파

니야야란 말은 이론(理論) 또는 정리(正理)라는 뜻이다. 니야야파는 논리학파다. 불교에서는 인명(因明) 논리가 발달하였는데 니야야파에서도 합리적 이론과 현상분석을 통하여 진리를 탐구하려고 하는 것이다.

『니야야 수트라』 이 파는 고타마(Gautama, 별명 Akṣapāda, 足目, A.D. 50~150년경)에 의해 시작되었고 주 경전은 『니야야 수트라』 (Nyaya-Sūtra)다. 이것은 주후 250~350년경에 편찬된 것으로 여겨진다.

5대 이 학파의 형이상학은 대체로 바이세시카파와 비슷하여 무수한 요소들이 모여 자연세계를 이루는데, 그중에 5대(五大)라 하여 지・수・화・풍・허공(地・水・火・風・虛空)을 일컫는다.

동인유합결 이 파 역시 인생을 고통으로 보고 그 원인은 그릇된 지(mithyājnana) 때문이라고 본다. 고로 해탈은 바른 지(知)를 얻어야 된다고 본다. 계율의 준수와 요가 수행은 다른 파와 같다. 이 파에서는 직접지(直接知, 理量), 추론(推論)과 유비(類比, 비유), 신뢰(信賴, 聖敎量)를 인식방법으로 하는데, 의혹, 동기, 정설(定說)로 발전시켜 나가며, 추론에는 주장(主張, 宗), 이유(理由, 因), 실례(實例, 喩), 적용(適用, 合), 결론(結論, 結)의 작법을 따른다.

7. 중세의 인도교

대승불교를 옹호했던 쿠산 왕조가 무너진 후 11세기 회교도의 침입이 있기까지 인도는 정치적으로 사분오열되어 혼란기로 들어갔다. 이 기간에 화폐경제의 문란으로 상업계급의 지대를 얻었던 불교와 쟈이나교가 점점 쇠퇴해지고 농촌사회의 기반을 갖고 있던 힌두교는 점점 세력을 다시 일으키게 되었다. 특히 여러 시바 종파들과 비슈누 종파들이 일어났다.

시바교 9세기 전반에 시바(Śiva)교의 일파가 카쉬미르에서 일어났다. 이 종파는 경전으로 시바가마(Śivāgama)를 만들었는데 이 시대에 64종이나 있었다 한다. 이 종파에서는 절대 유일의 존재로 시바신을 섬겼는데 교리체계는 상키야파의 영향을 입은 것으로 보인다. 그러나 이 파에서는 이 세계는 허탕한 것이라고 보고 시바신의 자유의지만이 참이라고 본다. 이 종파는 후에 회교도의 침입으로 많은 카쉬미르인들이 회교로 개종함으로 쇠퇴하고 만다.

샤이바 시드드한타(Śaiva-Siddhānta)파는 28종의 시바가나(Śivagana) 성전을 존중하며 또 슈리칸타(Śrikantha)가 12세기경 시바경전에 주석을 부친 『샤아바브하샤』(Śaiva-bhāsya)를 주경전으로 삼고 있다. 이 종파는 남인도를 중심으로 발전하였다. 이들은 세 사람의 상(像) 아파르(Appar), 티루 즈냐나 삼반다르(Tiru-jnāna-sambandhar), 순다라무우르티(Sundaramūrti)를 섬긴다. 이 종파는 주재신인 시바와 개자아(個自我)와 물질을 영원한 실재로 인정하고 있으나 개아는 무지와 업(業, karma)과 미망(迷妄, māya)에 의해 속박 당하고 있어 시바신의 은총만으로 속박을 벗어날 수 있으며 해탈의 길은 영원한 지식, 행동력, 무소유(無所有)의 세 가지라고 한다. 해탈의 결과는 최고의 복락을 얻는 것이다.

　샤이바 시드드한타파

파수파타(Pāsupata)파는 샤이바파와 밀접한 관계를 가지고 수행에 힘쓰는 종파인데, 몸을 재(災)로 칠하고 사람 앞에서 웃고 춤추는 독특한 수행을 행하는데, 그것은 조소와 경멸을 받는 일종의 고행을 뜻한다.

파수파타파

탄트리즘(Tantrism)이라는 성력파(性力派)는 탄트라(Tantra)라는 64종의 성전(聖典)을 가지고 있다고 하나 거의 사라지고 없다고 한다. 그들은 시바신을 영원한 실재로 섬길 뿐 아니라, 시바신의 아내인 두르가아(Durgā)와 카알리(Kāli)를 섬긴다. 시바신의 활동력을 성력이라고 보고 그것이 만유의 근원으로 전세계를 전개시켰다고 한다. 후대에 와서는 카알리 여신에게 짐승을 제물로 드리는 의식과 마법주(呪) 등으로 발전하여 하층계급에서 많이 행해졌다.

탄트리즘

비슈누(Vishunu)교의 여러 파는 600년 이후 서서히 정리되어 『판차라아트 라상히타』(pancarātrasamhitā)라는 경전이 성립되었다. 그 사상은 시바교의 탄트리즘적 영향을 받은 것으

비슈누파

로 본다. 비슈누와 성력(性力)은 세계를 전개한 최초 원인이다. 고(苦)에서의 해방을 해탈로 본다. 이 파도 역시 하층계급에서 교세를 확장했다.

　　중세 인도교는 이와 같이 하층 원주민의 종교와 융합될 뿐 아니라, 외세의 탄압으로 표면에서 사라진 불교를 내면에서 융합하면서 인도의 주인 종교로서 그 지위를 회복해 갔다. 13세기에는 강게샤(Gaṅgeśa)가 일체 현상을 포괄적으로 논한 방대한 저서 『탓트바친타아마니』(Tattvacintāmani)를 남겼다. 이와 같은 포괄융합의 경향은 결국 16, 17세기에 이르러 전통적 6개 종파가 확연한 구분이 없이 서로 융합하는 경향을 더욱 더하게 하였다. 개중에는 유신론적 경향이 신의 은총사상과 도덕적 경향을 발전시키기도 하였으며 라마누자(Ramānuja, 12세기초)가 그 예이다.

　　마디바(Madhiva, 1197~1276)는 신의 은총에 의한 해탈과 더불어 운명사상을 결부시켜 해탈할 자, 윤회에 빠질 자, 지옥에 떨어질 자가 있다고 주장하기도 하였다. 님바아르카(Nimbārka, 14세기)는 행(行, karman), 지명(知明, vidya), 염상(念想, upāsanā), 신에 의존(神依存, parpatti), 스승에의 귀의(gurūsrtti) 등 다섯 가지 수행법을 주장하기도 하였다. 그런가 하면 링가야타(liṅgāyata)파에서는 남성의 생식기(liṅga)를 숭배하기도 하였다. 그들은 시바신이 만물을 창조함으로 분열하여 여성원리를 상실하였으므로 해탈은 여성원리와 합일을 이루는 것이라 하였다.

8. 근세의 인도교

　　근세의 인도교는 대중적이고 반정통적 운동이 크게 일어난 것이 그 특징이다. 이러한 종파들은 대개 비슈누신을 주로 섬기는 것들과 시바신을 주로 섬기는 것들이 대종을 이루고, 기타 단순한 개혁운동으로 볼 수 있는 것들도 많았다.

비슈누신을 주로 섬기는 파로는 13~14개의 파를 헤아릴 | 비슈누신 종파
수 있으며 그중에 라아마아난다(Rāmānanda, 15세기)파와 라 | 라아마아난다파
아마누쟈(Rāmānuja, 15세기 말경)파 등은 카스트제도를 부정 | 라아미누쟈파
하였는데, 라아마아난다파는 현대까지 존속하고 있다. 카비이르
(Kabīr, 1440~1518) 같은 사람은 라아마아난다의 영향을 받
아 카스트제도를 부정하면서 또한 회교의 영향을 받아 우상숭
배를 배격하는 개혁운동을 전개하였는데 이러한 사상의 영향을
받아 성립된 일파를 사트나아미이(Satnāmī)파라고 한다. | 사트나아미이파

비슈누신을 섬기는 파 가운데는 부도덕한 발라바(Valla-
bha, 1473~1531) 같은 세속적 종파도 발생하였는가 하면,
한편 크리슈나를 열광적으로 경배하는 쨔이탄야(Caitanya, | 쨔이탄야파
1485~1533)파도 있었다. 비슈누신을 사랑하는 세속적 운동의
하나로 나암데브(Nāmdev, 15세기 전반)는 역시 카스트제도 | 나암데브
와 우상숭배를 배격하였다.

시바신을 주신으로 하는 종파들에는 파슈파타파(15세기), | 시바신 종파
라클라이샤파(4세기생), 카아파말리카파(8세기생), 시바 싯다
안타파(15세기생), 타미르의 시바파(9세기생), 카쉬미르의 시
바파(9세기생), 비파 시바파(11세기생), 싯타르파(16세기생),
브하크티파(14세기생) 등이 있고, 세속파로 바아마아카아라 샤 | 세속파
악타파(左性力派, 13세기경생), 닥시나아카아라파(右性力派,
13세기경생) 등이 있었다.

정통파에 반대되는 것 중에는 정통적인 인도교에서 사악하
게 보는 유물론(唯物論)의 세력도 일어났으며, 다른 한편 태양 | 유물론
을 섬기는 사우라파 등도 있었다.

이와 같은 서민 대중적 종교의 발흥은 어려운 산스크리트
어로 된 경전을 대중적 속어(俗語)로 번역하는 운동을 촉진하
였다.

근세에 와서 인도에는 재래의 불교, 쟈이나교 외에 외래종
교와 혼합된 시크(Sikh)교, 파르시스(Parsis)교 등이 일어났는
데 이들은 별도로 서술코자 한다.

9. 현대의 인도교

현대 인도교에는 근세의 개혁운동이 보다 더 진보적으로 나타나 정통사상 외에 혼합종교적 현상이 두드러지게 나타났다. 사마아지(Samadhi, Samāji)운동은 일종의 인도교, 회교, 기독교의 혼합종교운동이라고 할 수 있다. 그 뜻은 정(定) 또는 정정(正定)이라고 옮기며 삼매(三昧)나 삼마지(三摩地)라고 부르기도 한다. 이 운동에는 브라마 사마아지와 아아리야 사마아지의 주요한 두 파 외에 프라아르타나아 사마아지, 데바 사마아지 등 여러 가지가 있다.

사마아지운동

브라마 사마아지(Brahma Samāji, 梵敎會)의 개조는 람 모한 라이(Ram Mohan Ray, 1772~1833)인데 사제계급 출신이었으나 회교학교에서 교육을 받아 유일신사상을 가지게 되었다. 그는 고대 인도종교뿐 아니라 그리스어, 히브리어까지 배워 기독교를 연구하였다. 그리하여 인도교의 고대종교를 일신교적 입장에서 이해하여 유일한 참 신을 섬기는 것을 그의 사마아지운동의 목적으로 삼았다. 유일한 참 신을 인간의 지혜와 능력을 초월하는 우주의 창조신으로, 세상을 섭리하는 신으로 섬기며 우상을 엄금하였다. 그 유일신사상뿐 아니라 예배형식에 있어서도 기독교의 예배 형식을 본받아 성전(聖典)을 낭독, 해석, 권면하며 찬송과 기도를 드렸다. 다만 성전의 내용을 베다, 우파니샤드, 기독교의 성경, 회교의 코란 등 두루 사용하는 점이 그 특색이다. 일종의 관용주의 또는 포괄주의라고 할 수 있는 것이다. 윤회전생사상을 부인하는 점에서는 인도교에서 크게 개혁적으로 나간 것이라 하겠다. 이 파에 속한 대표적인 인물이 저 유명한 노벨상 수상자 라비 인드라나트 타고르(Ravi-indranath Tagore, 1861~1941)이다. 그는 영국에서 법률을 배운 시인, 사상가, 철인일 뿐 아니라 음악가였고, 화가였고, 교육자였다. 타고르는 그의 조부 때부터 이 운동에 가담했다. 그가 일제 통치하에 있는 한국을 방문하여 남

브라마 사마아지

타고르

긴 시 한 편은 한국 장래에 대한 예언적인 것이었다.

　　인도 민족의 독립운동 지도자 간디(Mahatma Gandhi, 1869~1948)도 이 사마아지사상을 실천한 사람 중에 하나였다. 그는 인도의 정치적, 사상적 지도자였다. 19살에(1888) 영국에 유학한 그는 변호사로 일하였으며 비폭력 무저항주의(ahimsa)의 방법으로 유명하다. 그의 기도문에는 힌두교 성전뿐 아니라 성서, 코란, 불경 등도 사용하였다. 이슬람교도와 힌두교도의 융합을 주장하던 그는 1948년 1월 30일 그의 융합운동을 반대하는 힌두교도의 총탄을 맞고 숨졌다. 그의 관대한 보편종교사상은 전통적 힌두교에는 받아들여지지 않았다.

　　근래에 와서 사아다아란 브라마 사마아지라고 하는 새 운동이 일어나 평등주의, 민주주의를 내세워 대의제(代議制)를 주장하며 전제주의(專制主義)를 배격하였다. 이들은 개인의 영혼이 영원불멸한다고 믿고 무한한 진화가 가능하다는 진보적인 사상을 가졌다. 사람은 신령과 진리로써 신에게 예배할 것이며, 신은 인간의 아버지로 섬겨지며, 인간은 다 형제가 되어 서로 사랑해야 하며, 죄인인 인간은 회개하고 열심히 신에게 기도드리며 선행을 해야 한다고 성서적인 가르침을 실천한다.

　　아아리아 사마아지파(Ārya-Samāji)는 성교회(聖敎會)라 하는데, 그 창시자 스와미이 다야아난다 사라스바티이(Swaamii Dayaananda Sarasvatī, 1824~1883)는 14살 때 시바 힌두교의 제사의식이 형식적 우상숭배인 것을 보고 헛된 것이라 생각하고 후에 부모의 강권하는 결혼도 거절하고 산에 들어가 1863년까지 20년에 가깝도록 여러 스승을 찾아 고전을 배우고 요가행을 닦은 후, 1875년에 한 파를 창립하고 전도에 나서 유일한 인격적 신의 실재와 영혼의 불멸과 세계의 합리성을 중심사상으로 하여 가르치면서 우상숭배와 사성계급제도와 시바파의 형식적 제사를 배격하였다. 일찍 결혼하는 폐습, 고행, 성지순례 등을 타파하고 학교를 세우고 서적을 발간하여 혁신적 운동을 전개하였다. 그의 후계자들은 이 운동을 열심히 계승해

　　　　　　　　　　　　　　　　　　　　　간디

　　　　　　　　　　　　　　　　　　　　　무저항주의

　　　　　　　　　　　　　　　　　　　　　사아다아란 브라마
　　　　　　　　　　　　　　　　　　　　　사마아지

　　　　　　　　　　　　　　　　　　　　　아아리아
　　　　　　　　　　　　　　　　　　　　　사마아지

나가고 있다. 1921년에는 46만에 달하는 회원을 가졌었다. 이 운동에는 많은 정치가와 유력한 사회인사들이 가입하여 교육과 사회사업 면에서 인도의 현대화를 크게 촉진시켰다.

프라아르타나아 사마아지(Prarthanā Samāji)운동은 기도교회(祈禱敎會)라 하는데 1867년 봄베이 지역에서 아트마람, 판두랑 두 형제에 의해 시작되었다. 매주 일요일에 유일신을 숭배하는 기도회를 가지면서 사회개혁을 도모하였다. 이 운동은 브라마 사마아지운동과 비슷한 것이었으나 지리적으로 떨어져서 별개로 진행된 운동이었다. 비교적 온화한 태도를 취하여 사성제도와 풍속개량을 절충적, 점진적 방법으로 추진해 나갔다. 특히 여자교육과 고아구제에 힘써 인도의 서부와 남부에서 크게 활동하였다.

데바 사마아지(Deva Samāji)운동은 천교회(天敎會) 또는 신성교회(神聖敎會)라 하며 시바나아라아야나 악니호트리(Śivanaaraayana Agnihotri, 1850~1910)에 의해 시작된 운동인데, 그는 역시 인도교 사제계급 출신으로 브라마 사마아지운동에 가담하다가 1887년에 독자적인 운동을 전개하였다. 그의 사상은 우주는 물질과 힘으로 구성되었다고 보며 생성(生成)이나 소멸이 없다고 보는 일종의 무신론적, 유물론적 색채를 띠었다. 그러나 생명은 곧 영혼에 달려 있다고 보고 육체는 이 영혼으로 인해서 구성된다고 보았다. 이 생명은 선행에 의해 바로 발전하여 사회가 바로 발전한다고 본다. 사성제도를 버리지 않으며 채식주의를 행하는 것은 개혁의지가 빈약한 점이라고 하겠다.

현대 인도의 가장 큰 교단인 라마크리슈나 전도회(The Ramakrishna Mission)는 인도 국내뿐 아니라 전세계 각지에까지 선교활동을 벌이고 있다. 라마크리슈나(1836~1886)는 카알리(Kāli) 여신을 숭배하며 많은 신비적 체험을 한 사람이었다. 한편 그는 근대의 합리적 사유의 영향을 받아 신비체험을 통해서 신과의 합일을 이룰 수 있다고 주장하며 정신적 평화를 이룩하여 이타적 봉사를 강조하였다. 교육, 출판, 의료, 구호사업을 힘쓰며 그 지부(支部)를 전세계 각 곳에 두고 있다.

이러한 종교활동에 자극을 받아 여러 순수 봉사단체들도 생겨났다. 그 대표적인 것으로 1916년에 프라나바아난다(Pranavānanda, 1886~1941)가 설립한 브하라타 세바아슈라마 상가(Bharata sevāsra-ma sangha)가 그것이다. 이 단체는 국민주의적 경향을 가졌다.

봉사단체

한편 순수한 종교적 이상을 실현하려고 하는 수행자들도 있었다. 라마나 마하르시(Ramana Maharsi, 1879~1951)는 남인도 사람으로 산에 은둔하여 자기 수행에 힘썼다. 제자들의 면담까지도 피하며 검소하고 청결한 생활을 실천하였다. 그는 또한 카스트제도를 부정하였다.

라마나 마하르시

그 외에 인도 전통사상을 개발하고자 하는 문화단체들도 있었으니 신지협회(神知協會) 같은 것이 그것이다.

문화단체

현재 인도정부는 정치와 종교를 분리하는 헌법을 가지고 있고, 특정한 종교를 원조하거나 박해하는 것을 금하는 기본적 원칙을 가지고 있다. 그러나 국가에서 불교의 유적을 보수, 개발하는가 하면 기독교의 선교사는 입국을 금하고 있는 실정이다.

10. 맺는말

힌두교의 신은 다신에서 일신으로 발전했다고 뮐러는 주장했으나 가장 오래된 『베다』경전에 이미 일원론적 사상이 강하게 나타난다. 한편 오늘날(크리슈나 성전에는 플라톤(Platon) 옆에 그리스도상까지 봉안하여 섬기고 있다) 많은 신들을 많은 성전과 사당에서 섬기고 있다. 경전 또한 점진적으로 첨가되고 다양한 모습으로 변했다. 그들의 구원방법은 모든 종교적, 자력적, 타력적 구원방법이 다 채용되다시피 하여 다양한 모습을 보이고 있다. 그 주된 특징은 인간의 노력으로 구원되는 점이라고 볼 수 있으나, 타력적 구원방법에로 기울어지는 경향을 찾아볼 수 있다. 그러면서도 이 종교의 정치와 결부된 조직(Caste)에서 유래되는 비도덕성(사성〈Caste〉에서 제외되는 천민〈untouchable, outcaste, achhut〉에 대한 비인간적 대우는 가장 대표적인 것이다)과 대중종교에로 발전하면서 발생된 율법주의적 경향과 온갖 물활론(物活論, animism)과의 혼합, 악령숭배, 점성술(astrology), 주술(curses), 마력(魔力, charms) 등의 채용은 인도교의 타락과 분파를 초래하게 되었으며, 결국 타락된 힌두교는 인도사회의 발전을 가로막았다. 세계에서 두번째로 많은 인구를 가지고 있으며 대륙적 국토를 가진 인도가 오늘날 정치적으로, 경제적으로 세계에서 가장 어려움을 겪고 있는 나라가 된 것은 바로 종교적 장벽 때문이라고 말할 수 있다. 그러나 성교회(聖敎會), 기도교회(祈禱敎會) 등이 유일신사상에 입각해서 인도사회의 혁신적 개혁운동을 전개하고 있는 것은 미래의 인도를 위한 가장 소망스러운 일이 아닌가 한다.

동족상쟁　　그러나 일부 배타주의적 세력들에 의한 이슬람과의 분쟁은 국가의 분열과 끊임없는 동족상쟁의 비극을 자아내고 있어 인도뿐 아니라 전세계의 종교분쟁의 불씨가 되고 있다.

제 9 장

쟈이나교(耆那敎, Jainism)

1. 힌두교를 개혁하려는 운동

쟈이나교는 본래 힌두교의 동물제사, 카스트제도, 베다성 전의 권위 등에 반대하여 불교보다 한 세대 앞서 일어난 힌두교 자체 내의 개혁운동이었다. 이러한 개혁운동은 제1계급인 제사계급에 대한 제2계급인 무사계급(王族)의 반동으로 볼 수 있으며 이것은 또한 제사계급의 부패에서 일어난 것인 동시에 무사계급의 힘의 확장에서 일어난 것이라고 볼 수도 있다. 그러나 이 운동은 힌두교를 개혁하는 데는 실패하고 뒤에 일어난 불교와 같이 힌두교를 벗어나 아예 새로운 종교를 형성하게 되었다.

개혁운동

이들을 승자(勝者, Jains)라고 부르는 것은 그들의 지나(Jina)사상에 근거하고 있다. 그들은 명아(命我, jiva, living)가 고행을 통해 정화(淨化)될 때 비아(非我, ajiva, nonliving)를 벗고 그 본성(本性)이 출현하게 되는데, 이를 지멸(止滅) 또는 해탈(解脫, nirvana)이라 하며 이러한 수도(修

지바

해탈

지나

스투파

道)에 승리한 자를 지나(Jina)라 불렀다.

    이들은 제3계급인 상공업인들에게 그 세력을 확장해서 경제적으로 주요한 사회적 위치를 차지하였다. 부유한 재력에 힘입은 그들의 성전과 기념탑(stupa)들은 건축에 있어서 뛰어난 기술을 보여 주고 있어서 고고학적 가치가 크다. 한때 왕성했던 그들의 교세는 불교보다도 부진하여 그들이 스스로를 세계종교로 내세운 바와는 반대로 인도에 국한되어 있으며 그것도 남부와 서부지역에 한정되어 있다. 점점 감소되어 가는 추세에 있는 신도수는 몇 백만에 불과하여 인도 전체 인구에 비할 때 미미한 세력이 되어 버렸다. 그러나 그들의 고행과 채식주의와 더불어 살생을 금하는 평화적 정신은 인도인뿐 아니라 오늘날 세계인들의 주목을 끌고 있다.

2. 창시자의 생애

바르드하마나
마하비라

출생지

    인도교가 자연발생적 민족종교임에 반하여 쟈이나교는 인도에서 최초로 교조(敎祖)에 의하여 시작된 것이었다. 그 창시자 니간타 나타푸트라(Nigantha Nātaputra)는 본명을 바르드하마나(Vardhamana, 跋陀摩那)라고 하는데 후에 대웅(大雄, Mahāvira)이라는 칭호를 붙여 존경받게 되고 결국은 신격화(神格化)되어 숭배되었다. 그는 주전 599년에 출생하여 주전 527년에 죽은 것으로 추정한다. 마가드하(Magadha)국 바이샬리(Vaishali)성의 왕족으로 태어난 그는 엄격한 승자(勝者, Jain)로서 다섯 보모에 의해 호사스럽게 자라 왕족의 딸과 결혼하여 딸 하나를 낳았다. 그가 30세 되던 때 그의 부모가 세상을 떠나자 그는 출가하여 사문(沙門)이 되었다. 12년의 고행과 명상으로 모든 업(業, karma)을 벗고 해탈(解脫, nirvāna)하여 지나(jina)가 되고 전지자(全知者, kevali)가 되었다.

    그는 모든 사물의 이치를 깨달아 알게 되었을 뿐 아니라,

육체를 정복하여 수면이 필요치 않게도 되었다 한다. 쟈이나교의 교리를 전해 줄 역사 이전의 신적(神的) 인물들을 티르트한카라(Thirthankara)라고 하는데, 그 첫째는 리샤브하 신(Rishabha Deva, 神)이었다고 하며 그들은 인간으로 하여금 고통을 넘어서 행복의 상태로 인도하는 자들이라고 한다. 바르드하마나는 자칭 24번째이며 마지막 티르트한카라인 파라스바나트(Parasvanath)가 바로 자신이라고 주장하고 나서서 선교하면서 고행자들의 무리를 조직하고 교단의 체계를 수립하여 사실상 쟈이나교의 창시자가 되었다.

티르트한카라

그가 72세로 세상을 떠날 때까지 50여 만의 신도를 얻었을 뿐만 아니라 5,400여의 케발리(kevali)를 얻었다 한다. 특히 주목할 일은 여신도가 남신도보다 배나 되었고 여자를 천시하는 인도 사회에서 여자 승려를 인정하였으며 그 수 또한 남자 승려의 배나 되었다.

케발리

바르드하마나 마하비라(Vardhamāna Mahavira) 자신의 교훈에 따르면 이 세상에는 경배할 아무런 대상도 없다. 따라서 어떠한 대상도 경배해서는 안 되었다. 그는 자기 교훈대로 무기도(無祈禱)의 생애를 보냈다. 그러나 그의 추종자들은 그에게 기원(祈願)하였으며 그는 신의 속성을 가졌고 선재(先在) 성육(成肉)된 자로 신격화되어 숭배되었다.

3. 경전

쟈이나교 경전은 종파마다 정경을 구성하는 책들의 목록을 특이하게 가지고 있으나 대개 둘로 나눌 수 있으니, 하나는 『아가마스』(Agamas, 교훈들)라고 하는 것이며 다른 하나는 『싣드한타스』(Siddhantas, 잠서)라고 하는 것이다. 전자는 12부로 되어 있는데 제12부는 상실되었다. 이 경전들은 대개 시조가 죽은 후 200년 후에 이루어진 것들인데 영구한 문서 형태로 조성되기는 제5세기에 이르러서였다. 정경을 결정하는 회의

『아가마스』
『싣드한타스』

가 6세기 초(A.D. 524?)에 발라비(Vallabhi)에서 있었다. 이들 경전들은 당시 인도 북부 및 중부에서 통용되던 통속어인 프라크리트(Prakṛt)어로 기록되었으며 후대의 주석서들은 모두 범어(Sanskrit)로 기록되었는데 오늘날 대부분의 쟈이나교도들은 이를 읽지 못한다. 약간의 경전이 현대의 인도어로 번역되었을 뿐이다.

4. 쟈이나교의 역사

슈드드하르마   마하비라는 수도사 집단들을 제자들의 관리 아래 두었으나 후에 모든 수도단들이 없어지고 개종한 브라만인 슈드드하르마(Suddharma) 밑에 500승려들만 남았다. 오늘날 쟈이나교의 모든 종파들은 그들의 영적 계보를 그에게로 소급하고 있다.

마우리야
찬드라굽타   마하비라가 죽은 후 2세기가 지난 때 마우리야(Maurya) 황제 찬드라굽타(Chandragupta, B.C. 322~298)가 쟈이나교를 믿게 되면서 쟈이나교는 크게 일어나게 되었고, 그는 승려들을 동인도로부터 남인도로 보내 마이소레(Mysore)에 있는 슈라바나 벨골라(Shravana Belgōla)에 쟈이나교의 중심을 설치하였다. 여기에서는 더 엄격한 고행이 행해졌으나 점차로 파당이 생겨났다.

삼프라티   불교에 귀의했던 아쇼카(Asōka, B.C. 270경 즉위)왕의 손자 삼프라티(Samprati)의 개종으로 쟈이나교는 인도 전체에 그리고 아프가니스탄에까지 퍼졌다. 구자라트와 마르와르(Gujarāt and Mārwār)의 공주의 후원으로 쟈이나교의 중심은 마가드하(Magadha)에서 구자라트(Gujarāt)로 옮겨졌다.

구자라트
쿠마라팔라   쟈이나교의 황금시대는 13세기까지 연장되었다. 쿠마라팔라(Kumarāpāla)왕 때에 쟈이나교는 구자라트의 국교로 되고 예술적인 성전들이 세워졌다.

힌두교가 재흥되어 불교가 말살될 때 쟈이나교는 힌두교와 타협함으로 파멸을 면하였으나 회교의 침입은 쟈이나교를 다시 일어설 수 없도록 타격을 주었다.
자이나교는 크게 세 파로 나뉘었다.

(1) 흰옷파 스베탐바라(Svetambara) 분파

주로 북부에 거주하며 주후 82년에 남부 자이나교와 의복 문제로 갈라졌다. 이 파는 최소한 84파로 분열되었다.

흰옷파

(2) 청색옷파 디감마바라(Digamabara) 분파

주전 310년에 기근 때문에 남하한 자이나교도로 북부 자이나교보다 더 금욕적이며 그들은 벌거벗고 살았으며 그들의 신상도 벌거벗겼다.

청색옷파

(3) 스트하나크바시(Sthānakvāsi) 분파

주후 1474년에 하나의 스베탐바라(Svetambara) 개혁자에 의해 시작되었다. 그들은 여하한 우상에게도 경배하기를 거부하였다. 이 파는 다시 11분파로 분열되었다.

스트하나크바시파

5. 자이나교의 교리와 수행(修行)

자이나교의 사상은 모든 지고자(至高者)를 부정함으로 출발한다. 그들은 인도교의 다신교적 신앙에 대해 그것이 자연적인 것이든 초자연적인 것이든 거부한다. 제사(祭事), 기원(祈願) 따위도 폐기한다. 그들은 차라리 존재의 영원성, 생명의 보편성, 영혼의 개성과 불멸성을 믿는다. 신화(神化)되고 해탈한 영혼들이 하나님을 대신한다. 결국 자이나교는 철저한 자력교(自力教)다. 그러나 시조의 가르침과 인격에 반해 후대 신자들은 시조 자신을 신격화했고 그 밖에 24티르트한카라 등 많은 구원자를 설정하였다. 그들은 성전까지 세우고 그들을 경배하고 있다.

자력교

완전한 자이나교 신자란 먼저 금욕적이며 겸손하고 악기

(惡氣)가 없으며 복수심이 없는 자이다. 그들은 사랑과 미움을 모두 초월해 버리려는 노력을 한다. 왜냐하면 양자가 모두 세상에 대한 집착의 형태이기 때문이다. 쟈이나교의 주요한 덕(德)은 머리 깎고 탁발승(托鉢僧)이 되어 금욕생활을 하며 계율을 지키는 것이다. 저들은 살생을 금하기 때문에 목축이나 농업보다 상업, 교사, 예술 등을 더 좋게 여기며, 채식주의를 주장한다. 진실하여 거짓말하지 않고, 도적질하지 않고, 음행하지 않고, 무소유(無所有) 곧 아무것에도 애착하지 않으며 단식하고 나체생활 하는 것을 덕으로 삼는다.

쟈이나교에서는 모든 인생고(人生苦)는 육체와 영혼의 결합에서 온다고 본다. 그리하여 그들은 금욕주의의 방법을 통하여 영혼을 육체로부터 해방시키는 것이 구원의 방도라고 생각한다. 다시 말하면 업(業)으로 인한 윤회전생(輪廻轉生)을 벗어나는 것을 해탈(moksha) 곧 구원으로 본다. 최종 해탈의 길로 삼보(三寶)를 가르친다. 바른 신앙(正信 또는 先見), 바른 지식(正知), 바른 행위(正行)가 그것이다.

목샤
삼보

쟈이나교에서는 절기와 순례를 엄숙히 지키는데 그중에 쟈이나교의 달력으로 연말에 금식절과 5대 성산(聖山) 순례는 가장 중요한 것이다. 8일간 계속되는 금식절 마지막 날은 삼반트사리(Samvantsari)라 하여 금식, 묵상, 회개의 날로 되어 있다.

절기
순례

6. 맺는말

인도교와 같은 점

마하비라(Mahavira) 자신이 인도교를 근본적으로 거부하지는 않았다. 인도교도 그를 반대하지 않았다. 그는 인도교와 동일한 업(業, karma)사상, 윤회전생(輪廻轉生)사상, 해탈(解脫, nirvana)사상을 견지하였다. 이러한 사상은 쟈이나교에 계승되었다.

인도와의 차이점

그러나 근원적으로 차이를 이루고 있는 점이 있으니 베다와 브라흐마나스 경전에 나타난 여러 신(神)들과 우파니샤드에 나타난 형이상학적 절대자를 다 같이 반대하고 있으며, 인도교의 일원론적(一元論的) 철학을 반대하여 영과 육 곧 물질의 존재도 인정하여 이원론(二元論)을 주장하였다. 쟈이나교에서는 인도교의 동물제사를 반대하고 기원(祈願)이나 의식(儀式) 등을 통한 구원의 방법을 반대하며 철저히 자력(自力)에 의한 구원을 주장하고 금욕적인 자아희생과 동물애호를 주장하였다. 또한 사성제도(四姓制度)를 반대하고 금욕주의를 실천하는 자들의 평등성을 강조하였다. 과감한 주장 중의 하나는 카스트나 인도에만 한정하려는 인도교의 토착성을 반대하고 온 세계에 쟈이나교를 전파할 것을 강조했다는 것이다.

　이상과 같은 차이점이 강조되면서 쟈이나교가 발전하였으나 오랜 세월이 지나면서 자기보다 크며 오래되었고 다시 부흥된 인도교에 흡수되어 버린 상태를 나타내고 있다. 그리하여 오늘날에는 양종교가 다 같이 인격화된 신이나 다른 여러 신들을 섬기고 있다. 따라서 신을 섬기는 성전을 가지게 되었고 사제(司祭)를 가지게 되었다. 카스트제도를 반대하던 쟈이나교이지만 그 계급 차이를 철저히 타파하지 못하고 심지어 신들에게까지도 계급을 두고 있다. 쟈이나교가 여승제도를 채택하기는 하였으나 일반 여자에 대해서 천시하는 사상은 여전히 남아 있다. 심지어 디감바라 분파에서는 여자는 내세에 가서 남자로 태어나 구원된다고 믿기까지 한다. 　　인도교에의 동화

　1956년 통계에 쟈이나교인은 불과 150만 여 명에 불과한 것으로 감소의 추세를 나타내고 있다. 그 중요한 이유는 현대 과학지식에 부딪쳐 쟈이나교 전통 자체가 젊은이들에게 갈등을 일으키고 있기 때문으로 생각된다. 그러나 그들의 부력(富力)과 높은 교육 수준은 그들의 사회적, 정치적 지위와 영향력을 크게 해 주고 있다.　　교세

제 10 장

불교(佛敎, Buddhism)

1. 불교의 기원

명칭의 뜻   불교(佛敎)란 불타(佛陀)의 가르침이란 뜻인데 불타란 말은 본래 인도의 상류층에서 쓰는 말인 범어(梵語, Sanskrit)의 분드드하(Buddha)라는 말을 한문으로 옮긴 것이다. 우리말로는 '부처'라고 부른다. 뜻으로 옮기면(意譯) 깨달은 자(覺者)를 뜻한다.

카필라   주전 6세기 중반에 인도 카필라(Kapila, 迦毘羅)국왕(城主) 정반왕(Suddhoda˜na, 淨飯王)이 나이 40살 되던 해 4월 8일 태자를 얻어 이름을 싣달타(Siddhartha, 悉達多, 一切義成의 뜻)라고 하였다. 그의 성(姓)은 고오타마(Goutama, 瞿曇)이며 사캬(Sakya, 釋迦)족에 속하였다. 우리가 보통 부르는 석가모니(Sakyamuni, 釋迦牟尼)라는 호칭은 석가 족속의 모니 곧 존귀한 자라는 뜻이다. 그 말을 달리 석존(釋尊) 또는 세존(世尊)이라고 부른다.

싣달타

석가모니

마야   그의 어머니 마야(Maya, 摩耶)가 해산하려고 친정(이웃

Koliya족)에 가던 도중 룸비니(Lumbini, 籃毘尼) 동산에 이   룸비니
르렀을 때 갑자기 해산 기운이 돌아 무우수(無憂樹) 나뭇가지
를 잡고 겨드랑 밑으로 아들을 낳았다고 하는데 이 전설적인
이야기는 인도에 있는 당시의 네 계급, 즉 사제계급(Brah-   사성제도
mans, 婆羅門), 왕족계급(Ksatrya, 刹帝利), 서민계급
(Vaisya, 毘舍), 노예계급(Sudra, 首陀羅) 중에 왕족 곧 사람
의 몸에 있어서 머리, 어깨, 배, 발에 비유할 때 어깨(무사계
급)에 속한 계급에서 싣달타가 태어났다는 것을 의미한다.

   싣달타가 태어날 때 아홉 마리의 용이 하늘에서 물을 뿜어
아이의 몸을 씻고 네 송이의 연꽃이 땅에서 솟아 발을 받으니
사방으로 일곱 걸음씩 걷고 제자리에 돌아온 후 오른손으로 하
늘을 가르키고 왼손으로 땅을 가르키면서 천상천하 유아독존   천상천하 유아독존
삼계개고 아당안지(天上天下 唯我獨尊 三界皆苦 我當安之)라고
말했다고 전해 오고 있는데, 이것은 동물숭배사상이 있는 인도
사람이 용을 들어, 연꽃을 사랑하는 그들이 연꽃을 들어 자기
들의 교조를 높이고 미화한 것에 불과하다. 두 손의 모습은 오
늘날 서 있는 돌부처들에게서 많이 볼 수 있거니와, 하늘 위에
나 하늘 아래에 홀로 존귀하니 온 세상이 괴로워 내가 이를 편
케 하겠다 함은 일개 성주의 아들이 소아적(小我的), 씨족적
테두리를 벗어나 대아적(大我的) 안목을 가지게 되어 인생고를
해결해 보겠다는 부처(깨달은 자)로서의 그의 사상과 신념을
신화적으로 표현한 것이다.

   중국에서는 같은 시기, 곧 춘추전국시대에 혼란한 세상을
통일하고 도탄에 빠진 백성을 구해 보겠다고 제자백가(諸子百
家)가 나타났던 중 공자의 가르침이 탁월하였고, 희랍에는 소
피스트(Sophist)들이 난무하는 속에 소크라테스(Socrates)의
가르침이 탁월하였거니와, 인도에서는 힌두교(Hinduism)의
사성제도(四姓階級制度, Caste)에 시달리는 피지배 대중을 구
하겠다고 나선 사람이 많으나 그중에 쟈이나 교주 바르드하마
나 마하비라(Varddhamāna Mahāvira)와 석가가 대표적 인

물이었다. 이들 모두의 공통점은 신본주의(神本主義)인 기독교와 달리 인본주의(人本主義)인 점에 있다.

  싣달타의 어머니 마야 부인은 산후 7일 만에 세상을 떠나고 그는 이모인 후비 마하파쟈파티(Mahapajapati, 大愛道)의 손에서 자랐다. 싣달타(Siddhartha, 一切成義)라는 이름 속에는 그의 부친의 야망이 깃들어 있다. 전륜성왕(轉輪聖王), 곧 인도를 통일하여 통일대왕이 되도록 하고자 하는 꿈이 있었다. 그리하여 그는 화려한 삼시전(三時殿)을 지어 놓고 수많은 궁녀를 뽑았다. 부친은 왕자로 하여금 쾌락에 탐닉케 하여 세속적 야욕을 기르려 하였다. 그러나 13세 되던 해 봄 농경제(農耕祭)에 나갔던 왕자는 채찍 밑에 소가 마지못해 끌고 가는 모습과 벌레는 찍혀 꿈틀거리고 그 벌레를 물고 달아나는 새는 또 날쌘 매에게 채여 찢기는 것을 보았다. 이 일은 그의 마음에 큰 충격을 주었다. 약육강식(弱肉强食)의 현실적 고통을 목격한 것이다.

  그 후에 무예에도 능한 왕자는 경쟁자인 사촌 동생 데바닫다(堤婆達多, 調達)를 물리치고 이웃 나라 재상의 딸 야소다라(Yasodhara, 耶輸陀羅, 華色)를 비(妃)로 맞기에 성공하여 19세의 나이에 결혼하였다. 그런데 어느 날 궁 밖으로 유람을 나갔다가 생각지 않은 것들을 보았다. 동문을 나서서는 수척한 늙은이를, 남문을 나서서는 신음하는 병자를, 서문을 나서서는 북망성을 향하는 한 상여를 보았다. 자기를 낳은 어머니의 얼굴조차도 보지 못했던 왕자는 인생의 생로병사(生老病死)의 고통을 깨달았다. 농경제에서 자연계의 고통을 본 왕자가 이제는 인생고를 또 깨닫게 된 것이다. 그는 다시 북문을 나가 바루(鉢)를 들고 석상을 짚은 도사(道師)를 만났다. 그는 도를 닦아 생사(生死)의 윤회(輪廻)를 벗어나 해탈(解脫)의 즐거움을 얻고자 한다고 하였다. 여기의 사문유람(四門遊覽)은 왕자의 사색의 단면을 소설적으로 표현한 것에 불과하거니와, 하여간 29세 때 아들 라훌라(Rāhula, 羅睺羅, 障碍의 뜻)의 출생으로

온 궁중이 축하연으로 연일 계속되던 한날 밤 몰래 궁을 벗어　출가
나 사문(沙門, 修道士)이 되었다. 싣달타는 아누 강변 발가　발가
(Bhargara, 跋伽) 선인(仙人)이 고행하고 있는 숲에 이르러
마부 칸다카(Chandaka)에게 애마와 장신구들을 거두어 돌려
보내고 수도를 시작하였다. 처음에 고행의 방법이 좋게 생각되
지 않아 선정주의자(禪定主義者) 알라아라카알라마(Alaraka-　선정주의
lama)에게 배워 선정(禪定)에 의해, 다시 말하면 무념무상(無
念無想)에 의해 열반의 경지인 깊은 무소유처정(無所有處定)의
체험을 했다고 한다. 그러나 그는 그것으로도 만족치 못하고
다시 같은 선정주의자 웃다카 라아마푿타(Uddaka Rāma-
putta)를 찾아가 역시 같은 선정의 방법에 의해 비상비비상처
정(非想非非想處定)에 들어가 보았다고 한다. 그러나 그는 이
같은 수정주의(修定主義=정신적 노력주의)로는 일시적인 정신
적 만족은 있을 수 있으나 그러한 선정에 의한 체험의 순간에
서 깨어나면 다시 세속적 언동의 세계로 돌아오게 되니 참된
수도의 길이 되지 못한다고 생각하였다. 이 선정주의의 쾌락주
의적 성격은 희랍의 에피쿠로스(Epikouros, B.C. 331~270)
후기의 정신적 쾌락주의와 상통하며 오늘날 신비주의자들의 입
신이라는 것과 비슷한 것이다.

　선정에 만족을 얻지 못한 싣달타는 다시 고행주의자들이 모　고행주의
여 있는 니련선하(尼連禪何, Nairanjana) 부근 가사(Gayasars)
산에 들어가서 본격적인 고행을 시작하였다. 그러나 거기서도
그는 만족을 얻지 못하고 고행을 중단하고 말았다. 그 이유는
고행을 극단으로 하다 보니 거의 죽을 지경에 이르게 되었는데
필경 죽게 되면 결국 얻고자 하는 진리도 얻을 수 없게 될 것
을 그는 깨닫게 되었던 것이다. 이것을 고행주의의 역리
(paradox of asceticism)라고 하거니와 여하간 싣달타는 인도
의 재래종교의 선정과 고행이라는 두 종교적 수행방법을 다 버
린 것이다. 고행이란 본래 범어로 타파스(tapas)라 하며 열기
(熱氣)를 뜻하는 말로 만물을 생성하는 원동력을 의미하는데,

이 말의 뜻을 바꾸어 사용하여 이 힘에 의해 육체의 힘을 약화시키고 정신을 육체의 속박에서 벗어나게 하여 정신으로 하여금 자유스런 활동을 하도록 하여 정신적 쾌락을 얻고자 하는 것이 고행주의자의 목적이다. 육체적 쾌락주의나 정신적 쾌락주의와 마찬가지로 금욕적 고행주의도 역시 다 같이 행복주의에 속하는 것이다. 희랍의 쾌락주의나 스토아학파의 고행주의가 다 같이 소크라테스 이후의 행복주의 윤리에 속하는 것과 같다. 어디까지나 개인적, 자기중심적인 것이다.

    싣달타는 선정, 고행 이 두 수행방법을 다 버렸으니 그러면 어떤 방법으로 깨달아 어떠한 상태의 부처가 되었다는 말인가? 고행을 중단한 싣달타는 6년 만에 목욕을 하고 건전한 육체에 건전한 정신이라는 생각에 단식을 중단하고 목장의 아가씨가 주는 우유죽을 마시고 기운을 회복하여 가야(Gaya, 伽耶) 언덕 피팔라(Pippala) 나무 밑에 앉아 좌선(坐禪)에 들어갔다.

가야

    부왕이 보냈던 다섯 시종들은 고행을 중단한 왕자를 보고 왕자가 도를 닦다가 타락했다고 실망하여 녹원(鹿苑=Mrga-dava)으로 떠나가 버렸다. 마왕(魔王) 파순(波旬=Papyon=악이란 뜻)이 세 딸 욕념(欲染), 능열(能悅), 애락(愛樂)으로 하여금 싣달타를 유혹했다. 왕자가 넘어가지 않으니 마왕은 왕자의 부인 야소다라의 애절한 모습과 그의 아들 라훌라의 가련한 행색을 보여 싣달타의 수도를 방해하였다. 그래도 넘어가지 않으니 마왕은 소머리, 말머리, 야차(夜叉) 또는 범, 사자, 코끼리 등 사나운 짐승으로 위협하며 싣달타의 수도를 방해하였다.

마왕 파순

    이것은 싣달타의 굳은 신념을 신화적으로 표현한 것이거니와 싣달타는 그 모든 방해를 물리치고 팔만사천의 번뇌와 생, 노, 병, 사의 고통을 벗어나 어느 날 아침 해뜨는 순간 그 서광과 더불어 깨달아 부처가 되었다. 심안(心眼)이 열려 야뇩다라 삼약삼보리(Anuttara-Samyaksambodhi=無上正等正覺)를 얻어 부처 곧 각자(覺者=Buddha)가 되었으니 이로써 석가족의 존귀한 자(석가모니)가 된 것이다. 그리하여 가야(Gaya=伽

성불

耶)는 부다가야(Buddhagaya=佛陀伽耶)가 되었고 피팔라수
(Pippala=畢波羅樹)는 보리수(菩提樹=Boddhi-druma)가 된   보리수
것이다. 그날이 12월 8일 성도일(成道日)이다. 이로부터 하나
의 새 종교가 시작된 것이다. 그러면 그 깨달은 방법은 재래
종교의 선정(禪定)도 아니고 고행(苦行)도 아니고 그 무엇이었
으며 또 그 깨달은 내용은 과연 무엇이었는가?

2. 불교의 전파

  싣달타가 깨달아 부처가 된 방법을 내관(內觀)이라고 한다.   내관
내관이란 일종의 직관적 방법이라고 할 수 있는데 명상적 선정
에만 치우치지 아니하고 육체적 고행에만 치우치지도 아니하고
양측의 단점을 버리고 그 장점만을 택하여 그 중도(中道)를   중도
택하는 싣달타의 독특한 방법이라고 주장되고 있다. 절에 가면
앉아 있는 부처의 모습이 바로 그 내관의 몸가짐인데, 그것은
두 발바닥을 위로 향하도록 하고 결가부좌(結跏趺坐=책상다리)
하여 아랫배에 힘을 주고 시선을 한 곳에 머물게 하되, 눈을
떴으나 아무것도 보이지 않고 속으로는 아무 생각도 없는 지경
에까지 이르러야 하는 수행방법이다. 결국 내관이란 형식적으
로 수정주의와 같으나 다만 공리적(功利的)인 태도를 버리는
데 그 차이가 있는 것이라고 한다. 세간적(世間的)인 것을 포
기하고 일체만법을 자기를 기점으로 하여 관망하여 물질적인
것, 정신적인 것을 여실(如實)히 보는 것이다. 즉 마음을 주로
하고 외부를 지배할 수 있는 마음을 확립함을 의미한다. 이 실
천적 중도(中道)는 유교의 중용(中庸)이나 아리스토텔레스의
중용보다 더 깊은 맛이 있으며 과연 성자다운 수도의 면모를
보여 준다. 그러나 그것은 어디까지나 철저한 인간주의로서 인
간의 노력을 통하여 진리에 이르겠다는 인본주의임에 틀림없
다. 싣달타가 부처가 되어 생불(生佛: 죽기 전에 열반에 이름
을 말함)이 되었다고 하나 그가 죽을 때 이질병에 걸려 80세를

일기로 죽었으며 그 사리(舍利=sarira=死身)가 지금까지 보존되어 있음을 자랑하고 있으니, 결국 그는 고뇌, 투쟁, 죄, 죽음을 맛본 한 유한한 인간임에 틀림없다. 인간으로서 그는 위대한 분이었다.

성도(成道)한 지 21일 동안 설법(說法=說敎)의 어려움을 느끼고 주저하다가 드디어 결심하고 녹야원에 있는 옛 제자들을 찾아갔다. 제자들이 '태자님'이라고 부르며 반기니 불타 말하기를, "나는 이미 태자가 아니라 여래(如來=tathagata=그와 같이 옴)라" 하여 자기가 진리를 깨달아 진리에서 왔음을 나타내어 자기의 깨닫는 바 사성제(四聖諦=4가지 거룩한 진리)와 팔정도(八正道=8가지 진리의 실천의 길)를 가르치기 시작하였으니 이것을 초전법륜(初轉法輪=진리의 수레바퀴를 처음으로 굴렸다는 뜻)이라 한다.

사성제란 고성제(苦聖諦), 집성제(集聖諦), 멸성제(滅聖諦), 도성제(道聖諦)를 말하는데 고성제란 일체개고(一切皆苦) 곧 모든 것, 특히 인생은 고통이라는 것이다. 이는 불타의 현실파악의 결론이다. 소년시절부터 느껴오던 약육강식, 생, 노, 병, 사라고 하는 현실의 부정적 측면에서 불타는 염세주의적 세계관 및 인생관에 빠졌다. 불타는 인생의 문제를 기독교에서와 같이 인격적 차원에서 죄를 근본 문제로 삼지 못하고 고통을 근본 문제로 삼았으니 칸트의 비판의 대상이 되었던 저급한 자연주의 윤리설의 테두리를 벗어나지 못하였다. 이것은 고통을 곧 악으로 보는, 자연과 인간을 동위(同位)에 놓고 보는 범신론적 전통의 테두리를 벗어나지 못한 것이다. 인간의 인간됨이 인격적 인간됨에 있을진대 인간의 문제는 근본적으로 인격적 차원에서 파악해야 옳은 것이다. 오늘날 현대사회가 인류문제를 인격적 차원에서 다루지 못하고 물질 및 본능적 차원에서 다룸으로 해서 현대문명의 비극을 초래하고 있거니와 기계 문명의 속박에서 인간을 하나의 자연적 존재로만 다루는 태도에서, 인류의 고통(기근, 질병, 전쟁)에서의 해방에만 관심을 기울이고 인류의 죄악에서의 해방을 도외시하는 태도에서, 한마디로 참 종교에 대한 무관심 내지 배척의 태도에서 인류는 하루 속히 벗어나야 할 긴박한 위기에 처해 있다. 문제 해결의 참 길은 오직 인류의 문제를 인격적 차원에서 죄의 문제로 파악하여 궁극적 해결을 하는 데서만 가능한 것이다.

    불타가 깨달은 둘째의 진리, 집성제란 것은 고성제의 원인 곧 현세의 고통의 원인을 구명한 것으로 모든 고통의 근원은 집착 애욕(愛欲)에 있다는 것이다. 여기에서 크게 나누어 108번뇌가 생긴다는 것이다. 이것은 고통의 근원을 생리학적 내지 심리학적으로 파악한 것이니 인간의 영혼과 인격신의 존재를 부정하는 불교의 범신적 기질에서는 그 이상의 고통의 근원을 찾을 것이 없는 것이다. 인간의 사랑을 에로스적 측면에서만 파악한 것은 신은(神恩)으로 말미암아 주어지는 아가페적 측면을 보지 못한 불타의 깨달음의 한계성을 드러내 준 것이다. 한편 집착, 번뇌, 애욕이라는 것이 무명(無明=無知)에서 온다고 한 것은 소크라테스에게서도 비슷한 견해를 볼 수 있거니와, 고통과 악의 기원을 무명 곧 무지에 둔 것은 지행합일설(知行合一說)에 기초한 것이겠거니와, 그것은 인간의 지·정·의 중 하나에 전적으로 근원을 추궁한 것이니 최대한 3분의 1의 진리성 밖에 없다고 할 것이다. 더 나아가 그나마 지와 행의 합일의 가능성 자체가 또한 문제니 알고도 행치 못하는 것이 인간의 약점인 것을 사도 바울은 얼마나 통탄해 마지 않았던가? 자신의 체험 속에서도 알고도 행치 못하는 체험을 우리는 다 같이 가지고 있지 않은가?

    불교에서는 더 나아가 무명을 근본적으로 자아의식으로 말한다. '나'라는 실체가 있다고 잘못 생각함으로써 '나'에 관한 애착과 욕심이 따라 나온다는 것이다. 그러므로 그러한 오류에서 벗어나 인간은 아공(我空=나는 없다)을 깨달을 것이며 법공(法空=자연실체는 없다)을 깨달을 것이라 한다. 이것은 고통과 악을 제거하려는 윤리적 이상을 실현하려는 좋은 뜻에서 전개

집성제

무명

아공
법공

된 철학이기는 하나, 그러나 그것은 윤리를 이루려다 윤리의 주체까지 상실해 버리는 윤리주의의 역리라고 말할 수 있지 않을까?

멸성제   불타의 깨달은 세번째의 진리, 멸성제는 고통을 없이 한 이상적 상태를 말하는 것으로, 멸(滅)은 열반(nirvana)을 뜻한다. 니르바나란 말은 "불어서 꺼버린다"는 뜻이니 집착심, 곧 번뇌, 애욕의 불꽃을 꺼서 없애는 것을 의미한다. 불타 이전 힌두교(Brahmanism=Hinduism)의 전통적 술어로 해탈이라고 하며 그 해탈한 결과적 상태가 부처가 된 상태라고 하는 것이다.

과연 인간의 힘과 노력으로 멸의 상태가 가능한 것인가? 희랍 철학이 이성적 철학의 한계에 이르러서 윤리의 단계로 넘어갔으나 윤리의 한계를 느낀 희랍 철학은 드디어 종교시대로 넘어간 것을 우리는 잘 안다. 키에르케고르가 윤리적 실존은 결국 절망에 이르게 되며 따라서 종교적 실존에로의 초월을 주장한 것을 우리는 옳게 여긴다. 야스퍼스의 한계상황은 인간의 모든 노력의 유한성을 명백히 잘 설명해 주고 있다. 불타의 멸, 곧 열반은 이상(理想)으로서 훌륭하다. 그러나 그것은 불교 안에서 얼마만큼 실현되고 있는가? 불교 안에서까지도 회의를 품고 결국 대승불교에서는 타력적 사상을 도입하지 않았던가? 이것은 결국 불교 자체에서 고통 그리고 그 원인 되는 것, 곧 인간의 욕심을 제거할 수 없음을 실토한 것이 아니고 무엇인가? 그런데 한국불교는 어떠한가? 욕심을 꺼버리기는커녕 불상 앞에 가서 부귀영화를 얻기 위해, 욕망을 채우기 위해 기도를 하고 공양을 바치지 않는가? 그것은 본래의 불교가 아니라 토착화된 무당적(샤머니즘) 불교로 변질된 불교인 것이다. 결국 한국 대중불교는 윤리적 가치마저 상실한 민족을 퇴패케 한 불교가 된 것이다.

도성제, 팔정도   끝으로 불타가 깨달은 네째의 진리 곧 멸성제에 이르는 길인 도성제(道聖諦)는 실천적 팔정도(八正道)를 그 내용으로 하는데, 그것은 정견(正見=바른 견해), 정사유(正思惟=바른 목적을 가지고 생각하는 것), 정어(正語=정직하고 바른 말을 하는 것), 정업(正業=바르게 행위하는 것), 정명(正命=바로 생애를 이어 나가는 것), 정정진(正精進=성실한 마음을 기울이는 것), 정념(正念=굳은 신념으로 나가는 것), 정정(正定=진리에 이르러 흔들리지 않음), 이상 8가지를 말한다. 직감적으로 이것은 유교의 수신(格物, 致知, 誠意, 正心, 修身)을 연상케 한다. 또한 명상적 지혜를 최고 선으로 하는 아리스토텔레스의 윤리에 맞먹는 것으로 보여지기도 한다. 여하간 이러한 윤리 이상의 인간 자력적 실천사상은 그 의지의 가상함은 찬양할 만한 것이겠으나 델피의 신전을 찾아 신탁을 받던 소크라테스의 인간적 겸손을 상실한 것이요, 오히려 불교의 실천방법은 그 자체가 한국불교와 같이 변질되지 않는 한 만민에게 오히려 절망감만 줄 뿐이다.

불타가 깨달았다 하는 사성제라는 것이 결국은 철학적 윤리설의 한계를 벗어나지 못하는 것이라고 보겠다. 어느 면에서 고통이 따른다 해도 선은 선이기에 행해야 한다는 칸트의 의무 윤리의 수준에도 미치지 못하는 면이 있다. 하여간 불타의 설법을 들은 다섯 제자는 즉시로 비구(比丘=bhikhu, 남자 승려)가 되었으니 비로소 교주, 교리, 교단을 갖춘 하나의 종교가 이루어진 것이다. <small>비구</small>

이제 불보(佛寶=교주), 법보(法寶=교리), 승보(僧寶=교단)를 갖춘 불교는 우여곡절을 겪으면서 불타가 80세로 입멸(入滅=죽음)할 때까지 40여 년 간 불타 자신에 의하여 포교되었으며, 그 후 주전 270년경 아쇼카라는 왕이 인도를 처음으로 통일하여 통일왕이 되면서 불교는 인도의 국교로 되었고, 따라서 불교는 드디어 인도뿐 아니라 해외에까지 전파되었다. 그리하여 동남쪽으로는 세일론, 버마, 태국, 월남, 인도네시아 지역까지 전파되고 서북으로 중앙아시아, 다시 동으로 티벳을 거쳐 중국, 한국, 일본에까지 전파되었다. <small>불보, 법보, 승보</small>

3. 경전의 형성과 교단의 조직

『삼장경』　　　세월이 지남에 따라 불타의 가르침이 정리되어 법보(法寶)로서 경전이 이루어지게 되었다. 그 경전이 『삼장경』(三藏經)이라고 불리워지는 것인데 그 뜻은 세 개의 진리(dharma)의 바구니란 뜻이다. 그것은 경(經), 율(律), 논(論), 이 세 가지

경
율
논

를 말한다. 그 첫째인 경(經=Sutra)은 불타의 직접적인 가르침과 그의 전기를 담고 있으며, 둘째인 율(律=Vinaya)은 여러 가지 계율을 담고 있고, 셋째인 논(論=Abhidharma)은 후계 지도자들이 불타의 가르침을 논술, 해석한 체계적인 저술들이 되어 있다. 이상의 『삼장경』이 법보 곧 경전으로서 권위를 가지게 되기까지는 여러 번 중진들의 회의를 거쳐서 이루어졌는

결집

데, 그 회의를 결집(結集)이라고 하였다. 『삼장경』은 본래 32장으로 나뉘어 있다. 주석서들은 세월을 따라 많이 생기는데 본래 이 주석서들은 『삼장경』과 구별되는 것이나 실상 『팔만대장경』으로 불리우는 후세의 대경전은 이러한 주석서들을 포함하여 이름하는 것이다. 그러니까 우리나라 원효대사 등이 쓴 주석서들도 대장경 속에 포함될 수 있는 것이다. 다시 말해서 경전의 대우를 받고있는 것이다. 불교의 경전 성립은 한정 없이 사실상의 대전집(大全集)의 성격을 띠고 있다. 따라서 경전들 사이에 실제상의 차이 내지 모순이 많음은 오히려 당연한 일이라고 볼 수밖에 없는 것이겠다. 사람들의 온갖 사상, 철학의 모음이 바로 경전이라고 말해도 과언이 아닌 것이다. 왜냐하면 불교경전은 철두철미하게 인위적인 작품들이기 때문이다. 그것은 하나님의 말씀이 아니라 깨달은(주관적으로 인식한) 인간의 지혜서이다.

불경의 언어　　　그런데 본래 불타가 생전에 사용한 언어는 수백 개의 인도 방언 중 불타의 본 고장의 언어였을 것이라고 짐작되지만, 현재 전해지는 경전들은 남방불교에서 전해진 팔리(Pali=巴利)어 경전과 북방불교에서 전해진 범어(梵語=Sanskrit) 경전을 대

표로 들게 되는데, 아울러 티벳 역본과 중국의 한역본(漢譯本)도 중요한 것으로 여겨지고 있다. 한문경전 중에 중요한 것을 들어 본다면, 『법구경』(法句經), 『반야경』(般若經), 『화엄경』(華嚴經), 『법화경』(法華經) 등이 있고, 그 외 우리나라 불교의 특색을 이루어 주고 있는 『정토경』(淨土經)을 특기할 수 있는데 『무량수경』(無量壽經), 『관무량수경』(觀無量壽經), 『아미타경』(阿彌陀經)이 그것이다. 이것들은 불교적 의타적 사상을, 불교적 말세론적 성격을 가진 것으로 의타적, 말세론적 기질의 인생관을 가진 한국 민족에게 크게 작용한 것들이다. 불교적 말세론 사상은 더욱 발전, 토착화하여 우리나라의 미륵사상(후론하겠음)으로 발전하게 된다. 그 외에도 『유마경』(維摩經), 『대반열반경』(大般涅槃經), 『해심밀경』(解深密經) 등이 유명한 것들이다. 논(論)으로는 대승불교의 사상을 논한 마명(馬鳴, Aśvaghosa)이 지은 『대승기신론』(大乘起信論)과 원시불교사상을 논한 『구사론』(俱舍論)이 그 대표적인 것이라고 할 수 있다.

한문경전

『정토경』

『대승기신론』
『구사론』

『구사론』은 세친(世親, Vasubandhu, 320~400)이 쓴 소승불교의 대표작이다. 그 경전 이름들이 원전으로부터 음역, 의역이 마구 섞여 있어 혼란하거니와 그 내용에 있어서도 불교 한문의 원어적 풀이 없이는 의미 이해에 대단한 어려움을 겪게 되는 것이다. 그런데 여기서 한 가지 특이한 것은 불교의 많은 종파들은 66권의 성경을 다 같이 존중하는 기독교 교파에서와는 달리 한 종파가 그많은 경전들 중에 어느 경전을 위주로 하느냐, 소위 소의경전(所依經典)이 어느 것이냐에 따라 종파가 나누어지며 또 그 종파의 성격이 규정된다는 점이다. 게다가 종파의 창설자의 주관적 깨달음을 자기 종파 사상 속에 첨가시키기 때문에 종파간의 교리적 차이도 심하게 되고 따라서 불교 전체의 사상적 통일도 어렵게 된다. 사실은 불교 경전이 너무나 많아 그 방대한 대장경을 한 사람 개인이 일평생을 통해서 통달하기도 불가능한 것이다. 따라서 제각기 주관주의에 빠지게 되는 것이다.

승보	한편 승보(僧寶) 곧 교단 조직은 승가(僧伽=sangha)라고 하는데 그것은 단체라는 뜻으로 불교에서는 스스로 화합중(和合衆)이라고 한다. 그것을 한문으로 승(僧)이라고 간단히 음역하기도 하고 중(衆)이라고 의역(意譯)하기도 한다. 우리말의
중	'중'이라는 말은 뜻으로 옮겨 부르는 표현이 되며, 승려(僧侶)라 하면 소리와 뜻을 함께 옮겨 부르는 말이라고 할 수 있겠다. 승(僧)님을 쉽게 '스님'이라고 부르기도 한다.
사부대중 비구 비구니	불교에서는 불교도 자체를 사부대중(四部大衆)이라고 한다. 사부 중 비구(比丘=bhikkhu)는 머리 깎고 출가(出家=승려가 됨)한 남자를 말하며, 비구니(比丘尼=bhikkuni)는 출가한 여자를 말한다. 이들이 머리를 깎은 것은 세속적인 욕망을 끊어 버리는 것을 의미한다. 한편 집에서 세속적인 생활을 하면
우파사카 우사시카	서 신앙생활을 하는 남자 신자(淸信=upásaka)와 여자 신자(淸信女=upásika)를 포함하여 사부대중이라 하는데, 비구는 20세 이상의 남자로 불살(不殺), 불음(不淫) 등 250계(戒)를 지켜야 하고 비구니는 역시 20세 이상의 여자로 348계를 지켜야 한다.
삼귀의 5계	재가신자(在家信者)는 삼귀의(三歸依=귀의불양족존〈歸依佛兩足尊〉, 귀의법이욕존〈歸依法離欲尊〉, 귀의승중중존〈歸依僧衆中尊〉)와 오계(五戒=불살생〈不殺生〉, 불륜도〈不倫盜〉, 불사상〈不邪狀〉, 불망어〈不妄語〉, 불음주〈不飮酒〉)를 지켜야 한다. 한편 20세 미만의 출가 소년을 근책(近策=sámanera)이라고 하며 20세 미만의 출가 소녀를 정학녀(正學女=skkámana)라고 하고 18세 미만의 출가 소녀를 근책녀(近策女=sámaneri)라고 하여 이 넷을 포함하여 7대부중이라고 한다.
포살	그런데 승려들의 조직적인 집단생활에는 두 가지 중요한 실천적 의식이 있는데 포살(布薩=posadha=淨住)과 안거(安居=rassa)가 그것이다. 포살이라 함은 매달 1일과 15일의 이틀 동안 일정한 지역 안에 있는 불교도가 한곳에 모여서 계율의 하나하나에 대하여 범한 일이 없는가를 각자 반성하는 모임이다. 만일 계율을 범한 사실이 있으면 대중 앞에 고백하고 참회

하는 것이다. 이때 대개 한국에서의 관습으로는 그 죄의 경중에 따라서 불상 앞에 열 번 또는 백 번 또는 천 번 절을 하도록 시킨다. 일종의 형벌이다. 실제로 실행이 잘 안 될 뿐 아니라 인간 앞에서 고해성사하고 그리고 신부가 지시하는 대로 따르는 결의론적 그 윤리사상은 현대 윤리학적 차원에서도 얼마나 저급한 것인가 하는 것을 알 수 있다. 한마디로 불교의 조직규례와 그 실천규례들의 특징은 계율적(율법적)이요 형식적이요 고행주의적이라고 말하지 않을 수 없다. 승려들의 독신주의 계율조항이 다분히 가톨릭 승려들의 제도의식 및 실천조항들과 비슷한 점이 많다. 불교에서는 죄 개념 자체를 부정하는 편이기 때문에 죄의식 자체가 문제시 되지 않기도 한다.

다음 안거라는 것은 여름 장마 때나 추운 겨울에 장기간 한 곳에 모여서 수행 정진하는 것인데 우리나라에서는 4월 15일부터 7월 15일까지 90일간을 여름 안거라 하고 10월 15일부터 이듬해 1월 15일까지 90일간을 겨울 안거라고 한다. 일종의 수양회라 할 것이다. 인도에서는 더위에 못 이겨 깊은 밀림 서늘한 곳 또는 동굴을 이용한 것이었는데 이것이 아주 관례적인 것이 되고 말았다. 우리나라에서 요사이 이 안거의 폐단을 깨달아 폐지운동이 일고 있다.

안거

4. 소승불교와 대승불교(교단의 분열)

불타가 입멸(죽음)한 후에 불교도간에는 처음부터 하나의 문제가 있었다. 예를 들어 승려의 의복 색깔이라든가, 식생활 곧 전도여행을 할 때 아무 음식물도 가지고 다니지 말라 하였는데 소금을 휴대할 것이냐, 아니냐 등 사소한 문제가 생길 때마다 의견이 분분하였다. 대개는 노장파(上坐)와 소장파(大衆部)가 맞서 대립되었다. 이러한 의견대립은 사실 작은 일이 아니었다. 노장파는 계율주의적 고행주의 사상에 치우친 입장에서 늘 논거를 세우는데, 소장파는 그러한 고행주의적, 계율주

상좌부
대중부

의적 사상으로 구제될 인간이 몇이나 있겠는가라고 반박하여, 그것은 소수(석가 불타 하나뿐?)의 사람밖에는 해탈할 수 없는 소승(小乘)적(진리의 수레바퀴를 작게 굴린다는 의미) 입장이라고 하면서 소장파 자기들은 대승(大乘), 곧 진리의 수레바퀴를 크게 굴리어 많은 사람이 다 구원받게 한다고 자부하고 나섰던 것이다. 이와 같이 하여 대승(Mahāyāna), 소승(Hināyana)이 나누어졌던 것이다. 대개 소승은 동남아 제국에 퍼져 있어 남방불교라 이르고 대승은 중앙 아시아를 거쳐 티벳, 중국, 한국, 일본에까지 전파되어 북방불교라 일컬어지게 되었다. 그러나 분파작용은 여기에 그치지 않고 소, 대승이 각각 많은 종파로 나누어지게 되었으니 처음에는 20여 파로 나누어졌으나 현재 불교는 전세계적으로 800여 파로 알려졌다.

소승이라고 본의 아니게 대승파에 의하여 이름이 붙여진 일명 부파불교(部派佛教)는 형식적이고 소극적(금욕적, 고행적)이라고 간단히 비판되거니와 그 근본적 차이는 어디에 있는 것인가? 그것은 발달불교(發達佛教)라고 사칭하면서 비뚤어진 불교를 바로잡아 불타의 본래의 정신으로 돌아가 모든 대중을 구원하겠다고 자칭 대승이라고 하면서 나온 자들이 새로운 불타관(부처에 대할 해석)을 주장한 데서 비롯된다. 그것은 불교의 프로테스탄트(Protestant)주의로 평해지거니와 그 두 파의 차이점은 보살관(菩薩觀)에 집약된다. 보살(bodhisattava)이란 쉽게 말하여 깨달은 자가 능히 부처가 되어 열반에 갈 수 있음에도 불구하고 스스로 불쌍한 대중을 위해 현세에 머물러 있어 대중을 돕고 있는 존재를 말한다. 그런데 소승불교는 불타라는 말을 싣달타라는 옛 왕자였던 한 개인에게 한정하여 하나밖에 없는 고유명사로 본다. 따라서 깨닫는 자는 현세의 공간, 시간 안에서는 싣달타 한 사람뿐이었고 그만이 인류를 구제하기 위하여 이타행(利他行: 남을 위해 구원의 작업을 하는 것)을 행한 자가 된다. 보살이란 이 이타행자를 말하는 것인 바 소승불교에는 하나의 불타에 하나의 보살이 있을 뿐인 것이다.

제 10 장 불교   143

　이외에 불타가 있기는 한데 그것은 현세가 아니라 전세(前世)에 육불(六佛)이 있고 다시 미래세(未來世)에 용화교주(龍華敎主)가 될 미래불(未來佛)로서 미륵불(彌勒佛, Maitreya) 또는 미륵보살이 있을 뿐이다. 그런데 대승불교에서는 소승불교의 유일보살관에 의하면 싣달타 외에 다른 모든 인류는 도저히 구원에 이르기 힘든 일이 된다. 왜냐하면 석가불타는 보살로서 구원의 길을 가르쳐 놓고 그리고 죽을 때 구원의 길을 묻는 질문자에게(Subhadra=須跋陀羅) "네 자신의 구원을 네 자신이 이루라"고 이르고 그는 부처로서 열반에 가 버렸기 때문이다. 그의 가르침이 되는 팔만대장경의 모든 교훈을 실행하여 모든 개인들이 구원에 이르기에는 너무나 어려운 것이 아닐 수 없는 것이다.
　대체로 소승의 수행 방법은 예비적 수행으로 듣고(聞慧), 생각하고(思慧), 실천하는(修慧) 삼혜(三慧)를 기초로 출발하여 몸과 마음을 깨끗이 하는 삼인(三因=나쁜 것을 멀리 하고 작은 것으로 만족하고 거룩한 도를 닦기를 즐겨 하는 것)을 닦고 이에 탐심을 대치하기 위한 부정관(不淨觀), 미움을 대치하기 위한 자비관(慈悲觀), 어리석은 마음을 대치하기 위한 연기관(緣起觀), 나(我)라는 관념에 사로잡힌 마음을 대치하기 위한 분별관(分別觀), 산란한 마음을 대치하기 위한 수식관(數息觀)이라는 오정심관(五停心觀)을 거쳐 마음을 안정시킨 다음 사념주(四念住)를 닦는다. 사념주라는 것은 몸(身)은 부정(不淨)한 것이요, 감각(感覺)은 고통스러운 것이요, 마음(心)은 무상(無常=空)한 것이요, 자연(法)에는 실체(實體)가 없다고(無我) 깨닫는 것을 말한다. 이후에 인(因=근원적 원인), 연(緣=환경적 조건)의 법칙 등 변화의 원리를 깨달아 찰나적 견도(見道)에 들어가, 더욱 나아가 더 배울 것이 없는 자리(無學道)에 다달아 성자(聖者)에 이르는 것을 수행의 최후 결과로서의 아라한(阿羅漢, arahat)이라 한다. 얼핏 유교(大學)의 수신법(修身法)을 연상시켜 주거니와 그 자력적(自力的), 고행적 수도법에 공통된 특성을 잘 보여 주고 있다.

6불, 용화교주
미륵불

수발타라

소승의 수행법
3혜
3인

5정심관
사념주

인연

아라한

대승의 불타관	이상의 소승의 입장에 대하여 대승의 입장은 불타(부처=깨닫는 자)라는 것을 고유명사가 아니고 보통명사로 보는 것이다. 곧 만민은 곧 불성(佛性)을 가지고 있어(一切衆生悉有佛性) 누구나 다 자기의 능력으로 불타가 될 수 있다는 것이다.
일체중생실유불성	
	뿐만 아니라 대승에서는 선배 되는 많은 앞서 깨달은 자들은 부처가 되어 열반에 가 버리지 않고 중생을 위해 세상에 머물러 보살이 되어 많은 후배, 곧 아직 연약한 성도의 수행밖에 행하지 못한 자들을 도와주고 있다고 주장한다. 그러므로 대승불교의 입장에서는 많은 보살에 의해 기하급수적으로 많은 중생이 구원에 이르게 된다는 것이다.
대승의 보살관	

　　그런데 소승에서 불타는 오랫동안의 수행한 갚음(報=應報)으로서의 과보(果報)라고 보고 있으나 대승에서는 그것에 그치지 않고 그 과보를 가져오는 본체(本體)를 구하게 되니, 이것이 삼신관(三身觀)이라는 것인데 중생을 교화하기 위하여 나타난 석가불인 응신불(應身佛 또는 化身)과 모든 덕(德)을 갖추게 하는 지혜인 보신불(報身佛)과 불타의 자성(自性)인 불타가 되게 하는 그 근본 이법(理法), 곧 진여(眞如)인 법신불(法身佛)이 그것이다. 보살(bodhissattava)이란 말은 보디(bodhi=菩提=覺), 곧 깨달음이란 말과 삳타바(sattava=衆生)라는 말의 합성어로 깨달을 중생, 깨달은 중생, 중생을 깨닫게 한다 등으로 해석할 수 있는 것이다. 대승에서는 보살이란 위로 보리(菩提=覺)를 구하고 아래로 중생을 교화함을 그 사명으로 했으므로(上求菩提不化衆生) 중생을 건지고, 번뇌를 끊고, 법문(法門)을 배우고, 불도를 성취하는 네 가지 큰 서원(四弘誓願)의 그 첫째를 중생을 건지는 것으로 내세우고 있다. 보살들은 실천수행 덕목(德目), 곧 육파라밀(六波羅密) 역시 보시(菩施, dana)라고 하여 남을 위해 봉사하는 것을 내세우고 있다. 절에 가면 중들을 보살님이라고 부르는 것은 그들이 중생을 건지기 위해 이타행을 하고 있기 때문에 그렇게 부르는 것이다.

　　대승의 수행관은 십신(十信), 십주(十住), 십행(十行), 십

삼신관

보살

사홍서원

육파라밀

대승수행관

회향(十廻向), 십지(十地)와 등각(等覺) 등 50여 수행단계가
있다. 그 마지막 묘각(妙覺)이라 함은 무상정각(無上正覺)의 　　묘각
불타의 상태를 말한다. 소승에서는 아라한(arhat)에 이르기까
지 가장 길어야 욕계(欲界)의 인(人), 천(天)에 일곱 번 왕래하
면서 생을 받으면 성취하지만, 대승에서는 겁(劫)을 거듭하여
최후의 한 사람을 구할 때까지 성불(成佛)하지 않고 보살로 머
물겠다는 것이니 남을 구제하는 이타행이 곧 자기를 구제하는
자리행이 된다고 한다.
　이상 대승의 보살사상이 불교에서의 타력적 성격을 지닌 　　타력적 성격
것으로 지적되고 있는 것인데 실은 그것은 신(神)적인 절대자
의 은혜로서의 타력이 아니라, 역시 인간의 테두리를 벗어나지
못하는 유한성을 엄연히 부정할 수 없는 인간의 자력 안에서의
타력이니, 다시 말해서 인간이 인간을 돕는 것에 불과하니 실
질적 타력이라고 볼 수 없는 것이다. 역시 불교는 자력종교의
한계를 벗어나지 못하는 것이다.
　소승불교에서는 악을 행하지 않음으로 아라한(arhat)이 되
는 것을 목표로 하기 때문에 소극적, 부정적, 이기적, 염세주
의적이 된다고 비평하면서, 대승불교는 적극적으로 선을 행해
서 불타가 되려 하는 것이니 스스로 그들은 진보적, 긍정적,
이타적, 즉세간적(卽世間的)이라고 자부한다. 이것은 카톨릭의
공덕축적사상과 유사하다. 그러나 이것은 사도 바울이 "오호
라, 나는 곤고한 자로다"라고 솔직한 인간이 되어 하나님께 나
아가 하나님의 은혜 안에서의 구원의 기쁨을 얻었고 그리고 사
랑의 실천 능력을 얻었던 모습과는 너무나도 대조적인 입장이
다. 한마디로 불교는 소승이건 대승이건 철두철미 하나님 없는
인간의 자력종교인 것이다.

5. 불교의 한국 전래

　① 고구려: 중국에 불교가 전래된 공식 연대는 후한(后漢)

때(A.D. 67)로 보는데, 한국에 불교가 전래된 공식 연대는 고구려 17대 소수림왕 2년(A.D. 372)으로 보고 있다. 그러나 제16대 고국원왕 때에 이미 적지 않은 신도와 승려까지 있었던 것으로 보이며, 뿐만 아니라 소수림왕 때에 왕과 신하가 환영한 것과는 반대로 처음에는 역시 반발이 있었던 것으로 여겨진다. 그러면 왜 소수림왕 때에는 환영을 했던가? 거기에는 두어 가지 원인이 있었다. 그 첫째는 전진(前秦) 왕 부견(符堅)이 고구려에 불교를 전하기 위하여 순도(順道)라는 중에게 불상(佛像)과 불경(佛經)을 들려 고구려에 파견할 때 그 당시 국제적 상황이 고구려가 전진과 친할 정치적 이유가 있었다. 그것은 전진과 고구려 사이에 끼여 있는 전연(前燕)을 견제하기 위한 것이었다. 이러한 외교 정책상 고구려는 전진의 외교적 교섭에 적극적 환영의 태도를 보여야만 했던 것이다. 그러나 소수림왕이 중 순도를 환영하여 전도의 길을 열어 준 더 큰 둘째 원인이 따로 있었다. 그것은 불교를 신봉하는 고구려는 부강해지리라는 사실이다. 이것은 고구려에서 불교가 신라에 전파될 때에도 같은 현상이었거니와 하나의 종교가 개인의 영혼 구원이 아닌 정치적 또는 호국(護國)적 견지에서 받아졌다는 것이 이미 불교가 그 본질을 떠나서 변질되었다는 것을 의미한다. 혹 그것이 처음에 전도자의 전도방법상 그렇게 했다 할지라도 그러한 전도방법은 언제나 한 종교의 변질과 부패를 초래하는 것이다. 기독교회사를 볼 때 교회가 정치적으로 될 때 언제나 부패하고 복음의 변질을 초래한 것을 볼 수 있다. 여하간 한국에 들어온 불교는 그 처음부터 변질된 불교였고, 그것은 결국 신라불교로 발전하여 특이한 호국불교라는 한국 고유의 불교를 이룩하게 된 것이다. 이러한 토착화된 한국의 호국불교를 한국 불교는 자랑하고 있으나 그것은 종교의 보편성을 민족종교화하는 편협된 생각이 아닐 수 없는 것이다.

여하간에 고구려 불교는 그처럼 전래될 때부터 정치적, 호국적인 입장에서 받아들여져 중 순도를 위하여는 성문사(省門

寺)를, 그 후에 들어온 아도(阿道)를 위하여는 이불란사(伊佛   아도, 이불란사
蘭寺)를 지어 주었고 그 후 25년 후 동진(東晉)으로부터 담시   담시
(曇始)라는 중이 많은 경전을 가지고 와서 전도사업에 일생을
바쳤다고 한다. 그 후 광개토왕은 사찰을 9개소나 건립하였다   광개토왕
고 하며 고구려의 불교가 신라, 일본에까지 전파되었지만 고구
려는 끝내 신라에게 망하고 말았던 것이다.

  ② 신라: 신라에 불교가 들어간 것은 고구려보다 약 50년
후로 본다. 그러나 법흥왕 때(A.D. 528) 이차돈의 사건으로   법흥왕, 이차돈
공인되기까지 백여 년 어간은 지루한 잠복기였다. 정방(正方),   정방, 멸후빈
멸후빈 등의 순교 후 묵호자(默胡子)는 모례(毛禮)라는 사람의   묵호자, 모례
집에 머물면서 은밀히 전도하다가 마침 양나라 사신이 선물로
가져온 향(香)의 용도를 왕에게 설명해 주면서 불교에 관련하
여 설명해 주고 공주의 병을 치유해 주어 왕가의 귀의를 모처
럼 얻었으나 신하들의 완강한 반대로 전도의 문은 여전히 열리
지 않았다.

  그 후 후위(后魏)의 피를 받은 고구려 사람 아도(阿道)가   아도
출가하였다가 아버지 나라 위나라에 가서 불도를 닦은 후 고구
려에 돌아와 전도하다가 신라에까지 내려가 전도하였다. 국내
에도 은밀히 신자가 늘어갈 뿐 아니라 중국과 고구려의 영향으
로 신라에도 왕가 중심으로 불교에 대한 애호심이 높아갔다.
드디어 법흥왕 때에 이르러 이차돈 사건으로 불교는 공인되었
으나 이것은 제 부족연합으로 이루어진 신라의 정치구조에 있
어서 박(朴), 석(昔), 김(金)의 세 왕가 중에 김씨 왕가가 다른
부족을 누르고 왕권을 확립한 것을 의미하며 아울러 왕권 확립
에 불교의 힘, 곧 고구려 등 외세에 힘입은 바 있었음을 의미
한다. 불교가 초국가적이며 초민족적이며 현세 부정적이며 개
인주의적이며 평등주의적이어서 신라 고유사상에 배치되는 것
으로 제신들의 반대를 받았으나, 김씨 왕가로서는 그러한 불교
가 왕권확립에 아주 적절한 사상이 되었던 것이다.

  신라에서도 불교의 전래는 결국 정치적 이용물로서 받아들

여겼던 것이다. 이리하여 불교적 이념을 국가적 이념으로 삼은 신라는 불교를 강력히 지원해 흥륜사(興輪寺), 황룡사(皇龍寺), 분황사(芬皇寺), 법주사(法住寺) 등 대사찰을 세우게 되었다. 왕권을 위한 불교, 나아가서 나라를 위한 호국불교로서의 신라불교는 원광법사의 세속오계(世俗五戒)로 한국 고유 무예제도인 화랑도의 정신을 삼음에 이르러 완전히 그 종교로서의 불교의 본질을 변질시키고야 말았다. 이름 그대로의 토착불교가 되었다. 김씨 왕가의 왕권확립에서 나아가 조국통일의 이념을 주는데 불교가 공헌한 점을 역사가는 높이 평가하고 있으나, 종교의 보편적 본질을 버린 신라의 종교는 우리 민족의 국민성을 편협하게 만들었으며, 나아가 정치적 종교로서의 종교의 부패는 민족의 발전을 한반도에 머물게 하고야 말았다. 더욱 정치적 차원에서의 외세의존적 입장에서 불교의 수입은 우리 민족의 창조적 독창성 및 독립의 고유의 기백과 정신을 완전히 소멸시켰으며 본래 유신적(有神的) 신관을 가졌던 우리 민족의 신관을 범신적으로 바꾸어 놓았다.

③ 백제: 중국의 불교가 대소승의 통일을 이룬 일승(一乘) 불교라고 말하고 있으나 역시 대승적 입장이 중심임은 말할 필요도 없다. 따라서 고구려, 신라 불교는 대승적 불교가 중심이 되었다. 이에 반하여 백제불교는 시기적으로도 고구려에 과히 떨어지지 않는 불과 12년 후인 침류왕(枕流王) 원년이었으며 전교자 마라난타는 본래 인도승으로 중국 동진(東晋)에서 백제 사신을 만나 입국, 포교하였을 뿐 아니라 겸익(謙益) 같은 중은 인도에 건너가 율부(律部)를 연구하고 돌아와 백제불교를 형식주의적, 극단적, 살생금지의 소승불교로 발전시켜 의식적 대사원 건립에 국비를 남용하고 해외(일본) 선전에 국력 이상의 낭비를 하였으며 국민성을 사치와 유약에 빠지게 하였다. 신라 못지않게 백제불교의 예술을 자랑하거니와 이것은 오히려 백제의 문약으로 멸망을 독촉하는 것이 되었던 것이다. 물론 백제에서도 불교를 호국적 입장에서 크게 일으킨 것은 고구려

나 신라와 다를 바 없다.

　호국불교사상은 현실부정적 불교를 한국 고유의 현실긍정적 종교사상에 토착화한 것이다. 그리하여 이러한 현실 위주의 불교는 국가적으로는 호국불교로, 개인적으로는 복을 주는 불교로 변한 것을 의미한다. 쉽게 말해서 욕심을 버리라는 불타의 가르침은 욕심대로 복을 구하라는 불교로 변해 버리고 만 것이다. 완전히 샤머니즘(무당)과 혼합되어 버리고 만 것이다. 호국불교로서, 구복(求福)불교로서 한국불교의 특성은 그 대표적인 것으로 특별히 경주 불국사와 토함산 석굴암에서 찾아볼 수 있다.

　경주 불국사가 김대성이라는 사람의 효심에 의해 세워졌다는 이야기는 널리 알려져 있다. 그리하여 석굴암의 불상도 석가불이라고 모든 불교학자들이 주장하였고 또 그렇게 알고 의심하지 않았었다. 그러나 생각해 보면 김대성이 아무리 재산이 많다 해도 개인의 사업으로 그 어마어마한 큰 사업을 했으리라고는 얼핏 수긍이 가지 않는다. 그런데 바로 전 국립박물관장으로 계시던 황수영 박사가 동국대 박물관장으로 계실 때 불국사에 갔다가 우연히 변소 문짝에 글이 새겨져 있는 것을 발견하고 읽어보니 그것이 옛 불국사의 현판임을 발견했다. 그런데 문제는 그 현판이, 석굴암의 불상이 석가불이 아니고 아미타불이라고 가르쳐 준 점이다. 여기에서 힌트를 얻은 황 교수는 석굴암 아미타불의 시선이 떨어지는 해변(月城郡 陽北面 泰吉里 大王岩)에서 문무왕(文武王=신라통일왕)의 수중릉(사적 158호)을 드디어 발견하게 되었고(1967) 부근에 있는 감은사(感恩寺)와 기림사(祇林寺)의 불상의 시선이 바로 이 문무왕의 수중릉을 바라보고 있는 것을 발견해 냈다. 삼국사기에 나오는 문무왕의 수중릉을 역사가들이 아직껏 찾지 못하고 있다가 드디어 변소 문짝에서 힌트를 얻어 찾게 된 것이다. 문무왕이 죽을 때 자기를 동해바다에 장사지내면 자기도 동해의 용이 되어 신라를 지켜 일본 왜구들로부터 안전하도록 하겠다고 유언한 그 유

불국사, 김대성

문무왕, 수중릉
감은사, 기림사

언(A.D. 681)에 따라 문무왕은 그의 아들 신문왕에 의해 동해 바다에 장사지내졌던 것이다. 그리고 그 능을 지키는 아미타불 셋을 두어 세 개의 절을 지었던 것이니 아미타불은 이러한 도움의 부처인 때문이다.

그러면 경주 부근 육지의 문무왕릉은 무엇을 의미한단 말인가? 그것은 아마도 임진왜란 때 일본 사람들이 불국사를 태울 때 이러한 역사적 근거를 없이 해 버렸을 뿐 아니라 언제인가 문무왕의 능까지도 육지로 이전, 아니면 속임수를 쓴 것이 아닌가 싶다. 왜냐하면 일본은 일본을 해하고 한국을 보호하는 불국사와 문무왕릉을 그대로 둘 수가 없었을 것이다. 불국사 사적기(佛國寺 史積記)도 일본 학자가 가져가 일본 동경대학 도서관에 두었다가 지진으로 불타버렸던 것이다. 결국 호국불교사상에 의해 불국사와 석굴암이 세워졌으나 바로 그 사상 때문에 불국사는 불타게 되었던 것이다. 김대성 이야기는 일본인들의 고의적인 과장 왜곡 선전이 아니었을까? 김대성은 불국사를 중건할 때 활약한 인물일 뿐이다.

6. 아미타불(阿彌陀佛)과 미륵불(彌勒佛)

나무아미타불

우리나라 사람들이 보통으로 '나무아미 타불'이라고 하는 말은 '나무 아미타 불'이라고 끊어 읽어야 한다. 나무(那無) 또는 남무(南無)라는 말은 인도말 범어로 나모(namo)라 하는데 귀의(歸依)한다는 뜻이다. 결국 "아미타 부처에게 나는 귀의합니다"라는 뜻이다.

선종
정토종

북방불교에서 부처(佛陀=buddha, 覺者)는 고유명사가 아니라고 앞에서 말했다. 대개의 불교의 종파들은 여러 종류의 부처 중에서 그 어느 하나를 섬기게 되는데 신라의 경우 선종(禪宗)에서는 석가불(釋迦佛)을, 정토종(淨土宗) 계통에서는 아미타불 또는 미륵불을 그 염불의 대상으로 하였다. 절에 가 보면 본당(本堂=法堂) 가운데 불상 셋이 나란히 안치되어 있는

데 그 가운데 본불상이 그 절에서 중심적으로 섬기는 부처다.
석가불을 종지(宗旨)로 하는 종파에서는 참선(參禪=實踐的 直   참선
覺法)을 하되 경전을 깊이 탐구하는 데 비해, 정토종 계통에서
는 경전의 진리 파악보다 염불(念佛) 및 진언(眞言)이 그 중심
이 되고 있다. 염불이란 부처의 이름 또는 몇몇 경전의 이름을   염불
반복하여 암송하는 것 또는 일정한 내용의 기도문의 암송이다.
진언이란 특수한 구문의 암송이다. 이것은 진리의 파악이나 실   진언
천보다 부처 또는 경전의 이름 또는 경전의 어떤 구절을 암송
함으로써 구제를 받겠다는 것이다. 대승불교의 타력적(他力的)
인 특성이 가장 두드러지게 나타난 것이다. 석가불 계통이 개
인의 진리파악과 그 실천에 치중하는 데 반하여 아미타불 내지
미륵불 계통은 개인의 행복(극락세계)과 국가의 번영(佛國土思
想=世界統一理想國家)에 치중한다고 볼 수 있다. 그런데 신라
이후 한국불교는 위의 세 종류의 불상이 가장 많이 섬겨지고
있다.

    석가불이 인도의 싣달타를 의미함은 두말할 필요가 없거니   석가불
와 아미타불은 무엇이며 미륵불은 또 무엇인가? 아미타불은 극   아미타불
락세계에 있는 여래(如來=Tatha gata=부처에 해당하는 별명)
로 장차 세계 종말에 관세음보살(觀世音菩薩)을 보내어 중생에   관세음보살
게 큰 도움을 주게 할 자로서 한마디로 도움의 부처다(참조.
三世因果經). 미륵불은 석가불 후에 50억 7천만 년 지나 특히   미륵불
용화수(龍華樹) 밑에서 태어날 것이며 그는 석가가 구제하지
못한 나머지 전인류를 구제하리라고 예언되어진 미래의 구세주
다(참조. 彌勒來時經). 그러니 진리탐구자들에게 석가불이 흠
모되고 안정된 생활이 보장된 귀족 위정자들에게는 내세에 관
한 바람보다 현세의 지위확보와 확장이 요구되는 바 아미타불
의 도움이 필연적으로 필요했으며, 또 고통중에 빠져 있는 피
지배 서민대중에게는 구세주 미륵불을 앙모하지 않을 수 없는
것이었다. 그래서 미륵불은 흔히 산과 들에 조촐하게 그러나
많이 조각되고 세워지게 되었다. 그에 비하여 석가불과 아미타

보현보살, 문수보살	불은 거창하게 당탑(堂塔=法堂과 塔)을 갖추어 만들어지게 된 배경을 엿볼 수 있다. 뿐만 아니라 석가불 양 옆에는 보현(普賢), 문수(文殊) 두 보살이 나란히 앉아 있어 석가불의 위엄을 돋구어 주고 있으며, 아미타불은 양 옆에 관음(觀音), 세지(世
관음보살, 세지보살	智) 두 보살이 또한 아미타불의 존위를 높여 주고 있다. 그런데 통상적으로 관음, 세지 두 보살을 붙여서 관세음보살로 불렀으며 여성(女性)으로 나타난다. 그런데 『삼국유사』 등에 부득이와 박박이 설화는 바로 이 관세음보살의 도움으로 각각 미륵불과 아미타불이 되었다고 하니 신라 서민의 신앙을 잘 대변해 주고 있다.
궁예	신라 태생 미륵불을 주장하는 설화는 많다. 궁예도 자칭 미륵 중의 하나였다. 또 미륵불이 용화수 또는 용화산에 태어난
용화교	다고 한 점에 착안한 것이 저 유명한 도색당 사교 용화교가 아니었던가? 불교적 유사종교의 대부분은 이 불교적 말세론에 직결된 미륵불사상에 연원한 것들이다. 최근 일본에서 상륙한 창가학회, 곧 일연정종(日連正宗=남묘호렝계교)이라는 종교집단
일연정종	도 바로 여기에서 근원한 것이다. 그것은 일본에 토착화된 불교인 것이다. 이들은 『묘법연화경』(妙法蓮華經)을 소의경전으로 삼고 있다. 그리하여 남묘호렝계교(南無妙法蓮花經敎)라고 한다.
부득이와 박박이	여기에 『삼국유사』에 소개된 부득이와 박박이 설화를 소개한다(三國遺事, 南白月=聖). 백월산(白月山) 동남쪽에 선천촌(仙川村)이 있는데 노힐부득이와 달달박박이 두 청년이 나이 20에 머리 깎고 중이 되었다. 그 후 서남쪽 대불전(大佛田), 소불전(小佛田) 두 동리에 각각 살았는데 하루는 결심하고 얽힌 것을 벗어 버리고 백월산에 들어갔다. 부득이는 남쪽에 박박이는 북쪽에 자리잡고 부득이는 미륵을, 박박이는 아미타를 염하였다. 3년이 못 되서 성덕왕 즉위 8년 어느 날 20세 된 낭자가 먼저 박박이를 찾아 하룻밤 유숙하기를 청했다. 박박이는 자기를 이기지 못할 것만 같아서 거절하고 보냈다. 낭자가 남

쪽 부득이에게 역시 찾아가 같은 청을 했다. 부득이는 부득하여 허락하여 유숙시켰다. 낭자는 또 목욕을 원하여 목욕까지 시켜 주니 홀연히 목욕물이 향기와 더불어 금빛으로 화하며 옆에 연꽃받침 자리가 솟으니 부득이 낭자의 권함으로 올라 앉아 미륵불이 되었다. 낭자는 자기가 관음보살임을 밝히고 사라졌다. 박박이가 이튿날 부득이를 살펴보려고 갔다가 미륵불이 된 것을 보고 연고를 물으니 자초지종을 말하는지라. 박박이가 후회하여 자기가 먼저 성불할 것을 놓쳤다 생각하고 자기도 같이 되기를 구하매 부득이 말하길, 아직 목욕물이 남았으니 목욕해 보라 하여 박박이 기뻐 남은 물에 목욕하나 물이 모자랐다. 이것은 경덕왕 23년에 세워진 백월산남사(白月山南寺) 창립설화이거니와 남사 금당(金堂=法堂)에는 미륵불이, 강당에는 아미타불이 안치되어 있는데 아미타불의 금채색(金彩色)이 얼룩져 있었다 한다.

 종교의 토착화는 선의의 것이라 할지라도 일시적, 지역적 또는 개인적 의의를 가지나 보편성은 언제나 상실되는 것이다. 더 나아가 원전의 곡해 또는 오해로 인해 원전의 의미를 상실케 되는 것이 통례다. 그것이 심하게 될 때 이단이요 사교가 됨을 면치 못하는 것이다. 종교의 본질은 사람들의 감정이나 욕구를 달래 주는 선한 거짓말쟁이가 아니다. 사탕 발림식으로 자기 위안물이 되어서는 안 되는 것이다.

 근본적으로 사람을 거듭나게 하여 새 사람을 이룩케 하는 것이 되지 않으면 안 된다. 어머니(관음보살)처럼 자비롭기만 할 것이 아니라, 아버지처럼(공의의 하나님) 따끔하게, 엄하게 채찍하는 것이 또한 되지 않으면 안 된다. 아미타불의 도움으로 극락세계에 가서 현세의 고통을 면하고 안락하게 살기만을 구하는 것은 행복주의요, 그러한 목적에 의해 죄를 짓지 않고 선행을 하는 것은 칸트의 신랄한 비판의 대상이 되었던 행복주의 윤리사상이다. 이러한 윤리사상에 토대한 말세이론은 한 개인으로 하여금 소극적, 굴종적, 자포자기적이 되게 하며 자칫

기회주의적, 무주견적 인격을 이루게 되기 쉽다. 본래 태양숭배 민족으로 적극적이요 활달한 민족이었던 배달민족이 불교 이후 2천 년간 수동적 민족이 되어 고난을 되씹어 온 것은 아미타, 미륵 이 두 부처에 대한 신앙의 개성화와 국민성화에 달렸던 것이 아니고 무엇이겠는가?

7. 극락세계(極樂世界)와 열반

열반
해탈

열반(nirvāna)이란 말은 '불어서 끄다'라는 뜻을 가진 말인데 욕념(慾念)을 없이 하여 해탈(解脫)한 상태, 곧 부처가 된 상태를 말한다. 그런데 인간들이 현세에서는 자력으로 도저히 불가능한 것을 깨닫고 보살의 도움을 얻어 현세보다 해탈하기가 쉬운 환경 속에 다시 태어나 거기서 해탈해 가지고 열반에 들어가고자 원하게 되었는데 이같이 해탈하기에 보다 좋은 여

왕생

건을 갖춘 곳에 다시 태어나는 것을 왕생(往生)이라 한다. 그런데 왕생은 한 곳에서만 이루어지는 것이 아니다. 앞에서 소

도솔천
서방정토

개한 미륵불에게 빌면 도솔천(兜率天)이라는 곳에 가게 되고, 아미타불에게 빌면 서방정토(西方淨土)라고도 하는 극락세계에 태어난다고 한다. 그곳은 고통이 전혀 없는 곳이어서 극락이라 하거니와 열반에 가는 중간 장소가 되는 것이다. 왕생의 장소

약사여래

는 위의 두 곳 이외에도 많다. 약사여래(藥師如來)를 의지해서는 동방만월세계정유리국토(東方滿月世界淨琉璃國土)에 왕생하며, 그 외에 시방수원왕생경(十方隨願往生經)에 의하여는 어디든지 가고 싶은 곳을 빌기도 한다. 그러나 한국에서는 도솔천과 극락세계가 가장 많이 희구되고 있다.

야마

본래 인도에는 야마(夜摩=Yama)라는 신이 있는데 날이 저문다는 뜻으로 죽은 후의 세계를 지배하는 신이다. 그런데 그 신은 본래 이 지상 세계가 슬픔과 고통이 없을 때에는 이 지상 세계에서 살다가 병으로 죽음이 생기게 되자 늙은 야마왕은 이 세계에서 다른 세계로 옮겨가 무한한 수명을 얻어 죽음의 세계

를 다스리는 왕이 되었다. 이 야마왕을 우리는 염마왕(閻魔王=염라대왕: 閻羅大王)이라고 부른다.

그리고 이 염라대왕은 죽은 후에 선악을 판단하여 상 주고 벌 주는 일을 한다고 믿고 있거니와 하여간 이러한 야마 신화가 불교에 받아들여져서 왕생사상과 연루되었다. 도솔천(兜率天=Tusita—妙足 또는 知足의 뜻으로 기쁨이 충만한 곳을 의미한다)에 거하는 미륵(Maitreya=慈悲의 뜻)보살은 장래에 부처가 될 후보자이기 때문에 미륵보살이라고도 하고 미륵불이라고도 하거니와 무식한 서민 대중이 어려운 불교철학을 배워 이해할 수 없으니 이 불쌍한 대중을 쉽게 구제해 주는 자씨(慈氏)가 바로 미륵이요, 과연 서민의 신앙 대상으로 적합한 것이 되었다. 이리하여 신라 가요들이 도솔천을 노래하였으며 원왕생가(願往生歌) 등이 바로 그러한 작품 중에 하나인 것이다.

다음으로 극락왕생사상은 『무량수경』(無量壽經)에 의한 것인데 무량수란 아미타(Amita=阿彌陀)라는 말이 무량수 또는 무량광(無量光 혹 無碍光)이라는 뜻을 지니고 있는 데서 생긴 말이다. 그러면 이 극락세계는 어떻게 해서 갈 수 있는가? 그것은 앞에서 말한 바와 같이 나무아미타불을 염하면 되는 것이다. 세상에 이보다 쉬운 것이 있을까? 그러나 염불에도 삼심(三心), 오행(五行), 사수(四修)라는 것이 있는데 그중 삼심만 설명을 하면, 첫째는 지성(至誠)이요, 둘째는 심심(深心)으로 의심 없는 깊은 믿음을 말함이요, 셋째는 회향발원심(廻向發願心)이라는 것으로 오직 저 나라에만 왕생하기를 바라는 마음을 말한다. 한마디로 염불은 지혜를 깨닫는 것이 아니라 실천으로 삼매경의 상태에까지 이를 만치 힘들여 해야 한다는 것이니 역시 쉽지 않은 것이라 하겠다.

오행 중 끝 항목에 소위 공양(供養)이라는 것이 있는데 보통 불공(佛供)이라고 하거니와 부처에게 음식을 바치는 것을 말한다. 절에 가면 제상처럼 음식을 차려 놓고 절을 하는 것을 볼 수 있다. 본래 인도에서는 승려들은 음식을 준비하지 않기

염라대왕

미륵보살

원왕생가

『무량수경』

3심, 5행, 4수

공양, 불공

때문에 신자들이 아침에 자기들이 아침식사를 나누어 길가에 내놓으면 승려들은 나와서 그것을 거두어 점심까지 먹고 저녁에도 마찬가지로 한다. 그런데 우리나라에서는 중들이 절에 가만히 앉아서 불상 앞에 바친 것을 후에 내다가 나누어 먹는 것이다. 재물을 바치기도 하며 그것을 보시(布施)라고도 하는데 가져다 바치는 것으로 생활이 불가능한 때엔 우리나라에서는 중들이 집집마다 찾아다니며 보시를 받기도 한다. 우리나라에서는 그리하여 절에서 음식도 마련하거니와 농사까지 짓기도 한다. 하여간 이 공양은 불교 신자들에게 있어서 구제받기 위한 수행 중 가장 중요한 것 중에 하나가 되어 있다.

이상의 극락세계의 아미타나, 도솔천의 미륵이나, 그 모두가 인간의 무능력을 깨닫고 도움을 구했다는 사실은 불교가 기독교에 접근된 점이라고 보겠다. 그러나 역시 삼심, 오행, 사수의 수행법으로 돌아가며 다시 자력종교로 돌아가고 말게 된다. 또한 아미타불을 불교학자들은 우주의 무한한 영력의 인격적, 종교적 표현이라고 해설하지만 그것은 인격적 하나님을 발견하지 못하고 있음을 스스로 고백하는 말에 지나지 않는다. 불교는 철두철미 무신론의 테두리를 벗어나지 않는 것이다.

도솔천과 극락세계 그것은 행복주의의 윤리에 빠진 윤리요, 그것은 공짜를 바라는 못된 심리를 조장하여 집 팔고 논 팔아서 허황된 유사종교를 따라 농락당하는 한국 종교의 비극적 현상을 낳게 하는 근원이었다고 보아야겠다. 도솔천과 극락세계는 결국 신화의 연장에 불과한 것이라 하겠다. 고(苦)를 없이 하는 것이 불교의 궁극 목적이요, 그러한 상태가 열반이라 하겠는데 고통이 없는 극락세계에서 다시 열반으로 간다 함은 자체 모순이라고 보지 않을 수 없다.

극락세계나 열반과 달리 기독교의 천당 혹은 천국은 행복한 곳일 뿐 아니라, 의(義)의 나라요 사랑이 충만한 영생의 나라이다.

8. 대승불교의 전개와 조계종(曹溪宗)

대승불교의 사상적 토대는 석가모니 죽은 후 약 600년경에 태어난 인도의 마명(馬鳴)이라는 사람이 지은 『대승기신론』(大乘起信論)에서 확립되었다. 그 후 약 100년이 지나서 용수(龍樹)라는 사람이 다시 나와서 『중론』(中論)을 지어 대승사상의 깊이를 굳혔다. 대승불교의 사상적 특질을 앞에서 논술한 바 있거니와 개혁적이며 진보적인 이 사상은 중국에 넘어와 크게 세력을 떨치며 발전하였다. 그리하여 중국적 특색을 가지고 여러 종파가 일어났는데 그중에 가장 대표적인 것은 화엄종(華嚴宗)과 천태종(天台宗)을 들 수 있다.

화엄종은 북부중국에서 대성한 것으로 『화엄경』을 소의경전(所依經典)으로 한다. 이 종파는 처음으로 두순(杜順)이 기초를 닦고 그에 이어 지엄(智儼)이 이를 발전시켰는데 지엄에게서 같이 배운 법장(法藏)과 신라의 의상법사(義湘法師=625~702)는 각각 중국과 신라에서 따로따로 화엄종을 창립하였다. 신라의 화엄종은 균여(均如=923~973) 등 큰 인물을 배출하면서 신라불교의 중추를 이루었다. 화엄종은 사사무애 법계(事事無碍法界)를 그 교의로 하는데 이것은 진여(眞如=만유일체의 眞本性)의 이체(理體)는 절대무한 보편적인 것으로 이체와 사상(事象)과는 서로 다른 것이 아니라 불이무별(不二無別)한 것으로, 만물은 일물(万物一物)이며 일행은 만행(一行万行)에 통하여 상통상속(相通相屬)한다는 것이다.

그런데 의상과 더불어 중국에 가다가 도중에 일체유심조(一切唯心造)의 진리를 터득한 원효(元曉)는 중국에 가지도 않고 의상보다 앞서 해동종(海東宗)이라는 일종의 화엄종을 창설하였다. 그의 대승기신론소(大乘起信論疏)는 중국 인도불교의 수준을 능가할 만한 사상적 깊이를 가진 것으로 평가되며 기타의 여러 종파의 소의경전들에 대한 소(疏=주석)를 짓기도 하여 그의 폭 넓은 학문의 폭을 보여 주고 있다. 제종파의 경전들을

마명, 『대승기신론』
용수, 『중론』

화엄종

『화엄경』
두순
지엄
법장, 의상법사

균여

원효
해동종

『십문화쟁론』	다 꿰뚫은 원효는 급기야 제종파가 싸우지 말고 화합할 것을 주장하여 『십문화쟁론』(十門和諍論)을 지었으나 원효야말로 참으로 불이무별, 일행만행, 상통상속의 진리를 바로 깨달은 사람이었다고 할 것이다(참조. 당시 중국의 소승들이 원효에게 편지를 보내 저들의 쟁론이 되는 문제에 대한 답을 얻은 편지가 현재 전해져 보관되어 있다).
『법화경』, 법화종 지자대사, 천태산 혜사 현광법사 대각국사 천태종	한편 『법화경』(法華經)을 소의경전으로 하는 남부중국의 법화종은 지자대사(智者大師)가 천태산(天台山)에서 도를 닦아 개종하였다 하여 천태종이라고 부르거니와 지자대사와 나란히 앉아 혜사(惠思)에게서 법화삼매(法華三昧)를 증득(證得)하고 돌아온 현광법사(玄光法師)는 신라 때 법화종을 창설하였다. 그 후 고려의 대각국사(大覺國師=文宗의 第四子=1055~1101)는 중국에 들어가 천태종의 교리를 깊이 연구하고 돌아와 천태종을 크게 일으켰다. 천태사상의 중심은 의식(儀式)을 배격하며 석의불교(釋義佛敎)에 대하여 관행수포(觀行修道)의 방법을 주장하는 것으로 석가모니의 내관적 수도를 중시한 것이라 하겠다. 그때에 달마대사(達摩大師)로부터 시작된 선종(禪宗=不立文字直指人心見性成佛을 주장하는 直覺파)이 크게 왕성하게 되었는데 이것은 본래 신라 도의국사(道義國師), 홍섭국사(洪涉國師)가 연이어 당나라로부터 배워다 일으킨 것으로 신라와 고려에 연이어 크게 유행되었던 것이다. 그런데 원효가 제종파를 융합하려 했으나 성공을 거두지 못했고 대각국사가 이를 다시 실행해 보려 하였으나 대각국사는 교종 안에 선종을 포섭하여 하나의 불교로 통합하려고 하였다. 그러나 그의 뜻은 끝내
달마대사 선종 도의국사 홍섭국사	
보조국사 조계종	100여 년이 지나서야 이루어지게 되니 평민 출신인 보조국사(普照國師)가 나서서 선종 안에 교종을 포섭하여 조계종을 이룸으로써 한국불교는 하나로 통합되어 근년에 이르게 되었다. 수선(修禪)과 교리(敎理)를 병수(倂修)하여야 한다고 하는 보조국사의 사상은 소위 정혜병수설(定慧倂修說)이라고 부르는 것으로 대각국사의 교관겸수설(敎觀兼修說)에 대하여 그 순서

를 달리하는 것이다. 여하간에 보조국사의 선 중심의 정혜병수설은 반천 년 조계종의 중심사상이 되었을 뿐 아니라 현대 한국불교의 특질을 이루고 있다고 보겠다. 순천(順川), 송광사(松廣寺)로부터 시작된 조계종은 아직도 명실공히 한국불교를 대표하고 있다.

송광사

선(禪) 위주의 한국불교는 최근에 서경보(徐京保) 박사에 의하여 미국에 전해져 관심을 모을 뿐 아니라 고정포교사를 파송하는 포교에 전력을 기울여 한국불교의 위력을 과시하고 있다(서 박사는 지금도 방학 때만 되면 미국에 전도여행을 할 뿐 아니라, 말레이지아 불교종단으로부터 대승정(大僧正)으로 추대받기도 했다).

본래 논리성(論理性)이 박약한 한국 사람에게는 철학의 빈곤에서 중국과는 달리 학문적 불교보다 실천적 불교로 더 기울어지게 되었다. 원효 같은 예외적인 인물이 있기는 하였으나 대체적으로 한국불교는 선 중심이 되어 왔다. 문자가 없는 민족으로서 일반 대중의 신앙은 선불교가 적격인 것이었다. 한편 구라파인들이 물질 문명에 지치고 분석적 사고방식에 한계를 느끼면서 동양의 직관적 정신문화에 매력을 느끼는 것은 그럴 만 하거니와, 언어와 문자의 장벽을 가진 미국인들이 실천적 선불교에 쉽게 접근이 되는 것도 그럴 만하다. 그러나 과연 서구문명이 동양의 직관적 정신으로, 불교나 인도의 사상으로 구제될 것인가? 필자는 맨처음에 언급하였거니와 범신론적 사상은 매력은 있으되, 철학적 깊이는 있다고 인정할 만하겠으나, 인간사회를 정의로 무장시키고 인간을 살려내는 생명력을 그 안에 가지고 있지는 못하다.

9. 맺는말

신(神)의 존재를 부정하는 불교가 종교일 수가 있느냐는 논란이 오래 전부터 일어났다. 불교는 하나의 철학이요 윤리라는 주장이 강력히 대두되었으나, 불교는 여전히 세계 3대 종교 중에 하나로 꼽히고 있다. 근본 사상으로는 신의 존재를 인정할 수 없으나 실제 불교 신자들은 부처를 신격화하여 그에게 기도를 드릴 뿐 아니라, 많은 신적 존재를 믿고 의지하고 있다. 쟈이나교와 마찬가지로 힌두교의 카스트 계급제도를 반대하여 평등사상을 고취하고 모든 성전(聖典)들의 권위를 부정하여 힌두교의 개혁세력으로 등장했으나 결국은 독립된 종교로 발전하게 되었다. 한때 인도의 통일왕국의 국교의 위치에까지 올라 그 세력이 힌두교를 압도했으나 힌두교의 부흥으로 박해를 받아 인도 국내에서는 전멸의 위기에까지 처하게 되기도 했다. 그러나 박해로 인해 해외로 번지게 된 불교는 동남아와 북부 아시아에서 제일의 종교로 발전하게 되었다.

해외에 번진 불교는 긴 세월을 지나면서 각 나라에 토착되어 독특한 불교형태들을 이루었다. 범신론적 성격을 가진 불교는 혼합종교가 될 수 있는 요인을 그 자체 안에 가지고 있기 때문에 각 지역의 토착종교와 잘 융합을 이루었다. 예를 들면 각국의 불교사원 안에 토착신을 안치하고 겸하여 경배한다. 한국의 경우 사원 뒤뜰에 안치된 칠성단이 바로 그것이다. 다만 배타적 절대성을 주장하는 이슬람교와 기독교계와는 대립을 면치 못하고 있다. 근대에 이르러 아시아 제국들의 후진성과 더불어 불교도 침체상태에 빠졌으나 근래에 이르러 기계문명에 시달린 서구인들의 호기심을 불러 일으키면서 빈번히 세계 불교대회를 개최하고 불교 경전의 번역사업, 잡지발간, 불교대학 설립 그리고 각국의 불교부흥뿐 아니라 서구세계에의 불교 포교활동에 박차를 가하고 있다. 최근에는 인도 내에 불교 포교활동이 크게 성과를 거두어 수십만 대의 교세가 이제는 수백만 대의 교세로 증가하고 있다 한다.

칠성단

한국불교의 특징

한국에 토착한 불교는 호국불교(護國佛敎)로서 그 특색을 이루고 있다. 서경보 박사는 그의 저서 『불교철학개론』(pp. 183~184)에서 한국불교의 특색을 세 가지로 말했다. 첫째 인도불교적 인격적 불교요, 둘째 중국불교와 유사하여 교의중심적이요, 셋째 대단히 실제적이라고 하였다. 그러나 인도불교가 석가의 인격중심임과 달리 우리나라의 불교는 개종조사(開宗祖師)들의 인격을 중심하고 있으며, 석가의 인격을 존중하기는 하나 인도의 소승불교에서와 같이 육신석가의 인격을 중심하는 종지(宗旨)는 없다고 한다. 또한 한국불교는 교의발전이 있되 중국 불교와 같이 이론적, 철학적으로 거창하기만 한 서적상의 이론만이 아니라 실용에 관계를 가지고 있는 실제적인 것이라고 주장한다. 종합하건대 이상의 세 가지는 결국 현실적이라고 한마디로 집약할 수 있다고 본다. 한국불교는 현실적 인물, 현실생활, 현실사회, 현실국가적이라는 의미가 된다. 이것이 대승불교의 특색이거니와 그리하여 김동화 박사는 "신라불교의 특성"이라는 논문(『한국사상강좌 I』, pp. 53~67)에서 신라불교를 진속일여(眞俗一如)의 통불교(通佛敎)라고 하였다. 즉 진속을 합친 중국적 일승불교(一乘佛敎)로 성장하려는 것이 아니라 진속을 초월하여 진즉속(眞卽俗)의 새로운 이상의 실현을 이루려는 것이 그 특성이라는 것이다. 그 대표적인 것이 원효의 사상이었던 것이다.

 그러나 그것은 한편으로 잘못되어 기복불교(祈福佛敎)로 샤머니즘화 되는가 하면 또 한편으로는 호국불교로 사회와 국가에 공헌하면서 불교 자체의 변질 내지 타락을 초래하기도 했다. 신라 말기와 고려 말기에 특별히 그러했다. 승려의 정치참여와 승려의 관직화(官職化) 등 정치와 불교의 결탁, 따라서 발생하는 권욕(權慾), 물욕(物慾), 육욕(肉慾)이 불교 자체와 사회와 국가를 삼켜버리고 말았다. 유동식 교수는 그의 저서 『한국종교와 기독교』(pp. 63~65)에서 세 가지를 들어 지적하였는데, 첫째는 화합일치의 통합적 정신, 둘째는 혼합절충주의로 인한 미신화(迷信化), 셋째는 공리적 현실주의라고 하였거니와 본질의 변질은 결국 다른 것과의 혼합을 필연적으로 초래하는 바 샤머니즘뿐 아니라 유교, 도교, 특히 참위설(讖緯說)

진속일여, 통불교

참위설

배불정책 과 융합하여 부패가 극에 달하였다. 이조의 배불정책(排佛政策)은 불교의 은둔과 반성을 촉구하였으나 한 번 변질된 불교는 끝내 바로잡아 되살아나지 못하였다.

통불교의 통합정신은 하나의 혼합종교(syncretism)에로 스스로 자멸의 길을 걸었으니 그것은 통합의 주체가 그 생명성이 약했기 때문이라고 말하지 않을 수 없다. 그러한 한국불교의 한국사회에서의 작용은 태양숭배사상을 고유사상으로 한 한민족(韓民族)의 본래의 적극적 기질을 소극적으로 변모시켜 놓고 말았다. 이 점이 한민족의 역사를 정체(停滯)시킨 큰 원인이니 불교의 한민족에 끼친 영향은 신라통일이나 구국승병운동으로 갚을 수 없는 대과가 아닐 수 없다.

원불교 오늘날 산 속에 묻혀 있던 한국불교는 도시로 내려오고 있다. 불교의 대중화, 사회화운동이 전개되고 있다. 특히 유교와 불교를 혼합한 원불교(圓佛敎)의 개혁운동은 주목할 만하다. 염불불교가 대학가에서 불경강독으로 발전하고 있다. 천만 불교 신자를 자랑하고 있으며 해외 불교 포교에도 힘을 기울이고 있다. 과연 오늘의 한국불교가 오늘의 한국사회에 어떠한 공헌을 할 것인가?

한국사회는 지금 물질주의, 불의와 음란 그리고 불신과 폭력의 사회로 치닫고 있다. 한국사회는 사람을 거듭나게 하며 사랑으로 믿고 협력하며 사는 정의로운 사회를 이룰 수 있는 종교를 필요로 하고 있다.

제 11 장

이슬람교(回敎, Islam)

1. 회교의 기원

    회교는 회회교(回回敎)라고도 하는데 이는 회교가 중국 서북방에 있던 옛 회흘족(Ugle 족)에 의하여 알려졌기 때문에 붙여진 이름이다. 본래 이슬람(Islam) 또는 모슬렘(Moslem) 또는 모하멧다니즘(Mohammedanism)이라 통칭하는데 시조가 사용한 이슬람(Islam)이란 말은 아라비아어로 절대귀의를 뜻하는 말이며, 무슬림(Muslim) 또는 모슬렘(Moslem)은 절대귀의자 곧 회교도를 뜻하는 말이다. 모하멧다니즘(Mohammedanism)은 물론 시조의 이름에서 주어지는 명칭이다. 시조의 이름은 여러 가지로(무하메드〈Muhammed〉, 마호멧〈Mahomet〉, 아마드〈Ahmad〉, 마훈드〈Mahound〉, 마무드〈Mahmud〉 등으로) 불려지며 보통 모하메드(Mohammed)로 통칭하는 이 말은 '존귀함을 받은 자'를 뜻한다. 명칭에 나타난 절대복종의 사상은 결국 독재적, 민족주의적 정부형태를 이룩하게 하였다고 본다.

명칭

포교지	회교는 아랍지역 외에 북아프리카와 서남아시아 지역에 포교되어 있는데 인도의 경우에는 1947년에 약 9,000만의 인도 회교도들이 독립하여 파키스탄(Pakistan)을 건국하게 되었다. 현재는 서쪽 파키스탄과 동쪽 방글라데시로 나뉘어 독립되어 있다.
신도수	신도수는 9억을 헤아리는 세계의 대종교 중에 하나가 되어 있다. 회교국의 정치적, 경제적 영향력에 있어서는 기독교 다음 가는 강력한 종교라고 볼 수 있다.
발상지	회교 발상지인 아라비아는 창설자 모하메드가 등장하기 전에는 여러 종족과 씨족들 사이에 아무런 정치적 통일이 없는 상태였다. 그러나 동떨어져 있는 사막지역의 유목민이었던 이들에게 고립성을 벗어나게 되는 기회가 생겼다. 동로마제국의 지배하에 있던 소아시아 지역이 전쟁으로 말미암아 불안하게 되자 중국에서부터 로마로 가는 소위 비단길(Silk-road)이 끊겨 로마에서 홍해로 내려와 아라비아 사막을 거쳐 인도 및 중앙아시아, 중국으로 연결되는 새로운 무역 통로가 생기게 되었다. 그리하여 아라비아 유목인들은 사막을 건너 주는 중요한 교통수단을 제공하면서 경제적 생활의 변화를 가져오게 되었는데, 모하메드가 등장할 무렵 아라비아 사람들은 직접 무역에도 가담하여 경제적 부요를 누릴 수 있게 되었다. 그러나 빈부차가 심해졌다.
역사적 배경	아브라함의 후손들로 간주되는 이들은 다신교적 신앙에 빠져서 경제적 부요에 따른 도덕적 타락이 극심했던 것으로 보여진다. 한편 세계에 눈이 뜬 이들은 정치적, 종교적 사상의 영향을 받아 통일국가의 건설과 종교사회개혁의 꿈이 싹트기 시작한 것 같다.
시조의 출생	쿠라이쉬(Quraysh) 부족, 하심(Hāshim) 씨족 중에 한 유복자가 태어났다(A.D. 570). 모하메드, 그의 이름은 쿠탐(Kutam)이었다. 그는 후일 모하메드(Mohammed), '존귀함을 받은 자'라 불려졌다. 모하메드가 출생하기 수일 전에 아버

지가 죽고 6살 때에 어머니마저 세상을 떠나 그는 고아가 되어
할아버지 손에서 자랐다. 그러나 할아버지마저 2년 후에 세상
을 떠나자 모하메드는 숙부 아브탈립(Abū Talib) 댁에서 목동
생활을 하였다. 본래 모하메드의 가문은 사제(司祭)의 가문이
었다. 그러기에 모하메드도 후에 종교적 지도자가 될 수 있었
다고 생각된다. 청년이 된 모하메드는 한 상인의 집에서 고용
생활을 하다가 과부가 된 주인인 카디자(Khadijah)와 결혼을
하였다. 그때 모하메드는 25세, 카디자는 40세였다. 주인의 사
업을 이어받은 그는 시리아와 팔레스틴에 다니면서 장사를 하
면서 살았다. 이 시기에 그는 유대교와 기독교에 대해서 알게
되었다. 그의 고향 메카(Mecca)의 성전에서 분쟁하는 족장   메카
(sheihs)간에 화해를 시켜 준 후부터 그는 자신이 자기 민족의
종교적 지도자가 될 수 있다는 생각을 갖게 되었다. 그는 당시   종교적 환상
의 도덕적, 사회적 현실을 못마땅하게 생각하고 유대교와 기독
교의 유일신사상을 기초로 해서 새로운 종교를 이룩해 사회를
새롭게 할 꿈을 가지게 되었다. 자기의 여주인이었던 부인과
지내면서 모하메드는 틈틈히 메카에서 좀 떨어진 히라(Hira)
산에 가서 명상을 하면서 환상을 얻게 되었다. 이 생활이 12년
간 계속되었는데 이 시기에 그의 유일신관과 종교적 중심사상
을 형성하였다. 카디자와의 23년간의 결혼생활은 그가 48세 되
던 해에 그녀가 죽음으로 끝을 맺고 그는 종교적 활동에 주력
하게 되었다. 그는 유일신 사상과 미래의 심판을 설교하며 우
상숭배와 유아살해 등을 폐기할 것을 주장하였다. 처음에는 물
론 별로 반응을 얻지 못하였다. 결국 종교적 핍박을 받아 그는
메카로부터 야트립(Yathrib)으로 도피하게 되었다. 모하메드
를 환영한 이 도시는 후에 선지자의 도시(Medinat al Nabi)
라고 이름을 고쳐 불렀다가 나중엔 줄여서 메디나(Medina)라   메디나
부르게 되었다. 종교적 중심지로서 메카에는 카바(Kaba) 신전
이 있어 순례자들로 인한 수입이 컸는데 이들 기성 종교인들에
게 모하메드의 새로운 종교적 도전이 저항을 받을 것은 뻔한

일이었다. 그러나 메카에 대항적인 입장에 있는 이웃 도시 야트립(Yathrib)은 새로운 종교적 중심지가 되는 것을 환영하였다. 모하메드에게 성공의 전환점을 이루어 준 이 도피를 헤지라(Hegira, 도피의 뜻)라 부르고 이 해(A.D. 622)를 회교의 기원으로 삼게 되었다.

헤지라

메디나에서 성공하여 종교적, 정치적 지도자가 된 모하메드는 성전(Mosque)을 세우고 매주 금요일에 예배를 드리며 많은 신자를 얻게 되었다. 그는 설교뿐 아니라 무력적 전도방법을 사용하였다. 반대파를 소탕하고 독재적 신정정치를 시행하였다. 이 시기에 회교의 배타성을 확립하여 예루살렘(Jerusalem)을 향하여 기도하던 풍습을 고쳐 메카를 향하여 기도하게 하였다. 헤지라 후 8년에 메카를 점령하여 그곳에 정치적 주권을 확립한 뒤에 그의 세력은 아라비아 전역을 통일하고 계속해서 그리스, 페르시아, 이집트, 에디오피아에 이르기까지 대사를 보내어 회교의 신앙을 강요하였다.

무력전도

모하메드는 62세로 세상을 떠날 때까지 15번 결혼을 하였고 11명의 부인을 거느리기도 했으며, 53세 때에 9살 소녀와 결혼하기도 하고, 심지어는 양자의 이혼한 부인과 결혼하기도 하였다. 그가 애처 아이샤(Aisha)의 팔에 안기어 죽을 때(A.D. 632)의 최후의 말은 "주여, 나를 용서하여 주시옵소서"였다. 그가 죽은 후 9명의 젊은 과부를 남겼다고 한다. 모하메드 자신은 아담, 노아, 아브라함, 모세, 예수에 이어지는 최후 최대의 예언자로 자처하였으나, 후에는 신격화되어 15세기에 이르러서는 여러 가지 기적적인 진술이 따르게 되고 어떤 분파에서는 그의 선재설과 무죄성을 믿었고, 그의 이름을 부르기만 하여도 구원을 받는다고 생각하기도 하였다.

시조의 최후

2. 경전과 사상

『토라』, 『자부르』

회교의 경전은 『토라』(Torah=율법=모세에게 주어짐), 『자

부르』(Zabur=시편=다윗에게 주어짐),『인젤』(Injel=복음=예수에게 주어짐),『코란』(Koran=모하메드에게 주어짐) 등 네 가지를 가지고 있는데,『코란』만이 그들의 독특한 것이며 가장 중히 여기는 대표적 경전이다. 오늘날『코란』을 모슬렘 교도들은 알코란(Alcoran)이라 부른다. 그 말의 뜻은 읽는다는 뜻을 가진 말과 관련된 것이라고 한다. 114장으로 된 이 경전은 전부 알라(Allah)신이 직접 모하메드에게 직접축자영감으로 계시한 것이라고 주장되는데 전하는 바에 의하면 페르시아계 유대인 랍비 와라다이반 나우살(Rabbi Warada Ibn Nawsal)과 네스토리안파 승려의 도움을 받았다는 설도 있다. 시조의 사망 1개월 후에 그의 후계자 아부베르(Abu Behr)에 의해서 저술(편집)된 코란은 매 장에 이름이 붙여져 있다.『코란』의 전체는 별로 연락이 없고 내용의 차이와 혼란이 있어 11년(또는 12년) 후에 이르러 오타만(Othaman)이 일어나 제2판『코란』을 냈는데 이것이 현존『코란』인 것이다. 그 내용은 유대교, 기독교, 조로아스터교, 전통적인 아랍의 민간신앙, 전설 등의 혼합물이었다. 114장이 긴 장에서 짧은 장의 순서로 편찬되었는데 첫째 장은 예외다. 신약성서보다 약간 작고 예수도 그의 선구자로 보며 모하메드야말로 최대 최후의 대선지자로 본다.

　　회교의 절대 유일신인 알라(Allah)는 본래 메카(Mecca) 사람들에 의해 섬겨진 신이었다. 알(al, the)과 일라(illah, god)로 합성된 이 말의 뜻은 히브리어 엘로힘(Elohim)의 뜻과 같은 것으로 여겨진다. 창세기 1:26에 나오는 것처럼 신은 자기를 우리라고 복수로 부르나 유일신에 대한 그들의 중심사상에는 아무런 변동이 없다. 그들은 이 유일신 사상을 아리스토텔레스사상을 도입하여 체계화하였다. 그들은 유일신을 강조하는 나머지 기독교의 삼위일체사상을 다신교로 배격한다. 그들은 알라 외에도 99개의 신에 대한 명칭이 있는데 염주로써 이를 되풀이한다. 그중에 가장 중요한 호칭은 라후(Raff, Lord)이다. 신의 속성은 7가지로 표현하고 있다(absolutely unitary,

『인젤』
『코란』

알라

아부베르

오타만

알라

라후

all-seeing, all-hearing, all-speaking, all-knowing, all-willing, all-poweful). 알라는 천지만물을 창조하고 심판도 한다. 알라는 처벌도 하며 용서도 하는 신이며 자기의 선의를 따라 무엇이나 행하는 신이다. 결국 유대교의 율법적 신과 기독교의 복음적 은혜의 신을 결합한 신이다. 그러나 유대적 요소가 더 강하게 나타나 지배적이다.

천사
가브리엘
진
쇠틴
이블리스
   쇄이야틴

     천사는 하나님이 창조한 자들인데 알라신에게 인간의 죄를 용서할 것을 중재한다. 천사 중 가브리엘(Gabriel)은 천사장이고 진(Jinn 또는 Genii)은 천사와 인간 중간에 개재하는 영들이다. 악령이 또 있는데 쇠틴(Shatin, 히브리적 Satan에서) 또는 이블리스(Iblis, 희랍적 diabolis에서)이며 이를 따르는 쇄이야틴(shaiyatin, devils)들이 있다.

예언자

     아담, 노아, 아브라함, 모세, 예수, 모하메드의 6대 예언자 외에 많은 예언자들을 열거하고 있는데 그중에 구약의 주요한 예언자들과 신약의 인물들까지 꼽는다. 이스마엘을 이삭, 야곱과 함께 꼽는 것이 그들에게 당연한 것이며, 다윗과 솔로몬이 포함되며, 신약에서는 예수 외에 스가랴와 세례 요한이 꼽히고 있다. 더욱 흥미 있는 것은 알렉산더대왕이 꼽히고 있다는 것이다. 이 모든 것은 회교의 혼합종교성을 나타내는 좋은 증거라고 볼 수 있다. 여하간에 모하메드를 최후 최대의 예언자로 믿는 것은 이미 앞에서 언급한 바 있다.

낙원

     유일신과 심판사상은 『코란』이 가장 강조하고 있는 것이다. 낙원은 대단히 감각적으로 묘사되었는데 한복판에 생명나무가 있고 그 가지가 사면으로 퍼져 언제든지 꽃이 피고 열매가 맺혀 있어 쳐다보고 먹었으면 하고 생각하면 가지가 스스로 휘어져 입에 닿는다고 하였다. 또한 눈이 큰 미녀들이 보상으로 주어진다고 한다. 생명나무 밑에는 생명수가 솟아 나와 온 천국으로 흐르는데 그 물가에 온갖 아름다운 꽃이 가득하다고 한다. 물과 꽃과 여자가 귀한 나라 사람들의 낙원으로 잘 묘사가 되었다. 그러나 남자 중심의 일방적 가치관은 회교의 윤리관의

결함을 잘 나타내고 있다고 보겠다. 지옥의 한복판에는 사망나   지옥
무가 있어 열매는 먹음직하나 먹으면 쓰고 사람에게 괴로움을
준다고 한다. 인격적인 죄관보다는 생리적인 고통이 그 중심이
되고 있는 것을 볼 수 있다. 부활심판에 대해서는 끝날에 모든   부활심판
죽었던 사람들이 다시 살아나서 신의 심판을 받아 천국과 지옥
과 중간세계의 세 곳으로 간다고 한다.

  예정에 대한 신앙이 있는데 모든 것은 신의 정하신 것이라   예정
는 것이다. 이것은 절대 독재적 신정정치를 하는 데 필수적인
바탕이 된다. 반역과 혁명을 예방하는 바탕이 될 수 있는 것이
다. 이상의 여섯 가지 신앙(iman)이 회교의 기본교의이며 여
기에 따른 다섯 가지 의무실천 조항이 따르게 된다.

  5대 의무는 딘(din, 실행)이라고 하는데 다섯 가지 기둥이   5대 의무
라고 한다(the five pillars of Islam). 첫째, 신조(Kalimah)
의 복창이다. 신앙고백을 매일 되풀이할 것을 요구한다(There
is no God, but Allah and Mohammed is the prophet of
Allah). 둘째, 기도는 매일 성전에서는 5회, 개인은 3회(새벽,
정오, 밤) 메카를 향해 기도해야 한다. 특별히 금요일에는 성
전에 모여 예배하며 기도해야 한다. 셋째, 자선(慈善)을 여러
가지로 권하고 있는데 특히 매년 수익의 25%를 바친다. 신정
시대(神政時代)에는 이것을 가지고 정부의 상용, 군사비까지
충당하였다. 넷째, 금식의 달(month of Ramadan)을 따라
여러 가지 금식을 명하고 있다. 모하메드 자신이 자주 금식하
였다. 다섯째, 성지순례는 모든 회교도가 일생에 한 번 메카까
지 순례할 것을 명하고 있다. 성전을 돌며 카아바(Kaaba)라   카아바
불리우는 흑석(Black-stone)에 일곱 번 입맞추고 마지막에는
희생의 제물을 바치는 것이다. 그러나 오늘날 메카에서 거리가
먼 지역에 사는 회교도는 이것이 불가능하기 때문에 다른 순례
자의 비용을 일부 분담함으로써 자신의 순례를 대신하고 있다.

  시조는 특히 형제애를 강조하였다. 형제에게 이자를 받지
못하게 했다. 그리고 모든 민족들은 다 동등하다고 가르친다.

3. 회교의 역사

정치적 변화　　　회교의 역사는 정치와 직결되어 복잡하게 분열, 대립상태를 이루어 나간다. 우선 정치적 발전과 변화를 보면 모하메드
오말　　　의 제자 오말(Omar)은 다마스커스와 예루살렘을 635년에, 유프라테스 지역을 637년에, 이집트를 640년에 정복하고 인도를 점령하려다 죽었고, 그 후 이슬람은 새로운 지도자에 의해 서로는 스페인까지 동으로는 인도까지 대 사라센 제국을 건립하였다. 또 1000년경에 인도에 대 회교왕국을 세워 서울을 델리(Delhi)에 두었다.

사라센 제국　　　사라센(Saracen) 제국은 정치적으로 여럿으로 나뉘어졌다. 오마이야드 왕조(Omayyard Caliphate, 660~750)는 다마스커스에서 시작되었으며 왕위 계승제를 실시하였다. 판도는 북아프리카, 스페인에까지 이르렀으나 732년에 불란서 장군 찰스 마텔(Charles Martel)에게 저지되었다.

스페인 왕조(Spanish Caliphate, 775~1236)는 코르도바(Cordova)에서, 무르 왕조(Moorish Caliphate, 1238~1492)는 스페인 남방 그라나다(Granada)에서 시작되었으며 파티미트 왕조(Fatimite Caliphate, 910~1171)는 이집트와 북아프리카를 지배하였다.

아불 아바스　　　아바시데 왕조(Abbaside Caliphate, 750~1258)는 모하메드의 숙부 아불 아바스(Abull Abbas)에 의해서 시작되었으며 이 왕조에서 가장 유명한 군주들이 나왔다. 수도는 바그다드(Baghdad)에 있었다.

오토만 터키 왕조(Caliphate of the Ottoman Turks, 1453~1922)는 1298년부터 득세하여 1453년에 콘스탄티노플을, 1517년에 이집트를 점령하였다. 이 왕조는 오랫동안 발전과 변화를 지속하다가 1922년에 콘스탄틴 술탄(Sultan)은 터키의회에 의해서 폐위되었다.

교단의 분열　　　다음으로 종교적 지도자의 계승과 분파현상을 보면 모하메

드는 아들이 없이 죽었기 때문에 그의 사망 후 28년간 이슬람교는 4명의 예언자에 의하여 인도되었고 그 뒤에는 여러 분파가 생겨났다. 초대 칼리프(Caliph), 아브 바크르(Abu Bakr, 632~634)는 시조의 말을 수집하였고, 2대 칼리프 오말(Omar, 634~643)은 시리아와 페르시아를 정복하여 그 세력이 절정기에 달했다. 3대 칼리프 오트만(Othman, 644~656)은 코란을 수정하였으나 이때부터 분열상을 보이기 시작했다. 오마이야드 왕조(Omayyard Caliphate, 660~750)에 속했던 그는 동족에게 지나치게 눈에 거슬리는 태도를 보여 암살당하고 말았으며 이때부터 뚜렷이 나타난 분열의 조짐은 4대 칼리프 취임을 둘러싸고 본격화되기 시작했다.

아브 바크르

오말

오트만

  4대 칼리프 후보자로는 두 사람이 유력했는데 그중 한 사람은 시리아의 지방장관이며 오마이야드 칼리프에 속한 사람이 있었고 또 한사람은 모하메드의 사위였던 알리(Ali)였다. 알리는 모하메드가 어려서 양친을 잃고 고아가 되었을 때 그를 데려다 길러준 숙부의 아들이었다. 알리와 모하메드는 친형제처럼 자랐다. 모하메드가 이슬람교를 전파하기 시작했을 때 알리는 13세에 지나지 않았으나 알리는 처음부터 모하메드를 따랐다. 모하메드는 알리에게 가장 사랑하는 딸을 주어 사위를 삼았다. 부인과 함께 이들이 바로 이슬람의 최초의 3인 신자였다. 알리는 이처럼 모하메드와 특별한 관계가 있었기 때문에 모두 그가 후계자가 되리라고 생각했다. 그러나 3대에 걸친 칼리프가 다른 사람들에게 돌아가자 알리는 부당하다고 생각하고 자기는 고난의 길을 걷고 있다는 의식을 갖게 되었다. 끝내 4대 칼리프에 취임하기는 했으나(656년) 음모와 전쟁의 와중에 자객의 칼에 살해되고 말았다(661년). 알리가 죽자 그의 지지자들은 알리의 두 아들 중 장남인 하산(Hasan)을 5대 칼리프에 추대하였으나 시리아의 지방장관에게 자리를 빼앗기고 말았다. 하산 자신은 매수당한 아내에게 독살당했다.

알리

하산

  알리 가문의 비극은 겹쳐 일어났다. 이러한 와중에서 알리

시아파	가문의 지지자들은 시아알리(Shia-Ali)라고 불려졌다. 시아는 아라비아어로 당파라는 뜻이다. 알리는 이처럼 한을 품은 시아파의 시조가 된 것이다. 알리의 장남 하산마저 잃은 시아파는 칼리프와 구별되는 의미로 이슬람 공동체의 최고 권위자라는
이맘	이념으로 이를 이맘(Imam)이라고 불렀다. 시아파는 알리를 1대 이맘으로 하산을 2대 이맘으로 삼았다. 그 후 알리의 자손으로 대를 이어 나갔다. 그러나 여기서 오마이야드 가문과의 재충돌이 일어나게 된다. 오마이야드 가문의 2대 칼리프가 폭
호세인	정을 하자 알리의 차남 호세인(Hoshein)은 오마이야드 가문을 치려다가 전멸을 당한다. 이 전사의 날을 시아파에서는 최대의 슬픈 날로 생각하여 10일제를 지내고 있다. 순교를 영예로 생각하는 이 시아파 극열분자들은 오늘날 테러와 납치의 장본인들이 되고 있다.
알 몬다잘	이러한 시아파에 여러 분파가 있다. 이맘파는 878년 세상에서 모습을 감춘 12대 이맘이었던 모하메드 알 몬다잘(Mohammed Al Mondazar)이 세상 최후의 심판의 날 직전에
마하디	구세주(Mahdi: 마하디)로서 세상에 나타난다고 믿고 있다. 따라서 12대 이후부터는 지금까지 이맘이 없다고 본다. 이 파는 시아파의 최대세력을 가진 파다. 이 밖에도 이스마엘(Ismael)
이스마엘파	파, 또 여기서 갈라진 파 등이 또 있다. 시아파는 이란의 80%, 이라크의 60%, 바레인의 70%, 레바논의 3분의 1, 아랍 제국의 20~30%를 차지하고 있으나 회교 전체 중에서는 10%밖에 되지 않는 소수파다. 시아파의 11명의 이맘의 무덤은 성지가 되어 있는데 알리의 무덤은 이라크에 있다.
수니파	호메이니 혁명 이후 이들은 억압과 박해에 대한 투쟁으로 아랍 지역의 무법자가 되었다. 이들의 투쟁상대는 이스라엘뿐 아니라 같은 회교도인 다수파 수니(Sunni)파와 이들을 도우며 영향을 미치고 있는 미국이 되어 있어 폭발, 테러, 납치 등을 일삼고 있다. 소수 기독교인과도 대립하고 있다. 특히 이스라엘, 아라비아, 쿠웨이트에 억류되어 있는 동료들을 구출하기

위해 극렬한 투쟁을 벌이고 있다. 그들은 자신들의 지위향상을 위해서뿐 아니라 서구문명을 이슬람 전통으로 바꾸려는 무모한 시도를 강행하고 있는 것이다. 이를 위해서 그들은 1975년에 아말(희망)이라는 민병대를 조직하여 수니파를 지원하던 P.L.O와도 교전을 계속하고 있는 것이다.

수니파는 수나(Suna, way=Mohammed의 언행)를 코란에 다음 가는 권위로 받아들이는 사람들의 종파로 체제파(體制派) 또는 정통다수파로 불리워진다. 수니파는 터키를 비롯해서 아시아, 아프리카의 전 회교도의 70%를 차지한다. 수나

시아, 수니파 외에 준회교분파로 볼 수 있는 바하이(Hahai)교가 있다. 19세기 중엽 페르시아에 바(Bah)라는 자칭 선구자 또는 재림주가 나타났다가 페르시아 정부에 의해 처형되었으나 후계자 중에 바하 울라(Baha Ullah)가 자칭 재림주로서 나타나게 되었다. 그의 새로운 종파운동은 바하이교로 알려졌다. 오늘날 그들은 자신들을 이슬람의 분파로 고려하지 않고 새로운 세계종교로 생각하고 있다. 그들은 예수는 그 시대의 예언자이고 모하메드는 역시 그 시대의 예언자로 보며 바하 울라는 오늘날의 신의 예언자라고 주장한다. 물론 그들의 신은 유일신이다. 바하이교 / 바하 울라

또 인도의 재림교가 있는데 19세기 후반경에 인도에서 자칭 구주가 나타나 자신이 시아파 모슬렘(Shiah Muslims)이 대망하던 재림 이맘일 뿐 아니라, 비쉬누(Vishnu)의 성육이며, 오래 대망해 오던 유대교의 구주이며, 다시 온 붓다(Buddha)이며, 기독교의 재림주라고 주장하였다. 혼합종교(syncretism)의 대표적인 모형의 하나라고 볼 수 있다. 인도의 재림교

아마디이야(Ahmadiyya) 분파는 최근에 특히 파키스탄 독립 후 활발해진 분파로서 미국에 선교본부까지 두고 있으며 미국 각지에 선교사를 파송하여 신도를 확보하고 있다. 이 선교열은 순전히 기독교에서 배운 것이며, 이것이 분파의 특색이 되어 있다. 수피(Sufis)파는 한 회교도가 9세기경에 창시한 독 아마디이야

수피파

립된 종파인데 수프라는 모직으로 만든 의복을 입는 데서 이름이 붙여졌다. 수피파 교도들은 주로 페르시아와 인도에 분포되어 있는 교파로서 금욕주의와 신비주의에 의하여 인간이 능히 신적 존재가 될 수 있다고 하는 범신론이 그 특색이다. 이는 사실 회교의 유일신 사상과는 배치되는 것이다. 수피 교도들은 이 같은 신비적 경험은 모하메드 자신이 이미 체험하였다고 주장하고 있는 것이다.

4. 맺는말

회교의 세력

현대회교의 문제점은 코란을 절대신의 직접계시로 보는데 그것이 현대과학과 어떻게 조화되느냐 하는 것이다. 그러나 회교의 정치적 세력은 오늘날 확대일로에 있다. 파키스탄 독립을 위시하여 애굽의 부흥, 회교도국의 통일적 운동, 서구문명에 대한 거부, 석유 무기화와 기타 특수광석의 발견으로 인한 근동과 북아프리카의 가치상승 등 회교의 정치적, 경제적 세력은 옛날이나 오늘날이나 무시할 수 없다.

그들의 유일신에 대한 사상이나, 그 신의 세계통치에 대한 사상이나, 신에 대한 복종을 말하는 점, 심판, 천국, 지옥에 대한 강조라든지, 현세 개혁에 대한 적극적, 공격적 태도라든지, 여러 가지 분파가 있음에도 불구하고 강력한 통일단합을 형성하고 있는 점들은 장점이라 하겠으나, 그 신의 자의성에 관한 사상, 무력에 대한 의존, 지나친 상벌에 대한 강조, 숙명론, 감각적인 낙원과 지옥관, 여자천대, 전세계에 대한 위대한 사회적 개혁활동의 결여, 모순적인 물활론, 교조와 신도들의 성도덕의 문란 등은 모두 이슬람의 치명적 결함이다. 한마디로 말해서 이슬람의 근본적 결함은 그것이 독창성을 결여한 하나의 혼합종교(syncretism)라는 데 있다.

제 12 장

시크교(Sikhism)

1. 기원

　시크교는 인도의 네 계급 가운데 제2계급에 속하는 한 힌두교도의 아들 나아낙(Nānak, 1469~1538)에 의해 시작되었다. 그는 인도의 서북부 펀잡(Punjab) 지방의 한 촌(Talvandi)에서 태어났다. 나아낙은 9살 때 벌써 페르시아어를 배웠다고 한다. 그는 종교적 고민 때문에 침식을 잊을 정도로 강한 종교적 열정을 가져 그곳을 순회하는 힌두교와 이슬람교의 성자(聖者)들과 많은 시간을 토론하는 데 바쳤다 한다. 그 순회성자들은 주로 힌두교의 브하크티(Bhakti)파에 속하는 인물들과 회교의 수피(Sufi)파에 속하는 인물들이었다고 한다. 그중에 카비르(Cabir)라는 사람은 이슬람교도로서 힌두교의 라마난다(Rāmananda)의 제자가 되어 두 종교의 신앙을 결합한 사람으로 나아낙에게 깊은 감화를 주었다고 한다.

　　나아낙

　　그는 어느 날 "힌두(Hindu)도 없고 무살만(Musalman)도 없다"고 깨닫고 홀연히 종교적 금욕주의자로서 신(神)의 부름에 따르게 되었다. 그때 그의 나이 37세로 그의 가르침은 보다 영적이고 보다 포괄적이어서 사람들은 경탄으로 받아들이기 시작하였으며 나아낙 속에서 신이 말한다고 믿게 되었다.

사트남 그는 부자와 가난한 자의 참 유일신(唯一神, Satnam, 참 이름)을 전하기 위하여, 전에 회교도였으며 음악을 잘하는 자기의 종 마르다나(Mardana)를 데리고 59세로 죽을 때까지 수차례 전도여행을 하였다. 첫 번 12년간은 북인도와 히말라야산에 있는 순례처들을 돌았으며, 다음에는 남쪽 세일론(Ceylon) 섬에까지 이르렀고, 세번째는 국경을 넘어 서쪽으로 바그다드(Baghdad)와 이슬람의 성지(聖地) 메카(Mecca)에까지 이르렀다. 그들은 옷차림도 힌두교와 이슬람의 혼합형을 사용하였다. 그의 선포는 대성공을 거두었다. 그는 감옥에 갇혀서도 간수에게 전도했고, 악한에게도 전도했고, 무녀(巫女)들에게도 전도했다. 그는 한편으로 능숙한 유머를 구사하여 인도교의 고행을 비난하면서 힌두교를 영적으로 재해석해 주었고, 다른 한편으로는 회교도들에게 회교도가 되는 것이 무엇인가를 다시 설명해 주었다. 그는 역설하기를, 참 하나님 사트남은 사랑하는

전도여행

구루 구루(Guru, 선생)라고 가르쳤다. 그러나 추종자들은 나아낙을 구루라고 불렀다. 그리고 그 추종자들은 유일신의 제자들로 불

시크 려졌으니 시크(sikh)라는 말은 제자라는 뜻을 가진 말이다.

시조의 죽음 전설에 의하면 바바 구루 나아낙(Bāba Guru Nānak)이 편잡에 있는 카르타르푸르(Katarpur)에서 죽었을 때 힌두교도와 이슬람교도들이 각각 자기들의 종교의식으로 장례를 치루려고 다투던 중 시체를 덮은 천을 들어올린 즉 한 꽃더미만이 있을 뿐이었다고 한다. 경쟁하던 두 무리들은 그 천을 두 부분으로 베어 놓고 힌두교는 그 위에 사마디(Samādhi)를 세우고 이슬람교도들은 역시 그 반쪽 위에 마우솔리엄(Mausoleum)을 건축하였다 한다. 후에 이 둘을 모두 라비강에 씻어 버린 것은 나아낙이 우상숭배를 좋아하지 않았음을 나타내기 위함이었다고 한다.

나아낙은 유일신 외에 다른 신들이나 그 어떤 인간이나 우상을 섬기는 것을 반대하였다. 그는 신에게 죄를 고백하며 용서를 비는 보통 인간으로 경전에 묘사되어 있다. 경외전(經外典)에는 그의 나이 36세까지 쓸모 없고, 병들고, 불행한 그리고 종교적 진리를 추구하는 사람으로 묘사되어 있다. 그러나 그가 구루가 된 후에 그는 많은 기적을 행하였으니 무화과를 소생시켰으며, 죽은 코끼리를 살리기도 했으며, 마른 땅에서 물을 나오게도 했다고 한다. 결국은 그의 사망 후 그는 구세주로 신도들에게 섬겨지게 되었다.

시조의 신격화

2. 경전과 신앙

시크교의 경전은 『그란트』(Granth)라고 하는데 그 뜻은 범어(Sanskrit)로 책이라는 뜻을 가진 보통명사다. 이 경전은 시크교가 창립된 지 100여 년이 지나서 1604년 제5대 구루 아르준(Arjun)이 처음으로 편집한 것(adi Granth, original Book)에다가 제9, 10대 구루의 글을 첨가한 것이다. 지금 구성된 대로의 저자들의 총수는 37명이다.

『그란트』

이제 고유명사로 불려지는 이 책은 29,480의 운시로 (thymed verses) 되어 있으며 주로 신에 대한 사색과 인생의 교훈을 포함하고 있다. 언어는 펀잡어, 페르시아어, 프라크리트어, 힌두어, 마라히어 등 세계종교 중에서 가장 잡다한 언어로 기록되어 있다. 이는 시크교가 혼합종교인 까닭이다. 신자의 90%가 그들의 경전을 읽지 못하고 있다. 그들은 이 경전을 그들의 성전에 신의 현현으로서 마치 신 자신처럼 모시고 있다.

시크(Sikh, 제자 또는 신자)들은 나아낙이 부름을 받을 때 고백한 말을 매일 제일 먼저 외우도록 되어 있다. 거기에 그들의 신개념이 잘 나타나 있다.

신개념

하나님은 한 분뿐이시니 그의 이름은 참이시라. 그는 창조주이시며 두려움과 증오가 없으신 분이시요, 죽지 않으시며 나

기도문

지 않으시는 자존하시는 그분은 위대하고 풍요로운 분이시다. 태초에 참으로 한 분이 계시나니 그분은 현재도 계시고 과거에도 계셨고 또한 미래에도 계실 분이시다.

이 같은 신의 단일성과 주권은 이슬람교의 경전 『코란』에서 영향받은 사상이다. 나아낙은 힌두교와 이슬람교를 조화시키려고 하였다. 그래서 신을 표현하는 데 여러 가지 이름을 사용하였다. 브라마(Brahma), 파람 브라마(Param Brahma), 파람 이슈바라(Param Eshvara, 최고의 주님), 하리(Hari, 친절), 라마(Rama), 고빈드(Govind), 나라얀(Narayan) 등등.

시크교에서 신은 전능하고 영원한 존재인 데 비해, 세계와 인간은 허무하고 임시적인 존재이다. 인간은 힘없는 종속적 존재다. 이러한 인간들은 두 가지 방법을 통해 구원을 받게 된다고 한다. 그 하나는 가장 높으신 신에게 철저히 복종하는 것이며, 다른 하나는 신에게 합일되는 것이다. 전자는 이슬람교에서 택한 것이고, 후자는 힌두교에서 택한 것이다. 신에게의 복종은 무엇보다도 그의 이름 사트남(Satnam)을 반복 암송하고 묵상하는 데서 표현되며 그 속에서 또한 신에게의 합일의 체험도 가지게 된다. 이것이 그들의 예배방법이며 구원의 방법이기도 하다. 그들은 인도교의 동물제사는 반대하였다. 그러나 구원의 방편으로 구루(Guru)는 필요했으니 그것은 불교의 보살이나, 힌두교의 하급신들이나, 이슬람의 모하메드와 같은 역할을 하는 것이다. 시크교의 집회(集會)는 10대 구루에 의해 의식화(儀式化)되었다.

여하간에 시크교에서의 구원관은 힌두교의 업(業, Karma)사상과 윤회사상의 테두리를 벗어나지 못하고 있으니 그들의 구원은 업의 전생(轉生)에서 벗어나는 것이기 때문이다. 그들의 구원관의 특징은 사람 편에서의 의존의 생활을 강조하면서 더욱 그들의 신, 사트남의 은혜를 믿는 점이라고 말할 수 있다. 그들은 종교적 의식들, 고행, 순례들을 반대하고, 인도의 폐습인 아동결혼, 아기살해, 과부순사, 카스트제도 등을 반대하였다.

 수염을 기르는 일이나 금연은 근래에 잘 지켜지지 아니하고 있으나 아이들의 입회의식과 이름을 받는 일, 세례(Pahul), 결혼의식, 상례(喪禮)는 그들의 기본적인 종교의식으로 행해진다. 생활 속에서는 힌두교와 많이 조화를 이루어 가고 있으며 상호결혼도 보통이다.

3. 시크교의 역사

 창시자 나아낙은 고행주의자인 아들들보다 결혼한 제자인 앙가드(Angad, 1538~1552)를 후계로 삼았는데 그는 시크교를 힌두교로부터 독립시키는 데 힘을 썼다. 셋째 구루 아마르다스(Amardās, 1552~1574)는 교구조직에 힘쓰고 중앙성소를 건립하였으며 여러 의식 등을 제정하였다. 한편 그는 창시자 구루 나아낙의 장자 찬드(Bābā Sri Chand)가 세운 타세주의(他世主義)의 우다시(Udāsi)파와 대립하였다. 넷째 구루 라마다스(Rāmadas, 1574~1581)는 구루의 세습제를 이룩하였다. 다섯째 구루 아르준(Arjun, 1581~1606)은 그의 부친이 준비했던 황금전당을 건축하고 경전(經典, Adi Granth)을 처음 편집하였다. 그는 시크교의 신앙을 널리 보급하였으며 교단을 부와 강력한 조직을 가진 집단으로 발전시켰다. 그러나 황제의 반역운동에 연루된 그는 체포되어 죽으니 시크교의 첫 순교자로 올려졌다.

 여섯째 구루로부터는 구루가 무갈제국과 이슬람 통치에 대항하는 군사적 신정정치를 하는 지배자와 전사(戰士)의 역할을 담당하게 되었다. 그중에 9대와 10대 구루 테그흐 바하두루(Tegh Bahadur, 1664~1675)와 고빈드 싱(Gobind Singh, 1675~1708)이 가장 크게 용맹을 떨쳤거니와 그들은 또한 여러 의식과 제도를 새로 세우고 제2그랜트를 쓴 자들이기도 하다.

 시크교의 분파를 크게 둘로 나누면, 시조를 따르는 온건파

후계자들
앙가드
아마르다스

찬드
우다시파
라마다스
아르준

가 있고 제10대 교조를 따르는 적극파가 있다. 보다 세분(細分)하면 다섯 파가 있다.

브다시스파(Vdasis), 수트레파(Suthre), 파우안파(Piwane), 니리말파(Nirimale), 아칼리스파(Akalis) 등이 그것이다. 더 세밀히 나누면 20여 파가 있는데 갈라진 이유는 승복의 색깔, 크기, 면도하는 문제 등으로 쟈이나교의 분열과 비슷하다. 시크교도들은 1800년에 시크왕국을 건립하고 펀잡지역을 중심으로 하여 광대한 영토를 통치하였으나 1845년에 시작된 영국과의 전쟁은 1849년에 시크왕국의 전멸을 가져왔다. 무사정신이 강한 시크교도들은 오늘날 인도 군대의 중추를 이루고 있다.

시크왕국

인도가 영국으로부터 독립하고 회교도들이 따로 파키스탄으로 나뉘어 인도가 두 나라로 나뉘어지면서 시크교도들은 전통적인 이슬람교도들과 무서운 투쟁을 했다. 최근에는 주민교환이 이루어져 이슬람교도는 파키스탄에, 시크교도와 힌두교도들은 인도로 이사를 했다. 전쟁과 이민의 와중에 시크교도들은 참혹한 수난을 당했다. 시크교도들의 중심지인 펀잡지방이 파키스탄의 영토가 됨으로써 시크교도들은 그들의 성전과 재산을 다 잃어버리게 되었다. 힌두교지역으로 이민한 시크교도들은 힌두교로 많이 유인되고 있다.

4. 맺는말

시크교와 힌두교

시크교는 힌두교와 이슬람교를 종합한 혼합종교다. 따라서 그 둘 사이에는 같은 점도 있고 다른 점도 있다. 시크교와 힌두교 사이에는 최고신을 믿으며 또한 신과의 합일을 믿는 점이 같으며 구원에 도움을 주는 중간적 존재를 가진 점과 업(業)사상과 윤회사상을 그들 사상의 바탕으로 삼고 있는 점이 같다. 기도문과 신조의 암송을 중시하는 것도 유사하다. 그러나 시크교는 힌두교의 카스트제도와 잡신숭배를 반대하고 유일신만을 순수히 섬기도록 하기 위하여 힌두교의 순례, 의식, 출가, 금욕, 채식주의를 거부하였다. 시크교는 힌두교에 비해 여인의 위치를 높였으며 도덕적 이유와 인구증가를 위해 유아살해를 반대하였다. 한마디로 힌두교의 장점을 견지하고 단점과 폐단을 배격하려고 힘썼다. 그러나 강렬한 개혁정신과 전도열의 감퇴와, 강력한 유일신사상과 공통체의식의 약화는 오늘날 시크교의 힌두교에 대한 차이점을 다분히 감소시켜 가고 있다.

시크교와 이슬람교의 같은 점은 최고 인격신의 단일성과 그의 절대주권을 믿는 것, 그 유일신에의 복종으로 구원받음, 그의 이름을 반복함으로 예배하는 일, 기도문의 반복암송을 중요시하는 일, 신의 예언자로서 시조를 경배하며 경전을 극단적으로 존중하는 일, 여러 후계자가 나왔으며 군사적 교회국가를 세운 것, 분파가 있으나 신도간의 단결이 굳고 중심 성전을 가진 것들을 들 수 있다. 그러나 시크교의 창시자는 이슬람의 창시자와 같이 무자비하지 않았으며 시크교는 이슬람과 달리 처음에는 평화적 개혁주의였다. 시크교는 이슬람과 같이 단식하는 일이 없으며 이슬람의 천사신앙과 최후심판의 신앙을 가지고 있지 않았다. 대체로 시크교는 이슬람교에 대해 근본적으로 다른 절대적인 요소를 크게 가지고 있지 않았으나, 정치적인 관계악화로 두 종교는 극단적 대립투쟁의 관계가 되고 말았다.

시크교와 이슬람교

이상과 같은 모든 현상들은 바로 혼합종교의 특성에서 생기는 일들이다. 오늘날 시크교는 교육과 정화운동으로 도덕종교가 되기 위해 애쓰고 있으나 정치적 소용돌이 속에서 치명적 타격을 입고 힌두교의 분파의 하나처럼 되어 가고 있다. 사두 선다싱(Sadhu Sūndar Singh)은 기독교로 개종한 시크교도를 대표하는 전형적 인물로 널리 알려져 있거니와, 그는 바로 시크교의 유일 창조신을 믿는 근본사상이 시크교도로 하여금 기독교에로의 개종의 가능성을 뒷받침해 주고 있는 것을 나타낸다고 보겠다.

선다싱

제 13 장

유교(儒敎, Confucianism)

1. 중국의 고대종교

삼황   중국의 역사는 삼황(태고삼황〈太古三皇〉, 천황〈天皇〉, 지황〈地皇〉, 인황〈人皇〉, 삼황〈三皇〉; 복희〈伏犧〉, 신농〈神農〉, 수인〈燧人〉)의 전설로부터 시작된다. 복희씨는 사람 머리에 뱀 몸을 가진 사람으로 태극(太極)과 문자(文子)를 발명하고 목축업을 시작했다고 하며, 신농씨는 사람 몸에 소머리(뿔)를 가진 사람으로 한의학을 창시한 사람이요, 수인씨는 음식을 처음으로 불에 익혀 먹은 사람이라고 한다. 이러한 삼황시대를 이어

오제   오제(五帝; 소호〈少昊〉 또는 황제〈黃帝〉, 전욱〈顓頊〉, 제곡〈帝嚳〉, 제요〈帝堯〉, 제순〈帝舜〉)시대가 이어지는데 황제시대는 기원전 3000년경이 아닐까 한다. 황제시대에 수레와 배를 만들었으며 글자와 역서(曆書)를 사용하였고 팔괘(八卦)를 작성하였다고 한다. 그리고 전쟁을 하였다고 한다. 그런데 그때의 여러 문화적 요소들을 종합할 때 바벨론 문화와 동일한 점이 많아 바벨론 문명이 들어오지 않았나 생각한다. 하여간 중국의 역사

는 우월한 문명을 가지고 들어와 원주민을 정복한 한민족(漢民族)의 역사다.

황하유역을 중심으로 하여 펼쳐진 중국 고대문명의 바닥에도 다른 문명권에서와 마찬가지로 자연숭배와 정령숭배(animism; 生氣說 또는 物活論이라고도 함)사상이 펼쳐져 있었다. 그러나 중국의 고대종교에 있어서 가장 독특한 것은 조상숭배와 하늘(天)에 대한 숭배였다. 천문학이 일찍부터 발전하였으며 천상(天象)을 살펴 하늘을 섬기되 임금은 천자(天子)라 하여 매년 동지(冬至)날에 남쪽으로 나가 환구(圜丘, 하늘을 상징한 제단)에서 천제(天祭)를 드렸다. 천제에는 새(索)를 번제(燔祭)로 하늘을 인격화한 상제(上帝)에게 드렸다. 이후 주(周, B.C. 12~3세기)나라 때에는 소나 양으로 천제를 드렸다고 한다. 하늘을 인격화한 호칭에는 상제 외에 호천(昊天), 민천(旻天), 황천(皇天), 유황상제(惟皇上帝) 등이 있다. 하늘 사방에 칠성(七星)을 섬기고 춘분, 추분에는 해와 달을 제사하였다. 하늘에 제사하는 동시에 우사(雨師), 풍백(風伯), 운사(雲師), 뇌신(雷神), 산귀(山鬼)에게도 제사를 드렸고, 땅에도 사직단(社稷壇)에서 제사를 드렸는데 봄에는 풍년을 빌었고 가을에는 감사를 드렸다. 명산(名山) 대천(大川)에도 제사를 드렸고 그 외에도 여러 종류의 제사를 드렸는데, 가뭄 때에는 기우제(祈雨祭)를 드렸고 병이 났을 때에는 병낫기를 위해 빌었다.

사자(死者)에게는 혼백(魂魄)이 있음을 믿어 땅에 장사지냈으며 상기(喪期)에는 상복(喪服)을 입었다. 사체와 함께 짚으로 만든 인형을 넣어 장사지내는데 이것을 추구(芻拘) 또는 추령(芻靈)이라고 한다. 뿐만 아니라 순사(殉死)하는 풍습도 있었다.

중국인들의 사상 중에 음양오행설(陰陽五行說)은 자연과 인생의 모든 것에 적용되는 원리다. 그들은 천상(天象)과 인사(人事) 사이에 밀접한 관계가 있다고 믿었다. 여기에서 점성술(占星術), 복술(卜術) 그리고 한대(漢代)의 참위학(讖緯學)이 행해졌다.

한민족

자연숭배,
정령숭배

조상숭배,
하늘숭배

사직단

기우제

혼백

음양오행설

주역

천(天)은 양(陽)이고 지(地)는 음(陰)이 된다. 만물이 다 이 음양의 이기(二氣)에 의해 생긴다. 이 음양의 이치에 따르면 길(吉)하고 이에 거슬리면 흉(凶)하다고 한다. 역(易 또는 周易)은 본래 음양에 근거하여 점치는 법이었다. 64괘(卦)는 64개의 점괘였다.

5행

오행(五行)이란 화, 수, 목, 금, 토(火水木金土)를 말하는데 만물이 다 음양으로 형성되어 있어 화, 목은 양에 속하고 수, 금은 음에 속하며 토는 중간에 있어서 그의 화생(和生) 상극(相剋)에 의해서 변화가 생긴다고 한다. 화생(和生)은 목생화(木生火), 화생토(火生土), 토생금(土生金), 금생수(金生水), 수생목(水生木)을 말하며, 상극(相剋)은 목극토(木剋土), 토극수(土剋水), 수극화(水剋火), 화극금(火剋金), 금극목(金剋木)을 말한다.

종합해 보건대 중국의 고대종교는 하늘숭배를 비롯해서 자연숭배, 정령숭배, 조상숭배, 주술 등이 혼합적으로 행해졌다고 하겠다.

2. 유교(儒敎, Confucianism)의 기원(起源)

유교의 의미

유교의 유(儒)라는 글자는 인우이(人雨而) 세 자로 이루어져 있는 바 이것은 사람, 비, 입을 뜻하는데 사람이 비가 와서 농사를 지어 먹어야 살 수 있듯이 유교라는 것은 인생에게 필수불가결의 존재인 것을 의미한다고 풀이된다. 또는 수(需)자는 음식을 뜻하는 바 사람이 음식을 먹어야 살 수 있듯이 유교가 사람에게 필수적인 것이라고 풀이되기도 한다.

그러면 인생에게 필수불가결한 것 그것은 실제로 어떤 것을 가르키는가? 사람들은 그것을 도덕이라고 풀이한다. 그러면 유교는 처음부터 이렇게 도덕이라는 뚜렷한 목적관을 가지고 출발한 것일까? 유교의 교조는 공자(孔子, Confucius, B.C. 551~479))라는 데는 아무 이의가 없다. 공자는 과연 어떤 시대적, 사회적 상황 가운데서 무엇을 가르쳤던 것인가?

  중국의 역사시대(歷史時代)는 요순(堯舜)시대로부터 시작된다고 본다. 요, 순, 하(夏)나라의 우(禹), 은(殷)나라의 탕(湯), 주(周)나라의 문, 무, 주공(文, 武, 周公)까지를 공자는 선왕(先王)이라 하여 성왕(聖王)으로 숭경한다. 그 시대의 치국이념(治國理念)을 선왕지도(先王之道)라 하여 이상시(理想視)하였다. 그런데 주나라의 황권(皇權)이 약화되고 제후들이 일어나 군웅들이 활거하게 되어 도읍을 동쪽 낙양으로 옮긴 후부터, 곧 동주(東周) 이후 중국 사회에는 전쟁과 혼란이 더해가서 백성들은 도탄에 빠지게 되었다. 이른바 춘추전국(春秋戰國)시대라 하거니와 공자는 이 춘추시대 중엽에 주황실(周皇室)을 계승한 노(魯)나라에 태어났다(B.C. 551). 공자의 이름은 구(丘)요 자(字)는 중니(仲尼)라 하였다. 일찍 세 살 때 아버지를 여의고 편모슬하에 자라 15세 때에 학문을 시작하고 18세 때에 결혼하여 외아들을 얻었다. 그는 노나라의 말단 관리로 출발하여 최고의 관직에 올라 정사(政事)를 잘 돌보았으나 말년에 이르러 난국을 수습하여 주(周)나라를 계승하는 옛 이상국(理想國)을 실현하려고 사방의 제후(諸候)들을 찾아 유세를 하였다. 난세평정의 길은 오직 모든 군웅들이 제자백가(諸子百家)의 경륜에 치우치지 말고 옛 선왕의 도를 따라 주(周)나라를 섬기는 길뿐임을 주장하였다. 이는 마치 자녀가 부모에게 효(孝)하는 것과 같이 마땅한 것이라고 가르치면서 충(忠)의 법도에 효(孝)의 법도를 대입하여 주(周)에의 충을 강조하였다. 충효는 군신(君臣)과 부자(父子)간의 사랑이니 이를 인(仁)이라 하고(仁愛人也), 이것이 군신이 지킬 옳은 일 곧 의(義)요, 지켜야 할 법도 곧 예(禮)요, 어리석게 전쟁으로 피차 망하지 않고 국가 사회와 백성을 편안케 하는 지혜(智)라는 것이다. 하늘(天)의 지시를 받았다고 자처하여 대의명분(大義名分)을 고취함으로써 홍도제세(弘道濟世)하려 하였으나, 왕후(王候)들은 각각 천하통일의 야욕을 버리지 못하고 공자의 난

선왕지도

춘추전국시대

공자

제자백가

인의예지

왕도덕치주의　　세 수습방안을 받아들이지 않았다. 소위 공자의 왕도(王道)덕치(德治)주의는 패왕(覇王)들에게 받아들여지지 않았다. 공자는 유세에 실패하고 69세에 고국 노나라에 돌아와 저술과 제자들을 모아 가르치는 일로 여생을 마쳤다.

　　그의 가르침은 역사, 시, 문학, 예의, 정치, 음악, 심지어 자연과학에 이르는 광범위한 것들에까지 미쳤으나, 괴물(怪物)에 관한 일이나 힘을 겨루는 역기나, 무질서와 초자연적인 것들에 관한 일들은 가르치기를 싫어하였다. 그는 자신이 진리의 교사이지 진리 자체라고 생각하지 않았으며 도덕적인 결함이 있음을 자인하여 50년만 더 공부한다면 이를 개선할 수 있을 것으로 희망하였다고 한다. 그는 과음하는 자기의 결점을 한탄공문십철　　하기도 하였다. 그러나 그에게는 공문십철(孔門十哲), 72현(賢), 3,000의 제자가 따랐으며 동아시아 역사에 가장 큰 스승이 되었다. 역대의 군주들은 그를 여러 가지로 추앙하였는데 작위(爵位)를 주는 자도 있었고 황제의 칭호를 주는 자도 있었고 마침내는 국가적으로 그에게 제사를 드리게까지 되었다. 철공자의 신격화　　인(哲人), 현인(賢人), 성인(聖人), 군자(君子)로뿐 아니라 신격화(神格化)되어 제사(祭祀)를 받아온 것이 사실이다. 1000여년 간 1,500여의 공자의 사원(祠院)에서 매년 드리는 제사에 소요되는 동물 수가 6만 수천 마리에 달했다고 한다. 이리하여 유교는 경세(經世) 도덕을 넘어서 다른 종교사상과 관계하면서 하나의 국가종교의 위치로까지 발전하게 된 것이다.

3. 경전과 사상

사서삼경　　유교의 경전은 사서삼경(四書三經) 또는 사서오경(四書五經)을 말하는데 4서는 『대학』(大學), 『중용』(中庸), 『논어』(論語), 『맹자』(孟子)를 말하며, 3경은 『시』(詩), 『서』(書), 『주역』(周易)5경　　을 말한다. 5경은 3경에 『예기』(禮記)와 『춘추』(春秋)를 더하여 말하는 것이며 여기에 『악기』(樂記)를 더하여 6경을 말하기도 한다.

『주역』(周易)은 주나라 때의 것이라 하여 주역이라 부르는 　『주역』
데 그 뜻은 변화, 곧 자연과 인생의 모든 변화를 뜻한다(주역
이라 했으니 다른 역이 따로 있음을 암시한다. 夏易, 殷易 등).
바른 발전을 말할 뿐 아니라 잘못된 정치에 대한 혁명을 가르
치기도 한다. 역에는 간역(簡易), 변역(變易), 불역(不易), 세
가지의 뜻이 있다. 간역은 자연형상은 변하나 간단하다는 뜻이
고, 변역은 변화는 간단하나 그침없이 항상 변한다는 뜻이고,
불역이란 변화가 불변의 법칙을 따라서 변하니 그 법칙은 영원
히 변치 않는다는 뜻이다.

　　『주역』은 8괘(八卦)와 64괘, 괘사(卦辭)와 효사(爻辭) 그리
고 10익(十翼)으로 되어 있다. 태극(太極)이 변해서 양(陽 ─)　태극, 음양
과 음(陰 ─ ─)으로, 음양은 다시 8괘(八卦)로 변해서 건(乾, 　8괘
☰, 하늘, 부친, 건강), 태(兌, ☱, 못, 소녀, 기쁨), 리(離,
☲, 불, 中女, 고움), 진(震, ☳, 우뢰, 장남, 움직임), 손
(巽, ☴, 바람, 장녀), 감(坎, ☵, 물, 中男, 함정), 간(艮, ☶,
少男, 그침), 곤(坤, ☷, 땅, 모친, 順)을 이룬다. 64괘는 64개　64괘
의 점괘(占卦)를 뜻하는데 8괘를 중복해서 만든다(䷀, ䷁ 등).
괘사는 64괘에 대한 설법을 뜻하며 대체로 권선징악적이다. 괘　괘사
를 만드는 부호를 효(爻)라 하고 그 이름을 밑에서부터 1효(또　효
는 초효), 2효, 3효, 4효, 5효, 6효(또는 상효)라고 하며 매효
마다 효사(爻辭)를 붙여 괘사와 더불어 길흉(吉凶)을 말해 준　효사
다. 십익은 공자가 더해 붙인 해설이라고 하는데 철학적, 윤리
적 가치가 높다. 10익 곧 열 가지 날개 중에 계사전(繫辭傳)은　10익
괘사와 효사를 다시 설명한 것이다. 이 주역의 중심 원리는 밤
에 뜨는 달이 커졌다 작아졌다 하는 것처럼 강한 것이 극에 달
하면 쇠해지고, 쇠한 것은 다시 강해지니 인생사가 그러하다는
것이다. 그러니 강할 때 겸손하고 약할 때 낙심치 말고 정진하
라는 것이다.

　　『서경』(書經)은 일명 상서(尙書)라고도 하는데 요순 때부터　『서경』
주나라까지의 고대의 전설과 역사와 도덕적 교훈을 정리한 것

으로 성군(聖君)의 이념을 높이 드러내려고 하였다. 다시 말하면 공자의 왕도정치사상(王道政治思想), 즉 덕치(德治)사상에 입각해서 역사를 기록한 하나의 역사철학서요 정치철학서라고 보겠다. 본래 100편으로 되어 있었으나 현재 고문(古文) 58편, 금문(今文) 29편이 남아 있다.

『시경』

『시경』(詩經)은 중국에서 가장 오래된 시집(詩集)이다. 2500 내지 3000여 년 전부터 불려지던 민요와 신에게 제사지낼 때 부르던 찬가를 수집, 편찬한 것이다. 이것 또한 공자가 옛부터 전해 내려오던 수천 편의 시 중에서 건전한 것들만 311편을 추려서 편집한 것으로 그중에 6편은 가사가 전해지지 않고 제목만 전해지고 있다. 시는 육의(六義)로 나누는데 그 성질에 따라 풍(風), 아(雅), 송(頌)으로 나누고 표현법에 따라 흥(興), 부(賦), 비(比)로 나눈다. 풍은 백성들간에 불려지던 민요요, 아와 송은 귀족의 노래다. 아는 궁중에서 연주된 것이며 송은 종묘(宗廟)에서 제사할 때 연주되던 노래인데 상송(商나라 노래), 주송(周나라 노래), 노송(魯나라 노래)이 있다.

『예경』

『예경』(禮經)은 주례(周禮)와 의례(儀禮)와 예기(禮記)의 세 가지를 총칭하는데 주례는 주나라의 관제에 관한 것이고, 의례는 중국 고대의 관혼상제(冠婚喪祭)에 관한 의식서이고, 예기는 한대(漢代)의 대성(戴聖)이 유가(儒家)의 예(禮)를 전하였다는 것으로 49권이나 된다.

『춘추』

『춘추』(春秋)는 공자가 직접 노(魯)나라 때의 역사를 기록한 것으로 그 기간은 주나라의 도읍을 낙양(落陽)으로 옮긴 때(B.C. 770)부터 공자가 죽기 2년 전(B.C. 481)까지다(그 뒤부터 진시황이 천하를 통일한 때〈B.C. 221〉까지 약 250여 년간을 전국〈戰國〉시대라 한다). 이 역사기록은 『서경』과 마찬가지로 공자의 정치이념과 도덕적 판단 아래 쓰여진 것이다. 춘추는 좌씨(左氏)가 전한 것과 공양씨(公羊氏)가 전한 것과 곡양씨(穀梁氏)가 전한 것이 있다.

주나라 때 사용하던 음악에 관한 기록으로 경대우를 받는

『악기』(樂記) 외에 경(經)자가 붙은 특별한 책이 하나 있으니 『효경』(孝經)이 그것이다. 이것은 증자(曾子, 名은 參)가 지었다 하나 후대인의 저술로 추측된다. 그러나 효경 안에 증자의 사상이 엿보이는 것은 사실이다. 효도하는 도리를 가르친 표준적인 책이다. 그래서 경대우를 하는 것 같다.

『악기』
『효경』

『대학』(大學)은 불과 1300여 자로 된 작은 책이지만 잘 짜여진 체계에 유가의 심오한 사상을 잘 표현하고 있다. 이 책은 유가의 『소학』(小學) 다음의 상급교과서로 필수적인 핵심이 되어 있다. 저자는 자사(子思)라고도 하고 증자(曾子)라고도 하며 후대의 저작이라고도 한다. 그러나 실제 사상내용은 예기(禮記) 42편에 들어 있는 것으로 후대에 따로 떼어내 다듬어서 사용한 것이다. 특기할 점은 유신론(有神論)적 사상이 전혀 없다는 것이다.

『대학』

『소학』

그 첫 장 첫 구절에 3강령(三綱領), 곧 대학의 삼대이상(三大理想)이 내세워져 있다. "대학의 도(道)는 밝은 덕(明德)을 밝히는 데 있으며, 백성을 친(親)하는 데 있으며, 선(善)에 이르러 그치는 데 있다(大學之道는 在明明德하며 在親民하며 在止於至善이니라)"고 하였다. 여기 친민사상은 신민(新民)사상으로 발전시켜 나가는데 여기서 유신(唯新)사상이 나오게 된다. 이어 다음 구절에 "지지이후(知止而后)에 유정(有定)이니 정이후(定而后)에 능정(能靜)하며 정이후(靜而后)에 능안(能安)하며 안이후(安而后)에 능려(能慮)하며 려이후(慮而后)에 능득(能得)이니라. 물유본말(物有本末)하고 사유종시(事有終始)하니 지소선후(知所先後)면 즉근도의(即近道矣)니라" 하여 본말론(本末論)을 말하고 계속해서 8조목(條目)을 말한다. 8조목은 "격물이후(格物而后)에 지지(知至)하고 지지이후(知至而后)에 의성(意誠)하고 의성이후(意誠而后)에 심정(心定)하고 심정이후(心定而后)에 신수(身修)하고 신수이후(身修而后)에 가제(家齊)하고 가제이후(家齊而后)에 국치(國治)하고 국치이후(國治而后)에 천하평(天下平)이니라" 하였다. 이것은 불교의

3강령

유신

본말론
8조목

8정도(八正道: 정견〈正見〉, 정사유〈正思惟〉, 정어〈正語〉, 정업〈正業〉, 정명〈正命〉, 정정진〈正精進〉, 정정〈正定〉, 정념〈正念〉) 사상과 유사한 점이 많다. 결국 이것들은 개인적인 수양(修養)과 사회적 실천원리를 가르친 것으로 이것이 곧 덕인(德人), 곧 군자(君子)의 도(道)이다.

사람 속에 간직된 밝은 덕을 밝게 한다는 것은 불교의 불성(佛性)사상을 연상케 한다.

『중용』

『중용』(中庸)은 본래 『예기』(禮記) 31편에 들어 있던 것인데 한대(漢代) 이후에 대학보다 먼저 단행본으로 떼어서 사용되었다. 사실 대학은 중용의 사상을 종합한 것이다.

『중용』의 저자는 공자의 손자 자사(子思)라고 전해져 왔으나 청대(淸代)에 이르러 반론이 제기되어 지금도 대체로 자사가 적은 것에 후대인이 보태고 다듬은 것으로 본다. 『중용』의

천인합일설

중심사상은 하늘과 인간의 성(性)과 도(道)와 교(敎)에 통하는 천인합일(天人合一)을 그 주제로 하고 있다. 다분히 논리적으로 인도의 범아일여(梵我一如)사상을 연상케 한다. "하늘이 명한 것을 성이라 하고 성에 따르는 것을 도라 하고 도를 닦는 것을 교라 한다(天命之謂性요, 率性之謂道요, 修道之謂敎니라)." 이것은 하늘의 도에 통하면서 사람의 도에 통하는 심법

성선설

(心法)으로 대학과 함께 성선설(性善說)에 근거를 두고 있다. 중용에의 길인 성(誠)에 이르자면 사람은 언제나 선(善)을 추구해 나아가야만 한다. 이것이 사람의 본성(本性)이며 하늘의 본질(本質)인 것이다. 이러한 원리에 맞추어 외면적으로 실행하는 것이 예(禮)인데 이 예는 부모에게는 효도로, 형제에게는 화목이 되는 것이다.

중용

결국 중용이란 무엇인가? 어느 한편에 치우치지 않고 정도(正道)에 알맞는 것이 중(中)이며, 언제나 바르고 일정한 것이 용(庸)이다. 중화(中和), 중정(中正), 시중(時中), 지선(至善), 과불급(過不及)에 빠지지 않는 것 등을 중용이라 한다. 주역에서는 6효는 과에 치우칠 염려가 있고 4효까지는 미흡하니 5효

가 중용이요 군자(君子)의 효라고 한다.

 도(道)는 도교의 형이상학적 존재로서의 도와는 달리 실천의 원리요 길이니 인의예지(仁義禮智)로 도에 달하면(達道) 덕에 달한다(達德)고 본다. 중용은 희랍의 아리스토텔레스의 중용을 연상케 하며 도는 희랍의 로고스를 연상케 한다. "지극한 정성은 신과 같은 것이다(故로 至誠은 如神이니라)"라고 하였다. 여기서 하늘이란 개념 대신에 신이란 개념이 나오는 것은 놀라운 일인데 역시 인도 등 외부사상의 영향이 크지 않았을까 생각된다.   도 달도, 달덕

 『논어』(論語)는 공자의 언행과 사상을 제자들이 편집한 20편으로 된 책이다. 여기에는 공자의 제자들 및 공자와 교류했던 여러 사람들의 언행과 문답이 수록되었다. 원래 이 책은 노(魯)나라에서 전래된 노론과 제(齊)나라에서 전래된 제론과 고론(古論)의 세 가지 원형이 있었는데 지금 우리에게 전해진 것은 노론과 제론에 의한 것이다. 이 안에는 심오한 철학과 도덕과 정치의 교훈이 들어 있어 유가사상의 바탕을 제공해 주고 있다.   『논어』

 『맹자』(孟子)는 맹자의 언행록이다. 그는 이름을 가(軻)라 하고 공자의 손자 자사(子思)의 문인으로 알려져 있다. 그의 어머니는 삼천지교(三遷之敎)로 유명하거니와 유학을 공맹(孔孟)의 학으로 말할 만큼 공자의 사상적 대를 이은 자이다. 그는 성선설(性善說)을 꽃피운 자로 이상주의자였다. 그의 성선설을 일컬어 양지양능설(良知良能說, 先天的良心說)이라 하며 그의 세계 본질관은 지기이원론(志氣二元論)이라고 한다. 그의 여민동락(與民同樂)의 민본사상(民本思想)은 민심천심(民心天心)이라는 사상에 바탕을 두어 혁명사상에 합리성을 부여해 주었다.   『맹자』

양지양능설

 그의 성선설에 토대한 사단설(四端說)은 후세 유가의 골격을 이루어 주었다. 측은한 마음은 인(仁)의 단(端)이요, 부끄러워하고 싫어하는 마음은 의(義)의 단이요, 사양의 마음은 예   사단설

(禮)의 단이요, 옳고 그름을 아는 마음은 지(智)의 단이라(惻隱
之心, 仁之端也, 羞惡之心, 義之端也, 謝讓之心, 禮之端也, 是
非之心, 智之端也).

그의 성(聖)과 신(神)에 대한 정의를 보면 성하고서 가히
알지 못함을 신이라 이른다(聖而不可知之謂神) 하였으니 칸트
의 신관을 연상케 한다.

4. 유교의 역사

공자의 가르침은 전국시대를 지내면서 맹자에 의하여 온건
하게 계승되었다. 그러나 성악설(性惡說)로 대립되는 순자(筍
子)에 의하여 비주류계의 유가도 나왔다. 뿐만 아니라 노장철
학(老壯哲學) 등 다양한 사상들과 대립하면서 또 영향을 받으
면서 유가(儒家)사상은 발전해 나갔다. 전한(前漢)에 이르러
동중서(董仲舒)는 공맹(孔孟)의 교리에 입각하여 삼강오륜설
(三綱: 君爲臣綱, 父爲子綱, 夫爲婦綱, 五倫: 父子有親, 君臣有
義, 夫婦有別, 長幼有序, 朋友有信)을 논하였다. 오륜사상은
일찍 맹자에게서 가르쳐진 것이거니와 동중서 이후 이 삼강오
륜은 유교의 도덕적 기본강령이 되었다.

공맹(孔孟)의 사상이 한(漢), 당(唐)의 훈고학(訓古學)을 통
해 조심스럽게 해석되며 전승되어 나가다가 전래된 불교(后漢,
A.D. 67 公認)에 접하게 되자 유가에서는 한유(韓愈, 退之)
같은 인물이 나와 불교를 비판하고 유교사상을 변호하였다.

송(宋)나라 때에 와서는 주렴계(周廉溪), 소강절(邵康節),
장횡거(張橫渠) 같은 인물들이 나오고 이어서 정명도(程明道),
정이천(程伊川) 형제와 주회암(朱晦庵, 名은 憙, 1130~1200),
육상산(陸象山, 1139~1191) 같은 거물들이 일어났다. 주자
(朱子)의 이기이원론(理氣二元論)에 입각한 성리학(性理學)은
육상산의 심리일원설(心理一元說)과 대립되었다. 명(明)나라
때의 왕양명(王陽明)은 육상산을 이어 도교와 불교의 영향을

성악설, 순자
노장철학

동중서, 삼강오륜

훈고학

한유

주자
성리학

받으면서 유심론적(唯心論的) 철학체계를 세웠다. 성리학의 발전은 유교를 보다 더 도덕철학 이론으로 흐르게 했다.

송·명의 성리학은 한국에 넘어와 서화담(徐花譚, 名은 敬德, 1489~1546), 이퇴계(李退溪, 名은 滉, 1501~1569), 이율곡(李栗谷, 名은 珥, 1536~1584) 같은 큰 인물을 낳게 하였다. 서화담은 장횡거(張橫渠, 1020~1077)의 이기일원론(理氣一元論)을 계승하면서 한 걸음 더 발전시켜 유기론(唯氣論)으로 나갔으며 물질불멸론에까지 이르렀다. 이퇴계는 주자의 이원론을 충실히 계승하면서 사단칠정설(四端七情說, 喜怒哀懼愛惡欲)을 펼쳤다. 칠정(七情)은 형이하학적인 기(氣)에서 나온다고 주장하였다. 그의 "사람을 자기와 같이 사랑하라"(愛人如己)(필자는 퇴계서〈退溪書〉로 되어 있는 현판〈懸板〉을 하나 가지고 있다)고 한 것은 논어에 나오는 공자의 말 "자기가 요구하지 않는 바를 사람에게 베풀지 말라"고 한 소극적 윤리관을 넘어서 기독교의 "네 이웃을 네 몸과 같이 사랑하라"고 한 적극적 윤리관에 접근한 것으로 놀라운 발전이 아닐 수 없다.

이율곡은 사단칠정(四端七情)이 이기(理氣)의 공발(共發)이 아님이 없다고 기대승(奇大升)의 이론을 받아 주장하면서 주자와 퇴계의 이원론에 반대하였다. 동시에 그는 기(氣)의 작용에 본연의 이(理)가 탈 뿐이라고 이승기국(理乘氣局)을 주장하여 이원론과 단순한 일원론을 다 같이 극복하려고 하였다.

청(淸)나라 때에 와서는 고증학(考證學)이 발달하여 송·명의 성리학을 비판하였다. 성리학이 본래 유교상에서 벗어났다고 보고 원전에로 돌아갈 것이라고 하였다. 오늘날 공산주의자들의 유물론사상에 의해 비판되어 매장된 유교의 사상은 공산주의 세력이 무너질 날을 기다리고 있다.

한국유학은 이조(李朝) 창건과 발전에 공헌하고 선조(宣祖) 때에 와서 퇴계와 율곡이 나옴으로 그 학문의 깊이가 최고봉에 달했으나 문(文)에 치우치고 무(武)를 경시하여 한국사회는 외환(外患)에 시달리게 되고, 유생(儒生)들은 붕당분쟁(朋堂分

서화담, 유기론

이퇴계
사단칠정설

이율곡
기대승

이승기국

고증학

爭)에 휘말려 들어가 유교의 도덕적 이념은 형식 속에 묻혀 버리고 말았다.

실사구시　　　　청나라의 실사구시(實事求是)의 학문정신은 이조 말기에 이르러 서학(西學)의 풍조와 함께 우리나라에도 흘러 들어왔

정다산　　　　다. 그리하여 일어난 것이 정다산(丁茶山, 若鏞, 1762~1836)

실학파　　　　과 그 일파의 실학파(實學派)사상이다. 보수적 유생들과 집권자들의 무지 때문에 신학문은 탄압을 받으며 투쟁하지 않을 수 없었다. 특히 신학문이 기독교와 더불어 들어오게 됨으로 기독교와 더불어 연루된 실학파 학자들은 종교적 탄압으로 더욱 시련을 겪게 되었다. 실학파 유생들에게서는 기독교의 창조주 유일신관에 의해 태극음양설이 무너지기 시작했다. 보수적 유생들과 집권자들의 폐쇄적 장벽은 국제 정치적 소용돌이 속에 무너지지 않을 수 없었다. 이제 자유로운 세계에서 유교는 현대적 의미를 찾으려고 몸부림치고 있다. 다만 전통적 조상숭배 형식의 틀에서 제사와 석전(釋奠)에 매여 있는 오늘의 유교가 어떻게 되어 갈 것인가가 남아 있는 문제라고 하겠다.

5. 맺는말

고대 유교에서는 분명히 하늘에 대해 인격적인 신앙을 가졌고, 공자에게서는 그것이 천명(天命)사상으로 나타났다. 아울러 공자는 조상숭배 형식 속에서 영혼숭배를 겸하여 행하였고 이러한 공자의 사상은 후세에 그대로 물려졌다. 공자는 경계심을 가지기는 했지만 귀신에 대한 신앙도 가지고 있었다. 다시 말하면 공자는 다른 다신교신앙 문명권에서와 같이(인도, 희랍 등) 최고신과 다신을 겸하여 섬겼다. 따라서 유교에서는 배타적 자기 고유의 신을 가지지 않았다. 요컨대 유교는 천숭배(天崇拜)와 조상숭배를 중심하여 신령숭배(神靈崇拜)와 주술(呪術)과 자연숭배가 혼합되어 그대로 엉켜 내려온 자연종교를 공자가 윤리화하여 국가, 사회윤리에로 승화시킨 것이라 하겠

다. 이것이 끝내는 인물숭배의 종교로 변질되어 하늘숭배는 약화되고, 신숭배는 퇴화되고, 인본적 윤리종교, 경세의 정치적 종교가 되어 버렸다. 개인인격 도야와 사회윤리의 실천으로 온 세계를 평화롭게 하고자 하는 유교의 이념과, 특히 삼강오륜으로 생활 속에서 실천된 높은 도덕성은 높이 평가해야 할 것이지만, 본래 인격성이 박약한 하늘숭배에서는 그 종교성이 강하게 유지될 수 없었다. 거대한 대륙사회의 장구한 전통은 그 국가적 통일을 위하여 충효사상을 정치 우위의 귀족사회 윤리로 삼은 것이다. 다시 말해서 유교는 집권귀족의 세력 유지를 위한 수단적 도구가 되었으니 효(孝)에 충(忠)이 언제나 우승하는 것이었다. 종교와 도덕은 정치의 목적이 되어야지 결코 그 수단이 되어서는 안 된다. 귀족 중심의(양반 중심의) 윤리는 결국 민주시대에 적응하지 못하고 동양사회의 폐쇄성과 후진성을 낳고 말았다. 하층계급의 개인의 존엄성이 박탈되었다. 남자 제주(祭主)사상은 아들선호사상을 낳고 여자에 대한 천시사상을 키웠다. 내세신앙이 결여되어 있어 종교성이 결여된 유교는 불가불 불교, 도교, 신령숭배, 자연숭배, 주술, 무속신앙으로부터 그 종교성을 보충받지 않으면 안 되어 결국 혼합종교화될 수밖에 없었다. 선왕지도(先王之道)에 그 이상적 이념을 구하는 회고주의적, 과거지향적 사상은 동양사회의 후진적 침체성을 낳아 동양사회의 몰락을 초래하고 말았다. 속죄사상이 결여된 유교는 과거를 청산하고 새 출발하는 힘이 결여되어 있어 유교문화권의 회생을 더디게 하였다. 무엇보다도 유신적(有神的) 신앙이 결여된 유교문화권에서 유물주의, 공산주의 사상이 쉽게 커갈 수 있었던 것은 이 시대의 가장 큰 손실이 아닐 수 없다.

    기독교의 도덕률과도 다분히 상통하는 삼강오륜 등 짜임새 있는 유교의 도덕적 교훈이 어떻게 현대의 파괴된 도덕사회에 다시 공헌할 수 있을까 하는 것이 오늘의 유교가 가진 과제라고 할 것이다. 구태의연한 미신적 제사의 틀을 벗어나 바람직한 종교성을 회복하는 것이 급선무가 아닌가 싶다.

제 14 장

도교(道教, Taoism)

1. 도교의 기원

노자

『도덕경』

도

도교의 기원은 춘추시대의 노자(老子, B.C. 604년생)로부터라고 한다. 도교의 경전은 노자의 저서로 알려진 5,000여 자로 된 『도덕경』(道德經, 一名 『老子』)이다. 노자와 『도덕경』을 중심해서 보면 도교는 종교적인 요소를 발견하기 힘들고 하나의 고상한 철학으로밖에 볼 수 없다. 그리하여 서구의 저명한 중국학자들은 도교를 하나의 종교로 간주하는 것을 의문시하고 있다. 하나의 철학으로 보려 한다. 『도덕경』에 나타난 도(道)의 개념은 유교의 실천원리로서의 도의 개념과 달리 심오한 형이상학적 성격을 가지고 있다. 이 도는 우주의 근본이며, 천지란 물의 시초이며 원리이다. 천지의 운행을 비롯하여 인간의 존재와 삶을 다 이 원리에 순응하여 자연스럽게 운영되는 것이라고 한다.

"반(反) 곧 근본으로 돌아가는 것은 도(道)의 움직이는 법칙이요, 약(弱, 강한 것보다 더한 것)은 도의 작용의 모습이다.

천하만물은 유에서 나오고, 유(有)는 무(無)에서 나온다(反者 道之動, 弱者道之用, 天地萬物生於有, 有生於無.『道德經』, 第 四十章)."

"혼돈상태에서 이루어진 것이 있으니 천지보다 먼저 생겼다. 고요히 소리도 없고 형체도 없이 독립자존하여 변함이 없다. 두루 행하되 위태로움이 없어 가히 천하의 어머니가 될 만하다. 나는 그 이름을 알지 못하니 별명을 도라고 부른다. 억지로 이것을 이름붙여 큰 것이라 한다. 큰 것은 가는(動) 것이요, 가는 것은 떨어짐이요(無限), 멀어짐은 돌아옴이다(同一性). 고로 도는 크다. 하늘도 크고, 땅도 크고, 왕도 크다. 사람은 땅을 따르고, 땅은 하늘을 따르고, 하늘은 도를 따르고, 도는 자연을 따른다(有物混成 先天地生 寂兮寥兮 獨立不改 周行而不殆 可以爲天下母 吾不知其名 字之曰道 强爲之名曰大 大曰逝逝曰遠 遠曰反 故道大 天大 地大 王大…人法地 地法天 天法道 道法自然.『道德經』, 第二十五章)."

"도(道)가 도라고 표현될 수 있는 도는 불변의 도가 아니요, 이름할 수 있는 이름은 불변의 이름이 아니다. 이름 없는 것이 천지의 처음이요, 이름 있는 것은 만물의 어머니이다. 고로 불변의 무에서 묘한 것을 보고자 하고, 불변의 유에서 그 끝을 보고자 한다. 이 두 가지는 같은 것에서 나와 이름이 다를 뿐으로 이 같은 것을 신비한 것이라 하니 깊고 깊어 모든 신묘한 것이 문이다(道可道非常道 名可名非常名 無名天地之 有名萬物之母故常無欲以觀其妙 常有欲以其乃邀 此兩者同出而異名 同謂之玄 玄之又玄 衆妙之門.『道德經』, 第一章)."

참으로 깊은 사상이다. 현대의 서양철학자들이 아마도『도덕경』에서 얻은 바가 많으리라고 생각한다. 그러니 도교를 철학이라고 봄이 당연하다. 노자는 종교를 창설한 바 없다. 다만 후한(后漢)의 장능(張陵 또는 張道陵)이 노자를 신봉(信奉)해서 교조(教祖)로 받든 것에 불과하다. 노자의 성(姓)은 이(李)요, 이름은 이(耳), 자(字)는 백양(伯陽), 시(諡)는 담(聃)이다.

장능
노자

이름도 별호도 여러 가지고 출생년도, 사망한 때도 정확히 알 수 없는 신비에 싸인 인물이다. 『사기』(史記)에 의하면 초(楚)나라에서 태어났으며 분명한 것은 공자보다 앞서 태어났으며 공자가 주(周)나라에 가서 노자에게 예(禮)에 대하여 물었다는 전설이 있다. 『사기』(史記)에 의하면 그의 어머니가 오얏나무(李樹) 밑에서 겨드랑이 밑으로 백발의 노자를 낳았다 하여 노자(老子)라 하였다 한다. 주(周)나라의 관리가 되기도 했으나 주나라가 쇠하여지자 스스로 세상을 피하여 자연 속으로 가고자 푸른 소를 타고 서쪽 산관(散關)에 이르자 그곳 윤희(尹喜)라는 자가 도를 물으매 도덕에 관한 글을 남긴 것이 『노자』(老子)라고도 하는 『도덕경』(道德經)인 것이다. 노자는 죽었으나 그의 죽음에 대해 아는 자가 없어 160세를 살았느니 200세를 살았느니 혹은 신선이 되었느니(羽化登仙) 하는 이야기가 분분하다. 후한의 환제는 친히 노자에게 제사를 드렸다 한다.

무위자연

그의 사상을 한마디로 무위자연(無爲自然)이라고 표현하거니와 그의 우주본체론은 자연발생설(自然發生說)이라고 볼 수 있다. "도는 一을 낳고 一은 二를 낳고 二는 三을 낳고 三은 만물을 낳았다. 만물은 음(陰)을 지고 양(陽)을 안고 충기(沖氣)는 화를 짓는다"(道生一, 一生二, 二生三, 三生萬物, 萬物負陰抱陽, 沖氣以爲和. 『道德經』, 第四十二章)고 하였다. 노자가 무욕(無欲), 청정(淸靜), 무위자연(無爲自然)을 인간생활의 이상(理想)으로 하여 강조한 것은 당시 춘추전국시대의 여러 나라들이 서로 싸움으로 말미암아 일어나는 살벌한 사회의 불안과 고통이 결국 인간의 욕심과 이기적인 행위 때문이라고 보았기 때문이다. 그리하여 그는 청정은 천하의 바름이다(淸靜爲天下正. 『道德經』, 第四十五章)라고 말하고 또 "상선(上善)은 물과 같다. 물은 만물을 이롭게 하고 서로 다투지 아니하고, 여러 사람의 싫어하는 곳에 있는 고로 도에 가까운 것이다. 무릇 다투지 아니하는 고로 허물이 없는 것이다"(上善若水, 水善利萬物而不爭, 處衆人之所惡, 故幾於道…夫唯不爭, 故無尤.『道德

經』, 第八章)라고 말하였다. 공자의 적극적 처세에 비해 이러한 노자의 소극적 처세는 소극적 이상의 평화주의적 의미를 가지고 있다고 본다.

    노자의 사상을 이은 대표적인 인물은 장자(莊子, B.C. 370?~300?)다. 도교에서도 노자와 더불어 장자를 신봉한다. 장자는 성은 장(莊)이요 이름은 주(周)이며 송(宋)나라에서 태어났다. 그의 언행사상을 기록한 것이 『장자』(莊子)라는 책이다. 그는 맹자와 같은 시대 사람으로 그의 호접몽(蝴蝶夢)의 이야기와 고분지탄(鼓盆之嘆)의 이야기로 유명하다. 호접몽이란 꿈에 나비가 되어 즐겁게 날아 다니며 꽃향기와 꿀을 즐겼는데 그때에 나비가 자기인 줄을 몰랐다. 꿈에서 깨어나 생각하니 장자가 나비가 되었는지 나비가 장자가 되었는지 알 수 없었다는 이야기이다. 고분의 탄식이란 아내의 마음을 시험해 보려고 연극을 꾸몄다가 아내가 부끄러움에 빠져 자살을 하게 되니 쟁반을 두드리며 인생의 나고 죽는 것이 큰 일이라고 탄식하였다는 이야기이다. 장자는 노자의 사상을 계승하였을 뿐 아니라 더 나아가 시비양행론(是非兩行論), 생사일여관(生死一如觀)을 펼쳐 근심과 즐거움을 다 같이 잊어버리는 양망(兩忘)의 묘경(妙境)에 안식함을 추구하였다.

    후한(后漢)의 환제(恒帝, A.D. 147~168) 때에 장능(張陵 또는 張道陵)이라는 사람이 이미 들어온 지 백 년이 넘는 불교를(A.D. 67 公認) 모방한 듯 하나의 종교집단을 이룩했다. 그는 노자를 교조(敎祖)로 받들고 『도덕경』을 경전으로 삼았다. 그는 5경에 능통하고 관리생활도 했으나 만년에 장생(長生)의 도(道)를 배우고자 촉(蜀)나라의 곡명산(鵠鳴山)에 들어가 신선술(神仙術)을 배웠다. 그리고 노자로부터 옥책(玉策)을 받았다고 한다. 도교는 경전인 『도덕경』을 따라서가 아니라 춘추전국시대부터 일반적으로 퍼져 있는 신선술과 방술(方術)로 철학의 테두리를 벗어나 종교로서 성장해 나갔다. 장능이 죽은 후 이 도는 아들 형(衡)과 손자 노(魯)에게 전해졌다. 장능을 천사

장자

『장자』

장능

신선술

방술

(天使), 장형을 사사(嗣師), 장노를 손사(孫師)라 하였다.

2. 도교의 경전과 실천신앙

『도덕경』　　『도덕경』(道德經)은『노자』(老子)라고도 부르는데 한(漢)나라의 문제(文帝, B.C. 179~157) 때에 하상공(河上公)이 상하 두 편으로 나누어 편찬하였다. 상편이 37장, 하편이 44장으로 합하여 81장이다. 상편은 도(道)를 논하였고, 하편은 덕(德)을 논하였기 때문에『도덕경』이라는 명칭이 붙었다.

『장자』　　장자의『장자』도 경전의 대우를 받는다. 장자의 글을 진나라의 곽상(郭象)이 정리하여 내편(內篇) 7편, 외편(外篇) 15편, 잡편(雜篇) 11편, 합 33편으로 편찬하였다.

조식법
복약법, 방중술

도교의 경전은 여러 가지가 더해졌다. 장능은 불로장생의 비법인 도서(道書) 20편을 냈다. 기타 불로장생의 비법으로 조식법(調息法), 복약법(服藥法, 仙采), 방중술(房中術) 등이 도교의 무리들에게 실제적 경전의 역할을 하였다.

위백양(魏伯陽)은『삼동계』(參同契),『오행상류』(五行相類)를 저술하여 신단(神丹)을 만드는 법과 방술을 가르쳤고, 갈홍(葛洪)은『포박자』(抱朴子),『신선전』(神仙傳)을 저술하여 선약(仙藥)을 만드는 일과 신선술을 고취하였다.

진인　　『도덕경』의 사상은 신선술과 교묘히 접합되었다. 우주의 근원이며 본체인 도(道)와 합하여 진인(眞人)이 되는 길, 그 방법이 무욕(無欲), 청정(淸淨), 무위자연(無爲自然) 대신 조식법, 복약법, 방중술로 대치된 것이다. 성인의 이상(理想)은 신선이 되는 것으로 바뀌었다. 도덕적인 이념은 육체적인 안락으로 바뀌었다. 진인(眞人)은 무병(無病), 무고(無苦), 무사(無死)로의 장수하는 존재를 뜻하게 되었다.

조식법　　조식법은 천지의 원기(元氣)를 흡수하는 것을 의미하는데 심호흡과 배로 숨쉬는 복식호흡(復式呼吸)이 있다. 조식법은 1년에 기(氣)를 변하고 2년에 해(骸)를, 3년에 피(血), 4년에 육

(肉), 5년에 힘줄(筋), 6년에 수(髓), 7년에 골(骨), 8년에 털, 9년에 형(形)을 변하고 10년에 도가 이루어져 진인(眞人)의 자리를 얻게 하여 변화자재(變化自在)하고 천상세계에 모심을 받게 한다고 한다.

 선약(仙藥)은 세 가지가 있어 상약(上藥)을 먹으면 천신(天神)이 되어 상하에 노닐며, 만신(万神)을 부리게 되고 몸에 깃털이 나게 되고, 중약(中藥)을 먹으면 성(性)을 돋우며, 하약(下藥)은 병을 없앤다고 한다. 선약

 방중술(房中術)은 일종의 성욕학으로서 도교를 타락케 한 것이다. 방중술

 병을 고치기 위해서는 수많은 방술(方術), 곧 주문(呪文)과 주술(呪術)이 행해졌다. 병을 주는 귀신인 삼시(三尸)를 몸에서 쫓아내기 위해서 이빨을 가는 일, 침을 삼키는 일, 물을 삼키는 일, 약초를 먹는 일 등 여러 가지 방법이 일정한 주문을 외우는 일과 더불어 행해졌다. 방술

 도교에서 숭배되는 최고의 존재는 도(道)이다. 그러나 그것은 비인격적 형이상학적 존재로 노자에 있어서는 단 한 번 제(帝)라고 하는 인격적 표현을 하였을 뿐이다. 그나마 상징적 표현에 불과하다. 이러한 최고의 존재인 도는 자연숭배와 영혼숭배사상과 결부시켜 인격화해서 원시천존(元始天尊 또는 天皇上帝) 곧 옥황상제(玉皇上帝)를 최고신으로 섬긴다. 원시천존은 삼청(三淸)에 화신(化身)하여, 무한한 존재인 무형천황(無形天皇) 곧 천보군은 옥청궁(玉淸宮)에 거하고, 영원한 존재인 무시천존(無始天尊) 곧 영보군(靈寶君)은 상청궁(上淸宮)에 거하고, 전능한 존재인 범형천존(梵形天尊) 곧 신보군(神寶君)은 태청궁에 거한다고 한다. 특기할 것은 인물의 신격화다. 노자는 원시천존의 화신으로서 때를 따라 과거에도, 현재에도 성인(聖人)으로, 현인(賢人)으로 나타나 사람의 갈 길을 가르쳐 준다고 한다. 불교의 보살을 연상케 해 준다. 노자 외에 특별한 인물(관우〈關羽〉 등)들이 무수히 섬겨졌다. 또 하나는 자연의 옥황상제

신격화다. 특히 별의 신격화가 많으니 현천상제(玄天上帝)는 북극성이니 현무(顯武) 혹은 북극 성신군(聖神君)이라고도 한다.

성황신

성황신(城皇神)은 주나라 때의 여덟 신 중 하나인 수용(水庸)으로부터 바뀌어진 것이다. 이같이 도교에서는 무수한 신들을 섬기고 있다.

3. 도교의 역사

한무제

장능이 아들과 손자에게 전승시킨 도교는 한(漢) 무제(武帝)의 애호 밑에 크게 번창해 나갔다. 그러나 무제는 말년에 도교를 요망한 것으로 여기고 이를 폐기했다. 그러나 유교와 불교와의 싸움과 타협은 엎치락 뒤치락 계속되었다. 남북조시대에는 여러 번 유교와 불교를 폐지하고 도교만을 신봉하라고 왕명을 내렸다. 당(唐)나라 때에는 유교, 불교, 경교(景敎)와 더불어 도교도 크게 애호를 받았다. 당 고조(高祖)는 노자의 서당을 세워 제사했다. 당 무종(武宗) 같은 이는 불교와 경교는 외국종교라 금지했다. 도교는 더욱 국교처럼 보급되었다. 송나라 태종은 도경(經) 7,000권을 수집, 정리하며 3,337권을 만들어 보급했다. 남송(南宋)시대에 이르러 도교는 분파가 생기기 시작했다. 남종(南宗)과 북종(北宗)이 두 파로 갈라졌다.

분파

도관

원(元)나라 때에 이르러 태조는 도처에 도관(道觀) 세우는 일을 허락했고, 세조는 도교의 경전을 불사르게 하고 불교를 애호하였다. 원나라 때는 진대도교(眞大道敎), 정일교(正一敎), 태일교(太一敎, 일명 太乙敎), 전진교(全眞敎) 등 여러 파가 있었다.

명(明)나라 때에 이르러 태조, 세종 등은 도교를 애호하였으나 목종은 도교의 간사한 자를 목베어 처벌함으로 도교의 폐단을 겪었다.

청(淸)나라 때에 이르러서는 국가적인 대우를 받는 것보다 일반으로 애호되어 각 도에 도관(道觀)이 있었다. 서울에는 도록사(道錄司), 부(府)에는 도기사(道紀司), 주(州)에는 도정(道正), 현(縣)에는 도회사(道會司)가 있었다. 도사(道士)는 머리카락을 묶지 않고 황금색 관을 쓰고 황금색 옷을 입었으며 육식을 하지 않고 결혼을 금했다.

    현대에 이르러 도교는 그 통일된 교단의 형태를 잃고 이미 사멸된 종교로 여겨지고 있으나 아직도 그 신앙행위는 소종파 또는 미신적 신앙행위로 일반사회 속에 짙게 깔려 있다. 다분히 다른 종교와 혼합된 상태로 존속되는 경향이 많은데 한국에서는 유교, 불교 또는 참위설(讖緯說)과 더불어 신선술 또는 심신단련 형태의 수도행위로 존속되어 왔다. 특별히 한국에서 천도교는 유불선(儒佛仙) 삼교의 혼합이라고 말하며 사교적 형태의 시천교(侍天敎), 보천교(普天敎), 백백교(白白敎), 태을교(太乙敎) 등은 모두 도교에 뿌리를 둔 것들이라고 본다.

    일본의 신도(神道)도 유불선 삼교의 혼합으로 보며, 천리교(天理敎) 등 신흥종교들이 도교의 영향을 받고 생겼다고 본다.

도사

시천교, 보천교
백백교, 태을교
천리교

4. 맺는말

    중국 대륙에는 유교가 있다고 하나 이루어지지 않는 이상만 가지고 현실에 붙어 맴돌 때 심령의 문제를 해결해 줄 종교다운 종교가 없었다. 본래 중국민족은 노자의 초세적 자연주의보다 본성적으로 현실주의에 기울어져 온 민족이었다. 그 이상(理想)의 현실에의 실현을 유가사상이 이념적으로 뒷받침해 왔다. 그러나 전쟁과 혼란, 백성들의 고통이 늘 때 민심은 현실기피의 풍조가 일게 되었다. 유교의 그늘 아래 오래 전부터 중국인들의 종교적 욕구를 은밀히 채워 주고 있던 신선사상이 새로운 자극을 받게 되었다. 불교가 들어와 중국인들의 심령에 새로운 종교적 활력을 불러 일으키게 되자 이에 자극을 받은 중국인들은 외래불교신앙에 대항하여 주체적인 민간신앙인 신선사상을 일으켜 교단화한 것이 도교였다. 도교는 재래의 자연숭배, 혼령숭배, 기타 다양한 민간신앙과 민간요법을 모두 포섭하여 노자사상에 접붙였다. 이렇게 이루어진 혼합종교인 도교는 노장철학의 매력 그리고 장능의 기발한 종교적 재능으로 민심을 신풍처럼 유린했다. 불교적 사상을 흡입하여 사상내용을 보강하기도 했다. 그러나 도교는 타락적 방중술, 허황한 방술, 사기적 복약법 그리고 과장된 신선사상 등으로 결국 요사한 종교로 낙인되어 그 교단의 형체를 유지하지 못하게 되고 말았다. 그러나 형태 없는 민간신앙으로서 도교는 아직도 강하게 민심을 지배하고 있다. 많은 타락한 사교들이 도교신앙에 뿌리를 박고 신흥종교로 발생하고 있다. 도교와, 이러한 도교적 신흥종교가 민심을 유린할 수 있는 것은 그 속에 신선이 되고자 하는 말세론적 내세관이 있었기 때문이라고 볼 수 있다.

황건의 난

오두미

한때 황건(黃巾)의 난을 일으킨 도교의 무리가 있긴 했으나 대체로 도교가 평화적 정신을 가지고 있던 점은 그 장점이라고 볼 수 있다. 입교 시 오두미(五斗米)를 내야 하기 때문에 오두미교 또는 미적(米賊)이라는 비난을 받기도 했으나 적선법(積善法)을 가르쳐 덕을 쌓고 선행을 힘쓰게 한 것은 도교의 장점이었다고 생각한다. 다만 선악에 대한 철저한 개념의 결여, 육체에 대한 잘못된 평가, 개인적 신선사상에 치우친 결과 사회적 관심의 결여, 문명에 대한 부정적 자세, 미신적 종교행위, 성적 타락 등 한마디로 말해서 개인적, 행복주의적 윤리관이 도교의 결정적 단점으로 그 스스로를 소멸케 한 요소가 되었다고 볼 수 있다. 선행도 선 자체를 위해서가 아니라 자기행복의 수단에 불과했던 것이다. 도교에는 정의와 희생의 봉사윤리가 결여되어 있어 역사적 공헌을 남기지 못했다고 보겠다.

제 15 장

신도(神道, Shinto)

1. 신도의 기원

한국의 단군교가 단군의 개국설화에 토대하고 있는 것처럼 일본의 신도는 일본의 개국설화로부터 유래된 민족종교다. 본래 일본의 고대종교는 다신적 자연숭배와 샤머니즘이었다. 그러나 여러 부족을 통합하여 통일국가를 이루게 됨에 따라 통일국가의 기반을 확고히 하기 위하여 개국설화를 통하여 일본국가와 황권(皇權)의 신적 기원(神的起源)을 주장하게 되었으니 이것이 국가종교로서 신도로 발전하게 된 것이다.

일본의 고대종교

신도의 기원연대는 설화에 토대해서 명목상 주전 660년으로 말하나 정확한 연대를 잡을 수는 없다. 개국설화를 담고 있는 『고지기』(古事記)와 『니혼지』(日本誌)(이 문서들은 한국의 『삼국유사』(三國遺事)와 『삼국사기』(三國史記)에 비교되는 책들이다)는 각각 주후 712년과 주후 720년에 쓰여졌는데 그때는 이미 불교와 유교와 도교가 들어와 번성하고 있는 때였다. 이러한 문서들에 의해 전해지는 일본의 창조신화는 선재(先在)

고지기, 니혼지

했던 우주시대로부터 시작된다. 다분히 인도와 희랍의 신화들을 연상시켜 준다. 우주 안에 세 신(神)이 나타났는데 그 첫째는 하늘의 중앙에 있는 아메노 마나가 누시노 가미라는 신이요, 둘째는 생산의 신이요, 셋째는 신을 낳는 여신(女神)이 그것이다. 이들은 천지를 창조하고 사라졌다. 그 뒤에 또 많은 신들이 나타났다가 없어졌는데 마침내 이자나기(Isanagi, 伊邪那岐)라는 남신과 이자나미(Isanami, 伊邪那美)라는 여신이 나타났다. 땅을 지으라고 명령을 받은 이들은 바닷물을 휘저어 들어올린 창끝에서 떨어지는 물방울로 이루어진 섬 아와지(Awaji)에서 결혼하고 살았다. 그들의 자식들은 자연의 신들과 일본의 섬들이 되었다.

그런데 이자나미가 아들 불신에게 타서 죽으니 이자나기는 불신을 죽이고 이자나미를 구하러 지옥에 내려갔다가 헛수고하고 돌아왔다. 지옥에서 돌아온 이자나기의 몸에서 벗겨낸 더러운 때가 또 신들이 되었는데 그중에 가장 우두머리가 천조대신(天照大神, 아마데라스오 오미가미)이라는 태양의 여신이었다고 한다. 이 태양 여신의 손자가 바로 일본의 통치자가 된 경경저존(瓊瓊杵尊, 니니기노미고도)이며 부사산(富士山, 후지산)의 여신이 그의 신부가 되었다 한다. 이들의 손자가 일본의 최초의 역사적 황제 신무천황(神武天皇, 짐무덴노)인데 이 황조(皇朝)의 시작을 주전 660년으로 말한다.

이 같은 일본 천황의 신적 기원설은 일본 천황을 신으로 숭배케 하였으며 이것이 일본 신도의 기원이 된 것이라고 보겠다. 국토와 계승적인 천황제에 대한 관념은 이렇게 처음부터 일본 국민들 마음속에 뿌리박게 된 것이다. 신도의 종교로서의 특색은 그것이 정치이론과 국가안정을 이룩한 국가종교라는 점이다.

명치유신(明治維新)을 거쳐 현대국가로서 출발하게 된 일본제국은 그 헌법 전문(前文)에서 천황제도의 영속성과 절대신성을 재확인하였다. 그러나 신도는 어떤 개인이 시작한 것이 아니고 자연종교와 신화를 다만 정치적인 차원에서 채용하여 국가종교화하였으므로 별다른 교리적 체계나 도덕적 수준을 가지고 있지 못하다. 유교와 불교와 도교가 들어와 공존하면서 신도에 영향을 주어 신도로 하여금 혼합종교의 성격을 가지게 하였으므로 그 신앙내용이 매우 혼잡하며 명확성을 가지고 있지 못하다. 그리하여 일본의 신도는 한편 애국적 국가 종교의식인 신사예배(神社禮拜)로 발전하였고, 다른 한편으로는 여러 분파로 나뉘어 민간신앙으로 행해졌다.

신사예배

국가적 신도는 다른 분파적 신도나 불교나 유교 등 다른 종교에 대하여 그것들이 천황과 국가체제에 거역하지 않는 한 이들을 너그러이 용납하였다. 신도의 이 같은 배타성의 결여는 신도의 혼합종교성에서 유래한다고 볼 수 있다.

2. 신도의 경전과 신앙

신도의 경전으로 『고지기』(Kojiki, 古事記)와 『니혼지』(Nihonsi, 日本誌)를 말하나 이것들은 어떤 교리적인 사상적 내용을 가진 것이라고 보기보다는 하나의 신화와 역사를 담은 책이라고 볼 수 있다. 인생이 생존하기 이전 여러 신들의 시대에 신들의 행위와 일본국 황가(皇家)의 계보와 1천여 년 간의 천황의 통치역사를 보여 주고 있다.

『고지기』는 주후 712년에 완성된 것으로 주후 628년까지의 일을 기록하고 있으며, 『니혼지』는 주후 720년경에 이루어졌는데 주후 697년까지의 일을 보여 주고 있다. 이 책들의 저자는 궁정의 한 고관이었는데 천황의 명을 따라 천황의 연대기와 옛 사람들의 구전을 조사하여 지은 것이다. 그 목적은 국가의 기반과 천황제의 기초를 굳게 하려는 것이었다. 고지기의 음란함은 도를 지나쳐 글이나 입에 담기가 어려울 정도요, 그 내용의 역사적 기록의 신빙성은 대단히 희박한 것으로 여겨지고 있다.

『고지기』
『니혼지』

이상의 두 가지 문헌 외에 세번째 『옌지시키』(Yengishiki,

『옌지시키』

A.D. 901~923)라는 것이 있는데 이는 50권으로 되어 있으며 처음 10권은 신도의 초기 예배의식을 잘 말해 주고 있다.

『만요슈』 제4의 경전으로 『만요슈』(Manyoshiu, 萬葉集, A.D. 5~8세기)라는 것이 있는데 이는 4,496수의 시를 수집한 시집이다. 이것 역시 일본의 개축과 천황에 대한 이야기를 시적으로 표현하고 있는 것이다. 그 내용들은 인간과 자연의 현실을 소박하게 표현한 것으로 일본인들이 자연을 즐기며 향락하였음을 말해 주고 있다. 양심의 갈등이라든가, 깊은 죄의식, 구원에 대한 바람, 선의(善義)에 대한 의지 같은 것이 결여되어 있다.

모든 신들은 낳기도 하며 죽기도 한다. 목욕도 하고 병들기도 하며 질투도 하고 울기도 한다. 그리고 악한 신도 있다. 그들의 신은 동물계와 자연을 포함하는 것으로 태평양 가운데 있는 폴리네시아의 마나(Mana)나 라틴민족의 누멘(Numen)과 비슷한 성질의 것임을 알 수 있다. 신들의 수는 『니혼지』에는 80만, 『고지기』에는 800만이 넘는 것으로 기록되어 있다. 그러나 역시 저들이 최고의 신으로 섬기는 신은 아마데라스오 오미가미(天照大神)라는 태양의 여신이다. 그리고 땅에서는 후지산(富士山)을 거룩한 산으로 여겨 신으로 경배한다.

가미 가미(神)란 말은 대체로 초자연적 능력을 소유한 존재를 지칭하는 것으로 신도에서는 우주의 창조와 일본 이외의 민족을 알지 못하며 외국에 기원을 가진 신을 가지고 있지 않다.

이나리 일본인들의 가장 통속적인 애호신 중 하나인 이나리(稻荷, 도하)는 일본인들에게 최초로 쌀농사를 가르쳐 준 신으로 믿어지며 농부들, 상인들, 임신을 원하는 자들에게 애호되고 있다. 여우는 이나리의 사신으로 신사 앞에 한 쌍이 안치된다. 또한 이나리는 기생들과 창녀들의 수호신으로서 그들의 집마다 사당에 모셔지고 있다.

하치만 하치만(八幡, 팔번)은 어부들의 보호신으로, 철공장의 보호신으로 또는 전사(戰士)들의 보호신으로 애호된다. 한때는 불교의 보호신도 되었고, 근년에는 어업과 농업의 신으로 자리를 굳혔다. 비둘기가 그의 사자로 되어 평화를 상징해 주고 있다.

 죽은 사람을 신격화해서 섬기는 예로서는 텐진(天神, Tenjin)이 있다. 조정의 대신(大臣)이었던 수가와라 미치자네(A.D. 845~903)는 모함을 받아 황소를 타고 귀양을 갔는데 그는 평생 시를 쓰며 지냈고 죽은 후에 특히 낭만적인 젊은이들에게 숭경되는 신이 되었다.   텐진

 신도의 예배처소인 신사(神社)는 수없이 많은데 10세기까지 3,132개가 있었으나 1880년에는 183,047개로 늘어났다. 2차대전 이후에도 약 11만 개의 신사가 내무성을 통해 주관되었다. 대개 국가의 보조금과 신자들의 헌금이나 헌물로 운영된다. 또한 강가나 삼나무 숲 속 등 경치가 좋은 곳에 세워진다. 많은 신사 중에 이세(Ise, 伊勢, 京都 부근)의 신사가 가장 크며 중요시되고 있다. 내궁(內宮, naiku)에는 천조대신이 모셔져 있고, 외궁(外宮, gegu)에는 음식을 주재하는 여신 우게모지(Ukemochi)가 경배된다. 내궁에는 천조대신이 직접 제1대 천황에게 주었다는 태양을 상징하는 거울이 안치되어 있으며 그 외에 전설을 가지고 있는 보옥과 검이 보관되어 있다.   신사 / 이세

 예배의 특색은 집회로서가 아니라 개인적으로 하는데 대개 서서 손바닥을 치며 경배한다. 공물(供物)은 여러 가지가 있는데 우게모지 신에게는 술, 쌀, 소금, 물고기, 새, 과실, 해초, 야채 등을 바친다.   예배

 신도(神道)에서는 원칙적으로 기도가 있을 수 없다. 왜냐하면 모든 것이 신 자신이기 때문이다. 다만 천황에게 충성이 있을 뿐이다. 『고지기』에는 기도에 대해 단지 지나가는 말로 두 마디 한 것밖에 없으며 『니혼지』에는 42천황 중에 단지 2인만이 기도를 했다고 기록되어 있다. 그러나 『엔지시키』에는 25개의 긴 연도(連禱, litany)가 수록되어 있다. 그 내용은 주로 물질적 축복에 대한 것으로 가뭄에 비를 내려 달라, 풍년을 이루어 달라, 지진과 화재에서 보호해 달라, 자녀 건강을 허락할 것과 기타 천황의 장수와 국가의 안녕과 역적과 외적으로부터   신도

의 보존, 제국의 번영 등이다. 도덕적, 영적 구원에 대한 기도는 전혀 없다.

축일   일본은 농업국인 만큼 축일(祝日, 祝祭)도 농사와 관련되어 있다. 2월에는 벼를 심을 때 풍년을 기원하는 축제가 있고, 4월에는 벼가 싹틀 때 식물(食物)을 다스리는 여신에게 제사를 드리고, 11월에는 햇곡식으로 제사를 드리며 노래와 춤과 선물 등으로 하루를 즐겁게 지낸다. 신도의 결례(潔禮)는 열심히 행

결례   해지는데 그것은 종교적 의미보다 위생적 의미가 더 크다고 본다. 신사 앞에 놓인 대야에 손과 입을 씻는 일, 매일 목욕하는 일, 청소를 열심히 하는 일 등이 그것이다.

조하라히   종교적 결례로 조하라히(The great purification)라는 것이 있는데 이 결례는 예비적 결례와 속죄 제물의 봉헌과 기도문의 암송 등으로 진행하고 미가도(天皇)가 천조대신에게서 받은 권한으로 백성들의 죄와 불결이 속해졌음을 선포한다. 그리고 바쳐진 제물은 강이나 바다에 던져 버린다.

『니혼지』에는 천황에의 충성과 관리들에 대한 몇 가지 윤리적 권고가 있을 뿐 별다른 윤리체계를 가르쳐 주는 바가 없다.

무사도   신도에는 천황과 국가에의 충성을 실천하는 무사도(Bushido)가 발전했다. 이것은 신도, 유교, 불교의 봉건주의적 혼합물이니 신도는 천황에의 충의심(忠義心)을 제공하고, 유교는 효도심(孝道心)을 그리고 불교는 생명을 경시하는 사생관(死生觀)을 제공하였다. 이리하여 무사도로부터 충의심, 용기, 자아희생, 예의, 명예, 의협심, 자제(自制) 등의 도덕적 성품이 발전하게 되었다. 그러나 이 무사도 정신은 봉건주의의 몰락과 더불어 시들어지고 말았다.

3. 신도의 역사

불교가 들어올 때까지 신도는 1200여 년 간(B.C. 660~A.D. 552) 일본민족의 정신적 기둥이 되었다. 그러나 불교,

유교, 도교(A.D. 600부터)가 들어오면서 신도는 우월한 외래 종교에 의해 점점 눌리게 되었다(A.D. 552~800). 세월이 흘러감에 따라 신도는 외래종교에 혼합된 상태로 900여 년 간 지속되어 나갔다. 1700년에서 1868년까지는 덕천(德川)이라는 무관(武官)이 정권을 장악한 기간이었다. 이 기간에 황권(皇權)은 약화되었으나 신도를 부흥시키고자 하는 많은 학자들이 일어났다. 가다(1169~1736), 마부지(1697~1769), 모도오리(1730~1801), 히라다(1776~1843) 등이 그들이다. 1868년 황정(皇政)이 회복되어 소위 명치유신(明治維新)을 통해 일본은 현대화되는 동시에 신도의 세력은 다시 회복되었다. 이때부터 신도는 분파적 신도와 국가종교적 신도가 나뉘어지게 되었다. 국가종교적 신도는 처음에는 애국적인 예배의식에 불과하였으나 천황숭배사상을 중심으로 명실공히 국가종교가 되었다.

 국가종교화된 신도는 이론화, 체계화되어 결국 일본인은 신의 후손이라는 자부심 속에서 세계정복의 야욕을 일으키게 되었다. 그러나 1945년 2차대전에서 일본이 패하게 되자 일본 천황은 자기의 신성을 솔직히 부인하였다. 새 헌법에서 완전한 종교의 자유가 선포되자 700개 이상의 종교집단이 정부에 등록되었는데 그것은 모두 혼합종교의 성격을 가진 것들이었다. 신도는 국가종교의 성격을 공식적으로 상실하였다. 대신 분파적 신도는 크게 자라난 것들이 생겼다. 그 가운데 텐리교(Tenrikyo, 天理教)가 대표적인데 이 파는 사회개선과 봉사를 강조하나, 귀신을 쫓아내는 부적을 주며 주술적으로 병을 고치며 신과 하나가 되는 방법을 가르치는 것 등 그들의 포교방법은 다분히 샤머니즘적이요 미신적이다.

 오늘날 일본인들의 가정, 특히 시골 가정에서는 여전히 신들이 섬김을 받고 있으며 연립주택 모퉁이에 그리고 도시의 골목 모퉁이에 안치된 신단에는 향불이 꺼지지 않고 있다. 일본 황실과 수상이 이세(伊勢)의 신사(神社)에서 예배하므로 그곳은 일본의 정신적 수도로 살아 있으며 민족의 신들은 일본인들의

덕천

명치유신

분파
텐리교

마음속에 굳게 자리잡고 있다.

4. 맺는말

신사참배는 일제하에서 한국인들에게 심한 괴롭힘을 주었던 일이었다. 신사참배를 거부함으로 많은 한국사람들이 고문을 당하고, 이것을 피하기 위하여 망명을 하기도 하였다. 신사참배를 거부함으로 많은 기독교계통의 학교들이 문을 닫았었다. 이렇게 우리 한민족의 혼을 빼기 위해, 일본의 혼을 우리 민족에게 집어넣기 위해 사용했던 수단이 신사참배였다. 황권(皇權)을 확립하는 데 사용되었던 것이 신도였고, 일본의 국위의 확장을 위해서 바탕이 되고 수단이 된 것이 신도였다.

이렇게 신도는 개인적, 영적이기보다는 국가적, 현실적이었다. 윤리적이기보다는 오히려 향락적이었다. 그러나 오늘의 분파적 신도에서는 다분히 사회문화적이면서 기복적인 특성이 강하게 나타나고 있다. 한편 일본이 다시 재무장하여 군사력을 증강하면서 국가적 신도의 정신이 되살아 나는 현상을 보며 인근 아시아 제국들은 과거의 일본인들의 침략적 동아제국의 악몽을 기억하면서 경계의 눈초리를 던지고 있다. 경제대국이 된 일본이 윤리성이 박약하고 다만 국수적인 정신만이 강한 신도의 부활을 가지게 될 때 어떠한 불행한 사태가 일어나지 않을까 하는 노파심을 인근 아시아 국가들은 가지는 것이다. 기독교의 일본선교의 노력과 오랜 역사에 비해 오늘의 일본 안에서의 기독교는 심히 미약한 상태이다. 신도(神道)라는 이름 자체가 수입된 불교와 자기들의 종교를 구별하기 위하여 사용된 명칭이었거니와(한국의 동학과 비슷하다), 그만큼 신도는 그들의 주체성을 지키는 정신적 지주가 되어 온 것이 사실이다. 외래종교의 영향을 받아 혼합종교의 성격을 가지게 되면서도 일본인들은 그들의 주체성을 견지해 나가고 있는 것이다. 이것이 한 번도 외세에 정복되어 본 일이 없는 역사를 자랑하는 일본인들의 긍지요, 이것이 신도의 정신으로 뒷받침되는 일본인들의 힘인 것이다. 그러나 다신교적, 원시적 물활론의 차원을 벗어나지 못하는 환상적 신화에 토대한 윤리적, 영적 체계가 박약한 신도는, 오늘의 시대에 인간의 본질적, 영적 가치를 제공할 만한 발전과 변화가 없는 한, 옛날의 그 위력을 다시 회복할 수는 없으리라고 본다. 오늘날 한국의 사교적 통일교가 일본에서 크게 번창하고 있는 것은 일본사회의 저변의 실상을 보여 주고 있다고 말할 수 있겠다. 신도가 민족종교의 탈을 벗고 타국민에게 평화와 유익을 줄 수 있는 고차원적 사상체계와 개인에게 영원한 구원의 소망을 줄 수 있는 새로운 진리를 갖추지 않는 한, 신도는 바람직한 발전을 기대할 수 없으리라고 본다.

제 16 장

조로아스터교(Zoroastrianism)

1. 조로아스터교의 기원

조로아스터   조로아스터교는 역사적 인물 조로아스터(B.C. 660~583)에 의해 시작된 종교다. 그러나 그의 출생과 생애에 대해서는 많은 초자연적인 이야기가 덧붙여졌다. 그는 3000년 또는 300년 전에 선재(先在)했었다고도 하며 또는 신의 영광이 15살 난 그의 어머니에게 내렸다고도 하며, 영원한 빛이 그녀와 혼합되었다고도 한다. 그는 페르시아의 동부지방 아제르비잔(Azerbijan)에서 태어났다고 한다. 소년 때부터 그는 총명했고 불쌍한 사람과 동물에게 친절했다 한다. 20세가 되자 그는 부모 허락 없이 집을 나와 종교적 수행에 투신하였다. 그는 30세

아후라 마즈다   가 되던 해에 지혜의 신 아후라 마즈다(Ahura Mazda)의 직접 소명을 받아 예언자의 길을 걷기 시작하였다. 그는 아후라 마즈다와 7번이나 접견을 가진 후에 소명의 확신을 갖게 되었고 자기가 전하려는 종교가 세계적 종교임을 깨달았다. 그리고 이 세계종교는 악인도 선하게 만들 수 있는 힘을 가졌으며 이

를 거부하는 자에게는 세계의 종말에 큰 화가 미칠 것이라고
하였다. 그러나 그의 전도는 실패로 돌아가 한때는 아후라 마
즈다의 종교를 버리려는 악마의 유혹까지 받게 되었다. 10년
후에 그의 사촌 마온하(Maidhyoi-Maonha)가 개종하였을 뿐
이었다. 그러나 그가 42세 되던 해에 마기족의 왕 비쉬타스파   비쉬타스파왕
(Vishtaspa)가 개종하여 그의 가족들과 신하들이 따라 개종함
으로 일거에 72명의 개종자를 얻게 되었다. 조로아스터는 고관
의 딸과 결혼하였는데 처가 모두 3명이나 되었고 3남2녀의 자
녀를 가졌다. 그중 한 아들은 왕자의 군대 사령관이 되었다.
왕 자신이 새 종교의 열렬한 전도자였을 뿐 아니라 왕자들도
소아시아와 인도에까지 전도하였다. 이리하여 조로아스터교는
일약 국가종교로까지 발전하게 되었다. 그러나 왕실과 정치와
군대와 관련을 갖게 된 조로아스터교는 적군을 무찌르는 무력
행위를 인정하는 종교가 되고 만 셈이다. 결국은 1차 브라만교   시조의 순교
도 세력의 반란을 정복한 페르시아군이 주전 583년 2차 반란
시 패하게 될 때 조로아스터는 승전을 위하여 제단에서 의식을
거행하다가 구종교의 제사장의 손에 77세로 순교하였다. 그의
제자 쟈마스푸는 스승을 계승하며 신자들을 지도하여 나갔고   쟈마스푸
또 스승의 교훈을 기록하여 후세에 전하였다.
　후대의 조로아스터 교도들은 경전을 기록하면서 조로아스
터를 신격화해서 숭배하였다. 그는 도덕적으로 절대 탁월한 자   시조의 신격화
였고, 인류의 정점이며, 이적과 기적을 행한 신적 기원을 가진
자로 아후라 마즈다와 나란히 신적 존재로 숭배되었다.

2. 조로아스터교의 경전

　조로아스터교의 경전은 『아베스타』(Avesta)라고 하는데 그   『아베스타』
뜻은 힌두교의 경전 『베다』와 같이 지식을 뜻한다. 본래 이 경
전은 주전 400년경에 21권으로 편찬되었으나 주전 4세기에 알
렉산더의 침략 때 불타 버렸는데 다행히 한 권이 남았다고 한

다. 그 후 사산(Sassan) 왕조의 아르탁세르세스왕(226~240) 때에 경전편찬이 이루어졌는데 오늘의 『아베스타』는 그때에 이루어진 것인 듯하다.

『아베스타』는 크게 제사장들의 소용을 위한 대아베스타와 주로 평신도들의 소용을 위한 소아베스타로 나누어지는데, 그 내용을 보면 대아베스타는 야스나, 비스팔드, 벤디다드 등 세 부분으로 구성되어 있고, 소아베스타는 종교시들을 모은 야슈트 등을 비롯해서 여러 가지 잡문서들을 포함하고 있다.

야스나　　　야스나(Yasna, worship on sacrifice)는 다양한 기도로 되었는데 그중에 17편의 시가 들어 있다. 이 다섯 가타(Gatha)로 되어 있는 17편의 시 중에 일부분이 조로아스터 자신이 직접 계시받은 것과 그에 대한 교훈을 특이한 방언으로 기록한 것이라고 한다.

비스팔드　　　비스팔드(Vispard, Meaning invocation to all the Lord)는 예배의식에 사용되는 것으로 하늘의 권위자들에게 드리는 24편의 기도를 포함하고 있다.

벤디다드　　　벤디다드(Vendidad, Law against Demons)는 주로 의식에 관한 법전인데 우주론, 역사, 종말론 등이 포함되어 있다.

야슈트　　　소아베스타의 야슈트(The Yashts)는 21편의 찬가와 기도들로 되어 있는데 여기에서 보면 기원(祈願)은 마즈다에게뿐만 아니라, 21천사들과 그 외에 조로아스터교의 영웅들에게도 드려지는 것을 알 수 있다. 그 외에 여러 소아베스타의 문서들과 후대에 추가된 광범위한 문서들이 저들의 신앙을 지도해 주고

젠드 아베스타　　　있다. 오늘날 일반적으로 알려진 젠드 아베스타(Zend Avesta)는 본래의 아베스타의 잔존본과 주석서(Zend)들을 아울러 말하는 것이다.

3. 조로아스터교의 역사

시조 조로아스터가 죽은 후에도 조로아스터교는 100년간

페르시아의 영토확장과 더불어 활기를 띠고 발전하였다(B.C. 583~480). 조로아스터교에 힘입어 발전해 가던 페르시아는 주전 539년에 바벨론을 정복하게 되었고 그 여세로 구라파까지 진출하게 되었다. 구라파 국가 특히 희랍과 맞서던 150년 (B.C. 480~330)의 기간에 희랍의 역사가 헤로도터스(B.C. 484~425?)가 페르시아를 방문하였고, 플라톤도 페르시아를 방문하려 하였으나 그리스와 페르시아의 전쟁 때문에 뜻을 이루지 못하였다고 한다. 중요한 사실은 희랍의 사상가들은 페르시아의 종교로부터 영향을 받았다는 사실이다.

  페르시아 제국은 알렉산더에 의해 정복되어(B.C. 331) 그 통치하에 있다가, 후에는 페르시아 북쪽에 있는 파르티안 (Parthian)족의 통치 밑에 들어가게 되었다. 이 기간 동안에 인도양으로부터 지중해에 이르는 대제국의 지배적 신앙이었던 조로아스터교는 태양숭배 등 다신교로 타락하고 말았다. 선신 (善神) 아후라 마즈다는 처음에 오르무즈드(Ormuzd)로 알려지게 되었고 후에는 반신반인(半神半人)이며 태양을 상징으로 한 미트라(Mithra)로 알려졌다. 악신(惡神) 앙그라 메이뉴 (Angra Mainyu)는 아리만(Ahriman)이라 부르게 되고 후에 벨세붑(Beelzebub)이 되었다.

  로마제국시대에 들어 기독교가 공인되던(A.D. 313) 콘스탄틴 황제 때까지 동 지중해 세계는 조로아스터교의 변질된 형태가 미트라이교(Mithraism)라는 이름을 가지고 지배하였다. 신플라톤학파도 이 변질된 조로아스터교의 영향을 크게 받았고 마니교(Manicheism)는 인도의 불교사상과 기독교사상을 조로아스터교사상에 혼입시켜 혼합종교를 형성하였다.

  주후 220년에 『아베스타』경전이 그리스어와 라틴어로 번역되었고 젠드(Zend)라는 주석이 추가되었다.

  이 번역사업이 이루어진 지 얼마 안 되어 열렬한 조로아스터교 신사인 아르데시르 I세가 이웃 아르메니아를 정복하고 페르시아 왕국을 회복시켰으니 그것이 사산(Sassanid) 왕조

바벨론 정복

알렉산더의 정복
파르티안 왕조

오르무즈드

미트라, 악신

벨세붑

미트라이교

마니교

젠드

사산 왕조

(A.D. 226~651)가 되었다. 사산 왕조의 기간에 조로아스터교가 일시 부흥되었으나 콘스탄틴 대제 이후 기독교의 세력에 밀려 조로아스터교는 점점 쇠퇴하기 시작하였다.

이슬람의 정복   아랍민족에 의하여 새로 일어난 이슬람 세력은 조로아스터교의 마지막 왕조인 사산 왕조를 무너뜨리고(A.D. 651) 조로아스터교도들에게 코란이 아니면 검을 받으라고 요구하였다. 신앙을 지키려는 조로아스터교도들은 죽기 아니면 추방되는 길을 택하지 않을 수 없었다. 717년에 추방된 조로아스터교도들이 인도 봄베이 북편에 있는 산잔(Sanjan)의 작은 항구에 도착하였다. 그들은 인도의 왕 자다브 라나(Jadav Rana)의 호의를 얻어 생계와 신앙을 지속해 나갈 수 있게 되었으니 이들

팔시교   을 오늘날 팔시(Parsee 또는 Parsi)라고 부른다. 이들은 조로아스터교의 성화(聖火)와 경전, 사멸된 언어(Avestan, Pahlavi)로 쓰여진 옛경전의 해석을 보존, 계승해 나가고 있다. 이슬람교도들에게 억압받던 또 다른 페르시아의 후예들이 팔시인들이 안정된 자유와 번영을 누리고 있는 이곳에 이주하게 되면서 힌두교에 동화되어 흐려져 가던 팔시들의 신앙이 다시 옛 정통적인 신앙으로 되돌아가게 하였다. 근대 서구인들, 특히 불란서의 페론(Anquetildu Perron) 등은 조로아스터교의 경전을 영어로 번역하여(1770) 전세계에 소개함으로 이들에 대한 관심을 일으킨 계기가 되었다. 조로아스터교의 최후의 명맥을 이어가는 팔시들에게도 현대 문명의 바람은 예외 없이 불어 닥쳐서 저들을 불신앙으로 떨어뜨려 세속적 부와 향락 생활에 빠지게 할 뿐 아니라, 근본적 사상을 흔들어 놓고 있어 조로아스터교의 마지막 숨결을 위협하고 있다.

4. 조로아스터교의 사상과 신행(信行)

페르시아의 재래종교사상   자연환경이 좋지 못한 페르시아에서는 자연과 외적에 대항하여 싸우며 악의 세력이 있는 것을 생각하고 그보다 더 강한

선의 세력이 있어 선이 이길 것을 믿고 바라는 신앙이 싹터 있었다.

    조로아스터가 나타나기 이전에 페르시아인은 이미 선신(善神)은 곧 광명의 신이요 천지만물을 창조한 전지전능한 신이요 유일무이하고 높으신, 백성을 사랑하며 먹고 입고 살 수 있는 모든 물건을 주시는 신이라고 믿고 그가 곧 아후라 마즈다라고 믿고 있었으며, 이 선신에 대항하는 악신 아리만(Ahriman)이 또 존재한다고 믿고 있었다. 아울러 그들은 태양신 미드라도 숭배하였고, 인간의 영혼도 위하였다.

    조로아스터는 모든 우상숭배를 버리고 볼 수도 만질 수도 없는 영적인 유일의 선신 아후라 마즈다(Ahura Mazda)를 섬기라고 가르쳤다. 아후라는 신을 뜻하며 마즈다는 지혜를 뜻한다. 아후라 마즈다는 아후라마즈드(Ahuramazd)라고 줄여서 부르기도 하고 후에는 팔라비어(Pahlavi)와 페르시아어에서 줄여진 약어로 오르무즈드(Ormuzd)라고도 불렀다.   유일신사상

    아후라 마즈다의 6가지 속성을 『야스나』경전은 종합적으로 보여 주고 있다. 그것은 아샤(Asha, 정의로운 행위, 질서, 공의), 보후마나(Vohumanah, 선한 마음, 사상, 성향), 크샤트라(Kshathra, 능력, 통치권), 아르마이티(Armaiti, 경건, 인효, 사랑), 하울바타트(Haurvatat, 완전, 안녕, 건강), 아메레타트(Ameretat, 불사, 영생)이다. 이러한 속성들은 17장으로 되어 있는 『가타스』(Gathas)에서 부분적으로 자주 아후라 마즈다와 연결되어 나타난다.   아후라 마즈다의 속성

    조로아스터교의 가장 큰 특색은 선악의 두 신이 태초부터 세계의 종말까지 서로 싸운다는 쌍령(雙靈)사상, 곧 그의 우주론적 이원론(二元論)사상이라고 할 수 있다. 악신 아리만 혹 앙그라메이뉴는 태초부터 생명에 대해 비생명으로, 바른 것에 대해 거짓말하는 자로(Druj) 나타나며, 그는 더럽고, 검고, 사나운 의심의 마귀의 아들이라 하였다. 성서적인 악마사상과 다른 점은 성서에서는 악마는 처음부터 하나님의 지배 밑에 있는   이원론

   천사

존재인 데 반하여 조로아스터교에서는 악마는 처음부터 선신과 동등한 힘을 가지고 있다고 보는 점이다.

선신과 악신의 사상은 그들보다 한 계급 낮은 선령과 악령의 사상으로 연장된다. 선신의 6가지 속성은 후대에 와서는 독립된 인격체로 나타나 대천사(大天使)라고도 하였다. 그 외에도 여러 천사들이 있다.

악령
악령은 배고픔, 목마름, 분노, 거만함, 탐욕, 거짓말, 겨울 등인데 이들을 통칭해서 데바(Daeva)라 하며, 이는 인도의 신 데바(Deva), 희랍의 신 데오스(Theos) 또는 제우스(Zeus)와 어원을 같이 하는 것으로 영어 악마(devil)의 어원인 것이다.

배화교
조로아스터교의 또 하나의 특성은 불(火)을 섬기는 것이다. 그래서 조로아스터교를 배화교(拜火敎)라고도 하는 것이다. 선신은 광명, 불, 태양, 별 등으로 상징되며 그래서 이것들을 예배하기도 하는 것이다.

윤리사상
조로아스터교의 광명의 선신사상은 철저히 윤리사상에 집중된다. 또 그 윤리사상은 내세관과 뗄 수 없는 관계를 가진다. 철저히 선한 자는 천국에서 그리고 악한 자는 지옥에서 영원히 보상과 형벌을 받게 된다는 것이다. 사람이 죽으면 사체는 침묵의 탑에 옮겨져 독수리로 하여금 쏘아 먹게 한다. 영혼(fravashis)은 영생한다고 믿는다. 그러나 갈라진 영혼과 육체는 말세에 부활하여 다시 합하게 된다고 한다. 순결한 자들의 주소인 천당과 악신 아리만이 거하는 지옥, 곧 무서운 깊은 수렁 듀잘 사이에 놓은 씬번트(Cinvant) 다리가 있는데 죽은 지 3일이 된 영혼은 다 이 다리에 도착하여 이 다리를 건넌다. 그런데 세 가지 덕인 순결한 사랑, 순결한 말, 순결한 행위를 애호한 자들은 아름다운 귀부인의 인도로 이 다리를 잘 건너서 낙원에 이르러 영혼의 영생의 즐거움을 누릴 것이며 거짓말하는 자들은 공포에 떨며 다리에서 떨어져 그의 고통은 영속할 것이라 한다.

천당
천당은 육적인 것은 전연 없는 노래의 집인데 아후라 마즈다가 거하는 곳이다. 그는 의인들에게 둘러싸인 황금 보좌에서 통치한다.

지옥은 귀신들의 집으로, 지하 북방에 위치하여 흑암과 공포로 가득 차 있다. 천당과 지옥 외에 제3의 처소가 있는데 그곳은 행위에 악과 선이 섞여 있는 사람들을 위한 곳이다.   지옥

조로아스터교의 도덕원리 중에 순결한 사상, 언사, 행위 외에 또 다른 네 가지 도덕법칙이 있다. 경건, 순결, 성실, 근로가 그것이다. 본질적으로 조로아스터교의 유일 구주는 도덕생활이다. 전세계의 구원은 개인의 구원과 같이 생의 모든 죄과(罪過)보다 더한 선한 공로들의 집합적 축적에 의한다고 한다. 조로아스터교에는 똑같이 15세 처녀에게서 출생하는 구세주가 넷이 있다. 그 넷은 오쉐달(Aushedar), 오쉐달마(Aushedarmah), 소쉬얀트(Soshuant) 그리고 조로아스터다. 세계의 역사를 12,000년으로 보고 3,000년씩 네 시기를 나누는데 제1시기는 선신 아후라 마즈다가 영체(靈體)를 창조한 시기이고, 제2시기는 물질적 창조를 행한 시기이고, 제3시기는 악신 아리만이 나타나 암흑과 질병과 전쟁으로 세상을 어지럽게 하며 죄악으로 가리우려고 하는 시기인데 이 3기말에 조로아스터가 왔고, 마지막 4기에 조로아스터의 초자연적 후예인 새 구주가 나와서 온 세상을 구원한다고 한다. 그러나 이 구주들은 기독교의 경우에서와 같이 속죄와 대속의 구주가 아니다. 결국은 심판이 있는데 아후라 마즈다는 조로아스터를 그 심판의 재판관으로 임명할 것이라 한다. 최후의 도덕적 심판이 결국 모든 사람의 구원을 좌우하는 것이다.   도덕법칙 / 구세주

파테트(Patet)라는 참회가(懺悔歌)가 있다. 회개하며 신의 이름을 세 번 부름으로 속죄를 받는다고 믿는 것이다. 그러나 이 예외적인 사죄신앙을 근대의 팔시들은 배격해 버리고 오로지 전통적 예배의식과 풍습에 매어 달린다.   파테트

예배의 방식은 단순하다. 이른 아침에 예배드리는 자들은 집 밖에 있는 제단이나 불상(火床, hearth)에 둘러 모인다. 사   예배

제(司祭)는 세 층계 위의 돌단의 불을 향하여 앉는다. 사제와 조수들은 얼굴에 면사를 쓴다. 사제는 일어서서 "내가 아후라 마즈다를 이 제사에 초청하며 위하여 이것을 준비하나이다"라고 한다. 그리고 기원하는 제물로 식물, 고기, 우유 또는 버터를 바치고 회중과 함께 소마식물(Somaplant)의 성즙을 마신다.

신전에는 아후라 마즈다의 상으로 까마귀를 그리고 4면으로 광선이 비취는 형상을 가진다. 제단 앞에는 항상 불을 피운다. 페르시아인들도 고대에는 소나 말이나 양으로 제사를 드렸으나 조로아스터 이후에는 희생을 폐하고 불로 신을 섬겼다.

5. 맺는말

조로아스터교는 기독교 이전에 세계종교로 자처한 최초의 종교다. 성서에 직접 이 종교의 명칭이 나오지는 않으나 이 종교를 신봉하던 페르시아 왕의 이름은 많이 언급되고 있다. 고레스(대하 36:22; 스 1:1; 사 44:28; 45:1), 아닥사스다(스 8:1; 느 2:1), 다리오(단 9:1; 학 1:1; 슥 1:1) 등이 모두 페르시아 왕들이다. 이 나라에 유대인들이 잡혀가 여호와 하나님을 저들에게 높이 드러낸 기록들을 살필 수 있다. 조로아스터교와 기독교는 같은 점이 많이 있다. 유일신사상, 영혼과 부활과 최후심판을 믿으며, 천국과 지옥에 대한 사상, 천사에 대한 관념, 기타 도덕적 교훈에도 선을 추구하는 점에서 높은 수준을 같이 한다. 그러나 근본적으로 다른 점이 많이 있다. 선신과 악신은 태초부터 동등한 수준의 신들로 생각하는 것, 유일신숭배를 강조하면서도 여러 다신적 요소를 내포하고 있는 점, 구세주가 넷이나 있으나 속죄의 사상이 없는 점, 그 외에 부활, 심판, 천국, 지옥 등에 대한 구체적인 표현이 크게 다르다. 무엇보다도 불을 예배하는 예배의식과 신앙풍습은 근본적 차이를 가지고 있다.

하여간 조로아스터교는 지구상에 나타난 인간이 창시한 종교 중에 가장 뛰어난 신학과 도덕을 가진 종교였다. 특히 고행이나 명상보다 실제적인 개인의 덕과 사회의 복리를 추구한 것은 뛰어난 점이라 할 수 있다. 선의 최후의 승리를 굳게 믿고 싸워 나가는 점은 인간으로서 당연히 가져야 할 태도였다. 그러나 이원론을 극복하지 못하고 결국은 다신적 요소를 가지게 된 것과, 의식에 치우치고 국가종교화 됨으로 포교에 무력이 사용된 것과, 세계종교로서의 틀을 상실하여 세계를 향한 선교사가 배출되지 못한 것은 조로아스터교의 한계성을 보여 주고 있는 것이다. 무엇보다도 고난과 희생의 가치를 알지 못함으로 결국 속죄의 도리를 가지고 있지 못하게 되었으니 종교로서 가장 근본적인 것을 빠뜨리고 있는 것이다. 결국은 조로아스터교는 오늘날 사멸되어 잊혀져 가고 있는 옛 종교가 되어 버리고 말았다. 오늘날 조로아스터교 교인은 인도 봄베이 부근에 있는 15만 정도의 팔시들이 있으며 이란에 수천의 가바르(Cabars)라 부르는 소수집단이 있을 뿐이다. 특히 이 종교가 주는 역사적 큰 교훈의 하나는 종교가 국가권력과 결탁할 때 종교는 세속권력과 타협하게 되며 따라서 그 종교의 본질을 상실하게 되고, 그 결과는 그 국가의 성쇠와 함께 같은 운명의 길을 걸을 수밖에 없는 것을 보여 주고 있다는 점이다.

제 17 장

유대교(Judaism)

1. 명칭

노아, 셈
아브라함, 이삭
야곱

유대교는 전세계에 흩어져 있는 1,500만 유대인, 곧 이스라엘 민족의 종교다. 이스라엘 민족은 노아의 세 아들 중 셈의 후손 아브라함의 적자 이삭의 아들 야곱의 후손들을 의미한다. 이삭은 에서와 야곱 쌍둥이를 낳았는데 형 에서가 장자의 직분을 소홀히 여겨 팥죽 한 그릇에 장자의 직분을 동생 야곱에게 팔았다. 야곱은 아버지 이삭이 장자 에서에게 주는 축복을 속임수로 대신 받고 형의 보복이 두려워 외갓집으로 피난 갔다가 장성하여 큰 부자가 된 후, 형 에서와 화해하려고 고향으로 돌아오게 된다. 형을 대면하기 전날 밤 얍복강가에서 두려움 속에서 밤을 지새다가 하나님의 사자와 씨름하여 새 이름을 받게

이스라엘

되는데 그 새 이름이 이스라엘(하나님과 겨루어 이김이라는 뜻, 창 32:28)이다. 이로부터 야곱의 12아들들의 후손은 이스라엘 민족이라고 불려지게 된 것이다.

그리고 야곱의 넷째 아들 유다족에서 다윗왕이 나오게 되

는데 이 나라가 유대 나라요 솔로몬왕 대를 거쳐 크게 번창하 　유대 나라
여 팔레스타인 전역에 걸친 대 유대국이 된다. 그리하여 이스
라엘 민족은 유대 민족으로 불리우게 되고 그들의 종교를 유대 　유대 민족, 유대
교라 부르게 되었다.

2. 기원과 발전

인류의 조상 아담의 20대 손 아브라함(본래의 이름은 아브
람, 창 11:27)에게는 여러 아들들이 있었다. 먼저 첩 하갈이
난 서자 이스마엘이 있었고, 후에 본부인 사라(본래 이름은 사　　이스마엘
래)에게서 난 적자 이삭이 있으며, 사라가 죽은 후 후처 그두
라에게서 난 6명의 아들 시므란, 욕산, 드단(그 자손 중 한 파
가 앗수르다), 미디안(그 후손 중 이드로는 모세의 장인이다),
이스박, 수아가 있다. 이삭 외의 여러 아들들의 후손들과 아브
라함의 조카 롯을 비롯한 친척들이 오늘날 아랍 족속들을 이루　아랍
고 있다.

아브라함의 후손을 가리켜 히브리 민족이라고 부르는데(창　 히브리
10:21) 이는 강 건너에서 왔다는 뜻이다. 아브라함은 본래 셈
족 후손인 옛 바벨론의 땅이었던 갈대아 지방 우르, 곧 현재
페르시아만으로 흘러들어가는 유프라테스, 티그리스강 하구 지
역 태생으로 우상을 섬기는 그곳 고향을 떠나라는 하나님의 명
령을 따라 유프라테스강을 거슬러 올라가 상류에 있는 하란까
지 갔다가 요단강 서편 가나안 땅으로 갔다.

하나님은 아브라함에게 젖과 꿀이 흐르는 가나안 땅을 축　　가나안
복의 땅으로 주실 것을 약속하시고 그의 후손이 하늘의 별과
땅의 모래와 같이 번창할 것이며 온 인류의 복의 근원이 되는
민족이 되게 할 것을 약속하셨다. 이 언약은 그의 아들 이삭과
이삭의 아들 야곱과 그의 후손 이스라엘 민족에게 전승되었다.
야곱의 가족 70명은 가나안 땅에 정착하지 못하고 기근을 피하
여 이집트에 갔다가 400여 년 동안 이집트왕 바로의 노예로 지

모세	내면서 수백만의 거대한 민족을 이루게 되었다. 민족의 지도자 모세의 인도로 이집트에서 탈출한 히브리 민족은 시나이 반도
시내산	시내산에서 율법을 받고 그의 후계자 여호수아의 인도로 가나안 땅을 정복하여 정착하게 된다.
십계명	십계명을 골자로 하는 율법, 곧 토라(Torah)는 이스라엘 민족은 하나님, 곧 여호와(스스로 있는 자)의 택한 백성으로
율법	율법, 곧 계명을 지키면 그의 보호하심과 인도하심과 축복하심을 받게 될 것을 언약하고 있다.
사사	가나안 땅에 정착한 이스라엘 민족은 사사(士師)라 부르는 지도자의 영도 아래 신정정치(神政政治) 체제의 사회를 이루어 이웃 나라들과 대결해 나갔으며, 마지막 사사 사무엘 때에 이르러 새로운 왕정정치(王政政治) 체제로 바꾸게 된다. 첫 왕
사울, 다윗 솔로몬, 예루살렘	사울에 이어 다윗왕 대에 유대 나라는 크게 번창하게 되고, 그의 아들 솔로몬왕 대에 이르러서는 예루살렘에 성전을 지어 안정된 국가의 면모를 이루었고 메소포타미아 지역에서 최대의 강국으로 부상했다. 그러나 그가 죽은 후 나라는 남쪽 유대와
앗시리아 바벨론	북쪽 이스라엘로 분열되어 북은 앗시리아에게(B.C. 721), 남은 바벨론에게(B.C. 587) 멸망당해 성전은 파괴되고 많은 사람들이 포로생활의 고초를 겪게 되었다. 바벨론의 지배하에서
회당	성전을 갖지 못한 유대인들은 회당(synagogue)에서 율법을 읽으며 저들의 하나님 여호와의 교훈을 기억했다.
페르시아	바벨론 후에 또다시 유대를 지배한 페르시아의 고레스왕 때에 선지자 느헤미야, 에스라 등의 인도로 고국으로 돌아온
메시야	유대인들에게 유일신 여호와신앙과 더불어 메시야신앙은 저들의 종교적 지배사상이 되어 갔다. 메시야의 오심은 이스라엘의 승리일 뿐 아니라 심판적 주의 날이었다.
선지자	이사야 등 위대한 하나님의 대언자 선지자들의 글들이 율법과 같은 권위를 가지는 책으로 여겨지게 되고 또한 구전으로 전해져 온 율법들도 기록된 율법과 같은, 때로는 기록된 율법을 능가하는 권위를 가지게 되었다. 이러한 교훈은 200년경에

미슈나(Mishna)라는 것으로 편집되었다. 이것은 게마라(Gemara)라고 불려지는 율법에 대한 주석과 더불어 탈무드를 구성하게 되었다. 율법, 선민사상, 메시야사상이 중심이 된 유대교는 민족종교로 발전해 갔다.

미슈나, 게마라
탈무드
선민사상

    페르시아가 망하고(B.C. 331) 알렉산더에 의한 희랍제국과 로마제국의 통치(B.C. 63)하에 마카비 등의 반항운동(B.C. 167-37) 기간에는 두 제국의 종교 관용정책하에서 역시 회당 중심의 소위 랍비 유대교가 형성되었다. 그들 주체세력은 정복자들과 야합하던 소위 사두개인들(Sadducees)과는 달리 엄격한 율법준수와 메시야사상에 굳게 서서 서민적인 도시 평신도의 지지를 받던 부활신앙을 가진 바리새인 집단(Pesushim: 분리된 사람들)이었다. 그들은 진정한 유대교의 전승자들이었다. 그들은 타르구밈(Targumim, 어원 Targum은 번역의 뜻을 가졌다)이라는 아람어 성경을 전했으며 회당 중심의 신앙생활을 전승시켰다. 여러 번 정복당해 포로가 되고 망명을 해야 했던 유대인들은 이집트와 소아시아를 비롯한 지중해 연안 도처에 흩어져 살며 예루살렘 성전이 로마 군인들에 의해 파괴된(A.D. 70) 후에도 회당을 중심해서 저들의 신앙을 지켜 갔다. 2,000년 동안 나라를 잃고 온 세계에 흩어져 살던 유대인들이 그들의 민족성을 유지하고 한 민족으로 뭉치게 한 것은 오직 그들의 종교의 힘이었다. 토라, 곧 율법의 힘이었다. 그러나 세계 도처에서 여러 번 박해를 받았다. 그들은 독일 나치 통치하에서 600만 명이 학살당하는 참화를 입기도 하였다. 경제적 부를 이루는 데 능했던 그들은 가나안 땅을 회복하여 1948년 이스라엘 국가를 수립하고 1967년에 이슬람 지역에 있던 예루살렘을 회복하였다.

희랍제국
로마제국

랍비
사두개인

바리새인

타르구밈

나치

3. 경전

    유대교의 경전은 기록된 율법과 구전된 율법으로 구분된다. 율법은 613개의 계명으로 되어 있는데, 그중 248개는 긍정

『토라』 적 명령이요 365개는 부정적 금지 명령으로 되어 있으며 그에 대한 수많은 해설적 규정이 따른다. 『토라』로 불리우는 기록된 율법은 모세오경(창세기, 출애굽기, 레위기, 민수기, 신명기)을 뜻하며 십계명으로 요약, 표현되고 있는데, 그것은 여호와 하나님과 이스라엘 민족과의 언약의 책이다. 그 내용은 유일신 신앙과 도덕적 교훈과 특히 정의와 의에 기초한 인간 평등사상의 특징을 가지고 있다. 종교적 의미는 도덕법규뿐 아니라 모든 사회생활 규례에까지 스며 있다.

〈십계명〉

제일은 너는 나 외에는 다른 신들을 네게 있게 말지니라.

제이는 너를 위하여 새긴 우상을 만들지 말고 또 위로 하늘에 있는 것이나, 아래로 땅에 있는 것이나, 땅 아래 물속에 있는 것의 아무 형상이든지 만들지 말며, 그것들에게 절하지 말며, 그것들을 섬기지 말라. 나 여호와 너의 하나님은 질투하는 하나님인즉 나를 미워하는 자의 죄를 갚되 아비로부터 아들에게로 삼사대까지 이르게 하거니와 나를 사랑하고 내 계명을 지키는 자에게는 천대까지 은혜를 베푸느니라.

제삼은 너는 너의 하나님 여호와의 이름을 망령되이 일컫지 말라. 나 여호와는 나의 이름을 망령되이 일컫는 자를 죄 없다 하지 아니하리라.

제사는 안식일을 기억하여 거룩히 지키라.

엿새 동안은 힘써 모든 일을 행할 것이나 제 칠일은 너의 하나님 여호와의 안식일인즉 너나 네 아들이나 네 딸이나 네 남종이나 네 여종이나 네 육축이나 네 문안에 유하는 객이라도 아무 일도 하지 말라. 이는 엿새 동안에 나 여호와가 하늘과 땅과 바다와 그 가운데 모든 것을 만들고 제 칠일에 쉬었음이라. 그러므로 나 여호와가 안식일을 복되게 하여 그날을 거룩하게 하였느니라.

제오는 네 부모를 공경하라. 그리하면 너의 하나님 나 여호와가 네게 준 땅에서 네 생명이 길리라.
제육은 살인하지 말지니라.
제칠은 간음하지 말지니라.
제팔은 도적질하지 말지니라.
제구는 네 이웃에 대하여 거짓 증거하지 말지니라.
제십은 네 이웃의 집을 탐내지 말지니라. 네 이웃의 아내나 그의 남종이나 그의 여종이나 그의 소나 그의 나귀나 무릇 네 이웃의 소유를 탐내지 말지니라(출 20:1~7).

1부 구전 율법 미슈나(Mishnah)와 2부 해석서 게마라(Gemara)로 구성된 『탈무드』(Talmud, 공부하다의 뜻)는 좀 더 일찍 편찬된(A.D. 3세기) 팔레스타인 탈무드(예루살렘 탈무드)와 좀더 후기에 편찬된(A.D. 6세기) 바벨론 탈무드가 있다.

『탈무드』는 63권으로 되어 있는데 1935년부터 1952년에 걸쳐 이시도레 엡스타인(Isidore Epstein)에 의해 영어로 번역되어 34권의 책으로 출판되었다. 그 내용적 특성을 중심해서 분류해 보면 율법에 대해 간명하게 말하고 있는 할라카아(Halakhah: 행할 길)와 율법과 무관한 전설적 이야기, 곧 아가다아(Aggadah 혹은 Haggadah)로 구분된다. 모세 마이모니드(1135~1204)는 현재의 13신조를 작성한 모세 후의 최대의 율법학자인데 그의 이름 전체(Rabbi Moses Ben Maimonides)의 첫 자를 따서 람밤(Rambam)으로 더 알려져 있다.

아가다아
모세 마이모니드

람밤

13개 신조는 "나는 믿는다"(아니 마아민)로 알려져 있는데 그 말은 매신조가 시작되는 말이다. 정통파에서는 아침기도의 마지막에 이 신조를 엄숙히 반복한다.

〈13개 신조〉
1. 나는 창조자를 확실히 믿는다. 그의 이름은 복되도다. 그

만이 온 피조물을 창조하셨고 작정하셨으며 그를 섬기는 데 필요한 모든 것을 만드셨다. 그는 만물이 생기는 원인이 되신다.
2. 나는 그가 오직 하나뿐이며 그와 같은 이가 또 없다는 것을 확실히 믿는다. 그는 영원한 하나님이시다.
3. 나는 그만이 온 존재자이심을 믿는다.
4. 나는 그만이 처음이요 마지막이심을 믿는다.
5. 나는 그만이 예배를 받기에 합당하며 그 외에는 어떠한 이도 예배를 받을 수 없다는 것을 확실히 믿는다.
6. 나는 선지자들의 모든 말이 참된 것을 믿는다.
7. 나는 기록된 율법과 구전된 율법이 다 모세로부터 전해져 내려온 것이며 모세는 그것을 하나님에게서 받은 것을 확실히 믿는다.
8. 나는 모세가 죽었으며, 그러나 랍비와 같은 그의 계승자들이 모세처럼 권능을 받고 있는 것을 믿는다.
9. 나는 율법의 어느 하나라도 변경되어서는 안 될 것을 확실히 믿는다.
10. 나는 하나님이 전지자(全知者)이심을 확실히 믿는다.
11. 나는 하나님이 의인들에게는 상을 주시며 악인들에게는 형벌을 내릴 것을 확실히 믿는다.
12. 나는 메시야 왕이 장차 오실 것을 확실히 믿으며 그가 지체하더라도 나는 그의 오심을 매일 바라보겠다.
13. 나는 죽은 자들이 부활할 것을 확실히 믿는다.

좁은 의미에서 토라, 곧 율법은 모세오경을 뜻하나, 넓은 의미에서의 율법은 모세오경 외에 선지서들과 욥기, 시편, 잠언, 전도서 등 지혜서와 역사서를 포함한다.
그러나 유대교의 경전은 기독교의 구약과 차이가 있다. 그렇지만 경전이 하나님의 계시된 말씀이라는 영감성에 대해서는 의견을 같이한다.

〈유대교의 경전 39권〉
1. 토 라 = 모세오경: 창세기, 출애굽기, 레위기, 민수기, 신명기
2. 선지서 = 전선지서: 여호수아, 사사기, 사무엘상하, 열왕기상하
   후선지서: 이사야, 예레미야, 에스겔, 12소선지
3. 기록들 = 첫째 부분: 시편, 잠언, 욥기
   둘째 부분(다섯 두루마리): 룻기, 아가서, 전도서, 예레미야 애가, 에스더
   셋째 부분: 다니엘, 에스라, 느헤미야, 역대기 상하

　근대에 와서 유대교 집단은 정통파, 보수파, 개혁파 등으로 분열되면서 율법사상도 다양하게 나타났다. 심지어는 예수의 사상에 영향을 받은 것들도 있다. 이것은 탈무드가 시대의 흐름에 따라 교훈이 추가된 것을 의미한다.
　정통파(Orthodox)는 금요일 해질 때부터 토요일 해질 때까지를 안식일로 철저히 지키며 예배와 기도에 히브리어를 사용한다. 보수파(Conservative)는 안식일을 성실히 지키되 예배와 기도에 자국어를 사용한다. 개혁파(Reformed)는 율법의 도덕적 가치만을 존중한다. 이 같은 분파는 결국 경전, 곧 율법과 탈무드에 대한 태도의 차이에서 기인한다고 보겠으나, 그것은 또한 환경과 시대의 변화에 얼마나 영향을 받아 얼마나 변화적인 태도를 가지느냐 하는 데 그 기준이 달려 있다고 보겠다.

정통파

보수파
개혁파

4. 중심교리

(1) 신관
유대인들의 신은 우주 만물과 인간의 창조자요, 섭리하시

는 완전한 인격자요, 의와 사랑의 속성을 가지신 영이시요, 생명의 근원이다. 전지전능, 무소부재하시며 영원무한히 자존하시고, 거룩하시고 완전하시고 유일하신 최고의 절대자이시다. 이 하나님(엘로힘)은 계시를 통해서 야웨(여호와: 자존자)로 알려지시며 주님(아도나이)으로 불리워지고 아버지로 섬겨진다.

엘로힘, 여호와
아도나이

그는 인간을 그의 형상을 따라 지었으며 그를 섬기고 서로 사랑하라고 인간에게 명하신다(레 19:18). 이러한 점에서 유대교의 신의 첫째 특성은 모든 자연신들, 곧 다신들과 다르며 어떤 단일신 또는 범신과도 다른, 살아 계셔서 섭리하시고 그의 피조물과 사랑의 관계(communication)를 원하시는 그의 인격성이다. 이 신은 희랍의 의인적, 철학적 신개념과도 다르며 인도의 신비주의적 범신(梵神)과도 다르며 동양의 태극이나 도(道)와도 크게 다른 살아 계신 하나님이시다.

유대인들의 여호와 하나님은 단순한 논리적, 철학적 제일원리나 본질이나 바탕에 그치지 않고 섬겨지는 대상이요 축복을 주시는 종교적 신앙의 대상으로서의 하나님이시다. 앎의 대상이나 존재관계에 그치는 것이 아니고, 의미관계를 가지는 진리와 의와 사랑의 하나님이시다. 이 말의 뜻은 여호와 하나님은 악할 수 없으며 불의할 수 없어 인간의 도덕성을 만족하게 지지해 주시는 하나님이시라는 것이다.

창조성

유대교의 신관의 둘째 특성은 첫째 특성인 인격성과 필연적으로 관계되는 창조성이다. 인격성은 본질상 관계성을 내포하고 있다. 다시 말하면 인격성의 본질인 사랑의 특성은 그 대상을 요구하고 있는 것이다. 그리하여 그는 사랑의 대상을, 관계 곧 커뮤니케이션의 대상을 창조하신 창조주이신 것이다. 유대교의 신관의 셋째 특성은 그의 자존성, 곧 절대적 자유성이다. 없는 것을 있게 하는 그 능력은 바로 그의 절대적 자유성에 있는 것이다. 그의 이 능력이 자존자로 표현되고 창조주로서 자격을 갖게 하며 아울러 최고 절대자로서 자격을 갖게 한다.

자존성, 자유성

하나님! 전지전능, 무소부재하신 인격적 창조의 유일 절대자란 무엇을 뜻하는가? "무엇이든 원하는 것을 할 수 있고 그 원하는 것이 좋은 것이 될 수 있는 것을 의미한다"(휴스턴 스미드, 『세계의 종교들』〈연세대 출판국, 1985〉, p. 211). 의뢰할 수 있는 하나님이 세상을 창조하셨다면 세상의 어려움은 해결될 수 있다는 것이다. 이러한 신관을 가진 유대인은 2000년 동안 어려움에 부딪쳤으나 결국 그 큰 어려움을 극복할 수 있었다는 것이다.

(2) 인간관(죄관)

우주의 인격적 창조자 하나님은 인간을 다른 피조물과 다르게 인격적, 책임적 그리고 관계적 존재로 창조하셨다. 지정의(知情意)를 가진, 자연질서나 동물적 본능과 다른 자유를 가진 존재로 창조하셨다. 단순한 운동이나 윤회가 아니라, 하나님의 선하고 의로우신 뜻을 향한 목적적인 존재로 하나님은 인간을 창조하셨다. 하나님은 인간을 다만 하나의 기계적, 생리적, 심리적 존재로 창조하지 않으시고 인격적 존재로 창조하셨다. 하나님은 인간이 단순히 자연적 악 또는 고통의 문제에만 국한되는 것이 아니라, 인격적 죄와 대결하는 존재로 인간을 창조하셨다. 범신론에서 자연, 인간, 신을 하나로 보는 데 반해 하나님은 자연과 인간과 신을 구별시켜 다르게 존재하도록 창조하셨다. 물리적인 통일 또는 존재론적 통일이 아닌 다만 사랑의 관계로만 하나 될 수 있게 인격적으로 창조하셨다.

인류의 조상 아담에게는 책임이 주어져 있었다. 하나님의 언약적 명령, 곧 인간의 삶의 규칙을 지키게 함과 동시에 해야 할 일감을 주셨다. 책임은 곧 유한성이다. 그것은 선악과로 나타내 보이셨고 만물을 정복하라는 일로 맡기셨다. 그것은 순종과 창조적 활동이다. 인간은 기계적 운동의 존재가 아니라, 하나님께는 인격적 순종의 존재요 자연에 대해서는 자유롭게 활동하는 창조적 지배 활동자인 것이다.

선악과

여기에서 하나님께 대한 불순종과 자연에의 굴종이 아담의 죄로 나타난다. 이 죄로 말미암아 하나님, 인간, 자연의 정상적인 관계성, 곧 생명성이 깨지게 되고 결국은 죽음, 곧 비정상적인 관계성인 심판적 처벌이 따르게 되었다. 그런데 유대교에서는 페르시아교(조로아스터교)나 희랍사상에서 찾아볼 수 있는 이원론, 곧 영혼은 선하고 육은 악하다는 사상과는 달리 하나님이 완전한 단일성으로 간주된 것과 같이, 인간도 육체와 영혼을 하나의 단위로 생각한다. 그리고 심리학적 현상과 육체적 상태와의 상호관계의 정신, 신체 상관 단일성을 당연한 것으로 여긴다. 또한 기독교의 전적 타락설과는 달리 "인간은 원죄를 갖고 태어나는 것이 아니며 또한 선하게 태어나는 것도 아니다. 인간은 선악을 택할 수 있는 능력을 지니고 자유롭게 태어났다. 각 사람은 자신에 대한 책임을 갖고 있다"(프릿츠 리더나워 편, 『무엇이 다른가』〈서울: 생명의 말씀사〉, p. 94) 고 유대교에서는 생각한다. 그리하여 "유대인이든 아니든 어느 사람이든지 구원은 하나님을 믿고 또 도덕적인 생활을 함으로써 얻게 된다"(Ibid)고 생각한다.

유대교는 실제적 행위에서 저질러지는 계명을 지키지 아니한 죄들을 인정하면서도 죄를 본질적인 죄로는 인정하지 않는다. 이같이 원죄를 인정하지 않는 태도는 성경(율법)에 대한 유대인적 해설에 기인한다고 본다.

조셉 허츠　　랍비 조셉 허츠(Joseph Hertz)는 그의 창세기 주석에서 다음과 같이 말한다. "인간은 그가 닮은 하나님의 형상을 상실할 수 없고 하나님 앞에서 인간이 의를 행할 수 있는 능력을 상실할 수도 없다. 또한 그러한 상실이 최근의 후손들에게 물려지지도 않았다"(J.H. Hertz, *Genesis*〈oup, London, 1940〉, p. 60, 노오만 앤더슨 편, 민태운 역, 『세계의 종교들』〈서울: 생명의 말씀사, 1985〉, p. 83에서 재인용).

속죄　　유대교에서 하나님과의 잘못된 관계, 하나님의 뜻에 따라 살지 못한 죄는 속죄를 통해서 다시 회복된다.

기독교의 원죄의 이론과는 대조적으로 유대교에서는 원래의 선과 의를 강조하는데, '선조들의 공로'라는 유대교리에 의하면 선과 의는 이스라엘 회중에 모든 구성원이 일반적으로 물려받은 유산이라는 것이다(Ibid). 그리하여 속죄는 "회개, 기도 그리고 적극적인 친절을 통해서 사람은 완전히 화해에 이른다는 것이다"(Ibid).

허츠 박사는 "속죄에 있어서 주도권은 죄인에게 있다는 것을 주목하라"(겔 18:31 참조)고 한다. 카톨릭 사상과 개신교 자유주의 사상과 상당히 유사한 점이 발견된다. 여하간 인간의 유한성을 가장 민감하게 느끼면서 무한한 절대신을 믿었던 유대인들은 인간의 유한성을 가장 잘 극복한 강한 민족이 되었다.

유대인은 벌레만도 못한 죄인이면서 천사보다 조금 못한 영광스럽고 존귀하고 위대한 인간이었다. 그러나 그들의 영광은 거저 주어지는 것이 아니었다. 하나님을 떠나 의를 저버릴 때 그들은 고통을 겪어야 했다. 저들의 영광은 하나님의 의를 지킬 때 하나님의 사랑에 의해서만 주어지는 것이었다. 고로 영광을 얻기 위해서는 항상 고통의 의미, 곧 하나님의 뜻을 발견하고 돌이켜 하나님의 의를 만족시켜야 하는 것이었다. 인간은 하나님께 순종하는 때에만 진정한 자유가 주어지는 것이었다. 인간은 희생제사를 통해서 거룩하게 되는 것이었다. 희생제사의 참 의미는 하나님을 경외하며 이웃을 사랑하는 데 있다. 이것이 인간의 본분이다. 고로 율법을 지키는 것이 인간의 복된 삶 자체인 것이다. 율법은 계시에 의해 유대인에게 주어진 것이다. 계시가 유대교의 토대다.

유대인에게 주어진 계시, 여기에서 유대인의 선민사상을 힘줄로 해서 유대교가 형성되는 것이다. 유대인의 인간관은 이와 같은 유대교의 특성 속에서 파악되는 것이다. 유대교가 국민 전체의 종교인 한 개인 개인은 독자적인 존재가 아니요 선민 공동체 안에서 그 존재 의미가 있는 것이다. 이러한 선민의식에서 인류 전체의 의미까지 파악되는 것이다. 선민은 인류 전체 구원의 영광스런 도구인 것이다.

(3) 메시야사상(구원관)

피조적, 유한한 인간은 죄의 굴레, 창조주 하나님과의 비정상적인 관계 속에서 벗어 나올 수 없는 존재다. 관계성은 쌍방간의 문제이기 때문에 한쪽의 노력으로 해결될 수 없는 것이다. 더구나 수동적 피조성의 유한성을 가진 인간이 창조주의 창조질서를 스스로 바꾸고 헤어 나올 수 없는 것이다.

성서는 이 문제의 해결을 하나님의 능동성, 곧 아담에게 찾아오셔서 새로운 약속을 하심으로, 아브라함을 택하셔서 새로운 해결의 방법을 계획, 실현하심으로 풀어 나가심을 볼 수 있다. 아브라함에게 언약하신 것, 곧 이스라엘 민족에게 언약하신 것은 약속의 땅이요 그것은 메시야사상으로 발전했다. 그런데 이 메시야사상이 시대를 지나며 그 의미에 근본적인 변화를 가져왔다.

오늘날 유대교 사상에는 이스라엘을 구원하고 평화와 자유와 정의를 가져 올 구세주로서의 메시야사상이 약화되었다.

유대교의 1972년판 백과사전에는 "유대교의 메시야주의는 과거에도 그랬고 현재에도 계속 세계 문화 속에서 정치적인 행동주의적 요소로 남아 있다"(*Encyclopaedia of Jewish Religion*, Vol. II, col, 1427, 노오만 앤더슨 편, 『세계의 종교들』, p. 86에서 재인용)라고 되어 있다.

부활

유대인들은 부활을 믿되 그 부활 후의 삶이 역시 현세적인 축복된 삶에 소망을 두고 있다. 오늘날 이스라엘 국가를 이룩한 그들은 메시야 비전이 전세계에 흩어져 있던 저들을 인내하게 하고 모이게 하였고, 드디어 나라를 이루어 메시야의 비전이 실현되기 시작하였다고 생각한다.

유대인의 메시야사상은 바로 역사를 긍정적으로 보는 역사관에 기인한다고 본다. 그런데 유대인들은 죽은 후 구원받는 축복을 아브라함의 품에 돌아간다고 생각한다. 아브라함의 품으로 돌아가는 내세의 삶, 곧 부활신앙을 유대교의 백과사전에는 다음과 같이 설명하고 있다.

"성경기간(Biblical Period) 말엽에 아마 페르시아의 영향으로 부활에 대한 믿음이 발전되기 시작했고, 그것은 다니엘서에서 언급되고 있다(12:2). 두번째 성전기간(The Second Temple Period) 말에 그것은 바리새인의 기본적인 교리로 발전되었는데 그들은 사두개인들처럼 이 교리가 모세의 권위를 지니고 있다는 것을 부정하면 이단이라고 선언했다…랍비시대 이후로 그것은 유대교의 기본적인 교리로 받아들여져 왔으며, 보통 메시야시대와 연결된다"(*Encyclopedia of Jewish Religion*, pp. 331. 노오만 앤더슨, p. 89에서 재인용). 그러나 구체적인 내세의 축복과 심판에 대해서는 하나님께 맡길 문제로 거의 언급하지 않고 있다. 유대인은 역시 현세적 민족이다.

V. 유대인의 축제와 관습

종교, 도덕, 국가, 가정, 이 모두가 철저하게 하나로 통일된 독특한 유대교 사회에서 유대인이 유대인 되는 것은 혈통적으로만 이루어지나 유대인으로서 규례를 지켜야 한다. 규례, 곧 그들의 관습은 그들의 종교적 의식과 축제를 중심해서 전승된다.

가정에서의 종교교육, 곧 율법교육의 철저함은 널리 알려진 바이거니와 특히 어머니가 유대인이면 그 자녀는 유대인이 되지만, 어머니가 유대인이 아니면 유대인이 아니라는 말은 유대인 가정교육의 단면을 잘 나타내는 말이다.

의식 중에 가장 중요한 것은 할례의식이다. 할례는 유대인 남자 된 표다. 남자 어린이는 난 지 8일 만에 언약의 백성인 표로 할례를 받으며 소년은 13세가 되면 '계명의 아들'(Bar Mitzvah)이 된다. 그리하여 그의 생일 다음 안식일에 토라의 독서회에 소집된다. 할례의식을 미츠바(Bar Mitzvah)라 하며

할례

최근에는 소녀들에게도 유사한 의식을 갖게 하는데 밧 미츠바 (Bat Mitzvah)라 한다.

유대인들은 매일 세 번 기도를 반복한다. 기도는 제사의 자리를 차지하고 있는 아침, 오후, 저녁 성전제사의 시간과 일치한다. 유대인들은 기도할 때나 다른 종교적 의식에 참여할 때 경건의 표시로 머리를 덮는다. 그리고 아침예배 때와 축제일에 남자는 탈리트(Tallit)라는 후드 같은 것을 걸친다. 또 테필린 (Tephillin)이라는 가죽으로 된 성경구절 주머니를 부착한다.

탈리트
테필린

기도의 중심 부분을 아미다(Amidah)라 하며 아미다 앞에는 쉐마(너희는 들으라는 뜻)가 있다(신 6:4).

〈기도문〉

"만물의 주를 찬양하고, 태초에 세상을 만드신 당신께 존귀를 돌리는 것이 우리의 의무입니다. 당신은 우리를 다른 땅의 민족들과 같게 만들지 않으시고 우리를 땅의 다른 가족들과 같은 위치에 두지 않으셨기 때문입니다. 당신은 우리에게 그들과 같은 운명, 그 모든 무리들과 같은 신분을 할당하지 않으셨기 때문입니다. 우리는 왕 중 왕 거룩하신 분 앞에 무릎을 꿇고 경배와 감사를 드리나이다."

시온주의

유대인들은 아무리 혈통적으로 유대인이라 할지라도 유대인의 민족적 장벽을 깨뜨리는 자, 곧 예수를 믿는 자는 배교자로 간주한다. 하지만 최근에 이르러 시온주의를 지지하는 기독교인에 대하여는 극단적인 혐오가 조금씩 사라져 가고 있다. 이는 유대교주의가 조금씩 완화되고 있는 증거라 할 수 있을 것이다.

안식일

유대교의 가장 중요한 종교적 실천은 안식일을 지키는 것이다. 안식일은 금요일 해질 때부터 토요일 해질 때까지 지키는데 이 날은 하나님께서 6일 동안 세상을 창조하시고 7일째 날을 쉬라 하신 명령에 따라 지키는 것이다. 이 날에는 예배

외에 아무 일도 해서는 안 된다. 사람들은 목욕하고 가정에 모여 촛불을 켜고 식사를 하고 저녁예배에 참여한다. 회당 혹은 성전은 예배와 친교의 장소가 된다. 예배는 금요일 저녁, 토요일 아침 그리고 오후 세 차례 드려진다. 좌석은 높은 강단에 대면하고 강단에는 낭독대가 있고 토라 두루마리를 보관한 궤가 있다. 랍비는 토라를 꺼내서 읽고 해석도 한다. 안식일은 앞으로 올 평화를 상징하는데 메시야적 의미를 내포하고 있다.

유대인들의 결혼 및 장례식은 특수한 의식을 가지고 가정과 회당에서 행해진다. 시체를 나무관에 넣어 매장하는 것은 한국의 풍습과 비슷하다.

유대인들의 의식과 축제는 유대교적 의미를 가지는 음력을 따라 행해진다. 이 월력은 일반적으로 쓰던 전통적 월력(태양력)과 달리 유대인들이 이집트를 떠나던 달을 첫 달로 해서 이루어진 달력이다. 한 달은 29.5일로 윤달은 7년마다 추가된다. 유대인들의 절기와 축제일은 다음과 같다.

　　유월절, 니산월(Nisan, 유대력 1월, 양 3월 또는 4월)　　　　니산월
　　　　14일: 유월절 저녁
　　　　15일~21일: 유월절기
　　독립일, 이야르월(Iyyar) 5일(양 4월 또는 5월)
　　오순절, 칠칠절, 시반월(Sivan) 6일~7일(양 5월 또는 6월)
　　신년일, 나팔절, 티스리월(Tishri) 1일(양 9월 또는 10월)
　　속죄일, 티스리월 10일(양 9월 또는 10월)
　　초막절(장막절), 티스리월 15일부터(양 9월 또는 10월)
　　푸림절(에스더절), 아달월(Adar) 14일(양 2월 또는 3월)

유대인들에게는 성지 예루살렘으로 올라가는 세 절기가 있는데 유월절은 보리 수확 때, 오순절은 밀 수확 때 그리고 장막절(초막절)은 가을 과일을 수확하는 때에 열린다. 그중에 유월절(Passover, Pessach)은 이스라엘 민족이 이집트를 떠나기　　유월절
전날 밤 10가지 재앙 중 마지막 이집트인의 장자를 치실 때,

하나님의 사자가 문설주에 양의 피를 바른 이스라엘 집은 그 장자를 죽이지 않고 넘어 간 사실을 기억하는 절기다. 그것은 이스라엘 민족을 이집트에서 구원하여 해방시킨 해방 기념일을 뜻한다. 그날 이스라엘 백성들은 누룩 없는 떡(무교병: 마초트, Matgot)을 먹기 때문에 무교절이라고도 한다. 이때 유대인들은 쓴 나물과 양고기를 먹었다. 쓴 나물은 고난을 상기하며 양고기는 희생제물을 뜻한다.

무교병

오순절(Pentecost, Shavuot)은 유월절 다음날로부터 7주 후에 열리는(레 23:15) 절기로 회당은 꽃들로 장식되며 이 절기는 시내산에서 율법을 받은 일과 관련을 가진다. 기독교에서는 이 날에 성령이 강림한 성령강림절로 지킨다.

오순절

장막절(Tabernacles, Succat)은 이스라엘 민족이 광야에서 40년간 유리하며 지내던 고난의 때에 하나님께서 인도하시고 보호하셨던 것을 기억하여 예루살렘에 모여 초막을 짓고 지내기 때문에 초막절이라고도 한다. 이 날은 유대인들이 비를 오게 하는 기도와 죽은 자들을 위해 기도를 드리는 가을 추수감사제다.

초막절

위의 3대 절기 외에 부림절(Purim)이라고 하는 절기가 있는데 이는 유대인들이 페르시아에 지배받고 있을 때, 왕의 신하 하만이 유대인들을 대량학살하려고 음모를 꾸몄을 때, 유대인으로서 왕비가 되었던 에스더가 왕의 마음을 움직여 유대인을 구출했던 일을 기념하는 절기다. 그리하여 이 절기를 에스더 절기라고도 하며 오늘날 유대인들은 이 날 잔치를 베풀고 서로 예물을 교환하며 구제활동도 한다.

부림절

유대인들에게 또 하나의 절기가 있는데 나팔을 불며 율법을 받은 것을 기념하는 나팔절(Shofar)이다. 그런데 오늘날 유대인들은 로쉬 하샤나(Rosh ha-Shanah)라고 하여 옛 유대 달력으로 새해 첫날을 새 유대력 티스리월 1일(7월 1일)에 신년절(New Year's Day)로 지킨다.

나팔절

유대인들에게는 특별한 날이 또 하나 있다. 성스러운 날 중에 가장 거룩한 속죄일(Yom Kippur)이다. 유대인들은 속죄를 위한 여러 가지 제사가 있는데 매일 드리는 제사가 있고, 특별히 개인적 속죄를 위한 제사도 있다. 그러나 이 속죄일은 온 유대인이 속죄를 위하여 특별히 드리는 제사의 날이다(레 23:27). 그날은 티스리월(7월) 10일로서 안식한다. 속죄제사의 특징은 속죄염소 위에 모든 민족의 과거의 죄를 상징적으로 얹은 다음 그 속죄염소를 광야로 몰아낸다는 것이다. 오늘날은 옛날과 똑같이 희생염소를 사용하는 대신 새를 가져와서 회개자의 머리 주위에 세 번 돌리고 그 새를 잡아서 가난한 사람에게 준다. 엄격한 랍비들은 이것을 반대하지만 실제로 계속 행해지고 있다.

속죄일

　유대인들의 관습 중에 특이한 것들이 많이 있다. 유대인들은 기도, 예배, 결혼식 등 공동체 모임은 반드시 13세 이상 남자 10명 이상이 모여야 한다. 그 수가 하나님 임재의 정족수이기 때문이다. 집집마다 문설주에 나무나 쇠로 된 작은 상자를 하나 달아 놓는데 그 안에는 신명기 6:4~9 말씀을 넣어 두고 있다. 그 말씀은 이렇게 시작한다. "이스라엘아 들으라 우리 하나님 여호와는 오직 하나인 여호와시니 너는 마음을 다하고 성품을 다하고 힘을 다하여 네 하나님 여호와를 사랑하라 오늘날 내가 네게 명하는 이 말씀을 너는 마음에 새기고 네 자녀에게 부지런히 가르치며…또 네 집 문설주와 바깥 문에 기록할지니라."

　음식을 가려 먹는 것은 같은 구약을 경전으로 공유하고 있는 이슬람과 비슷하다. 예를 들면 네 발 가진 짐승 중 굽이 갈라지고 새김질하는 것은 먹되 돼지는 새김질을 하지 않기 때문에 먹지 않는다. 생선은 비늘과 지느러미를 모두 가지고 있는 것만 먹도록 되어 있어 새우젓 같은 것은 먹지 않는다. 모든 동물의 피는 먹지 않으며 우유제품과 고기를 함께 먹지 않는다. 이 같은 식생활의 까다로움은 유대인으로 하여금 다른 민족과 동화되지 못하게 하여 민족적 동질성을 유지케 하였으나 최근에는 상당히 자유로워져 가고 있으며 개혁파에서는 전면적으로 거부하는 편이다.

6. 현대의 유대교

현대의 유대교는 계몽주의적 영향의 정도에 따라 정통파, 보수파 그리고 진보적이고 자유스런 개혁파로 크게 나뉘어져 있다고 했으나 미국, 유럽 등 지역에 따라 차이가 있다. 이러한 분파보다도 더욱 주목을 끄는 것은 하시딤주의(hasidism), 곧 신비주의적 부흥운동이다. 이 운동은 18세기에 가난하고 교육받지 못한 폴란드와 우크라이나 유대인들에게서 발생하여 미국 및 이스라엘에까지 확산되었다. 이 운동의 창시자 이스라엘 바알 쉠 토브(Israel Baal Shem Tov, 1700~60)는 기도를 통한 열정적인 신앙과 헌신과 겸손의 삶을 가르쳤다. 이 운동의 근원은 종교개혁시대의 유대 신비주의 철학인 카발라아(Kabbalah: 전통)의 저술인 『세페르 예지라』(Sefer Yegirah)와 모세오경에 대한 신비적인 주석인 『조하르』(Zohar: 광휘)에까지 거슬러 올라간다. 그리고 현대의 대표적 지도자는 신학자요 철학자인 마틴 부버(Martin Buber)를 꼽는다.

무엇보다도 현대 유대교운동의 가장 큰 결실을 가져온 것은 시온주의(Zionism)라고 해야 할 것이다. 나치하의 600만 명의 유대인 학살, 공산치하에서 전 유대인의 4분의 1이 당하는 유물론, 무신론 사상의 압박, 이슬람 지역 그리고 기타 지역에서의 소수민족으로서 당하는 서러움과 피해, 이 모든 것들이 정착하여 자유롭고 평화롭게 살 나라를 세우려는 열망으로 뭉치게 하였다고 본다. 이 운동의 창시자는 핀스커(Pinsker)를 대표로 꼽으며, 현대 시온주의의 영적인 아버지는 아하드 하암(Ahad Ha-Am, 본명은 Asher Gingberg)이었다. 하시딤주의 출신인 그는 성지(Holy Land)귀환의 전제조건으로 영적인 부흥을 강조하였다. 그리고 마틴 부버 또한 정신적인 지주가 되었다. 고난당하는 유대인들에 대한 피난처를 구하는 정

치적 시온주의운동은 데오도르 허즐(Theodor Herzl, 1860~   허즐
1904)에 의해 영도되었고, 1897년 바슬(Basle)에서 열린 제1
차 시온주의자 회의에서는 영국의 위임통치 아래 있던 팔레스
타인에 대한 요구를 핵심 논제로 삼았다. 유대인들의 신앙뿐
아니라 경제력에 뒷받침된 1948년 5월 15일 이스라엘 국가의
설립은 아랍 이슬람의 거센 저항을 받는가 하면 기독교인들에
게서 성서적 예언의 성취로 해석되기도 하였다. 1967년 중동전   중동전쟁
쟁(6일 전쟁)으로 예루살렘을 회복하였다.

  오늘날 유대교는 또 하나의 난제에 부딪치고 있다. 성지로
돌아온 유대인과 아직도 전세계에 흩어져 남아 있는 유대인간
의 관계 문제다. 흩어져 있는 유대인은 유대교가 한 민족국가
의 민족종교로 전락하는 것을 경계하며 유대교의 세계적 보편
성을 강조하고 있다.

  유대인들은 유대교의 정체성(Identity)을 끊임없이 추구하
여 수천 년을 이어왔다. 때로는 내적으로 우상숭배로 타락하기
도 하고 때로는 외적으로 강한 힘에 의해 흩어지기도 하였다.
오늘날 유대교는 시대적 사조의 영향을 받아 유대교의 정체성
이 크게 위협을 받고 있다. 많은 신세대 유대인들은 정통신앙
을 거부하게 되고 물질적, 세속적으로 흘러 유대교의 울타리를
벗어나고 있다. 유대교 울타리 안에서도 신앙의 본질을 떠난
모습들이 두드러지게 나타나고 있다. 필자가 목격한 유대인 물
품 전매소의 물품들이 랍비들의 축복 마크에 따라 그 값이
3~4배, 심지어는 5~6배 차이가 나는 것을 보았다. 기복적인
신앙의 표현이라고 보여졌다. 이 같은 내적 변화와 외적 위협
속에서 유대교의 장래는 어떻게 되어질 것인가?

  최근에 기독교, 예수에 대한 유대인들의 연구가 부쩍 늘고
있다. 대체로 아직은 예수를 인간 예수로 보는 선을 넘고 있지
는 않으나 개중에는 대담한 접근을 하는 차원 높은 이론도 제
기되고 있다. 더구나 예수를 인간으로만 보는 기독교 자유주의
사상과는 아주 근접한 거리에 도달하고 있다고 본다.

부 록

Ⅰ. 동서양의 신관과 기독교의 신관 비교

A. 서양의 신관

1. 헤겔 이전의 신관

    서양철학사는 이성과 신앙 또는 철학과 신학, 이 두 가닥이 꼬아진 새끼줄과 같다고 해도 좋을 것이다. 이러한 현상은 중세, 근세에 걸쳐졌고 마침내 헤겔(Hegel)에 와서 일대 종합이 이루어졌다고 할 수 있다. 그리고 헤겔로부터 철학과 신학은 다시 여러 갈래로 갈라진다. 서구의 신개념은 이러한 철학과 신학의 변화를 따라 변천했다.
    희랍에 있어서 신화적 신들은 자연과 생명의 신비 속에서 태어나 점점 객관적 실재로서 인식되어져 숭배되고 이러한 신화적 신들은 깨어나는 희랍인들의 이성에 의하여 새롭게 반성되면서 형이상학적 개념과 결부되었다.
    탈레스(Thales)가 처음으로 신화적 신앙에 대해서 철학적 이해를 제기한 것을 서양철학의 시원(始源)으로 삼는 것은 다 공인하는 바이거니와, 과연 탈레스는 신에 대해서 어떠한 태도를 취했는가?

희랍 사람들의 신들은 대체로 다신적 자연신들이었다고 볼 수 있으며 그 바탕에는 범신사상(汎神思想)과 윤회사상(輪廻思想)이 흐르고 있어 그들의 종교사상을 특징지우고 있었다고 본다. 이성 이전의 시대에는 인간의 수호신인 지하의 데몬(δαιμόνιον)과 지상의 신들은 같은 성격을 가졌다. "데몬이 올림푸스의 신들로 변하게 되는 것은 태어나고 그리고 죽은 신들이 불사의 신으로 이행(移行)하는 것을 의미한다. 그것은 직접적인 생명의 체험으로부터 이데아(idea)에로의 추이(推移)인 것인데 전자가 직접적인 체험의 일반자라면, 후자는 객관화된 개별자라 하겠다."[1] "올림푸스의 신들은 이미 기능적인 것이 아니고 기본적 개성을 가진 인격적인 것이다."[2] 신, 자연, 인간의 원시적인 융합(融合)에서 분열되어 가는 모습을 볼 수 있다.

탈레스는 "그것으로부터 모든 사물들이 생겨나서 마침내는 그것으로 되돌아가는 제1원리, 원소 또는 실체는 물이다"라고 하면서 또한 "모든 사물에는 신들이 가득 차 있다"고 말하고 있다.[3] 이 두 가지 문맥에서 탈레스는 세계에 대한 이성적 설명을 하면서 동시에 신신앙(神信仰)을 그 안에 병행적으로 가지고 있는 것을 알 수 있다. 그러면 사물의 실체 또는 본질로서 물과 신과의 관계는 어떠한가? 동일한 것인가? 아니면 주종관계(主從關係)인가? 아니면 상관관계(相關關係)인가? 우리는 그것을 해명할 근거를 가지고 있지 못하다. 하여간에 그 둘은 탈레스에 있어서 같이 공존하고 있는 것만은 틀림없다. 아직 논리적으로 하나로 인식하는 것은 아니나 범신적인 사상이 밑에 깔려 있는 희랍에 있어서는 "신적인 것(to theion, τὸ θεῖον)과 자연(Physis, φύσις)은 하나라고 본다."[4]

아낙시만드로스가 무한자(to apeiron, τὸ ἀπείρον)를 원질(原質, arkche, ἀρχή)로 말할 때나 아낙시메네스(Anaximenes)가 원

---

1) 이정복, 『서양철학사 연구』(서울: 학문사, 1986), p. 14.
2) Ibid.
3) Cf. 에티엔느 질송, 『철학과 신』, 김규영 역(서울: 대조사, 1969), pp. 21~22.
4) 이정복, op. cit., p. 22.

질로서 무한한 공기는 신들과 신성한 존재들을 포함하여 만유의 제1원인이라고 말할 때는 점점 신과 형이상학이 더 밀접해지고 있는 것을 볼 수 있다. 이러한 경향이 피타고라스(Pythagoras)에서는 보다 논리적으로 수를 만물의 근원으로 설명하면서 수의 조화로 이루어진 우주는 영원하며 신적인 것이라고 한다. 밀레토스(Miletos) 학파와 피타고라스에서 볼 수 있는 이러한 범신론적 성격, 곧 자연과 신을 일치시키는 경향, 또 신을 형이상학적 원리와 일치시키는 경향은 스피노자(Spinoza)와 라이프니쯔(Leibniz) 그리고 피히테(Fichte)와 쉘링(Schelling)을 거쳐 바로 헤겔사상에서 다시 찾아볼 수 있게 된다.

엘레아(Elea) 학파의 선구자인 크세노파네스(Xenophanes)는 사람을 닮은 희랍신화의 신들을 부정(否定)하고 초월적인, 곧 자연을 넘어선(meta physikon) 유일신을 주장하기에 이르는데 인격신은 아니었다. 보다 논리적인 설명은 파르메니데스(Parmenides)에 와서 이루어진다. 그의 유(有), 곧 존재사상(存在思想) 속에서 신의 내적 경험인 종교적 표현방식은 철학적 영역으로 옮겨진다. 파르메니데스와 대조적인 입장에 서 있던 헤라클레이토스(Herakleitos)는 투쟁(鬪爭)을 만물의 아버지라고 말하면서 그것은 한 편에 신을, 다른 편에 인간을 만들고 끊임없이 흘러가 오직 있는 것은 만물유전(萬物流轉, panta rhei, πάντα ῥεί)뿐이며 그것은 바로 로고스(λόγος)의 운동이라 하였다. 그리고 만물은 투쟁 속에 조화를 이룬다고 한다.

같은 시대에 존재론적으로 대립되었던 파르메니데스와 헤라클레이토스에 있어서 하나의 일치점은 신의 문제를 형이상학적 영역에로 옮겨 놓고 있다는 점이다. 헤겔은 형이상학적으로 이 두 사람의 대립된 사상을 종합하였다고 볼 수 있거니와, 신론에 있어서 또한 이 두 사람의 일치점을 답습하여 신론을 형이상학 안에 내포시켰다고 보겠다.

다원론에 있어서는 원소의 다양함을 주장하여 만물의 본질을 새롭게 설명하면서도 신비주의에 머물러 있던 엠페도클레스

(Empedokles〈Rhizomata, 뿌리: 地, 水, 火, 風〉)와 아낙사고라스(Anaxagoras〈Spermata, 씨〉)의 시기를 지나 데모크리토스(Demokritos)에 이르러 모든 만물이 원자로 되었다는 유물론으로 발전하였다.

유물론에서는 물론 신을 부정하는 무신론으로 기울어지지만 이 것을 다른 각도에서 보면 무신론도 일종의 신론이라는 역설이 나올 수도 있다. 특히 범신론적 이론에서는 세계를 보는 출발점에 따라 신중심으로 볼 수도 있고, 물질중심으로 볼 수도 있는 것이다. 그러기에 헤겔의 후학(後學)에서 유물론이 나온 것은 자연스러운 일이었다.

소피스트(Sophists)시대를 거쳐 소크라테스(Socrates)에 이르면서 철학의 주제는 자연에서 인생에로 옮겨져 아르케($άρχή$), 곧 자연의 본질을 추구하던 형이상학적 인식의 대상이 이제는 아레테($άρετή$), 곧 인륜적 덕에로 바뀌었다.

자연세계의 본질적 원리였던 로고스는 이제 인간의 본질로서 문제가 된다. 소피스트들의 상대주의를 배격하고 개념적 참된 진리를 밝힌 소크라테스는 지행합일(知行合一), 즉 아는 것과 행하는 것의 일치를 가르치고 나아가 덕을 복의 개념에까지 연결시켜 덕복일치(德福一致)까지 주장하였다.

실제생활에서 그는 "너 자신을 알라"(gnothi sauton, $Γνῶθι$ $σαύτον$)는 문귀가 써 있는 델피(Delphoi) 신전에 가서 신적 존재(daimonion, $δαιμόνιον$)에게 신탁(信託)을 받았다고 한다. 그는 신들의 존재와 관습적 예배를 인정하였다. 희랍의 신들은 인간과 달리 힘이 더 강하고 능이 더하며 불사적인 점이 다르다. 그런데 호머(Homeros)나 탈레스의 세계 못지않게 사물은 신들로 가득 차 있다고 한 말은 탈레스 이후에는 플라톤(Platon)이 유달리 거듭했다.

그러나 스승 소크라테스에 있어서의 '개념'(槪念)을 실재화하여 이데아(idea)를 현상의 본체로 본 플라톤은 신들은 이데아들보다 열등한 것으로 보았다. 그러기에 플라톤의 선의 이데아는 최고신적인 모든 것을 갖추고 있지만 플라톤 자신이 그것을 신이라고 규정하지는 않았다.5) 플라톤의 제자 아리스토텔레스(Aristoteles)에 와서는 제1원인(제1질료) 또는 궁극목적(궁극형상)이 최고신으로 여겨진다. 아리스토텔레스의 순수형상(純粹形相)은 바로 부동의 원동자로서 신이며 또한 스스로 자기 자신의 사유활동을 즐기는 순수이성(純粹理性)이다. 이러한 아리스토텔레스의 사상은 소재를 주제로 하였던 탈레스와 데모크리토스의 사상과 "무엇인가?"를 이원적으로 생각하여 초월적인 형상을 문제로 하였던 플라톤과의 종합이라고 하겠거니와, "아리스토텔레스의 형이상학이 자연신학사에 있어서 획기적인 사건으로 된 것은 그 안에 제1철학의 원리와 신에 관한 관념과의 사이에 오랫동안 지연(遲延)되어 온 결합이 드디어 성취되었다는 사실이다."6) 그러나 "아리스토텔레스 철학의 중심은 존재론 또는 존재분석이고 생성론은 아니다."7) 헤겔의 사상은 이 아리스토텔레스의 일원적 존재론과 헤라클레이토스의 생성론의 종합이라고 볼 수 있다. 그의 신은 "단지 아래로부터 위로 연쇄적인 운동을 하여 최후에 상정(想定)된 것에 불과하다."8) 거기에는 참 근원의 자유성이 없고 다만 필연성이 있을 뿐이다. 이에 반해 헤겔에 있어서는 자유의 개념이 처음부터 강조된 점이 아리스토텔레스의 이상과 다른 점이라고 할 수 있다. 아리스토텔레스에게 있어서는 이러한 조화로서 지혜, 곧 중용(中庸)의 덕이 있을 뿐 신에 대한 종교적 예배는 없다. 이 점 또한 헤겔의 절대정신(絶對精神)에 있어서와 똑같다고 보겠다.

플라톤, 아리스토텔레스 이후 에피쿠로스 학파가 유물론적으로 기울어 신을 배격한 데 반하여 스토아 학파에서는 신을 내재적으로 이해하고 있다. 신을 공포의 대상으로 보아 부정적으로 대하며 원자(atom)의 운동으로 환원시키는 에피쿠로스 학파의 유물론이나 세계

---

5) Cf. 에티엔느 질송, op. cit., p. 42. 신학자 중에는 플라톤이 선의 이데아를 신으로 규정한다고 말하는 자도 있다. Cf. J.L. 니이브, 서남동 역, 『기독교 교리사』 (서울: 대한기독교서회, 1985), p. 52.
6) 에티엔느 질송, op. cit., p. 47.
7) 이정복, op. cit., p. 55.
8) Ibid.

를 신의 몸처럼 생각하고 세계 안에 그리고 인간 안에 신적 로고스의 지배가 이루어진다고 보는 유물론과 유신론이 결합된 범신론적 스토아 학파의 사상이 얼핏 대립적인 것 같으나 다 같이 신과 물질을 동일선상에 놓고 보는 점에서는 차이가 없다고 본다. 이와 같은 두 사상을 보다 조리 있게 정리하여 일원적으로 조화시키고 그들의 윤리적 성격과 종교적 갈망(渴望)을 신비적으로 보다 더 강화시킨 것이 바로 플로티노스(Plotinos)의 모든 것이 그로부터 유출되고 또 합일되어야 하는 일자유출론(一者流出論)이다. 신플라톤주의라고 불리워지는 플로티노스의 일자(一者) 또는 원일자(原一者)는 태초이며 바로 지선지미(至善至美)한 플라톤의 선의 이데아인 것이다. "그것(一者)을 플로티노스는 신, 선 또는 존재의 명칭으로 부르는 것조차도 부인한다."9) 그러나 플로티노스는 "그 일자는 모든 사물이다." 그리고 "그 일자는 실재를 이루며 실존은 그 일자의 역정(歷程)이다"10)라고 말한다. 그러나 "그 일자는 절대적으로 초월적이다."11) 이 일자가 헤겔에서는 정신(Geist) 혹은 이데(Idee)로서 그에게서 모든 것이 발전하고 또 그에게 귀환하는 신이 된다고 볼 수 있는 것이다. 플로티노스에 있어서 유출은 아리스토텔레스의 아래로부터의 형이상학을 뒤집어서 위로부터의 하향도(下向道)의 형이상학 또는 안으로의 형이상학이 된다. 이때에 유출작용은 물리적 필연성을 가지며, 의지적 금욕과 사유와 직관의 힘에 의한 영혼의 정화, 곧 일자와의 합일로 이루어지는 구원의 상향도(上向道)사상은 윤리적 필연성을 가진다. 여기서 일자와의 합일(extasis)의 신비사상은 종교적 범신사상의 성격을 잘 드러내 주고 있다. 헤겔의 사상 속에서 플로티노스의 형이상학적 범신론의 모습을 찾아 볼 수 있다. 그러나 종교적 범신론의 성격은 받아들이지 않았다고 보겠다.

무(無)로부터는 아무것도 생기지 않는다(ex nihilo nihil fit)는

---

9) The Univ. of Chicago, *Great Books*. 2(Chicago: Encyclopaedia Britanica, Inc., 1989), p. 394.
10) Ibid.
11) Ibid.

생각을 가진 희랍에서는 신마저도 자연을 완전히 벗어나지 못하는 존재였다. 신은 자연과 연관해서만 말할 수 있었다. 신이 언제나 "무엇인가?"로만 물어졌다. 이러한 분위기의 끝에서 초대 기독교의 교부 터툴리안(Tertulian)은 신을 몸을 가지고 있는 신으로 설명했다. 기독교 신학이 자연을 초월한 창조적, 인격적 신을 믿고 있으면서 왜 또 어떻게 그것을 희랍철학을 빌어서 설명하였는가? 믿는 사회에서는 믿는 신으로 족하지만 이성적 사회에서는 믿는 신도 이성적 신으로 변신(incarnate)하지 않으면 안 되었다. 이러한 변신은 신앙적 내용도 이성적으로 알 수 있고 설명할 수 있다는 전제가 없이는 불가능하다.

아우구스티누스(Augustinus)는 플로티노스의 사상에 접하여 인간의 내적인 빛을 하나님이 비추어 준 하나님의 빛과 일치시켜 여기에 근거(根據)하여 그는 신을 설명했다. 그는 믿음으로 확신하는 지식(진리)에서 이성으로 아는 지식(진리)에로 설명해 나갔다. 그는 자기 존재 확신에서 신 존재 확신으로 끌고 갔다. 신앙과 이성의 결합, 그것은 결국 자기 존재를 토대로 해서 그리고 자기 마음의 소리를 기점으로 해서 신에게로 올라가는 길이었다. 물론 신의 빛을 전제한 점에서 신중심(god-oriented)이라고 할 수 있으나 세밀히 말하면 그것은 형이상학적 이성과 신앙적 이성의 결합이라고 말할 수 있을 것이다. 희랍의 다신들보다는 기독교의 유일신이 훨씬 더 형이상학적 제1원인과 결합시키기가 쉬었다. 이러한 입장은 안셀무스(Anselmus)가 계승(繼承)했다. 그의 존재론적 신증명(ontological proof)은 개념의 실재를 주장한 플라톤의 형이상학에 토대해서 시도된 것이다. 토마스 아퀴나스(Thomas Aquinas)는 한 걸음 더 나아가 자연에 토대하여 신을 설명했다. 그것은 물론 아리스토텔레스의 자연철학을 수단으로 한 것이었다. 그는 창조된 것으로부터 미루어 신을 인과론적(因果論的) 또는 목적론적(目的論的)으로 설명했으며 모든 존재를 계층적(階層的) 구조로 설명했다. 이러한 중세의 존재론적 신론 또한 헤겔에게서 계승된다고 본다.

이와 같은 신앙과 이성과의 결합은 끝내 유명론자(唯名論者)들에 의해 붕괴(崩壞)되었다. 로스켈리누스(Roscelinus)로부터 싹튼 유명론(唯名論)은 둔스 스코투스(Duns Scotus), 오캄(Occam)에 이르러 그 위력이 드러났다. 오캄의 이중진리설(二重眞理說)은 이성적 신학을 붕괴시켰으며 스코투스의 의지의 하나님은 피조물을 초월한 절대적 자유의 하나님을 내세우게 되었다. 헤겔의 자유개념의 근원적 뿌리의 한 가닥을 여기서 찾아야 할 것이다.

이러한 철학의 신학으로부터 분리, 곧 이성의 신앙으로부터의 해방은 근세 합리주의(合理主義)의 도래를 초래하게 하였다. 중세의 신학은 철학과 결합된 결과 끝내 실재론(實在論)의 테두리를 벗어나지 못하였지만 그러나 끝까지 예배와 기도의 대상으로서 신의 자리를 지켜 주었다. 아우구스티누스에게 있어서 신은 가장 위대하시고 거룩하신 예배의 대상이었고, 안셀무스에게 있어서 논리는 신을 향한 기도였고, 아퀴나스에게 있어서 신은 역시 깊은 기도의 대상이었다. 그러나 신학으로부터 해방된 근세철학은 이제 점점 그 모습을 달리해 나갔다.

근세 합리주의의 시조로 여겨지는 데카르트(Descartes)는 신앙을 일단 괄호 안에 넣어 유보(留保)해 두고 순수한 이성만의 사색(思索)을 시작했다. "나는 생각한다. 고로 나는 존재한다"는 그의 명제에 토대하여 실체론적(實體論的) 신증명(ontological proof)을 통해 신의 현존을 나타낸 그의 신관은 아우구스티누스에게서부터 볼 수 있었던 것으로 중세적 테두리를 온전히 벗어나지는 못하였으나 데카르트에게 있어서 신은 이미 창조주로서의 신이 아니고 하나의 본질의 신이 되었다. "데카르트의 신은 죽은 채 낳아진 신이었다."[12]

데카르트에 앞서 브루노(Bruno)에게서 보다 더 근세의 형이상학적 특색이 선구적(先驅的)으로 나타나고 있는 것을 볼 수 있다. 그에게 있어서 우주는 무한하며 신은 이 우주를 활동시키는 생명이다. 신은 능산적(能産的)이며 우주는 소산적(所産的)이다. 일체의 사물은 모두 신의 발현(發顯)이므로 모든 사물은 그대로 완전한 것

---

12) 에티엔느 질송, op. cit., p. 97.

이다. 신은 자연을 만들어내는 힘으로서 이 자연의 내부에 있으며 그 속에 비록 악이 있다 하더라도 일체의 모순대립은 신에게서 통일되고 조화되어 있는 것이다. 또한 우주는 더 이상 나눌 수 없는 단자(單子, monade)로 되어 있고 신은 이 개개의 단자를 관철하며, 각개의 단자는 신을 반영하는 소우주가 된다. 모든 것은 동일한 신의 생명의 발현이며 일체는 아름답고 살아 있는 것이다.

이러한 브루노의 사상에서 후대의 스피노자(Spinoza)의 범신론(汎神論), 라이프니쯔의 단자론(單子論)의 원형을 발견하게 되거니와, 이것은 중세적 초월신을 자연에까지 끌어내려 헤겔이 흠모(欽慕)하였던 희랍철학의 범신론을 보다 새로운 모습으로 재연시키고 있다고 볼 수 있다. 전통적 신앙을 거부한 스피노자는 "그 본성의 필연성에 의해서만 존재하고 활동하는[13] 신은 자연 이상의 아무것도 아니다. 오히려 그는 자연 그 자체이다. 신 즉 자연(Deus Sive Nature)이다"[14]라고 하였다. 이러한 스피노자의 자유인(自由因)인 내재적 원인(causa immanens)으로서의 신사상은 신의 자기표현이 동력적 운동이라는 점에서 차이가 있기는 하지만 후에 헤겔사상에 가장 강력한 영향을 주게 되었다.

경험론자(經驗論者)들 중에는 신에 대해 불신적 또는 회의적 태도를 취한 자도 있었고 버클레이(Berkley) 같은 성직자도 있었다. 버클레이는 신은 어떤 정신이요 신 이외의 모든 정신의 존재는 실은 신으로부터 나온다고 하였다. 그러나 근세의 뉴톤(Newton)을 비롯한 여러 과학자들과 로크(Locke)를 비롯한 경험론자들은 허버트 경(Herbert von Cherbury)으로부터 시작된 이신론(理神論, deism, 自然神論)을 따르고 또 발전시켰다. 그러나 헤겔에 있어서 이러한 초월신론은 계몽주의(啓蒙主義)사상과 더불어 비판의 대상이 되었다. 루소(Rousseau)는 헤겔을 사로잡은 인물이었고 레씽(Lessing)은 헤겔의 팬이었다. 쉘링과 함께 프랑크푸르트에서의 가장 가까운

---

13) Cf. Spinoza, *Ethics*, First Part of God, Prop. 17, 29.
14) Cf. 에티엔느 질송, op. cit., p. 108.

친구였으며 자유 동맹회원이었던 횔더린(Hoelderlin)은 희랍의 아름다운 것의 조화에 대한 경험을 헤겔에게 깨우쳐 주었다. 신적인 것의 차원과도 동일한 이 아름다운 것의 차원은 실천적 의무보다 상위에 있는 것이었다.[15] 칸트(Kant)의 도덕종교(道德宗敎)사상은 헤겔에게서 이어졌지만 그의 요청적 초월 신관은 헤겔의 날카로운 비판을 면치 못하였다. 칸트를 넘어서서 이성과 자유를 통일하여 생과 사랑을 신개념과 일치시킨 피히테(Fichte)의 사상과 쉘링의 동일철학은 각각 헤겔의 베른과 프랑크푸르트시대에서 종교사 연구의 기본원리로 받아들여진다. 그러나 이들의 원리까지도 다시 넘어서서 드디어 헤겔은 자기의 변증법적(辨證法的) 체계에서 독특한 신관을 이루게 된다.

2. 헤겔의 신관

코플스톤(S.T. Coplestone)이 그의 철학사에서 "그(헤겔, G.W.F. Hegel, 1770~1831)의 철학은 언제나 신학이었다. …그의 주제는…절대자 또는 종교적 용어로 신이었다"[16]라고 말한 것처럼 헤겔의 신개념이 헤겔사상 전체의 중심내용이 되고 또 그 생명이 되어 있어 헤겔의 신개념은 바로 헤겔의 변증법(辨證法)의 전체과정 자체가 되어 있다.

헤겔에 있어서 "신은 정신, 곧 절대정신이다"(Gott ist Geist, der Absolute Geist).[17] 절대정신이란 개념이 『정신현상학』에서 변증법적 특성을 가진 신적 개념으로 태동되기까지는 헤겔의 청년기, 곧 베른, 프랑크푸르트 그리고 예나시대의 형성과정기가 있었다. 초기의 신개념은 베른에서의 이성과 자유의 개념에 토대해서, 프랑크

---

15) Cf. Otto Poeggeler, hrsg., *Hegel*(München: Verlag Karl Alber Freiburg, 1977), S. 14.

16) F. Copleston, *A History of Philosophy*, Vol. VII(N.Y.: Image Books, 1965), p. 160.

17) G.W.F. Hegel, *Vorlesungen Über die Philosophie der Religion*, I(Frankfurt: Surkamp Verlag, 1969), S. 94.

푸르트에서는 '개념'(Begriff)의 자기전개 속에서의 주객대립의 논리적 통일과 사랑의 실천적 통일작용을 일치시켜 통일로서 존재, 생, 정신으로 나타났다.[18] 이 신은 절대자로서 우리가 요청하는 존재일 뿐 아니라, 우리가 인식할 수 있는 존재라고 하여 헤겔은 칸트와 쉘링을 넘어섰다. 그리고 헤겔은 생의 개념에서 사랑의 개념을 통하여 형이상학과 역사를 재치있게 결합시키면서 이성과 현실의 결합을 이룩하였다. 헤겔은 요한복음 4:24에 나오는 영($\pi\nu\varepsilon\hat{u}\mu\alpha$)이라는 말을 정신(Geist)으로 번역하면서[19] 변증법적 개념으로 발전시켰다. 예나에서 이 정신의 변증법적 체계가 완성되었다. 『정신현상학』에서는 헤겔은 "…지식의 다양한 확증활동의 변증법에 따라 의식의 구조를 도출해 내고 인간정신의 실제적 역사와 자기의식의 역사를 의식의 형성사로 대치시키려고 한다."[20] 헤겔에 있어서 역사는 정신의 자기전개, 곧 자기를 실현해 가는 과정이 된다. 그리고 주관적 정신과 객관적 정신의 통일로서 절대정신의 의식은 예술에서의 형상, 종교에서의 표상적 이념으로서 신 그리고 철학에서의 절대정신 또는 절대지로서 나타났다.

『종교철학강의』에서의 역사적 종교의 발전단계는 『정신현상학』의 그것과 약간 다르게 그리고 더 세밀하게 나타났다. 종교적 진리는 직접적인 것이긴 하나 절대정신의 절대적 진리의 차원의 것이기 때문에 감성 또는 오성단계(悟性段階)의 자연종교에서도 초감성적 의식이 나타났으며 영원자(永遠者), 보편자(普遍者)가 그 내용이 되었다. 그리하여 첫째 단계 자연종교에서의 신은 자연력, 실체로서 나타났다. 헤겔은 이러한 자연종교에서의 신을 범신으로 규정했다. 둘째 단계로 필연성의 단계, 곧 자기의식적 이성의 단계에서의 정신

---

18) Cf. 박영시, "헤겔의 종교사 연구"(충남대학교 대학원 석사논문, 1974).

19) G.W.F. Hegel, *Frühe Schriften*, Werke Bd., I (Frankfurt: Surkamp Verlag, 1971), S. 382.

20) Otto Pöggeler, hrsg., *Hegel*(München: Verlag Karl Alber Freiburg, 1977), S. 64. Cf. Hegel, *Phänomenolgie des Geistes*(Hamburg: Verlag Von Felix Meiner, 1952). S. 67.

적 개성종교에서의 신은 숭고한 신, 미적·정신적 신, 합목적적(合目的的) 오성의 신으로 나타났다. 셋째 단계에서는 절대정신은 계시종교로서 기독교의 삼위일체신(三位一體神)으로 나타났다. 자연종교에서의 정신은 다만 본질의 외적 또는 내적인 추상적 통일로서만 나타났고, 예술종교에서는 정신은 다만 내적인 자아가 주관적 형태를 가지고 추상적, 논리적 인격성으로 나타날 뿐이었다. 예술종교에서의 인격성은 국가에서 정의의 추상적 보편성을 얻기까지는 하였으나 역시 그 안에는 논리적 정신의 본질적 실재성, 곧 절대적 이념은 결여하고 있다.

종교적 의식은 자연종교와 주관종교에 이어 신적 계시의 절대적 종교에로 발전했다. 헤겔은 기독교의 삼위일체론, 곧 부신(父神), 자신(子神), 성령(聖靈)의 관계를 개념의 세 계기의 형태에 맞추어 설명하였다. 본질적 존재가 자기를 비워 드러냄으로 대자적 존재, 곧 타자 속에서 자기 자신을 아는 지식의 단계를 자기 계시자로서 부신(父神)으로 보고, 정신으로서 절대적인 본질을 자신 속에서 드러내는 끊임없는 운동으로서 계시된 자로서 독립된 자기 존재를 자신(子神), 곧 로고스로 보고 그리고 즉자대자적(卽自對自的) 통일적 존재로서 절대정신은 모신(母神)의 사랑의 통일에서 이루어져야 하는 것으로 보았다. 기독교, 곧 종교적 공동체의 실체는 사랑이다. 그러나 이 같은 종교적 공동체는 아직 절대지(絕對知)에 속한 자아의 발전으로서 진리의 산물이 아니라고 헤겔은 말했다. 헤겔에 있어서 종교는 진리의 최고의 표현이다. 그러나 개념으로 지적으로 파악되지 아니한 표상으로 얻어진 신들, 곧 의인적(擬人的) 자연신들, 예술에서의, 곧 정신종교에서의 형상적 신들, 절대종교에서의 계시종교, 곧 기독교에서의 삼위일체의 인격적 유일신은 철학에서의 절대지로서 파악된 자기인식적 절대정신이 되지 않으면 안 된다고 헤겔은 주장하였다.

헤겔은 이성으로서 정신의 운동과정의 목적은 절대개념이요 또한 절대지이며 이것은 차별의 총체를 총포괄(總包括)하는 무한자의 개념을 얻게 했다. 결국 헤겔에 있어서 모든 학의 왕관으로서 철학에서의 절대자로서 절대정신을 절대신으로 본다면 그 신은 변증법적 과정 전체라고 해야 할 것이다. 헤겔은 인간의 정신은 이 절대신, 이 정신, 이 무한자, 이 신을 생각할 수 있고 또 생각하지 않으면 안 될 뿐 아니라, 정신이 그와 같이 생각하지 않으면 안 되는 것은 참으로 실재하지 않으면 안 된다고 주장했다. 여기서 헤겔의 사상은 그 정점에 도달했다.[21]

3. 헤겔의 신에 대한 신학적 비판

헤겔에 있어서 신은 정신 또는 절대정신으로 표현된다. 변증법적(辨證法的) 운동 안에서 절대정신인 신은 철학과 종교 사이에서 많은 문제를 제기하고 있다. 헤겔은 그에 앞선 모든 신관들을 비판, 수용하면서 자기의 독특한 신관을 형성하였는데 그의 신개념은 현대의 신관들에 다양한 영향을 끼쳤다.

역사적으로 신관은 다양하게 나타났다. 자연신들과 신화(神話)의 신들, 곧 다신론(多神論, Polytheismus), 신을 자연으로부터 초월시킨 이신론(理神論, Deismus), 초자연적, 신비적, 인격적 신을 부정하는 무신론(無神論, Atheismus), 신에 관한 것은 알 수 없다고 부정적 태도를 고수하는 회의론(懷疑論, Skeptizismus), 이에 대해 적극적으로 인격적 유일 절대의 창조의 신을 주장하는 기독교의 유신론(有神論, Theismus), 이 모든 신관들이 다양하게 헤겔 당시에 전승되어 왔다. 헤겔은 그러한 앞선 모든 신관들을 그의 신개념의 변증법적 발전과정의 계기로 수용한다.

헤겔 이후에는 포이에르바하의 인본주의적(人本主義的) 무신론으로부터 현대 영미(英美)의 기독교 신학자들의 절대 관념론 또는 인격적 관념론이 지난 날의 신관에 이어 나타난다. 그런데 오늘의 무신론적 유신론 또는 유신론적 무신론이라고밖에 표현할 수 없는 극단적 자유주의(自由主義) 신학자들의 신관이 어느 것 하나 헤겔적

---

21) Cf. 박영지 "헤겔의 신관에 관한 연구"(충남대학교 대학원 박사학위 논문, 1992).

신개념의 영향을 직접, 간접으로 받지 않은 것이 없다고 볼 수 있다. 그런데 윌리암슨(Williamson)은 헤겔의 신관에 대해 두 가지 의미있는 질문을 제기한다.[22] 첫째는 헤겔의 신관이 유신론 또는 이신론, 인본주의적 무신론 또는 범신론 중 어느 하나로 규정할 수 있는가 하는 것이다. 헤겔 자신이 그러한 신론들을 자주 비판했음에도 불구하고 많은 사람들이 자주 헤겔의 신개념을 그 어느 하나로 이해 또는 해석해 왔기 때문이다. 헤겔의 좌우파들이 그 대표적인 사람들이다. 다양한 견해들이 난립하는 것이 바로 헤겔의 신개념의 난해성을 반증하는 것이거니와 그럴수록 더욱 헤겔의 사상, 곧 그의 신개념을 분명히 파악할 필요성이 요청된다.

둘째의 질문은 헤겔의 종교철학이 어떻게 정통적 기독교의 개념으로, 즉 헤겔의 주장이 어떻게 기독교의 사상으로 여겨질 수 있는가 하는 것이다. 이것은 달리 표현해서 헤겔의 철학 안에서 종교적 신앙은 그 본래적인 종교적 특성을 유지하는 것인가, 아니면 그 특성을 완전히 상실하는 것인가 하는 문제이다. 하나의 새로운 교리가 생긴 것인가, 아니면 기독교의 신앙이 그 안에 여실히 살아 있는 것인가? 이러한 헤겔의 모호한 신관에 대한 바른 견해가 요청된다.

헤겔의 해석자 중에 헤겔의 신개념을 유신론(有神論)[23] 초월신개념(超越神槪念)으로 이해하는 사람들은 먼저 헤겔이 스스로를 루터교 신자로 자처한 것을 토대한다. 그러나 보다 더 확고한 근거를 그들은 헤겔의 주요 저술과 강의록에서 찾았다. 절대정신의 삼계기

---

22) R.K. Williamson, *Introduction to Hegel's Philosophy of Religion* (N.Y.: State Univ. of N.Y. Press, Albany, 1984), p. 199f.

23) 신의 존재를 부인하는 무신론에 반대하여 신의 존재를 주장하는 것. 좁은 의미로는 이신론(理神論)에 반대하여 세계를 창조하였을 뿐만 아니라 영원히 세계를 지배하는 인격적인 신을 주장하는 입장. 범신론에 반대하여 변화하고 생멸하는 세계를 초월한 초자연적인 존재가 신이라는 것을 주장하는 입장. 불가지론에 반대하여 계시에 의한 신의 체험을 주장하는 것. 좁은 의미로서 유신론은 주로 기독교의 유신론(Theism, 영문 표기에서 첫자를 대문자로 쓴다)을 뜻한다. 이것은 다 같이 신의 존재를 인정하지만 다신론(polytheism)이나 단일신론(henotheism)과 구별하여 일신론(monotheism)이라고도 한다. 본문에서는 주로 좁은 의미로 쓰여진다.

(三契機) 중에 보편으로서 절대정신은 절대자존적 존재요, 행위와 속성의 근원으로서 주관, 곧 자기계시자이다. "절대자 곧 영원한 관념은 그의 영원성에 있어서, 곧 세계 창조 이후의 세속 밖에 존재하는 즉자대자적(卽自對自的)인 신이다"[24]라는 표현은 분명히 헤겔이 그의 신개념을 기독교의 유신론에 일치시킨 것이라고 본다. 개념의 삼계기, 곧 주관적 개념, 객관, 이념에서도 똑같이 보편성과 특수성과 개별성을 연관시켜 논한다. 그러나 헤겔은 이신론적 초월주의, 곧 계몽주의적 신성을 추상적, 공허한 것으로 배격하였다. 그리고 헤겔의 절대지 개념은 분명히 전통적 예배의 대상인 인격적, 유신론적 신과는 다르다. 전통적 유신론에는 절대신과 창조된 세계 사이에 결정적인 존재론적 차이가 놓여 있다고 보는 점에서 분명히 헤겔의 절대지는 전통적 유신론으로 볼 수 없다고 우리는 결론짓는다.

초월적 존재를 배격하는 입장에서 무신론[25]은 단순한 초월적 존재를 배격하는 것으로 보는 헤겔의 입장과 대치한다. 스트라우스(Straus)에게서 시작된 비신화화 사상은 포이에르바하(Feuervach)의 투사론(投射論)을 거쳐 인본주의적 무신론으로 발전하였다. 그것은 분명히 헤겔에서 그 뿌리를 가진다. 여기서 헤겔은 무신론으로 해석된다. 코제브(Kojeve), 세아(Shea), 크로체(Croce), 핀들래이(Findlay), 민(Min) 등이 이 부류에 속한다. 그러나 대체적으로 헤겔의 사상을 무신론으로 보려는 견해들은 헤겔의 발전 과정 그리고 회귀(回歸)의 전체의 모습을 보지 못하고 발전의 현실적인 결과만을 단절해서 보는 데서 생긴 오해라고 볼 수 있다. "만일 헤겔의 철학

---

24) G.W.F. Hegel, *Phil. d. Religion*, II. S. 213.
25) 신의 존재를 부인하는 철학상 또는 종교상의 입장. 여하한 뜻에서의 신도 인정하지 않는 철저한 무신론과 신이 있다고 해도 사람으로서는 인식할 수 없다는 불가지론적 무신론으로 구분된다. 그러나 현대에는 정치적 무신론(political atheism)을 비롯해서 카알 마르크스(K. Marx)의 전투적 무신론, 신학자들의 신의 죽음의 무신론, 프로이드(S.Freud)의 심리분석적 무신론, 니힐리즘 같은 유사 무신론 등 수많은 다양한 무신론들이 나타나고 있다. 본문에서는 주로 스트라우스-포이에르바하(Straus-Feuerbach)로 이어져 가는 인본주의적 또는 인간학적(anthropological) 무신론이 문제시 된다.

이 무신론이라면 헤겔의 철학 안에서 자기 계시의 개념은 그 자리를 찾을 수 없게 된다"[26]고 우리는 본다.

헤겔의 신개념은 유신론적 성격과 무신론적 성격을 둘 다 가지고 있어서 단순한 유신론도, 단순한 무신론도 아니었다. 그렇다면 양이론의 극을 피해서 종합으로서 초월성과 추상성이 하나로 통일된 범신론[27]이 아닌가 하는 견해가 강하게 나타났다. 그러나 헤겔은 스피노자의 범신론을 추상적 통일로 강력히 거부하였다. 그럼에도 불구하고 유물론자들뿐 아니라 기독교 신학자들이 더욱 헤겔을 범신론자로 비판했다. 스트라우스(Straus), 딜타이(Dilthey), 톨룩(Tholuck), 뤼트게르트(Luetgert), 빠레트(Barrett), 밀러(Miller), 판넨버그(Pannenberg), 가드푸레(Godfrey), 슈미트(Schmidt), 키에르케고르(Kierkegaard), 포멀로(Pomerleau) 등이 그 대표적인 인물들이다. 그러나 대체로 만유내재신론자(万有內在神論者)들은 헤겔을 단순한 범신론자로 볼 수 없다고 보았다. 한스 큉(Hans Küng)은 "엄격한 의미에서 모든 것을 신으로 만드는 범신론이라고 말하지 않는 게 좋다"[28]고 한다. 우리는 만유내재신론자들의 견해에 주의해야 한다.

헤겔의 사상을 유신론, 무신론, 범신론 등 다양한 신론들의 혼합으로 보려는 하트숀(Hartshorn), 전통적 범신론과 인본적 무신론의 조직적 조정으로 보려는 웨스트팔(Westphal), 헤겔의 좌우 양

---

26) R.K. Williamson, op. cit., p. 228.
27) 유신론처럼 신과 자연과의 관계를 질적으로 다른 것이라 보지 않고 자연의 모든 것이 신이라 하고 그 속에 대상을 인정하지 않는 입장. 종교가 품고 있는 신비적 경향 또는 형이상학적 문제를 이론화해서 자연이나 세계를 보편적인 신이라는 원리로서 통일하려는 철학적 범신론과 이와는 달리 모든 것에 통하는 것이 신이라 하고 범아일여(梵我一如)를 주장하는 인도의 종교적 범신론이 있다. 모든 것이 신이라면 다(多)의 차별이 인정되어 무세계론이 되며 선악 진위의 구별도 없어지고 가치의 실현을 지향하는 인격의 자유로운 활동도 무의미하게 되나, 주로 인간의 내면적, 신비적 생활을 강조하여 관념론적 사상에 큰 영향을 주었다.
28) Hans Küng, *Does God Exist?*, trans. by Edward Quinn(N.Y.: Progress Publishers, Inc., 1975), p. 136.

파의 중립의 위치에 서서 기독교의 입장을 보전하려고 한 것으로 보려는 화켄하임(Fachenheim) 등 총종합적(總綜合的) 견해들은 헤겔의 사상을 만유내재신론(万有內在神論)29)으로 보는 견해에로 이끌어졌다. 물론 헤겔 자신은 이 용어를 사용한 적이 없으나 이 개념의 특징은 헤겔의 사상에 대응시키는 데 가장 적합하고 무난하다.

만유내재신론과 헤겔사상 사이에 신은 하나이며 통일이며 참된 실재라는 점에서 일치한다. 특히 범신적 통일이 아닌 점에서 일치한다. 창조의 개념에 있어서도 양자는 다 같이 신의 자기발전 또는 자기운동, 자기외화(外化)의 의미를 가지는 점에서도 일치한다. 그들은 다 같이 영원한 창조자다. 나아가 양자의 신비적 성격에도 일치한다. 다 같이 초월적이며 내재적이다.

코플스톤은 차별 속에서의 통일개념을 강조하면서 헤겔사상이 너무 모호해서 성공적이지는 못하지만 만유내재신론을 의도한다고 하였으며 휘테모어(Whittemore)는 분명하게 헤겔을 만유내재신론자로 보았다. 그는 세계는 신 안에 있으나 신은 세계로 격하되지 않는다고 보았다. 한스 큉도 "헤겔은 경험세계를 신격화 하지 않았다. 그는 마치 유한자가 단순히 무한자 속으로 흡수되는 것같이 모든 것을 신으로 만들지 않았다. 오히려 우리는 넓은 의미에서 만유내재신론이라고, 신 안에 모든 존재가 생동적으로 통일되는 것이라고 확실히 단언할 수 있다"30)고 하였다.

헤겔의 사상이 만유내재신론으로 규정될 수 있다 해도 헤겔 철학에 있어서 절대종교에서 철학에로의 변증법적 운동, 곧 절대종교

---

29) 이신론이나 초월신론처럼 세계를 신의 외부에 조정하고 또 범신론처럼 세계 그 자체를 신의 현현으로 생각함으로써, 신을 세계 안에 소멸시키지 않고 만유는 신 가운데 있으며 신에 의하여 포함되어 있다고 하는 사상. 한편 만유내재신론은 유출설(emanationism)과 통용되기도 한다. 만유내재신론(Panentheismus)이라는 용어는 헤겔보다 11년 뒤에 태어나 예나, 베를린 대학 등에서 가르친 철학자 크라우제(Karl Christian Friedrich Krause, 1781~1832)가 처음으로 사용한 용어로 알려진다. 통상으로 만유신론으로 표현하고 있으나 만유내재신론 또는 만유신내주의로 표현함이 그 뜻이 더 분명해진다고 본다.

30) Hans Küng, op. cit., p. 136.

인 기독교의 신에서 철학의 절대지에로의 옮김은 하나의 다른 독특한 교리를 형성한 것이 아닌가 하는 것은 여전히 하나의 문제로 남는다. 만일 하나의 새로운 신앙적 교리가 된다면 그것은 유신론적 재래의 기독교를 배격하는 것이 될 뿐 아니라, 이제까지 논증해 온 만유내재신론 자체도 소용이 없는 것이 되어 버린다.

명백히 헤겔 자신은 철학적 진리와 종교적 진리는 다른 것이 결코 아니고 다만 그 표현방법이 다를 뿐이라고 역설하였다. 그렇다면 과연 헤겔의 사상을 만유내재신론으로 규정하고도 기독교의 유신론적 특성이 보전되는가? 형식의 차이에서 오는 내용의 차이는 과연 없는가? 화켄하임은 신앙적 표현에서의 신적 주도와 인간적 수납이라는 이중활동성의 형식과 사유에서의 단일활동성의 형식에서 진리가 두 개로 보이는 것을 문학적 상징표현에서 오는 오해라고 하면서 기독교의 진리는 변함없이 보전된다고 주장한다. 그러나 코플스톤은 두 진리는 다르다고 보았다.

포멀로는 헤겔의 절대자 개념은 유대 기독교적, 인격적, 초월적 신개념과는 차이가 있다고 본다. 키에르케고르와 판넨버그도 헤겔의 사상에서는 개별성이 사라진다고 말하면서 강하게 반발했다. 슈미트도 헤겔의 사상체계를 변증법적 범신론으로 규정하면서 역시 차이를 주장했다. 큉 또한 헤겔의 신성의 개념은 인격적 영역을 피해 나간 것이라고 하면서 차이를 말했다.

휘테모어는 초월의 개념을 전통적 개념으로 좁게 규정하면 두 사상은 같다고 볼 수 없으나 넓게 규정한다면 헤겔의 절대적 인격 개념31)에서 동일점을 인정할 수 있는 것으로 보았다. 화이트헤드(Whitehead)와 하트숀은 신의 이중축(二重軸)개념을 가지고 신의 형성적 일자임을 주장하면서 동일성을 지지한다. 그러나 이 견해도 판넨버그, 칼 바르트(Karl Barth), 한스 큉 등에 의해 논란이 되고 있다. 결국 헤겔의 사상을 만유내재신론으로 보는 견해에도 대별해

---

31) Absolute Persoenlichkeit(Hegel, *Phän.*, S. 345). Cf. Konkrete Persönlichkeit(Hegel, *Phil. d. Religion*, II. S. 233).

서 인격적 견해와 비인격적 견해로 나뉘어진다.

그런데 헤겔이 이 진리를 종교적으로 나타내고자 할 때 얼마나 새롭고도 더욱 적절한 표현이 되었는가 하는 것은 기독교의 교설(教說)을 어떻게 비신화화(非神話化, demythologization)[32] 했는가 하는 것으로 가늠할 수 있다. 다른 한편 화켄하임은 비신화화라는 용어 대신에 변신화화(transmythologization) 또는 종교적 진리의 변용(transfiguration)[33]이라는 표현으로 헤겔의 작업을 설명한다. 다시 말하면 표상으로 표현된 종교의 진리를 개념 또는 정신으로 설명하는 헤겔의 철학적 작업을 비신화화 또는 변신화화라고 저들은 이해 또는 해석하는 것이다. 현대의 비신화론자들은 두 부류로 나뉘어진다. 첫째는 불트만(Bultman)과 같이 종교적 진리의 표현에 있어서 신화나 상징을 제거하려는, 곧 신화적 언어를 현대적 또는 일상적 실존의 언어로 바꾸려는 자들이고, 둘째는 신화는 굳어져 있고 표면적으로만 그 가치가 받아져서 종교적 진리의 오해가 생기기 때문에 전래의 신화를 배제하기를 원하지만 종교적 표현에 있어서 신화와 상징의 필연성을 인정하고자 하는 자들이다. 이 필연성은 종교는 존재론적으로 궁극적인 것에 관계하며 인간의 궁극적인 존재와의 관계에 관한 것인데, 유한한 언어는 궁극적인 것을 완전히 포착할 수 없고 다만 신화와 상징을 통해서 암시할 수 있을 뿐이기 때문에 불가피한 것이다. 고로 이들은 보다 더 정확한 진리의 이해와 발견을 위해서 옛 신화와 상징은 효과 있고 의미 있는 현대적 신화나 상징으로 바꾸지 않으면 안 된다고 한다. 이들을 가리켜 재신화론자(再神話論者, remythologizers)라고 한다.

비신화론이 헤겔에게 적합한 이론이 아닌 것은 분명하다. 왜냐하면 헤겔은 종교에서 신화와 상징을 제거하려고 하지는 않기 때문이다. 또한 재신화론도 헤겔에게 적합한 이론이라고 볼 수 없다. 왜냐하면 헤겔은 종교에서 신화를 바꿀 필요를 느끼지 않았기 때문이

---

32) R.K. Williamson, op. cit., p. 296.
33) Ibid.

다. 자연종교로부터 절대종교인 기독교에 이르기까지 신화와 상징과 예배의식을 가진 종교적 삶은 인간 삶의 중요하고도 본질적인 것으로 남아 있어야 할 절대적인 것이다. 신화와 상징을 통해서 신인관계의 진리가 표현된다. 그리고 예배를 통해서 그 진리는 실천적으로 주어지며 또 생활 속에서 실현된다. 그리하여 헤겔은 "고로 철학이 종교를 드러낼 때에 철학은 오직 자기를 드러내며 또한 철학이 자기를 드러낼 때에 철학은 종교를 드러낸다"[34]고 하였다. "고로 종교는…철학에 필수적이다. 왜냐하면 철학에서 그 완전한 표현을 가지는 진리는 종교 없이는 알려지지 않으며 경험되지 않기 때문이다."[35] 그러나 헤겔은 또한 종교는 진리를 명백하게 전달하기에 부적합한 종교적 신화적 표현의 차원을 넘어서지 않으면 안 된다고 한다. 이것이 화켄하임이 헤겔의 작업을 종교의 변신화화(變神話化)로 해석하려는 이유이다. 이것은 신화를 버리는 것이 아니라 진리의 종교적 표현을 진리들보다 더 분명하게 형성하는, 보다 높은 차원의 철학적 언어에로 고양시키는 것을 의미한다. 이 변용은 종교적 진리를 다른 새로운 진리로 바꾸는 것을 의미하는 것이 아니라 같은 진리를 다른 각도에서, 곧 새롭고 더 깊은 측면에서 보자는 것이다. 고로 헤겔은 새로운 교리의 창설자가 아니라 종교적 진리를 새롭게 더 깊게 이해하고 나타내고자 하는 것이며, 신을 정신으로 삼고자 하는 것이라고 한다.

폴 틸리히(Paul Tillich)[36]는 신 위의 신을 말한다. 그것은 헤겔의 절대정신의 개념에 매우 가까이 접근한 것이라고 볼 수 있다. 틸리히는 "유신론적 신을 실재의 주객적 대립의 구조 속에서 객관화된 존재로, 다만 실재 전체의 한 부분으로 그리고 나쁜 신학"(bad theology)[37]으로 보았다. 대조적으로 "유신론적 신 위의 신의 수납

---

34) G.W.F. Hegel, *Phil. d. Religion*, I. S. 28.
35) R.K. Williamson, op. cit., p. 297.
36) 틸리히(Paul Tillich)는 하이덱거(M. Heidegger)의 존재사상을 신학에 적용한 사람이라고 본다. 그의 신은 '높이'가 아니라 '깊이'요 '중심'이며 모든 존재의 근거이며 의미요 존재 자체로서 비존재에 항거하는 '존재의 힘'이라 한다.
37) R.K. Williamson, op. cit., p. 297.

(受納)은 우리를 역시 부분이 아닌 것, 곧 전체의 바탕이 되는 것의 부분으로 만든다."38) 왜냐하면 이것이 존재 자체로서 신인식(神認識)이기 때문이다.

헤겔과 틸리히는 다 같이 기독교에서 이 진리를 발견할 수 있다고 보았다. 그리하여 그들은 기독교를 전통적인 좁은 유신론으로 보게 되는 것을 피하여 헤겔은 절대정신으로, 틸리히는 '존재의 기반'(基盤)으로 표현하는 것이다. 헤겔의 경우 그것은 사유에서 기독교적 신인관계를 재정립한 것이라고 본다. 그것은 신인관계의 종교적 진리를 버리는 것이 아니고, 신성을 가진 완전한 일자(一者)로서 절대종교에서 계시된 진리를 다만 재파악한 것이다. 화켄하임도 헤겔을 최후의 종교의 진리를 재정립한 자로 보고 헤겔이 범신론과 무신론적 인본주의의 양극단으로부터 기독교를 보전하려는 중도적 입장을 취하였다고 주장한다. 그러나 코플스톤이나 테일러(Taylor)는 기독교가 헤겔에 의해 보전되었다고 보지 않는다. 왜냐하면 그와 같은 중도적 방법으로 재형성된 기독교신앙은 유신론으로 간주(看做)될 수 없기 때문이다. 더 나아가 코플스톤은 헤겔이 다른 교리나 사상을 형성하려고 의도하지는 않았다는 것을 인정하지만, 헤겔 자신의 평가와도 달리 신개념의 부정, 자연주의의 후기운동에서 이루어지는 과정, 실증주의 그리고 신의 죽음의 신학에 이르는 상당한 발전으로 여겨지는 모호한 입장을 발전시켰다고 한다.39)

결과적으로 그는 신을 신 위의 신, 곧 절대정신으로 하나의 새 교설을 소개한 셈이며, 따라서 비유신론적 철학을 발전시켰다고 본다. 코플스톤과 테일러는 기독교의 비신화론을 신의 죽음의 신학에서 나온 기독교의 비신학화론(非神學化論, detheologized)의 차원에서 언급한다. 비신학화론은 기독교는 헤겔에 의해 비신학화되어 기독교의 모든 본질이 사라졌다고 한다. 헤겔은 다만 그 자신의 철학의 수단(手段, vehicle)이 되도록 조직적으로 해석된 기독교를 수

---

38) P. Tillich, *Courage to Be*(Glasgow: Collins, 1962), pp. 180~81.
39) Cf. R.K. Williamson, op. cit., pp. 298~99.

납(受納)한다.

인격적 관념론자 프링글 패티슨(A.S. Pringle Pattison)[40]은 헤겔의 사상을 만유내재신론으로 이해하면서도 절대자의 신적 인격성을 강조하여 반정립(反定立)으로서 신의 과오를 제거함으로 신의 도덕성을 회복하려고 하였다. 그리하여 "패티슨은 기독교의 주요교리들은 적당히 재해석된다면 그의 만유내재신론에 다 내포될 수 있다고 주장한다." 그리고 "기독교의 정신은 유대적 초월적 신성의 견해를 요구하지 않고 오히려 그의 본성을 세상과 함께 하는 헤겔의 신관념을 요구한다"[41]고 한다. 그러나 이러한 패티슨의 입장에 대해서 오웬(Owen)[42]은 "프링글 패티슨의 기독교에 대한 자의적 재해석은 기독교의 곡해이다"[43]라고 비평한다. 같은 인격적 관념론자 중에 하나인 미국의 호킹(Hocking)[44]은 유한한 하나님이라는 관념을 거부하면서 하나님은 절대자보다 열등한 것일 수 없다고 주장한다. 그리고 하나님의 개념 안에서 "절대자는 인격성과 도덕적 특성의 수준에까지 이끌려 올려진다"[45]라고 주장한다. 그리고 인격은 우리가 실재 안에서 발견하게 되는 비인격적 측면을 포괄할 정도로 깊고 넓으며 이와 함께 인격을 넘어 또는 그 위에 무엇인가가 있을 수 있다는 가정은 명백하게 부인된다고 주장한다.[46] 인격적 관념론의 영국

---

40) 패티슨(Andrew Seth Pringle Pattison, 1856~1931)은 자신의 필명을 취한 1989년 이후에는 안드류 세트(Andrew Seth)로 알려졌다(Macquarrie, p. 49). 그는 초기에 *Hegelianism and Personality*를 썼고(1887), 1912년에서 1913년에 걸쳐 행한 Gifford Lecture를 *The Idea of God in the Light of Recent Philosophy*라는 제목으로 1920년 출판했다.

41) Cf. A.S.P. Pattison, op. cit., pp. 144, 408.

42) H.P. Owen은 King's College, University of London의 교수로 *Concepts of Deity*(London: Macmillan, 1971) 외에 신론에 관한 여러 권의 책을 저술했다.

43) H.P. Owen, op. cit., p. 97.

44) 혁킹(William Ernest Hocking, 1873~1964)은 1914년부터 1943년까지 Harvard대학의 교수로 재직하였다. 저서 *The Meaning of God in Human Experience* (New Haven: Yale Univ. Press, 1912)가 있다.

45) W.E. Hocking, op. cit., p. 207.

46) Ibid., p. 334.

신학자 웹(Webb)⁴⁷⁾도 그의 저서 『신과 인격성』(*God and Personality*)에서 말하기를 최고선이 귀속되는, 아니 오히려 영원한 상호교제 속에 존재하는 최고선인 인격들을 넘어 저 위에 비인격적인 그 어느 것도 존재하지 않는다"⁴⁸⁾고 강변(强辯)한다. 그리고 "하나님 한 분 외에는 선한 이가 없느니라"(막 10:18)라는 성경의 예수님의 말씀을 인용하면서 "비인격적 선은 불완전하고 추상적인 어떤 것처럼 보인다"⁴⁹⁾라고 말한다. 그리고 그는 "신적 인격성의 만족할 만한 변호는 종교적인 체험의 사실에 기초한다"⁵⁰⁾고 말하면서 종교체험, 곧 사랑과 용서의 기독교에서의 하나님은 인격적이며⁵¹⁾ 모든 것을 포괄하는 절대자와 동일하다고 주장한다. 웹은 면모나 역할을 암시하는 라틴어 페르조나(persona)⁵²⁾는 사회적 관계나 능동적인 활동성의 사상을 강조하며, 같이 인격이라는 말로 쓰여지는 휘포스타시스(ὑπόστασις)라는 희랍어는 독립적이며 근본적으로 불변적인 개별성을 강조하는 말이라고 설명한다.⁵³⁾ 그런데 기독교에서의 삼위일체론의 사상에는 중보자의 개념이 들어 있어⁵⁴⁾ "인격성에 관한 우리들의 주요문제에 어떤 빛을 던져 줄 것이다"⁵⁵⁾라고 말하면서 이 중보자 개념은 하나님 자신 안에 인격적 관계가 있음을 나타내는

---

47) 웹(Clement C.J. Webb, 1865~1954)은 1918년에서 1919년에 걸쳐 애버딘 대학에서 행한 "신과 인격성"이란 주제의 강연(Gifford Lecture)을 통해서 절대자와 신과 인격성을 조화시키려고 했다. 저서 *God and Personality*(London: George Allen & Unwin LTD., 1934).

48) Ibid., p. 238

49) Ibid., p. 239.

50) Ibid., p. 272.

51) 본래 기독교의 삼위일체 교리에서 사용하는 '인격'이라는 말은 희랍어의 프로소폰(πρόσωπον)이라는 말로서 '얼굴'을 뜻한다. 이 말은 라틴어 페르조나(Persona: actor's mask의 뜻)와 희랍어 휘포스타시스(ὑπόστασις, stand under 또는 an assumed position의 뜻)와 동의어로 사용되어 왔다(Cf. Webb, op. cit., p. 46, *Analytical Greek Lexicon*, Happer).

52) Ibid., p. 546.

53) Ibid., p. 54.

54) Ibid., pp. 163, 166, 171, 177ff, 194, 211.

55) Ibid., p. 171.

것으로 성부, 성자, 성신의 삼위는 각각 개별적 인격자(a person)로서 삼신이 되는 것이 아니고[56] 이 지고자는 인격적인 분으로 최고의 인격적 활동성, 곧 지와 사랑의 활동성을 가져 인격과 인격이 더불어 교제를 가지는 자라고 한다.[57] "이것은 바로 유한한 정신들의 원형이라고 말하여질 수도 있다."[58] 그리하여 "우리가 하나님과 인격적으로 관계를 맺으며 서 있을 수 있다"[59]는 사실이 가정된다면 인격적 하나님에 대해 언급하는 것이 가능하게 되는 것이다. "이 인격적 관계는 하나님과 동일함을 주장하는 거만함도 아니요, 그 안에서의 비참한 굴종도 아니다. 다만 불멸성의 신앙을 지닐 수 있게 되는 유일한 토대이다."[60]

인격은 세 측면이 있다. 곧 비교제성(incommunicability), 자기의식(self-consciousness) 그리고 의지(will)가 그것이다. 그리하여 인격성은 언제나 개별성(individuality)과 연관된다. 그러나 다른 한편 "인격은 이성적 개별자 또는 개별적 마음(a rational individual or an individual mind)을 뜻한다."[61] 이러한 인격은 홀로 존재하는 것이 아니고 교제의 대상으로서 타자, 곧 다른 인격을 전제한다. 인격은 다른 인격과의 관계 속에서만 존재하는 것이다. 고로 인격은 사회경험 안에서는 배타적이지만 종교경험 안에서는 상호포괄적인 것이다. 그리하여 종교 안에서 하나님은 우리 안에, 우리는 하나님 안에 거하는데 이 경과 안에서의 독특성(distinctness)과 진정한 인격적 관계가 가능한 상태로 거한다.

웹은 헤겔이 인격이라는 개념을 일관성 없이 사용하고 있다고 지적하고[62] 헤겔에게서 사변적으로 가볍게 처리되는 도덕에서보다

---

56) Cf. Ibid., p. 272.
57) Cf. Ibid., p. 238.
58) J. Mcquarrie, 『20세기 종교사상』, 한숭홍 역(서울: 나눔사, 1989), p. 61.
59) Webb, op. cit., p. 73.
60) Macquarrie, op. cit., pp. 61~62.
61) Webb, op. cit., p. 93.
62) Cf. Ibid., p. 52.

종교에서 더 특징적인 것으로 나타나는 죄의 용서의 문제를 중요시 여기면서 도덕성이, 곧 최고선의 개념이 부여된 인격적 절대신을 주장하였다.

우리는 이제까지 헤겔의 신개념과 직접적인 찬반의 관계를 가지는 신관들을 살펴보았다. 이제 이 글을 끝맺기 전에 기독교신학의 한 큰 줄기를 이루고 있는 자유주의자들 또는 실존주의적 신학자들의 신관을 살펴보는 것이 결론을 맺음에 유익할 줄 안다. 여기서 여러 사람들의 다양한 신관들을 다 살펴볼 수는 없기 때문에 대체로 여러 실존주의적 신학자들의 신관들을 종합하려고 했던 하인리히 오트(Heinrich Ott)[63]의 신개념을 살펴봄으로써 전체를 대신하고자 한다. 오트는 초월신론자 칼 바르트(Karl Barth)의 제자이면서 바르트와 대립되었던 비신화론자 불트만(Bultman)의 제자이기도 하다. 그리하여 그는 그 두 신학자의 사상을 조화시키려고 하면서 초월신을 배격한 『신에게 솔직히』의 저자 로빈슨(Robinson)과 대화의 신을 가르친 부버(Buber)와 라너(Rahner)의 중심개념인 '중간' 개념을 포함하여 실존적 인격신을 내세웠다. 폴 틸리히가 하이데거(Heidegger)의 존재개념을 신학에 도입하여 비인격적 존재의 힘으로서 신 위의 신을 내세운 데 반하여, 오트는 하이데거의 후기사상을 신학에 도입하여 그의 신개념의 기초로 삼아 기도 속에 실존적으로 나타나는 인격성을 무신적, 반신적(反神的) 현대인에게 살아 계신 하나님으로 내보여 주었다.

그의 신은 전통적 유신론도 아니고 전통적 형이상학적 또는 존재론적 어떤 신개념도 아니다. 그러니까 실체적 어떤 신도 아니고 어떤 사변적 신개념도 아니다. 오로지 그의 인격적 대화신학으로부터 탄생된 기도의 응답으로 나타나는 계시, 곧 언어의 신이라고 할 수 있을 것이다. 이러한 신은 기존의 사상의 주입이나 증명 같은 기계적인 의미에서가 아니라 각 사람이 근본적으로 겪을 수 있는 하나

---

[63] 오트(Heinrich Ott, 1929~), 그는 바젤(Basel)에서 바르트(K. Barth)의 교수직을 이어받았다. *Der Persoenliche Gott*(1969), *Gott*(1971) 등의 저술이 있다.

의 근본경험(Grunderfahrung) 또는 원초경험(Primärerfahrung)
이다. 그것은 신비적인 것, 초월적인 것 등의 차원에 대한 개방적인
태도, 곧 종교성에서 나타나는 것이다. 다시 말하면 마음대로 할 수
없고, 붙잡을 수 없고, 보이지 않는, 체험할 수 없는 것에 대해서
한 걸음 물러서서 기도할 때 나타나 응답하는 자, 그가 곧 신인 것
이다. 언어 속에서 인격적으로 만나지는 신이다. 이 신은 바로 우리
생활, 곧 역사 속에서 사건을 일으킨다. 이것이 바로 라너의 우리
시대에 있어서 침묵하시는 하나님에 대한 경험이며 본회퍼
(Bonhoeffer)의 하나님 없는 것처럼 행동하는 성숙한 인간에게 나
타나는 신의 역사(役事)라고 할 수 있다. 이것이 바로 하나님이 인간
이 되셨음을 의미하는 것, 곧 예수가 이웃사람됨(Mitmenschlichkeit)
을 뜻한다. 이것이 바로 본회퍼의 십자가의 신학(Cross-Theology),
곧 세계에서의 하나님 고난에 참여하는 것이다. 실체가 아닌 인격[64]
으로서 신은 만남, 관계, 곧 중간(Zwischen)이며 그것은 하나의 과
정 중에 있는 것이며 세상 안에서(in-der-Welt) 또는 세상 곁에서
(bei-der-Welt) 나타나는 것이다. 이러한 인격적인 하나님과의 만
남이 신앙의 구조요 곧 하나님 앞에서의 삶(Coram Deo)이다. 인격
의 상호성[65] 속에서 가지는 원경험(Ur-Erfahrung),[66] 곧 나ㅡ확
실성과 너ㅡ확실성의 이 최고의 확실성 속에서 충실과 신뢰가 나타
난다. 이 같은 인격적 행위, 곧 "전인격적 결단 속에서만 하나님이
인식된다."[67]

우리는 오트에게서 헤겔에 대한 직접적 어떤 비평을 찾지 않았
다. 그러나 우리는 적어도 가장 현대적인 오트의 신관을 헤겔의 신
개념에 비교해 봄으로써 헤겔의 신개념을 보는 우리의 안목을 넓힐
수 있다고 본다. 비교 자체가 하나의 비평적 역할을 수행한다고 본

---

64) Cf. H. Ott, 『살아 계신 하나님』, 김광식 역(서울: 대한기독교서회, 1977), p. 61.
65) Ibid., p. 57.
66) Ibid., p. 60.
67) Ibid., p. 69.

다. 관념론적 또는 소위 존재론적 논리로서 그 특성을 가진 헤겔사상에 있어서의 신개념과 실재적 인격신으로서 살아 계시다는 오트의 대화의 신 사이에는 상당한 성격적 차이를 느낀다. 다 같이 무신론이나 전통적 초월적 유신론의 영역, 나아가 범신론의 영역까지 벗어난 점에서는 일치하는 것을 볼 수 있다. 그러나 결과적으로 이루어진 신관에 있어서는 헤겔의 신은 사변적 철학적인 것임에 반해, 오트의 신은 생동적이고 종교적이다.

전통적 기독교의 삼위일체의 개념을 재해석하고 있는 점에서, 더욱이 스스로 기독교인임을 자처하고 있는 점에서도 그들은 일치하나, 이미 우리가 앞에서 살펴본 바와 같이 헤겔의 신은 만유내재신이라고 볼 수 있는 데 반하여 오트의 신은 필자의 견해로는 인간학적 유신론 또는 유신론적 인간학이라고 보고 싶다. 물론 여기서 필자가 오트의 견해를 따른다는 것은 아니다. 다만 헤겔의 체계 또는 그의 신관보다 새로운 또 다른 신관이 현대의 무신론적 또는 반신론적 상황에서 현대인에게 어필되고 있다는 사실을 지적하고 싶을 따름이다.

이제 우리는 마지막으로 총정리를 해야 하겠다. 총정리를 함에 있어서 헤겔의 신개념을 헤겔의 입장에서 충분히 이해하면서 철저히 파헤친 『헤겔의 신개념』(Hegel's Concept of God)의 저자 쿠엔틴 로어(Quentin Lauer)[68]의 견해를 소개하면서 마무리할까 한다. 로어는 헤겔의 신개념에 대해 242페이지에 걸쳐 깊고도 방대하게 논한 후에 스스로 다음과 같이 요약하였다.[69] "헤겔의 사변적 논리는 구체적 절대자의 실재를 확인함에 있어서 그 필연성에 대한

---

68) 로어(S.J. Quentin Lauer)는 미국 헤겔학회 회장이며 영국 헤겔학회 명예회원이다. 그리고 Fordham Univ.의 교수이다. 그의 저서로는 *Phenomenology: Its Genesis and Spirit*, *Edmund Husserl: Phenomenology and the Crisis of Philosophy*, *Hegel's Idea of Philosophy of Spirit*, *Studies in Hegelian Dialectic* 그리고 *Hegel's Concept of God*(Albang: State Univ. of N.Y. Press, 1982) 등이 있다.
69) Ibid., p. 243.

좋은 실례를 만들어 냈다. 이 구체적 절대자 없이는 그 어떤 실재도 결코 잡아내지 못한다. 헤겔의 이성적 사색이 애써 확인한 절대자는 종교적 의식의 신앙적 대상인 신 이외의 다른 것이 아니다. 헤겔의 사변적 노력은 이성적 사유와 구체적 실재의 궁극적 통일을 이루어 냈다. 철학적 사유에 의해서 정신으로서 그 진정한 의미를 갖게 되었다. 왜냐하면 정신이야말로 자기 사유의 실재가 될 수 있는 유일한 사유이기 때문이다. 이것은 차별의 총체를 총포괄하는 무한자의 개념을 얻게 했다. 마지막으로 인간의 정신은 이 절대자, 이 정신, 이 무한자, 이 신을 생각할 수 있고 또 생각하지 않으면 안 될 뿐 아니라, 정신이 그와 같이 생각하지 않으면 안 되는 것은 참으로 실재하지 않으면 안 된다는 것이다. 여기서 헤겔의 사상은 극치를 이룬다."

이 같은 헤겔의 신개념에 대한 로어의 설명을 통해서 우리는 "헤겔 철학의 전체가 신개념 속에 쌓여 있다"[70]는 사실을 확인할 수 있다. 그런데 "아마도 문제는 헤겔이 신학을 너무 철학화해서 신앙을 버리게 되었다는 것이 아니라, 오히려 헤겔은 철학을 그만큼 신학화해서…철학은 신앙, 곧 신앙의 내용을 버릴 수 없게 되었다는 데 있다."[71] 이 말은 로어가 '연속성'(continuity)[72]이라는 용어를 가지고 그의 철학 곧 이성적 사유와 종교 곧 기독교의 신앙과의 관계를 설명하는 것과 같은 뜻을 가지는 말이다. 다시 말해서 기독교의 삼위일체신과 헤겔 철학의 절대지와의 관계에 있어서 연속성이 그 안에 존재한다고 보는 것이다.

로어는 우리가 신앙을 합리화할 수 있다고 헤겔이 말한 곳은 아무 데도 없다고 강조한다.[73] 다만 헤겔이 참으로 말하고 있는 것은 만일 이성이 오래 힘들여 신앙의 내용을 탐구하면(look at) 이성은 신앙의 내용을 합리적으로 받아들일 수 있을 뿐 아니라, 합리적 필

---

70) Ibid., p. 11.
71) Ibid.
72) Ibid., p. 263f.
73) Cf. Ibid., p. 11.

연성도 발견할 수 있다는 것이다. 만일 그렇지 못하다면 이성은 이성으로서 자격이 없다는 것이다. 그러니까 종교적 경험은 결코 비합리적인 미신이 아니요 또는 초합리적인 것도 아니라는 것이다. 오히려 『정신현상학』이 명백히 밝힌 바와 같이 종교적 경험은 절대지가 되는 과정 속에서의 경험행위의 골수요 연장이라는 것이다. "헤겔에 있어서 사유는 이성의 대상 또는 내용에 대한 경험이다."[74] 그러므로 종교적 경험, 곧 신앙은 절대자의 내용 곧 신을 표상 속에서 사유하는 하나의 사유의 형태라는 것이다. "그가 말하고 있는 것은 신앙을 이해함에 있어서 우리는 논리적 확인(긍정)을 발견한다는 것이다."[75]

헤겔의 사유세계는 종교에 뿌리박고 있다. 그렇다고 철학이 종교에 굴종되는 것은 아니다. 신앙뿐 아니라 최고의 유일한 대상, 곧 참 절대자로서 신의 존재에 대한 철학적 지를 위해서 오히려 헤겔은 양자의 깊은 공통되는 기반을 철학적으로 조명하고자 한 것이라고 로어는 결론짓는다.

로어는 "'종교'의 '신'과 '절대지'의 '절대자'와의 동일화를 전적으로 찬성한다(appreciate fully). 헤겔의 종교철학은 신, 즉 종교의 대상의 철학이다."[76] 그러면 절대지에서 종교는 버려진 것인가, 격하시킨 것인가? 아니면 절대지는 종교를 따른 것인가(dictate)?[77] 철학은 종교를 버리는 것이 아니다.[78] "오직 사유(thinking)가 앎(knowing)일 때 마음은 만족한다."[79] 고로 지양(aufhebung)이란 버리는 것도 격하도 아니고 완성 또는 정당화라고 로어는 말한다.[80] "이것이 말하는 것은 철학 자체는 종교의 한

---

74) Ibid., pp. 11~12.
75) Ibid., p. 282.
76) Ibid., p. 41.
77) Ibid., p. 57.
78) Ibid., p. 215.
79) Ibid., p. 36.
80) Cf. Ibid., p. 36, 57f.

형태, 최고의 형태, 신의 예배라는 것이다."[81] 유한한 사유, 이성, 정신의 무한한 실재에로의 고양(Erhebung)도 초자연적 올리움을 말하는 것이 아니다. 그것은 단순히 사유의 산물이 개별적 유한한 주관의 활동성 이상이라는 것을 말할 뿐이다. 거기에 "유한한 주관과 무한한 주관성 사이에 연속성이 존재한다"[82]는 것이다. "만일 신을 무한한 이성 곧 절대정신과 동일화하는 것이 가능하다면, 그러면 신은 그의 존재와 행위에 있어서 최고의 이성이요 무한한 이성이라고 말하지 않으면 안 된다."[83]

헤겔의 절대지(絶對知)는 신앙 위의 신앙이요 헤겔의 신은 신 위의 신이다. 사유하지 않는 단순한 신앙은 참된 신앙이 아니요 눈 먼 신앙이다. 인간은 사유의 능력을 통하여 헤겔이 무한한 정신의 지식과 동일시하고자 했던 이성적 신앙을 가질 수 있다고 믿었다. 그러나 종교적 언어는 언제나 표상적이기 때문에 진리는 오류(誤謬)로 인도되기 쉽다. 그리하여 헤겔은 기독교의 상징에서 잃어진 것이나 곡해된 것을 바로 세우려고 하였다. 그리하여 정신의 개념에서 신선한 상징을 이루어 냈다. 헤겔은 그것을 상징으로 보지 않고 철학적 개념으로 보았으며 그 안에서 절대종교의 진리가 재발견되리라고 믿었다. 이러한 헤겔의 작업은 '변신화화'(變神話化)라는 개념으로 등장하였다. 그것은 '재신화화'(再神話化)에 불과할 수도 있다. 종교 위에 있는 철학에서의 신의 고양체(高揚體)로서 절대지를 어떻게 이해할 수 있을까? 헤겔의 사상적 특성에 토대해서 볼 때 그것은 분명히 최고의 운동성, 곧 자연운동뿐 아니라 지적 행위, 표상행위 그리고 자유로운 실천행위를 다 포함하는 것이다. 그렇다면 헤겔의 신은 종교 위의 철학에서의 절대지를 표상적 신의 고양체로 볼 것이 아니라, 오히려 청년기로 되돌아가 종교적 인격신을 철학 위에 두는 것이 타당하지 않을까 한다. 로어도 헤겔이 청년기에 가졌던 기독교와 기독교적 신에 대해서 가졌던 문제를 말기에 와서

---

81) Ibid., p. 36.
82) Ibid., p. 264.
83) Ibid., p. 324.

버렸다고 보았다.[84]

　자연과 예술에서 표상되어 정립된 신은 이성에 의해 반(反)정립되어 개념적으로 나타나 형이상학적 신으로 나타나고, 이것은 다시 자유의지적 사랑에 의해 실천적으로 종합, 통일되어 인격신으로 나타난다고 보는 것이 청년기 형성과정에 따르는 보다 더 순리적인 것이 아닌가 한다. 그것이 헤겔의 신개념의 변증법적 성격, 나아가 헤겔의 변증법 자체의 성격을 보다 완전하게 체계화시킬 수 있는 것이 아닐까 한다. 여기서 그의 신개념의 모호성은 사라지게 된다고 본다. 헤겔의 이성이 실천성을 그 특징으로 한다고 할 때 더욱 절대지라는 표현보다는 인격신으로 표현하는 것이 모호성과 혼란을 피하고 그의 변증법을 보다 더 완전하게 하는 길이 되리라고 생각된다. 실천의 주체인 인격은 대상을 전제한다. 그러나 인격은 대상을 통일한다. 고로 인격은 통일자로서 존재한다. 사실 헤겔의 절대지는 그 성격상 이성적이라기보다 인격적, 실천적 종합자의 성격이 그 내용으로서 더 강하게 들어 있는 것이라고 본다. 헤겔 자신도 절대적 인격 또는 구체적 인격을 절대지에 상응하는 개념으로 표현한 바 있다. 여기서 헤겔의 신개념에서 약화된 신의 도덕성도 보다 강하게 살려낼 수 있다고 본다. 인간의 최고특성을 인격이라 할 때 신의 최고표현 형식도 인격으로 되지 않으면 안 될 줄 안다. 여기서 헤겔의 신에서 약화된 신의 종교성과 도덕성이 회복되리라고 본다.
　이제까지 살펴본 대로 서양의 철학적 신관들은 헤겔이나 헤겔을 비판하는 입장이나 다 같이 창조자로서, 인격적 절대자로서의 신개념과는 거리가 있는 것을 볼 수 있다. 다만 일부 신학자들이 이에 대항해서 전통적 기독교의 성서적 인격신을 주장하고 있다.

---

84) Cf. Ibid., p. 326.

4. 헤겔 이후의 신관

스피노자의 실체의 일원론에서는 대립은 전체로서 실체의 속성으로 해소시킨다. 반면에 피히테의 주체의 일원론에서는 스피노자의 〈죽은 실체 개념〉을 넘어서 살아 있는 〈자유의 체계〉를 수립하였다. 스피노자의 정적(靜的)인 범신론을 동적(動的)으로 발전시킨 것이다. Hölderlin은 대립분열의 원인을 인간주관의 사유의 판단으로 보고 절대적 통일로서 〈존재〉에서 주객대립을 지적직관으로 해소한다.[85] 하나에서 두 개의 대립이 나오는 것을 〈절대자로부터의 타락〉(des Heraustreten ausdem Absoluten)으로 보고[86] 이같은 모순율과 배중율을 위반하는 문제를 논리적으로 해결할 수 없음으로 지적직관이라는 방법으로 해결한다. 이에 대해 헤겔은 처음에 야코비(Jacobi)를 따라 믿음에 근거해서 신을 표상으로 처리하여 대립문제를 해소하다가 무차별적 통일로서의 존재를 논리적-존재론적(logisch-ontologisch) 해결책을 모색한다. "한 실체에 상반되는 두 대립자가 붙어 있으면 그 실체는 자기 동일성을 보전하지 못하고 파괴될 것이다. 그래서 헤겔은 우선 피히테적, 쉘링적 사유를 따라 이런 통일을 활동성 내지 능동성으로 파악한다."[87] 그리고 더 나아가 정신(Geist)의 정반합 발전 체계를 형성하였다.

헤겔과 같이 슐라이엘마허(F. E. D. Schleiermacher)도 사변을 매개로 하여 역사를 철학체계와 연관하여 해석하며 전체성이라는 철학적 주제를 추구해 나간다. 전체성의 문제를 헤겔과는 다른 방법으로 인간 정신의 진보와 연관해서 다룬다. 슐라이엘마허는 전체성은 헤겔에서와 같이 보편적 이성이 자기 정당화의 과정을 완수함으로써 학적으로 획득되는 것이 아니라, 보편적 이성의 개성적인 분화가 만들어 내는 고유성에 의해 현상한다고 한다. 슐라이엘마허의 전

---

[85] Hölderlin, "Über Unteil und Sein"(1975. 4). Hölderlin Jacob: 14.(1965/66)
[86] Schelling, 〈쉘링전집〉 1권 p. 294.
[87] 안재오, "독일 관념론의 통일의 철학"(Hegel학회 발표논문, 2001. 1. 29).

체성의 학은 전체성을 근거지을 수 있는 절대적 초월적 주관성을 해명하는 일이다. 그는 헤겔적 논리적, 사변적 임의성을 반박하면서 내적 사유를 넘어서 전제되어 있는 존재에 의한 지식 구성의 방법인 해석학적 변증법(hermeneutische Dialektik)[88]을 제시한다. 신을 내재나 초월로 설명하는 것은 주체에 대한 근대적 반성의 산물이다.[89] 슐라이엘마허는 종교와 철학의 보완적 상호 연관성으로 파악한다. 이들의 통일은 사유하는 의지(denkendes Willen)와 의지하는 사유(wollendes Denken)[90]라는 의미로 이것은 절대 신의식의 종교적 감정으로 물어진다. "사유의 차이성과 대립성을 해소할 수 있는 통일로서의 종교적 의식, 즉 사랑 가운데서 하나의 삶은 포기될 수 없는 것으로 남아 있기 때문이다."[91] 그는 초월적 근거를 선험적 차원에 두지 않는다. 그는 존재직관을 통하여 "의지와 존재는 초월적 근거와 연관해서 내적으로 서로 결합되어 있다."[92]고 파악한다. 그리하여 이론이성과 실천이성의 단절을 피할 수 없었던 칸트철학의 한계를 극복하여 슐라이엘마허적 범신론을 형성한다. 슐라이엘마허에서는 다양의 총체요 대립의 통일로서 신은 절대자로서의 우주다. 그러나 그의 관점은 헤겔적 완결된 체계의 폐쇄성에 대립된 신비적 개방체계로서 후대의 과정철학적 단서를 제공한다.

생의 철학(Lebensphilosophie)은 현대적인 의미에서 쇼펜하우어(Schopenhauer, 1788~1860)를 시조로 하고 딜타이(Dilthey, 1833~1911), 니체(F. Nietsche, 1844~1900), 베르그손(H. Bergson, 1859~1941) 등에 의해 계승된다. 이것은 헤겔 이후 독일 관념론의 이성주의, 주지주의(主知主義)에 반기를 들고 생생한 삶에 중심을 두되 개념, 판단 등 합리적 방법에 의하지 않고 생을 직관적 비합리적 방법으로 직접 파악하려고 한다. 생의 철학은 이

---

[88] 최신한, "헤겔과 슐라이어마허", Hegel학회 발표논문, 1997.
[89] Ibid.
[90] F. D. E. Schleiermacher. *Dialektik*. S. 289.
[91] 최신한, op. cit.,
[92] Ibid.

성과 과학으로서는 인간의 참다운 삶을 참으로 파악할 수 없다고 본다.

쇼펜하우어(Schopenhauer)는 살려는 맹목적 의지(blinder Wille zumLeben)를 물자체(物自體)라고 하면서[93] 세계와 인생의 본질 또는 기초를 삼았다. 그는 이 세계는 고뇌에 차 있다고 보고[94] 여기에서 헤어나기 위해서는 "금욕과 무의지(無意志)에 의한 해탈의 경지에 들어가야 한다는 염세적 허무주의를 주장하였다."[95] 그가 인도사상과 불교의 사상에 심취했었다는 것은 잘 알려진 사실이거니와 그의 의지의 사상은 불교의 업(業)-식(識)-해탈사상의 옮김으로 본다. 불교적 범신사상이 그대로 반영되고 있다.

메마른 헤겔의 논리주의적 관념론에 반기를 들었던 사람이 키에르케고르(S. Kierkegaard, 1813~56)이었다. 그는 세계, 역사, 형이상학보다 자기 자신의 개체로서의 단독자(der Einzelne), 실존을 문제 삼았다. 그러나 서양의 유-무신론을 망라하여 모든 사상가들이 그러하듯이 키에르케고르도 신을 떠나서는 실존을 말할 수 없었다. 그는 칸트(Kant)의 초월신론의 계승자였다. 그의 실존은 〈신 앞에 있는 자기〉이다. 그의 신은 불안과 허무와 죄 속에서 고민하고 절망하는 유한한 단독자가 이것이냐 저것이냐(Entweder-orden)의 결단(Entscheidung)에 의해 비약하는 대상으로서 신이다. 자기의 본질에 대한 파토스(pathos)적 관심과 정열(Leidenschaft)을 가지고 미적 자유를 넘어서 도덕적 단계에 그리고 종교적 신앙에로의 비약하는 주체적 행위적 실존은 본질에 선행하는 것이다. 인간은 시간 속에서 영원을 반사하는 유한과 무한의 중간적 존재이기 때문에 비약이라는 과정 속의 존재자가 되는 것이다. "무한에 관한 정열이 바로 주관성이요 그리고 그 주관성이 바로 진리가 되는 것이다."[96] 헤

---

93) Schopenhauser, 人生論, *Parerga und Paralipomena*. 최운봉, 강선욱 역 (서울: 신조문화사, 1962), p. 39.

94) Ibid., p. 9ff.

95) 『世界哲學大事典』 p. 530.

96) Janmes Brown, *Kiekegaard. Heideger, Buber, and Barth*(N. Y.: Macmillan Co., 1971), p. 13.

겔처럼 이것도 저것도(sowlhl-als) 다 포괄하는 범신적 전체가 아니라 무한과 유한, 영원과 시간, 신과 인간사이의 단절 속에, 불확실성과 모순 속에서 〈결단〉으로서[97] 질적 비약을 도모하는 것이 키에르케고르의 질적변증법이다.[98] 헤겔의 주지주의에 반대하여 주정주의(主情主義)를 주장하였으나 결국 같이 범신적 신관에 빠진 슐라이엘마허(1768~1834)와는 달리 모처럼 초월신을 말하였으나 이신론에서와 같이, 칸트에서와 같이 키에르케고르도 내용 없는 신 앞에 자기 비약만 남을 뿐이었다.

딜타이(Dilthey)는 칸트를 따라서 지정의(知情意)를 따라 인간을 이성의 표상, 의지의 의욕, 정서의 정감을 가진 존재로 보고 자기의 철학을 칸트의 이성 비판에 대하여 〈역사이성비판〉이라고 부른다. "인간 정신의 구조는 첫째, 대상을 파악하는 표상이 기초가 되는 그 위에 목적을 설정하는 의욕이 위치하고 가장 높은 위치에 가치평가를 하는 감정이 있다고 한다. 표상에서 자연주의, 실증주의, 유물론이 나오고 의욕에서 자유의 관념론 또는 인격의 관념론이 나오며 감정에서 객관적 정신이 나온다. 그는 이것을 〈세계관학〉이라고 불렀다."[99] 딜타이의 사상은 후에 하이데거, 야스퍼스 등에게 큰 영향을 준다.

키에르케고르처럼 이성 중심의 이론적 형이상학, 관념론을 배격한 니체는 극단적 이론의 염세주의를 극복하여 〈삶의 변증법〉[100]을 수립했다. "니체는 쇼펜하우어의 부정적 생의 철학을 반대하고 비합리한 생을 비합리한 그대로 어디까지나 긍정하려는 태도를 취한다."[101]

---

97) Ibid.
98) 키에르케고르는 『이것이냐 저것이냐』(1843)에서 미적 단계와 도덕적 단계를 대립적으로 논하고 종교적 단계에로의 방향을 제시한다. 『불안의 개념』(1844)에서는 이 세상과 인간의 삶 속에서의 모순성을 드러내고 『인생행로의 제단계』(1845)와 『철학적 단편』(1845)에서는 종교적 단계를 더욱 발선시켜 기독교적 영원에의 관심을 일으킨다. 1850년에 출간된 『죽음에 이르는 병』은 가장 기독교적 인상을 주는 저술이다.
99) 『세계철학대사전』, p. 531.
100) 강영자, "니체철학은 체계적인가" 『최준성 교수 회갑기념 논문집』(서울: 철학과 현실사, 1991). p. 12.
101) 『세계철학대사전』, p. 530.

그는 전통적 기독교에 대해 "노예의 도덕"(Sklaven Moral)이라고 극단의 부정적 비판을 가하며 주인의 도덕(Herren Moral)을 주장하면서 "신은 죽었다"고 외치며 초인(超人)을 내세웠다. 신은 죽었다는 것은 기독교의 신은 이미 그 능력과 의미를 상실했다는 것인데 그것은 사실 창조신을 부정한 것이다. "니체는 절대자를 현세에서 초월한 자로 보지 않고 현세 속에 있는 것으로 보고 또 무한자의 모든 속성을 유한자에게 귀속시킨다."102) 역시 전형적인 범신론적 사상에 속한다. "영원성이 시간 속에 옮겨져 영겁회귀가 되고 존재는 생성 속으로 옮겨져 디오뉘소스적인 것이 된다. 이리하여 니체는 인간을 초인으로, 시간을 영원으로, 생성을 존재에로 높인다."103) 니체는 쇼펜하우어의 〈맹목적 의지〉를 부단히 성장하려는 〈힘에의 의지〉(Willezum Macht)로 바꾸었다.

니체의 〈힘에의 의지〉사상은 베르그송(Bergson)에게서 〈창조적 진화〉로 발전한다. "현실에 있어서는 물질적 세계조차도 운동이며 약진인데, 이러한 운동의 템포가 느리게 된 것이 우리에게 물질로 보여지며 그것이 오성의 대상으로 된다. 오성은 물질적, 연장적, 수량적, 규정형식을 생명적 지속의 세계에다 적용한다. 이리하여 오성은 유일의 생명운동을 중단시켜 그 시간적 연속성에다 비연속성과 공간성을 바꾸어 놓는다. 오성은 결코 생명을 파악하지 못한다. 생명의 파악은 오직 생명 자체의 직접적·내면적 직관에 의해서만 가능하다."104)고 한다. 다시 말해서 사물의 주위를 도는 이성적 파악보다 사물의 내부에 들어가 내면적 생활의 직관에서 파악하는 변화하는 우주와 삶을 바로 파악하는 것이라는 것이다. 이렇게 바로 파악된 베르그송의 삶과 우주관이 바로 기계론과 목적론을 다같이 배격하는 우주적 삶의 창조적 진화의 체계로서 동적인 세계관인 것이다.105)

---

102) Ibid.
103) Ibid.
104) Ibid., p. 531.
105) Bergon, 『시간과 자유의지』, 정석해 역, 『세계사상전집』22.(서울: 삼성출판사, 1985). p. 14. 解題.

니체의 강의를 들은 바도 있는 리츨(A. Ritschl, 1822~1889)은 바우어(F. C. Baur, 1792~1860)에게 사사한 자유주의의 대표적인 인물이다. 그의 학파에 바르트의 스승인 헤르만(W. J. G. Herman, 1864~1922), 하르낙(Adolf von Harnack, 1851~1930) 등이 주축을 이루고 있다. 리츨은 구약의 엄위하신 거룩한 하나님을 배격하고 신약의 사랑의 아버지 하나님을 강조하였다. 그는 이론적 형이상학이나(헤겔) 주관주의적 신비주의나(슐라이엘마허) 모두 배격하고 역사적 "예수 그리스도의 인격에 발을 붙이자고 제의하였다."[106] 그리고 "우주론이니 목적론이니 실체론 등은 인격적 그리스도를 벗어난 데서 출발했다고 보았다. 이런 것들은 사죄를 갈구하는 사람들에게 아무 만족도 주지 못한다."[107]고 하였다. 그러나 그의 기독교는 칸트의 도덕종교사상을 그대로 이어 받아 전승시킨 것에 불과한 것이다. 예수 그리스도는 도덕적 인격의 원형에 불과하였다. "그는 삼위일체론은 실제 경험에서 떠오르지 않기 때문에 사상 영역 밖에 두어야 한다고 주장하였다."[108]

하이덱거(M. Heidegger, 1889~1976)는 그의 초기의 실존철학에서 후기에는 존재의 철학으로 넘어간다. "과거의 형이상학은 존재자로서 존재자를 문제삼는 까닭에 그것은 존재자에만 머물러 있으며, 존재자로서 존재로 향하지 않는다."[109]라고 하면서 현존재(Da Sein)로 존재하는 존재자(seiende)의 존재(Sein)를 하이덱거는 무(無)와 같은 것(Das Nichtende)으로 보고 과거의 형이상학으로서 〈뿌리〉의 〈토양〉[110]으로서 그것을 밝히려고 한다. 인도교의 가장 오랜 경전인 리그 베다(Rig-Veda)의 무유찬가(無有讚歌)에서 유(有)는 무(無)에서 그 연(緣)을 찾는다고 한 표현과 유는 무에서 나온다

---

106) 기독교서회 편 『그리스도교 대사전』(서울: 기독교서회, 1972), p. 281.
107) Ibid.
108) Ibid., p. 282.
109) Heidegger, *Was ist Metaphysik?*, 『형이상학이란 무엇인가』 최동희 역(서울: 서문당, 1976). p. 19.
110) Ibid.

고 한 도덕경의 사상을 연상케 한다. 다(多)로서 존재자는 전체로서 존재[111]를 전제하지 않을 수 없었던 서구의 이성적 철학의 범신론적 사유의 틀을 하이데거도 벗어나지 못하는 것이다. 플로티노스와 스피노자가 그랬듯이 헤겔이 인격적 창조신이 전체로서 무한이 되지 못한다고 생각하여 종교적(기독교적) 인격적 창조신 위에 철학적 절대자로서 절대정신을 전체적(통일적) 무한자로 상정한 것과 똑같이 하이데거도 인격신을 거부하고 비인격적 범신적(만유내재신론적) 존재를 주장하게 되었다고 볼 수 있다.

하이데거의 존재가 존재일반으로서 비록 초월적인 것이라고 해도 그것이 존재자를 떠나 있는 것이 아닌 한 범신적(만유내재신론적) 성격을 벗어날 수는 없다. 초월이라고 해봤자 존재자 중에 가장 앞선 의식적 인간 존재자에 의해 사색된 것이라는 의미 이상이 아닌 것이다. 존재로부터 〈말 걸어옴〉은 하나의 계시적 성격을 가진 것으로, 하이데거의 사색(Denken)은 존재의 받아쓰기(Diktat)이다. 그러나 그것은 기독교적 계시가 아니라 근원적인 창작(Ur-dichtung)이다. 그것은 존재를 전제하지 않을 수 없다. 인간의 의식 이전에 현 존재가 공동존재(Mitsein)로서 통일적 현시성(現時性) 속에서 세계 안에 이미 있음(Schon-Sein-in-der Welt)을 말할 때 결국 전제된 존재는 하나의 인식적 초월이요 존재의 초월 곧 현존재와 존재적 연속성을 갖지 않은 것 곧 창조자를 의미하는 것은 아니다. 현존재를 분석, 해석하고 나서 전제된 존재인 것이다. 어디까지나 현존재자와 연결성을 가진 것이라면 탈레스가 물을 전제한 것이나 논리 구조상 차이가 없는 것이다. 그는 과거의 형이상학과 자기의 존재론이 차별이 있다 하나 물이나, 무한자($\tau\acute{o}$ $\overset{v}{a}\pi\epsilon\acute{\iota}\rho o\nu$)이나, 공기나, 원자처럼, 라이프니쯔가 단자를 전제한 것처럼 전제의 내용과 모습이 다를 뿐이다.

야스퍼스(1883~1969)는 하이데거와 다르다. 야스퍼스에게서는 "대상적 인식으로서 확인할 수 있는 존재의 총체인 세계와 나라는

---

111) Ibid. p. 25.

대상적인 개체의 비대상적 근원으로서의 실존과 세계 및 자아의 숨은 근원으로서의 초월의 3자가 가능하다."[112] 야스퍼스의 실존은 자립적인 것은 아니다. 실존도 초월자 곧 신에 의하여 지대되어 있는 것이다. 따라서 초월자에로 귀의하는 관계에 있음을 자각할 때 실존은 처음으로 실존한다가 된다. 그 관계방법은 초월이다. 초월이란 일체의 대상을 넘어서 비대상적인 것 안으로 넘어가는 것이다. 그리하여 대상적 개별 인식의 입장으로부터 전체로서 포섭하는 2차적 자각의 입장에로 넘어가는 것이다. 이 전체를 포괄하는 초월자 곧 신을 야스퍼스는 포괄자[113]라 부른다. 세계에로 초월하는 과학은 한계성을 가진다. 초월적 사유는 세계가 결코 완결된 전체가 아니라는 것을 밝힌다. 세계에서의 한계상황에 부딪칠 때 초월은 실존조명(Existenzerhellung)으로 옮겨간다. 이성적 사유에 의한 실존조명을 통해 실존이 순수하면 할수록 그것은 초월에 대한 더욱 그치기 어려운 운동으로 나타나며 실존과 초월이 일치되는 순간이 된다. 이것은 영원의 현재(ewige Gegenwarst)이다. 이 영원의 현재로 나타나는 실존은 보내어 주어진(Geschick) 곧 운명을 선택하는 자유자로 나타난다. 다시 말하면 자유자로서 실존이로되 실존의 유한성의 자각 곧 한계상황(Grenz Situation)에 철저히 부딪칠 때 실존은 초월자에로 비약한다는 것이다. 죽음(Tod), 운명(Zufall), 투쟁(Kampf), 허물(Schuld)이 우리들이 넘어설 수도 변화시킬 수도 없는 한계상황이다.

초월자에로의 비약은 다시 암호(Chiffre)해독을 필요로 한다. 암호는 초월자의 언어다. 그것은 성서적 하나님의 직접계시 같은 초월자의 직접적 언어, 그리고 신화나 예술에서 전달되는 언어, 끝으로 철학적 사변적 언어가 다 포함된다. 그 중에 초월자의 직접적 언어를 존재의 언어라 한다. 기독교의 특별계시와 자연계시를 연상케 한다. 야스퍼스는 여러 가지 존재가 그 안에서 현상하는 포괄적 공

---

112) 충남대학교, p. 178.
113) Karl Jaspers, *Einfuhrung in die Philosophie*, 『철학입문』 윤성범 역(서울: 을유문화사, 1971), p. 34.

간을 생각하여 이것을 포괄자(包括者)라고 불렀다. 그러므로 이 하나인 포괄자는 초월적 전체자이다. 그런데 우리가 이 전체로서 포괄자를 확인하려 하면 그 순간 이 포괄자는 존재의 양태에 따른 분열된 모습으로 나타난다. 이성은 존재 양태의 유대(Band)다. 거꾸로 말하면 이성이 여러 존재들을 결부시켜 전체의 연관을 추구할 때 포괄자가 추구되는 것이 된다. 이 작업이 야스퍼스의 실존철학이다. 이 작업이 결국에 비약적 초월로 나타나는 것이다. 초월자를 신앙하는 실존의 초월적 비약, 사색을 한계상황까지 끌고 가 비약케 하는 이성과 결합한 야스퍼스의 철학적 태도를 철학적 신앙이라고 한다. 이성과 신앙을 병존시키는 전형적인 카톨릭의 자연신학에 부응하는 것이라 하겠다. 그의 포괄자 개념은 역시 서구적 범신론적 사유형태, 논리 구조를 벗어나지 못한 것이라고 하겠다.

실존철학을 방법으로 하는 현대 신학자들은 역사성을 무시하고 실존적 의미만을 중시한다. 키에르케고르의 영향을 강하게 받은 바르트(1886~1968)는 초월적 또는 실존적 신 개념을 주장하는데 박아론 박사는 바르트의 신관을 범신론적 성격을 가진 신관이라고 비판한다. 실존적 초월개념은 전통적 초월개념과 달리, 신과 피조물이 질적으로 다르다는 뜻이 아닌, 역사성 또는 존재성을 무시하는 것이기 때문에 범신론적이라는 비판이 가능하다고 본다. "바르트가 그의 신론에서 사용하는 실존적 방법이라는 것은 중세의 신학자 안셀무스처럼 가능성을 논한 후에 현실성을 논하는 실재론적 방법과는 대조적으로 14세기의 영국 유명론자 오캄(W. Occam)이 사용한 바 현실성에서 출발하여 가능성을 찾는 유명론적 방법과 흡사하다고 하겠다."[114] 바르트는 "하나님은 그의 계시 속에서 자신을 전적으로 내어 주신다."[115]고 하며 하나님의 계시의 현실성에 치중한다. 그러면서도 계시의 역사성은 무시한다. "바르트는 성서가 하나님의 계시라는 것을 단순히 부인하는 것으로 그치지 않고, 성서 배후에 계시로

---

114) 박아론, 『현대신학연구』(서울: CLC, 1995). p. 22.
115) Karl Barth, *Kirchliche Dogmatik*, I. p. 391.

서의 역사(revelatory history 또는 구원역사)가 있다는 것까지 부인한다."[116] "우리는 계시 배후에 있는 실재론적 신을 찾을 것이 아니라 주어진 하나님의 계시 속에서 하나님의 모습을 찾아야 한다는 것이다."[117] 하나님은 그의 계시와 동일하다고 생각하는[118] 바르트는 "정통신학의 과오는 하나님의 계시의 배후에 실존론적 신 관념을 가설한데 있다고 한다."[119] 하나님의 자기계시인 그리스도를 통해서만 하나님을 파악할 수 있다는 것이다. 바꾸어 말하면 계시 밖에서는 하나님은 철저히 초월적이어서 인간과 아무런 접점(contact point)이 없다는 것이다. 이같이 바르트가 자연계시 곧 이성의 신인식 능력을 전적으로 부인한 점을 가지고 부룬너(E. Brunner, 1889~1966)와 일대 논쟁이 벌어졌던 것이다. 그런데 바르트는 "하나님이 전적으로 자기와 다른 존재 곧 무에서의 자기의 창조물이 될 수 있는, 한편으로는 창조물을 자기 존재에로, 또한 다른 편으로는 그것을 그가 그에게 준 것 같이 그에게로 다시 취하게 할 수 있는 자유자재의 자유성 그것이 하나님의 초월성이다."[120]라고 말한다. 그러므로 "바르트의 신관이 초월적 신관이라 함은 그의 신관이 계시의 배후에 존재하는 삼위일체의 하나님에게서 출발하지 않고 하나님의 계시의 현실성을 통해서 본 하나님의 자유에서 출발함을 말한다. 그런데 이렇게 유명론적 혹은 실존적 방법에 의존하여 하나님의 절대적 자유를 말하는 바르트의 초월의 신관은 또 한편 범신론의 성격을 가지는 신관이라고 하겠다. 바르트의 신관이 범신론적 성격을 가지는 까닭은 궁극적 의미에 있어서는 바르트에게는 하나님만이 존재

---

116) 나용화. 『현대신학평가』(서울: CLC, 1991). p. 44.
117) 박아론. p. 22.
118) 바르트는 헤겔사상을 비판하면서도 헤겔의 영향을 받는다. 바르트신학을 변증법적 신학이라고 하거니와 헤겔의 절대자는 절대정신의 발전과정 전체와 동일한 것이며 자기 발전자체를 자기계시로 보는 것처럼 바로트도 신과 신의 계시를 동일한 것으로 보는 것이다.
119) 박아론. p. 22.
120) Barth, *Kirchliche Dogmatik*, II. 1, p. 352.

하기 때문이다."[121] "그리스도 안에서 하나님과 인간이 동일하다는 것은 하나님만이 존재한다는 것을 말한다."[122] "물론 바르트는 스피노자와 같이 우주에 신성이 편재한다든가 신은 자연이요 자연은 신이라고 말하지 않는다. 그러나 바르트의 신관이 범신론적인 이유는 스피노자의 철학에 있어서 인간이 신의 본질의 일부분으로서 존재하는 것처럼 바르트의 신학에 있어서는 인간이 하나님께 완전히 흡수돼 버려서 그의 주체성을 잃어버리기 때문이다."[123]

현대신학의 영웅이 바르트라고 한다면 현대신학의 스타는 불트만(R. Bultmann, 1884~1979)이라고 할 수 있을 것이다. 그의 유명한 비신화론(Demytholization)은 실은 헤겔, 스트라우스(D. F. Straus, 1808~1874)에게서 이미 나타났던 것이다. 포이에르바하(L. A. Feuerbach, 1804~1872)가 신을 하나의 인간표상으로 보고 프로이드(S. Freud, 1856~1939) 역시 신을 하나의 인간의 투영으로 본 것과 비슷하게 불트만은 신의 존재성보다는, 신의 실존적 의미성에 관심을 집중시켰다. 실존주의 철학에서처럼 사실역사(Historie)보다 의미사(Geschichte)에 중심을 둔 것이다. 그것은 객관적 신앙보다 주관적 신앙에 기울어진 것을 뜻한다. 자연과학의 입장에서 전기자유주의자들처럼 신화를 배척해 버릴 것이 아니라 그 신화가 비과학적인 형태로 구성되어 있지만 비과학적인 신화적인 요소만 벗기고 그 신화가 가지고 있는 실존적 의미를 찾아내자는 것이다. 불트만은 신화 뿐 아니라 똑같은 방법으로 성서, 예수 그리스도, 기타 기독교적인 모든 전통적 개념도 다 신화적 구성체로 보고 비신화화 한다. 그리하여 전통적 복음의 개념을 비신화화하여 케리그마(κήρυγμα)를 실존적 복음으로 추출해 냈던 것이다. 그것이 복음의 진수라는 것이다. 그러나 비신화작업은 초월적으로(영적으로) 살아 계신 하나님을 내재적으로 비인격화시키는 급진적 현대신학자들의 범신론적 신관의 선구적 역할을 하게 되었다. 역사성을 무시한

---

121) 박아론. p. 23.
122) Ibid., p. 24.
123) Ibid., p. 25.

비신화작업은 과학시대에 복음의 선교적 적응을 시도한 의도는 가상하다 하겠으나 그것은 뿌리를 정착하지 못하고 부동초처럼 한 시대의 유행으로 끝나는 운명을 맞이하게 되었다. 역사성을 강조하며 판넨버그(W. Pannenberg, 1928~), 케제만(E. Kaeseman), 보른캄(G. Bornkamm, 1905~) 등에 의하여 불트만을 비판하는 새로운 신학이 대두하게 된 것이다.

로빈슨(Robinson, 1918~)은 그의 『신에게 솔직히』(*Honest to God*)에서 저 너머의 위의 신을 반대하고 여기 아래의 신을 주장하면서 불트만과 더불어 틸리히(Paul Tillich, 1886~1965)와 본회퍼(Bonhoeffer, 1906~1943)를 소개하고 있다. 그는 현대의 범신론적 신개념을 대중화시킨 인물이었다.

틸리히는 전적으로 하이덱거의 존재의 개념을 바꾸어 기반(Grund)이라고 하였다. 그의 "신은 신화와 제사의식이 낳은 종교적 상징이다."[124] 그도 인격신은 최고 절대자가 될 수 없다고 보고 신 위의 신(God above God) 곧 인격신 위의 저 너머에 전체로서의 궁극적 존재 자체(Being itself) 또는 창조적 근본[125]을 추구하였던 것이다. 앞에서 누차 말하였거니와 절대자 개념은 그의 스피노자-헤겔-하이덱거(Spinoza-Hegel-Heidegger)로 이어지는 범신론적 비인격적 〈추구의 신〉(ontological speculative God)인 것이다. 그에 의하면 "신이란 존재 자체이지 존재하신 분이 아니다. 하나님이 존재하시는 분으로 계시다면 그는 벌써 유한한 분이 되고 만다. 신이 존재하는 것 중에 최고의 존재이거나 가장 완전한 존재라고 본다 하더라도 그는 유한성의 범주의 제한을 받고 만다."[126]고 한다. 틸리히의 생각은 절대적 존재가 "존재의 기반으로서 본질 존재와 현실존재를 메꾸어 주는 존재의 힘이 된다는 것이다. 자체로서의 신은

---

124) 케넷 하밀톤, 『폴 틸리히』 옥한흠 역(서울: 한국개혁주의신행협회, 1977), p. 27.

125) Ibid., pp. 30. 31.

126) P. Tillich, *Systematic Theology*, I. (Chicago: U. Chicago Press, 1951), p. 235.

본질 존재에 치우쳐 초월신관에 빠질 수 없고 현실존재에 매여서 범신론에 기울어질 수 없다. 이렇게 하여 절대적 존재로서의 신관을 확립하려 하였다."127) "틸리히가 말하는 〈신 이상의 신〉은 주체와 객체의 이율적 구조 속에 얽매이는 신 즉 〈신학적 유신론〉의 신을 초월하고자 하는 노력의 몸부림이라고 말할 수 있겠다."128) 헤겔처럼 스스로는 범신론이 아니라고 말하나 서론에서 말한 대로 그의 사상은 넓은 의미에서의 범신론적 형태의 틀을 가지고 있음을 부인할 수 없다. "틸리히는 하늘에 계신 하나님을 끌어내려 실존의 옷을 입혀 존재의 지반이란 밑창으로 내려 보내고 만 것이다. 초월성 대신 기반성을 말하나 그것은 밑이 없는 기저(基底)일 뿐이요, 인격성 대신 절대성을 말하나 그것은 오히려 철학적 허구에 그치고 만다."129) 틸리히는 〈주체〉 또는 〈인격 신〉이라는 표현을 쓸 때 〈주관 객관〉 또는 〈인격 대 인격〉이라는 이율구조에 빠지게 되기 때문에 이 이율구조에 빠지지 않는 신을 말하기 위해서 〈인격 신 위의 신〉, 〈존재 자체〉, 〈존재의 바탕〉, 〈힘〉 등의 용어를 쓰고 있으나 그런 용어 자체가 이율구조를 벗어나지 못할 뿐 아니라 그 이전에 인격성(Persönlichkeit)이라는 개념의 특성조차도 이해하지 못하고 있는 것이다. 창조자로서 하나님의 〈인격성〉은 이율성 또는 상대성을 가지고 있으면서도 이율성 또는 상대성에 빠지지 않는 절대적 유일의 창조성을 가진 개념인 것이다. 그 하나님이 세 인격을 가지고도 세 분이 아닌 삼위일체 하나님인 것이다. 스피노자를 비롯한 모든 서구 사상가들처럼 틸리히도 역시 서구적 사고논리에 빠져 있어서 삼위일체의 인격성의 창조적 특성을 이해하지 못하고 있는 것이다. 오히려 선배들의 사색의 실수를 단어선택만 달리해서 똑같이 되풀이하고 있는 것이다.

"신학의 진자가 특별히 독일에서는, 자유주의와 낡은 예수에서 신정통주의와 부정적 예수 연구에로, 신자유주의와 새로운 예수연구

---

127) 김의환, 『현대신학개설』(서울: 개혁주의신행협회, 1992). p.133.
128) 박아론, 『현대신학연구』, p. 103.
129) 김의환. p. 134.

에로 그리고 판넨버그와 오늘의 예수연구에로 움직였다."[130] 역사를 무시하는 불트만의 비신화화에 불만을 가진 판넨버그(1928~)는 역사와 케리그마를 통일해 보려는 우주적 역사신학을 수립하였다. 그러나 그 결과는 역사를 신의 자기 계시,[131] 곧 자기 현현으로 삼은 헤겔의 만유내재신론으로 빠져 신학을 정반합의 순환 〈범신론-역사주의-초월주의-범신적 신 역사주의〉의 길을 따르게 되었다. 소망의 신학자로서 판넨버그는 역사가 바로 자기 계시로서 하나님 됨을 말한다.

한편 미국에서는 라우셴부쉬(Walter Rauschenbush, 1861~1918)의 사회복음을 시두로 해서 세속화 신학의 길을 가고 있는 자들이 있었다. 세속화신학은 사실 헤겔-니체(Hegel-Nietsche)로 이어지는 〈신의 죽음〉의 사상에서부터 잉태된 것이었다고 본다. 신이 죽은 다음 남은 것은 세속 밖에 없는 것이다. 기독교 사회에서 적극적으로 무신론을 주장하는 무모함을 피하면서 무신론과 유신론 사이를 곡예하듯 걸어가는 신의 죽음의 사상은 세속적 현실에 관심을 끌어 모아 현실의 문제를 부각시키고 그 문제의 급박성에 몰입하여 즉각적 행동을 촉구한다.

니체가 당시 기독교의 부패상에 구역질을 느끼듯이 본회퍼(1906~1943)도 당시의 세속적 권력에 무기력하게 야합하는 교회의 모습을 보면서 세속악에 용기 있게 대처하여 행동하는 성숙한 신앙인의 행동을 스스로 실천해 비인간화에 대한 용기 있는 저항을 촉구했던 것이다. 신의 죽음은 자연히 종교의 죽음으로 이어지게 된다. 본회퍼는 종교의 비종교화를 부르짖으며 현대인의 불신앙적 풍조에 부딪쳐 좌절한 인간의 남은 기력을 북돋우어 용기를 일으켜 내려고 몸부림을 쳤던 것이다. "그러나 본회퍼는 이러한 과제의 필요성만을 제기하였을 뿐 비종교적 해설이 어떠한 것이라고 전개하지 못한 채

---

130) 나용화, 『현대신학평가』(서울: CLC, 1991), p. 68.
131) W. Pannenberg, ed., *Revelation as History*(N. Y.: The Millan Co., 1968), p. 4

나치 탄압 속에서 처형된 것이다."[132] 본회퍼의 신개념은 같은 시대의 하이덱거, 틸리히 등의 범신론적 비인격적 존재신론, 과정신학의 내재신론적 신개념과 유사성을 가지고 있다고 본다. 로빈슨이 그의 저서 『신에게 솔직히』에서 불트만, 틸리히와 더불어 본회퍼를 소개하면서 내재신론을 주장하고 있는 것은 그들의 신사상에 있어서 공통성이 있음을 반증하는 것이라고 본다. 그들의 신은 위에 있는 신이 아니라 아래에 있는 신이다. "거기에 나타난 신관은 존재론인 데서 실용적인 데로 옮겨졌으며, 초월하여 계신 하나님이 아니라 남을 위해 봉사하는 삶 속에 계시는 하나님을 말하고 있다."[133]

이 같은 비인격적 범신론적 신사상은 결국 니체의 신의 죽음의 신과 연계하여 기독교적 무신론으로 발전하였다고 볼 수 있으며 1960년대 미국의 신학계를 강타한 급진신학자들, 우주적 신의 죽음을 말한 알타이저(Thomas J. J. Altizer, 1927~), 문화적 신의 죽음을 말한 해밀턴(William Hamilton, 1924~), 언어적 신의 죽음을 말한 반 뷰렌(Paul Van Burren, 1924~) 등이 그 대표적 인물들이다. 신의 죽음-비종교화-종교다원론이 필연적으로 연계해서 나타난 것이었다. 이러한 급진신학운동을 흔히 '신자유주의'[134] 라 부른다. "다만 신자유주의가 옛 자유주의와 다른 점은 후자가 그리스도 없는 하나님의 신학을 다룬데 비하여 전자는 하나님 없는 그리스도의 신학을 부르짖고 있다는 사실이다."[135] 『세속도시』(Secular City)를 쓴 세속화신학의 대표적 인물인 콕스(Harvey Cox, 1929~)는 그의 다른 저서(Turning East)[136]에서 보면 불교와 동양종교에 심취하여 여러 가지의 동양종교적 명상행위에 직접 실천 동참하여 같은 체험을 느껴 본 자로 실천적 종교적 범신론자라고 말할 수 있을 것이다.

---

132) 김광식, 『현대의 신학사상』(서울: 대한기독교서회, 1975), p. 229.
133) 김의환, p. 141.
134) Klass Runia, *Reformation Today*(London: The Banner of Truth Trust, 1968), p. 27.
135) Ibid., p. 28.
136) Harvey Cox, *Turning East*(N. Y.: Touchstone, 1977).

로빈슨은 그의 저서 『신에게 솔직히』(Honest to God)에서 초월적인 신 존재를 믿는 신앙을 경멸하고 세속 속의 하나님을 강조하면서 〈거룩한 세속의 삶〉을 주장한다.[137] 이러한 신은 사실상 실재하는 신이라기보다 틸리히의 신개념과 불트만 비신화화 그리고 본회퍼의 행동의 힘이 되는 신개념을 따르는 주관적으로 가지는 실존적 신에 불과한 것이다. 신학운동으로서 〈신의 죽음의 신학〉은 알타이저의 『기독교 무신론의 복음』(The Gospel of Christian Atheism)[138]에서부터 이다. 그는 초월적 신은 죽어야 한다고 하면서 무신론의 복음을 역설했다. 동양신비주의에 심취해서 『동양신비주의와 성서적 종말론』이라는 책을 펴내기도 한 알타이저는 오늘의 무신론의 문화에 적응하기 위해서는 기독교도 과감히 묵은 신관을 버리고 불교적 열반(Nirvana)사상과 연결해서, 특히 대승불교사상과 연계해서 새로운 무신론적 복음을 수립해야 된다고 역설한다.[139] 왜냐하면 불교는 무신론적이기 때문이다.

반 뷰렌은 언어분석학적으로 신 개념의 무의미성을 주장한다. 신이란 말은 이 시대에 그 의미성이 상실되었다는 것이다. 불트만을 따라 복음의 역사성을 부정하고 도덕적 사회적 의미성 만을 문제삼기 때문에 신이란 용어를 사용하지 않아도 복음을 말할 수 있게 된 것이다. 아니 더 나아가 불트만이 아직도 신이라는 용어를 쓰는 것조차도 버리자는 것이다. 구태여 칸트가 도덕적 명령을 초월적 신의 명령으로 생각한 것처럼 초월적 신의 이름을 빌릴 수 없게 되었다는 것이다. 하나님 존재 자체에 관한 논의가 불가능하다는 것이다. 기독교회의 역사는 하나님의 역사라기 보다 인간들로 구성된 교회의 역사라는 것이다. "우리는 신 전제(前提)없이 우리로 하여금 세상에

---

137) John A. T. Robinson, *Honest to God*(Philadelphia: The Westminster Press. 1963), p. 101.

138) Thomas J. J. Altizer The Gospel of Christian Atheism(Philadelphia: The Westminster Press, 1966).

139) Altizer, "Nirvana and Kingdom of God" *New Theology*, edited by Martin E Marty and Dean G. Peerman(N. Y. : The McMillan Co, 1964).

서 살도록 하는 신 앞에서 항상 살아야 한다."[140]고 한다.

헤겔-베르그손으로 이어지는 만유내재신론적 발전사상은 화이트헤드(A. N. Whitehead, 1861~1947)에 이르러 과정철학으로 발전하고 샤르뎅(Teilhard de Chardin, 1881~1955)에 이르러 과정신학으로 발전하였다. 이것은 유신론과 유물론의 양극을 피하고 범신론의 약점을 피하면서 제3의 유신론인 만유내재신론(Panentheismus)을 만든 것이다. 죤 콥(John B. Cobb Jr.)은 그의 저서『기독교 자연신학』[141]과『과정신학』[142]에서 기독교 자연신학으로서 과정신학은 하나님을 우주적 도덕주의자(cosmic moralist)로 볼 수 없으며 불변하고 무정한 절대자(passionless absolute)로도 볼 수 없으며 하나님은 현상유지의 지지자(status quo)로 볼 수도 없으며 주권자의 능력(controlling power)으로 볼 수도 없으며 하나님을 남성으로 볼 수도 없다고 하면서 전통적 기독교의 창조신 개념에 반대하면서 보다 〈자유스런〉 유신론 〈응답적 사랑으로서의 하나님〉(God as responsive love), 〈창조적 사랑으로서의 하나님〉(God as creative love)을 말한다. 당연히 삼위일체론은 부정되고 "예수는 하나님의 아들이 아니라 이상적인 한 인간에 불과하며, 신의 사역과 인간의 행동 간에 구별이 있을 수 없다고 한다. 하나님의 구속의 사랑은 진화적 계속성과 과학적 단일성에 의하여 대치되고 말았다."[143] 과정신학자 하트숀(Charles Hartshorn)에 의하면 "하나님은 인격적 존재가 아니라 과정자체이며 이루어져 가는 가능성이다."[144]라고 한다.

샤르뎅(1881~1955)은 "나는 이행한다. 고로 나는 존재한다."(I continue, therefore I am.)라고 하면서 찰스 다윈이 생물학적 진

---

140) Paul Van Buren. *The Secular Meaning of the Gospel*(N. Y.: The McMillan Co., 1963). p. 1.
141) John B. Cobb. jr. *Christian Natural Theology*, Philidelphia: Westminster Press. 1965.
142) Ibid., *Process Theology*, Ibid., 1976.
143) 김의환, p. 160.
144) Charles Hartshorne, *Man's Vision of God*, pp. 11~12.

화론을 펼친데 반하여 우주 전체의 진화과정을 설명한다. 원소의 미립자에서 시작하여 신에게 이르는, 알파에서 오메가로 발전하는 과정의 중심은 예수 그리스도이며 이 운동은 사랑의 과정이라고 설명한다."[145] 합리주의적, 현세주의적, 낙관주의적인 만유내재신론 사상은 한국의 민중신학의 대표적 인물인 서남동 같은 한국의 급진적 자유행동주의자들의 신관이 되기도 했다.

B. 동양의 신관

동양의 종교적 범신론이라 함은 범신론적 사상에 있어서 실천적 성격을 두드러지게 가지고 있다는 것을 의미한다. 예를 들어 요가행이라든가 선이라든가 하는 것들을 의미한다. 그렇다고 종교적 실천행위에 형이상학적인 것이 전혀 관계없다는 뜻이 아니다. 서양에서도 과거에 고행주의의 이욕상(離慾相: apatheia)이나 쾌락주의의 이고상(離苦相: atharaxia), 또는 기독교의 신비주의에서 나타나는 실천적 요소가 형이상학과 결부되어 나타났던 것처럼 동양에도 똑같이 모든 종교적 실천은 깊은 형이상학과 결부되어 나타났다.

1. 인도교: 자연신, 범신(梵神), 불이론(不二論)

인도교는 중앙아시아에서 들어온(B.C.12세기경) 아리안족들의 종교다. 저들은 우주의 보편신인 범천(梵天:Brahma)을 최고의 신으로 섬기면서 강한 군신(軍神)으로서 천둥 번개의 신 인드라(Indra)[146]신을 섬기던 다신숭배의 민족이었다.[147] 저들이 구전에

---

145) Cf. P. Teilhard Chardin, *The Phenomenon of Man* 2nd ed(N. Y.: Harper&Row. 1965), p. 296.
146) Cf., 본서 p. 88.각주 4) 참조.
147) 막스 뮐러(Max Müller)의 견해에 따르면 Veda의 신관은 다신(多神)에서 교체신(交替神)을 거쳐 단일신(henotheism)으로 발전하였다고 한다(Cf. 정병조, 『인도철학사상』〈서울: 서림사, 1997〉, p. 19).

오던 기도를 성문화한 가장 오래된 경전이 베다(Veda)[148]경전이다. 리그 베다(Rig-Veda Ⅹ.129:1-7)에 일원론 곧 전변설(轉變說)을 잘 나타내는 무유찬가(無有讚歌)가 있다.[149]

논리적 체계를 갖춘 철학자는 아니나 무와 유를 넘어서는 상태에서 유일자(Tad Ekam)로부터 자신의 충동에 의해 현실세계가 출현한다. 그 유일자는 본래 생명과 열(熱)과 관계된 것이었다. 그리고 비유(非有)에서 유(有)의 연(緣)을 찾아 노력과 자성이 결합하여 창조가 이루어지니 이 모든 사실의 근원을 하늘 위에서 굽어보는 자는 알거야 아니 모를지도 몰라라고 불가지론적으로 끝을 맺는다.

결국 현존재의 근원을 추리하여 궁극적인 상황까지 분석했으나 근원적 문제를 알 수 없는 문제로 남는다.[150] 여기서 주목할 것은 창조는 유에서 유를 말하는 희랍사상과 유사하다. 그리고 희랍에서와 같이 신들은 창조 이후에 생겨진 것들이었다. 다시 리그 베다 Ⅹ.90:1-14에 원인찬가(原人讚歌)[151]가 나오는데 자연, 인간, 신까지도 푸루사로부터 나오기도 하고 만들어지기도 하였다. 유출설과 창조설이 병행된다. 자연신을 단순히 믿었을 때보다 의심하는 데서 더 깊은 신비성이 나타난다. 리그 베다 종교의 말기에 이르러 전래의 신화가 융합되어 개벽신화를 형성하며 이 개벽신화가 밀의종교의 주역을 맡게 된다. 리그 베다 종교는 신앙과 말기의 회의의 갈등 속에 사마 베다와 야주르 베다의 주법종교의 시대가 열린다. 신앙의 발전 단계에 있어서, 처음의 신신앙은 제사의식보다 사제(司祭)에게로, 그리고 마지막에는 제관의 주문에 더욱 매력을 가지게 된다. 결국 신성이 주문 속에 내재하는 것으로 믿어지게 됨에 따라 신은 보

---

148) 베다(Veda)에는 4가지가 있다. 베다라는 말은 지식이라는 뜻을 가지고 있다. 리그 베다(Rig-Veda), 사마 베다(Sama-Veda), 아주르베다(Yajur-Veda), 아트하르바 베다(Atharva-Veda).
149) Cf. 본서, p. 90., Penguin Classics, *The Rig Veda* (N. Y.:Penguin Books Ltd., 1981), pp. 25~26.
150) 여기서 하이덱거가 〈존재〉의 소리를 들으려 했으나 끝내 듣지 못하고만 모습이 상기된다.
151) Cf. 본서, p. 91. Penguin Classics, *The Rig-Veda*, pp. 30~31.

다 내재적 신비적인 것이 되며 자연히 범신적인 것으로 발전하게 된다. 이리하여 베다의 종교는 신과의 합일을 갈구하는 범신적 밀의종교(密儀宗敎)로 바뀌어져 간다.

베다의 마지막 부분인 아트하르바 베다의 철학사상은 리그 베다의 그것과 같이 범신론적이기는 하지만 최고 실재가 만물을 창조한 후에 일체의 피조물 가운데로 들어가서 내부로부터 그들을 지배한다고 하는 만유내재신론적인 성격이 두드러지게 나타난다. 이러한 분위기 속에서 범천(梵天:Brahman)과 인간(Atman)의 두 개념에 비로소 철학적 의미를 가지게 한다.

브라만(Brahman)이란 말은 본래 성장(growth)이란 뜻이었는데[152] 리그 베다에서는 기원, 찬가의 대상이었으나 아트하르바 베다의 주법종교에서는 주문이나 약초(藥草) 중에 잠재하는 주법적 유동체(流動體)라는 의미도 가지게 되었다.[153] 이것이 우주에 편재한 무한한 힘으로서의 범(梵:Brahman)이 된 것이다. 주술이나 주물이 병을 고치고 재난을 방지해 주는 것은 그들 중에 잠재해 있던 브라만이 사람의 신체에 들어오기 때문이라고 생각한 것이다. 이 때에 주법사는 우주에 가득차 있는 주력(呪力)을 가지고 있는 절대적인 존재가 된다. 이와 같이 주법사와 브라만(梵)을 관련시켜 생각하게 될 때 브라만은 본래 인간에 내재하고 있으나 이 내재한 힘을 고행이나 내관(內觀)에 의해 자기 안에서 찾아낸 사람이 아니면 이 위대한 힘을 사용할 수 없다고 생각하게 되었다. 그런데 카알라(時間, Kāla)찬가[154]에 보면 브라만과 프라자파티가 동일한 존재로 나타나는 것을 본다. 자손과 가축의 증식, 보호의 신, 프라자파티는 리그 베다에 나오는데 우주를 개벽하는 창조주의 지위에 있었다. 그것이 점차 변해서 브리하스파티(Brihaspati) 혹은 브라마나스 파티(Brahmanas Pati, 기도주)가 되었다. 다시 파티(主人)라는 끝음

---

152) Allan Mebjies, *History of Religion*, (London: John Murray, 1992), p. 339.
153) 정태혁, 『인도종교철학사』(서울: 백산출판사, 1991), p. 22.
154) Cf., 본서 pp. 92~93.

절을 떼고 브라만(Brahman)이 되었다. 아트만(Atman)의 개념은 본래 자기 또는 주부(主部)라는 말이다. 그 개념적인 본질은 마음속을 향한 내면성을 띠고 있다. 직관으로 아트만을 아는 것은 브라만이 인간(Purusa)의 내면을 점령하고 있음을 아는 것을 의미한다. 인간이라는 말도 아트하르바 베다에서 브라마나스(Brahmanas, 梵書) 사상시대를 거쳐 우파니샤드(Upanisad)에서 보다 넓고 싶은 사상으로 발전한다.

베다에 대한 주석서로서 브라마나스가 성립되어진다. 새로운 정착생활에 따라 전문적 사제들 간에 분파현상이 일어나 각파의 제자양성을 위한 여러 가지 베다에 대한 해석적 문헌이 작성되었으니 이 해석을 브라마나(Brahmana)라 하는데 브라마나의 특징은 많은 악한 신들이 두각을 나타내며 더욱 중요한 것은 내세관의 변모인데 고대 베다에 있어서 즐겁고 좋은 곳이었단 야마(Yama) 왕국은 괴로움도 있고 죽을 수도 있는 곳으로 바뀌어지게 되니 여기서 윤회(輪廻, samsara)라는 개념이 발전했다고 본다. 브라마나 종교의 특색 중 한 가지는 의식적 종교에서 새로이 신지학적(神智學的) 사변이 일어났다는 것이다. 이것은 인간의 종교의식을 종교로부터 해방시키는 출발이 되어 이후 우파니샤드 사상의 발달을 낳게 되는 시원(始元)이 되었다고 보아진다. 여기에서 브라마나는 자존의 존재, 즉 세계 만물을 창조하고 유지하며 또 자기 안에 포섭하는 형이상학적 존재로서 파악된다. 아트만은 브라마나적 사변에서 얻어진 주관성에 관련하여 더욱 명석한 개념을 이루게 된다. 더욱 푸루사(인간)의 개념은 객체(客體)적인 것에서 인간 존재의 주체로서 개인 주관의 내부에서 브라만과 합일하는 것으로 발전되었다. 객관적인 최고 실재인 브라만과 주관적인 존재인 아트만과 인간실재의 주체인 푸루사와의 종합이 철학의 근본과제로서 제시되어 있다. 이러한 사상의 발달이 이후의 우파니샤드 철학인 것이다.

8세기에서 7세기경 어간에 성립되 브라마나(梵書)의 마지막 부분을 아랑야카(Aranyaka, 森林書)라 한다. 은유와 상징을 많이 사용하여 보다 더 철학적으로 제의의 의미를 설명하며 나아가 자연계와 인간계를 다 종합한 관계 속에서 철학적 이해를 펼쳐 나간다. 삼림 속에서 더위를 피하며 사색하는 철인(哲人)들이 앞으로 우파니샤드 시대를 열게 되는 것이다.

우파니샤드는 전통적으로 비의(秘義) 도는 오의(奧義)를 의미하는 것으로 신비사상에 속하는 종교 내지 철학사상이다. 본래 우파(upa)라는 말은 옆이라는 뜻이요, 니(ni)라는 말은 아래라는 듯이요, 샤드(sad)라는 말은 앉는다는 말이니, 스승과 제자 간에 가까이 앉아 깊은 진리를 가르치고 배우며 토론하며 때로는 깊은 수행으로 황홀한 지경에 빠지는 모습을 연상케 한다. 앞에서 언급한 대로 우파니샤드의 신비적 사상의 기원은 리그 베다 종교의 말기부터 나타난 밀의종교(密儀宗敎)에서부터 구하지 않으면 안 된다. 이 신비사상은 아트하르바 베다의 주법(呪法) 종교나 브라마나의 신지학(神智學) 그리고 아랑야카의 사상적 환경 속에 살아 계승되었을 뿐 아니라 나아가 새로운 환경에서 새로운 영향을 받아 깊은 철학사상을 이루게 되었던 것이다.

우파니샤드 사상이 이루어지던 초기에는 사상적 환경과 분위기가 개방적이어서 계급, 신분, 학파의 구별을 초월하여 사상가들 개인간의 사상의 교환이 자유롭게 행해지고 있었던 것 같다. 당시의 사회제도는 아직도 사성제도(Caste, 四姓制度)가 강하게 뿌리박고 있는 농촌사회이었으나 제2계급인 왕족 크샤트리아족의 지위가 사회적으로 크게 강화되었던 것 같다. 그것은 타락한 제사계급에 대한 민중의 염증과 왕족의 반발을 의미한다.

우파니샤드의 서술 방법도 대화적 방법이 많고 은유(隱喩)가 많다. 우파니샤드의 사상은 사실 논리적 사색의 결과이기도 하지만 신비적 영감에 의한 종교적 확신이라고 봄이 더 가까울 것이다. 우파니샤드의 중심적 흐름은 사물의 근원적 힘으로서 우주적 브라만과 인간의 내부에 있는 형이상학적 실체인 아트만은 결국 하나라는 범아일여(梵我一如)라는 신비사상이다.

샨들리야(śandlya)는 일체의 만물과 브라만은 동일한 것이라고 하였다. 다시 말하면 브라만은 만유의 근원이며, 인간의 운명도 그의 뜻에 따라 정해지며, 인간 실체 곧 아트만은 곧 브라만[155]이라는 것이다.

① 이 우주 전체가 참으로 브라흐만이니라. 그는 처음이며 나중이며 모든 것의 생명이니라. 고요한 중에 여실히 찬양을 그에게 돌릴지어다.
② 참으로 사람은 믿음(意向, kratu)으로 되어진 것이니라. 그의 믿음이 이생 안에 있음 같이 그는 또한 내세에서도 되어지느니라. 그로 하여금 믿음과 환상을 따라 행케 할지어다.
③ 마음이며, 생명이고, 빛이며, 진리이며, 광대한 허공인 영(自我)이 있느니라. 그는 모든 일들과 욕망들과 모든 향기와 모든 맛들을 품고 있느니라. 그는 온 우주를 싸안고 있으며 고요 중에 모든 것에 사랑을 베풀고 있느니라.
④ 이것이 쌀낟보다도 작고 보리알이나 겨자씨알보다도 작고 카나리아 씨앗 아니 카나리아 씨앗의 눈보다도 작은 내 마음속에 있는 영(自我)이니라. 이것이 땅보다 더 크고, 하늘보다 더 크며, 하늘나라 그것보다 더 크며, 이 모든 세상 것들보다 더 큰, 내 마음속에 있는 영(自我)이니라.
⑤ 그는 모든 일들과 욕망들과 모든 향기와 모든 맛들을 품고 있느니라. 그는 그 온 우주를 싸안고 있으며 고요 중에 모든 것에 사랑을 베풀고 있느니라. 이것이 내 마음속에 있는 영(自我, Ātman)이니라. 이것이 브라흐만이니라.
⑥ 내가 이생을 넘어갈 때 나는 그에게로 가게 되느니라. 믿고 의심치 않는 자에게 그는 오시느니라. 이렇게 샨들리야가 말하였노라. 이렇게 샨들리야가 말하였노라(Chandogya Upa. Ⅲ 14)

웃달라카(Uddalaka)는 범아일여 사상을 다른 각도에서 전개했다.

---

155) Cf., 본서 p. 98. Penguin Classics, *Upaniseds*, p. 114.

"흙으로 빚어진 모든 것은 진흙이라는 그 본질 자체를 앎으로써 모두 다 알 수 있는 것이다. 그것이 도자기이건, 물그릇이건, 항아리이건 그 모든 것들은 단지 말에서 생긴 변형된 이름일 뿐이다. 진리는 흙 바로 그것일 뿐이다. 이와 같이, 사랑하는 아들아, 태초에는 오직 샤트(sat, 存在 또는 有)만이 존재하였을 뿐 제2의 것은 없었다. 그것의 변형된 모습이 이 세계일 뿐이다. 진리는 다만 샤트-그것뿐이다"(Chandogya Upa. Ⅳ 1:2, 3).

이에 대하여 어떤 사람은 말했다. 태초에 이 우주는 무(非有, asat)뿐이었고 오직 하나이었으며 제 2의 것도 없었고 그 무로부터 유가 생겼다고. 그러나 웃달라카는 이것에 반대한다. 그리고 이 샤트가 "내가 많아지리라. 번식하리라"고 생각하고, 그는 처음으로 불(tapas)을 만들었고, 그 불은 물을, 물은 곡식을 만들어 냈다고 한다. 그리고 샤트는 또 불과 물과 땅속에 들어가 명색(名色)을 전개하리라고 생각했다 한다. 찬도기야 우파니샤드(Chandogya Upa. Ⅳ2:3-4)에는 다음과 같이 말한다.

"만유는 샤트를 본성으로 하고 있다. 그는 진실하며 그는 아트만이다. '네가 바로 그것이다.' 생명이 숨을 거둘 때 이 육신은 죽는다. 그러나 아트만은 죽지 않는다. 이 일체는 세미한 샤트를 본성으로 하고 있다."

웃달라카의 제자 야쥬냐발키야(Yājñalkhya)는 아트만에 대해 사상을 더 전개했다. 아트만은 본래 숨(氣息)의 뜻으로 쓰인 말인데 생기(生氣), 신체(身體)의 뜻으로 바뀌었고 나아가 "생명의 원리" "진아"(眞我), "자기", "영혼"의 뜻으로 바뀌어 쓰여졌다. 브리하다 우파니샤드(Brihada Upa. Ⅳ 5:1)에는 "아트만은 실재이다. 그것은 우리가 경험하는 모든 사물, 현상의 기원이다"라고 하였으며 그리고 이어서 아트만을 드러내려고 한다면 우리 인간 전 존재의 마음은 지혜로워져야 한다고 한다. 그것은 은밀하고 깊은 예지라고 한다. 아트만을 발현시키는 것이 해탈이라고 한다. 아트만은 나의 주체적 본체이며 결코 무(無)가 아니라고 한다. 업(業)에 의해 세계는 윤회를 계속하는데 윤회의 주체는 없어지지 않고 업(業)의 과보(果報)는 내세(來世)에 가서 모두 받게 된다고 한다. 그리고 금욕과 고행을 권장한다.

신비사상이란 여러 가지 방법을 통하여 우리의 심의활동(心意活動)을 바깥의 모든 것들로부터 격리시켜 내면적인 방향으로 이끌어 주관의 깊은 곳에서 자기와 절대자와의 동일성을, 주관과 객관의 합일을 직관적으로 실현하려는 노력이며, 다른 한편으로는 현실적 생활이나 이해를 떠나 오직 이상적인 세계로의 탈출, 곧 해탈(解脫)이라는 생명의 전체적인 목적을 추구하는 것이다. 따라서 신비주의는 염세적(厭世的)으로 되지 않을 수 없게 된다.

우파니샤드의 중심적 사상가들은 그들의 신비적 체험의 장엄한 것을 브라만의 환희(Brahman ānanda)라고 말하며 그것은 최고 행복의 100의 7제곱이나 된다고 하였다. 그것을 영원하고 자유로운 해탈(解脫, vimoksa)사상이 가미되는데 이것은 왕족계통의 사상가들에 의해서 되어진 것 같다. 우파니샤드의 이 원시적 윤회사상은 초기에 기계적이며 유물론적(唯物論的)이었는데 후대 신비사상가들은 정신적이요 관념적인 것으로 발전시켰다(후대의 불교에서는 이것을 아예 실체를 부정하는 데까지 발전시킨다).

윤회사상과 아울러 업(業, karma)사상도 우파니샤드 시대에 나타났다. 이 사상도 왕족계급의 사상가들에게서 나왔으며 도덕적 책임관념에 의한 인간의 운명과 자유에 대한 합리적 생산의 산물이다. 그들은 개인의 생애를 과거의 책임에 귀일시킴으로써 미래적 자유를 보장할 수 있다고 생각하였다.

우파니샤드의 관법(觀法)은 관상(觀想, dhyana) 또는 요가(瑜伽, yoga)로 불리워진다. 요가 행법(行法)은 인도에서 철학과 종교의 가장 보편적인 방법이 되었다. 그것은 즈냐나(知)를 얻어 해탈하고자 하는 것이다. 이것은 우파니샤드 신비사상이 관념적 지혜 뿐 아니라 실천적 체험의 지혜로서 얻어지는 것임을 보여준다. 그러므로 해서 체험에 따라 우파니샤드 사상은 다양하기도 하다.

근본적 존재의 명칭도 앞에서 언급한 브라만(Brahman), 아트만(Ātman), 사트(sat), 아사트(asat) 외에도 중요한 것 중에 푸루사(眞我, Purusa), 푸랑아(氣息, purāna), 이사(生命, īsa), 아사사(存在, asasa) 등이 있다. 이들은 다같이 최고 실재의 명칭으로 각각 독자적으로 발전 형성된 기념들이다. 그 중에서도 우파니샤드 시대 전체를 통해서 유력했던 것은 브라만, 아트만, 푸루사다. 브라흐만은 절대자의 객관성을 표현하는 점으로 그 특징을 가지고, 아트만과 푸루사는 다같이 인간의 주체적인 면에서 절대자를 나타내는 점이 특징이다. 브라만은 밖으로 확산적 성질을 가진데 비하여 아트만은 안으로 집중적 내향적(內向的) 성질을 가진다. 그러면서도 이 두 개념은 우파니샤드 사상에서 신비적 체험에 토대하여 본질적으로 동일한 것이 된다. 그런데 푸루사는 전체성을 표현하는 개념으로 중기(中期) 우파니샤드에서는 브라만과 아트만을 종합하는 원리가 된다. 그리하여 푸루사는 달리 마하스바라(Mahásvara, 大自存神)라고 불리워지며 절대귀의의 신앙의 대상이 된다. 인간의 주체성에서 파악되던 푸루사가 인간의 내적 제약으로부터 초월한 신(神)을 나타내게 된다. 다시 말해서 일신교적(一神敎的) 신앙의 대상이 된 것이다. 그것은 요가행법과 바하크티(bhakti, 信愛)신앙과의 매개를 인하여 발전한 것이다. 브라만이 공간적 포괄성의 특징을 가지는데 반해서 푸루사는 주체적 초월성을 특징으로 한다. 고로 요가행자의 수행 목표 또는 대상이 된다. 나아가 해탈의 매개가 된다. 문화의 중심이 주전 5세기부터 간지스 중류지방으로 옮겨지고 사상적으로는 유물론자(唯物論者), 회의론자(懷疑論者), 쾌락론자(快樂論者), 운명론자(運命論者)들이 나타나기 시작했다.

후기 베단타 학파에서는 불이론(不二論: advaita)[156]이 나오는데 "불이론이란 말 그대로 '둘이 아닌 이론'을 의미한다. 여기서 둘

---

156) Cf. 〈不二一元論〉 정태혁, 『인도종교철학사』(서울: 백산출판사, 1991), pp. 105ff.

이 아닌 것은 '허상과 절대의 불이성' '모든 상대성의 초월'들을 가리킨다. 그것은 브라만이며 아트만의 실재성이기도 하며 또한 용수의 공(空)사상의 핵심이기도 하다"[157] 그런데 "자이나학파의 스야드바다에 의하면 실재 혹은 절대자의 존재는 오직 그에 대한 존재만을 알 수 있을 뿐이며 그의 속성 혹은 본질에 대한 우리의 어떠한 진술도 관점이 제한을 받는다는 것이다. 그렇게 때문에 우리의 실재에 대한 어떠한 진술도 일면으로는 타당하지만 절대적인 관점에서는 제한된 진술이라는 것이다.[158]

그런데 상카라(Sankara, 788~820?)는 "존재적 의미의 유(有)의 부정으로 가정된 무(無)란 오직 논리적으로만 가능한 추상적이고 관념적인 개념일 뿐이며 실제로는 유의 일자(一者)만이 존재할 뿐이다."[159]라고 하며 "무란 오직 유일 일자(一者)로서의 근원적 존재가 아직 구체화되지 않은 일종의 잠재적인 상태로 존재하는 것을 의미한다."[160]

그런데 존재가 긍정된다 해도 운동과 변화는 어떻게 설명되는가? 상카라는 "유와 무의 상호연관은 존재적 영역의 틀에서는 불가능하며 오직 인식적 영역에서만 가능한 문제"[161]라고 한다. 그리하여 절대존재로서 브라만은 무속성의 존재[162]가 된다. 그렇다면 불가지론에 빠지는 것이 아닌가?

이에 대해 상카라는 존재영역을 보다 높은(para) 순수 존재적(절대적)영역과 보다 낮은(apara) 인식적 존재(상대적)영역으로 나누고 마야 곧 인식적 존재는 유와 무가 혼합된 형태로 나타나며 절대 유는 비 이원적 일자라고 한다. 이것은 "브라만이 현상적 존재의 모든 속성들을 잠재적인 형태로 자신 속에 소유하고 있다는 관점을

---

157) 김형준, "인도철학의 不二論", (한국헤겔학회 발표논문, 1997), p. 1.
158) Ibid., pp. 1~2. 서양에서의 부정적 방법을 연상시킨다.
159) 김형준. p. 5.
160) Ibid.
161) Ibid., p. 7.
162) Ibid.

해석한다."[163] 다시 말해서 "브라만은 하나이면서 동시에 여럿(一卽 多)또는 여럿이면서 하나(多卽一)인 존재가 된다. 상카라는 이 경우 브라만이라는 용어대신 특별히 창조주라는 종교적 의미를 드러내는 이슈와라(Isvara, 自在神)라는 단어를 사용한다."[164]

그러나 상카라는 브라만을 차존재로 보고 유무의 현상은 무지(無明)의 인식현상으로 보아 일종의 가현설에 빠지고 만다.[165] 창조신의 능력을 알지 못한 범신론의 종착점을 보여주는 좋은 사례가 된다.

한 때 자아나교와 불교에 눌려 침체했던 힌두교는 다시 부흥해서 마누(Manu)법전을 낳게 되는데 이 때는 무서운 쉬바(Siva)신, 옛 태양신이었던 비수누(Visnu)신, 선신인 목동신 크리슈나(Krisana)신 등 인격신이 숭배되면서 많은 분파가 생기며 중세 근세를 거치며 사상적 혼란시대를 이루다가 현대에 와서는 식민통치하에 기독교의 영향을 받으면서 혼합종교 운동 곧 사마지 운동(Samadhi 또는 Samaji)이 크게 일어났다. 대표적 인물로 노벨문학상을 탄 타골(Ravindranath Tagore, 1861~1941)과 인도의 성자 간디(Mahatma Gandhi, 1869~1948) 등이 있다. 그들은 인도교의 신이나 이슬람의 알라(Allah)나 기독교의 여호와가 다 같은 신이라고 말한다. 종교분쟁을 막으려는 그들의 노력의 일면이었다고 본다. 그러나 그들의 사상의 바탕에 범신적 사상이 깔려있는 것이다.

2. 불교: 부처(佛), 보살(菩薩), 공(空)

불교사상은 다양하고 방대하여 하나로, 통일적으로 체계화하여 설명하기 어렵다. 특히 소승불교의 사상과 대승불교의 사상이 크게 달라 소승에서는 대승사상을 거부하여 대승비불(大乘非佛)[166]을 주

---

163) Ibid., p. 9.
164) Ibid., Cf., 정태혁, 『인도 종교 철학사』(서울: 백산출판사, 1991), pp. 77, 138.
165) Platon의 idea와 현상개념을 연상시킨다.
166) 창가학회편, 『법화경입문』(서울: 화광신문사, 2000), p. 19.

장할 정도다. 뿐만 아니라 경전마다 사상이 서로 다르고 대립되기까지 하여 별도로 설명하지 않으면 안 된다.

한국 중국에서 일반적으로 믿어지고 있는 염라대왕(閻羅大王: Yamāraja)[167]은 본래 인도의 재래 토속신인 야마(Yama)가 불교에 수용된 것이다. 사찰 대웅전 문(四天王門)을 들어서노라면 좌우에 야차(夜叉)[168]라고 하는데 손바닥을 하늘과 땅을 향하고 태권도 자세를 하고 있는 괴물같이 무섭게 생긴 것이 서 있는 것을 볼 수 있다. 부처의 수호신으로 세워 놓은 것이다. 분명히 현실 인간이 아닌 신적인 존재다. 법당 뒷뜰에는 대개 칠성단이 있다. 이것도 한국의 재래신앙인 북두칠성에게 비는 신앙을 수용하여 섬기는 것이다. 일반적으로 불가(佛家)에서는 여러 가지 신들을 섬기고 있다. 이 신들이 불교의 본래의 것이 아니고 불교가 지역마다 전파되면서 그 지역의 재래 신들을 수용한 것으로 볼 수 있다. 아무리 교리화되고 생활화 되었다 하더라도 이러한 외래적인 신들이 불교 안에 들어와 수용되고 혼합되어 섬겨지고 있다면 그것은 불교의 본래적인 것이 아니니 제거하고 본래적 불교의 모습을 논해야 할 것이다.

불교에는 보살(菩薩: Bodhisatva) 사상과 부처(佛陀: Buddha) 사상이 있다. 그런데 이 보살이나 부처가 역시 현실인간과 다른 모습으로 전지전능, 또는 초인적, 신적인 모습을 나타나는 것이 보통이다. 석가모니(釋迦牟尼) 부처는 신격화 되었다. 단순히 깨달은 자(覺者: Buddha)로서 구세자(救世者)[169]가 아니고 그의 생애가 신화

---

167) 염라대왕은 염마왕(閻魔王)이라고도 하는데 인도의 야마(Yama)신의 범어음을 음역한 것이다. 정식(淨息) 또는 평화(平和) 등 여러 가지로 번역된다. 야마는 인류 최초의 사자(死者)라고 한다. 도교에서도 수용되었으며 생사(生死)를 관할하였다고 한다. 본래는 선한 신이었는데 변하여 귀신세계의 왕으로 상계(上界) 곧 광명세계의 수야마천으로 부르기도 하고, 하계(下界) 곧 사후의 유명계(幽冥界)인 지옥의 신으로 부르기도 한다(Cf.『불교학대사전』(서울: 홍법원, 1992), p. 1076.).

168) 야차(夜叉)는 약차(藥叉)라고 쓰며 범어 약사(Yaksa)의 음역으로 위덕(威德)으로 번역한다. 천야차(天夜叉), 지야차(地夜叉), 허야차(虛夜叉)의 3종이 있다. 도리천의 주인인 제석천(帝釋天)의 명을 받아 4천하를 돌아다니며 사람들의 동작을 살펴보고하는 신이라 한다(Cf. Ibid., p. 724.).

169) 대승기신론(大乘起信論) 첫 페이지 첫 줄. 석가모니의 99가지 별호 중 하나로

화되어 많은 신비스런 초인적인 모습으로 묘사되고 있다. 그는 신적인 존재가 되어 버렸다. 석가모니(釋迦牟尼)[170]는 겨드랑이에서 태어나서 전후좌우 4방으로 7발자국씩 걸어서 다시 중심으로 돌아와 천상천하 유아독존[171]이라고 말했다 하며 많은 기적을 행하였으며 시간과 공간을 초월한 영원하고 전능한 무한자로 묘사되고 있다. 불교학에서는 그는 법(法) 곧 진리 자체 또는 만물의 본체로 표현되기도 하고 자유자재로 응신(應身) 또는 변신(變身)하여 대자대비(大慈大悲)로 구세자로서 활동한다고 한다. 아미타부처(阿彌陀佛)는 고통이 없는 서방정토(西方淨土, 極樂)를 만들어 놓고 관세음보살(觀音, 世智菩薩)을 세상에 보내 누구든지 나무아비타불(那無阿彌陀佛)[172]을 외우면 모든 극락세계에 데려오게 한다고 한다. 아미타불 역시 신적인 존재가 되었다.

미륵부처(彌勒佛)[173]는 아직 오지 아니하였기 때문에 미래불(未來佛)이라고 하는데 그는 도솔천에 거하며 장차 56억 7천만년 후 말세(末世)에 용화수(龍華樹) 밑에 와서 석가모니가 구세하지 못한 모든 중생을 다 구원한다는 불교의 구세주다. 그는 석가모니의 제자중에 하나였는데 먼저 죽었다. 그도 역시 신격화된 셈이다.

제주도 남해안에 근년에 새로 지은 큰 사찰에 동양최대(세계최

세상을 고통 가운데서 구하라는 자라는 뜻이다.
170) 석가모니(釋迦牟尼 또는 釋伽牟尼)는 사키야스무니(Sakyasmuni의 음역으로 석존(釋尊) 또는 세존(世尊)이라고도 한다. 석가족의 존귀한 자(muni)라는 뜻이다.
171) 천상천하 유아독존 일체개고 아당안지(天上天下 唯我獨尊 一切皆苦 我當安之: 하늘 위와 하늘 아래 나 홀로 존귀하니 모두가 다 고통이라 마땅히 내가 세상을 편안케 하리라.)
172) 나무아비타불의 나무(南無, 南謨 또는 那無: Namo)는 범어(Sanskrit)로 〈귀의한다〉는 뜻을 가진 말로서 전체의 뜻은 아미타 부처에게 귀의한다는 뜻이다. 이는 수학(修學)이나 고행이나 참선의 어려운 방법으로 해탈하지 못하는 중생을 쉽게 자기 이름만 부르면 구제한다는 것이다. 필자는 이러한 사상은 기독교의 영향을 받아 생겨진 것이라고 생각한다.
173) 아미타불이 귀족들의 현세의 도움의 부처임에 반하여 미륵불은 서민들의 소망의 부처였다. 미륵불이 말세에 구세주로 오리라는 미래불(未來佛)사상도 필자는 기독교의 메시야 사상의 영향으로 본다.

대?)의 불상을 자랑하는 대웅전 불상은 3층 건물 안에 3층 건물 높이의 큰 불상이다. 그 부처는 비로자나불(毘盧蔗那佛: Virocana)이다. 이 부처의 호칭은 부처의 진신(眞身)을 나타내는 칭호다. 천태종에서는 석가불 외에 로사나(盧舍那)와 이 비로자나불을 삼신일체(三神一體)로 보며 화엄종에서는 인도에서 탄생한 석가부처를 그대로 비로자나불로 본다. 하여간 이 부처는 불신의 그 신광(身光)과 지광(智光)이 온 세계에 두루 비춘다는 뜻을 가지고 있다.[174] 그 외에 무수한 부처가 각기 특색을 가지고 신격화되어 있다.

이같은 여러 부처 사상은 대승불교의 사상이거니와 대승 불교에서는 특히 많은 보살[175]이 있어 중생을 도와주는데 이 보살 또한 자유자재로 활동하는 신적인 존재다.[176] 삼국유사에 나오는 부득이와 달달박박이의 설화는 관세음 보살이 여자로 화신(化身)하여 부득이와 달달박박이의 수도하는데 나타나서 그들을 시험하는데 부득이는 흔들리지 않아 미륵불이 되고 달달박박이는 미숙해서 얼룩진 아미타불이 되었다고 한다. 이러한 설화가 보여 주듯이 보살 또한 신적인 존재로 초인적인 활동을 한다.

이상과 같이 부처나 보살이 신적인 존재로서 나타나는 것이 불교의 사상이 신화적으로 변질된 것이라고 본다면 불교의 근본진리는 어떠한 것인가? 불교적 신화와 형이상학적 교설은 도덕철학적 의미와 가치로 평가해야 할 것이지만 그 바탕에는 역시 인도의 전통적 업(業), 윤회(輪廻), 해탈(解脫)사상을 같이 공유하고 있다. 그러나

---

174) 『불교학대사전』 p. 617.
175) 석가불 좌우에는 보현(普賢), 문수(文殊)보살이 안치되어 있고, 아미타불 좌우에는 관음(觀音) 세지(世智)보살이 안치되어 있으며 미륵불에는 미래불이기 때문에 보통 보살이 안치되어 있지 않다. 오히려 미륵불을 미륵보살이라고 더 친근히 부른다. 그 외에 지장, 대세지 등 많은 보살이 있는데 역사적인 인물로 용수, 세친, 또 한국에서는 원효 등 고승에게도 보살의 칭호를 붙이기도 하며 일반적으로 불가에서는 봉사하는 사람들을 보살로 호칭하기도 하며 민가에서는 무당 점쟁이들이 보살로 행세하기도 한다.
176) 보살이란 깨달음(bodhi)이란 말과 본질(satva)이라는 말의 합성어로 깨달음을 본질로 하는 자 또는 "중생을 이익케 하고, 모든 파라밀의 행을 닦아서 미래에 불타의 깨달음을 열려고 하는 사람"을 뜻한다. 『불교학대사전』 p. 541.

인도교의 카스트계급 제도와 제사장의 부패에 반대하여 대자대비(大慈大悲)로서 평등(平等)사상을 고취하며 제사의 비리에 반대하기 위하여 무신론적으로 나아가 집착을 버림 곧 무욕(無慾)으로 해탈할 것을 강조하게 되었다. 석가모니의 4성제 8정도(四聖諦 八正道)[177]의 초전법륜을 근본 사상으로 한 불교교리는 윤회설(samsara)이 중심축이 되나 나아가 심오한 비유비무(非有非無) 곧 불이(不二)의 중도(中道) 곧 공(空)사상을 발전시켰다.

본래 석가모니는 평범한 인간이었다. 그리고 형이상학적인 문제에 관련된 것들 14가지를 들어 그것은 알 수도 없는 것이요 알려고 하는 것 자체가 무모한 것이라고 칸트(Kant)적 정직성을 가진 이성주의자였다. 그러나 불교는 무신론적으로 기울어 한편으로 궁극철학으로 발전하면서 동시에 실천적 종교로 발전한 것이다. 역시 이성에 바탕한 불교는 범신적인 것이 되었다.

존재의 출발, 시작이 설명되지 않은 업(業: Karma 운동 또는 행위)으로부터 변화가 시작되어 윤회전생(輪廻轉生)이 생사세계(生死世界)를 거듭하여 과거세(過去世), 현재세(現在世), 미래세(未來世)를 돌고 돈다는 것이다. 이 법을 불교에서는 정신적인 의식(意識)의 움직임으로 본다. 이 업은 불교에서 일반으로 신구의(身口意) 삼업(三業)을 말하는데 대승에서는 모두를 사(思: 意志)라고 한다.[178] 인도교에서는 유물론적 세력이 강한데 불교에서는 유심론적 인상이 강하게 느껴진다.

윤회(輪廻: samsara)는 12인연(十二因緣)을 말하는데 12연기(十二緣起)라고도 한다. 이것은 사람이 죽은 후 영혼이 그 몸에서 떨어져 풀, 나무, 새, 짐승에 깃들인다는 전주설(轉住說)로부터 발달한 것이라고 한다.[179]

---

177) 사제 8정도: 고성제(苦聖諦: 一切皆苦 곧 세상은 다고통이다) 집성제(集聖諦: 苦의 원인은 욕심〈慾心〉에 있다) 멸성제(滅聖諦: 苦를 없이한 이상적 상태) 도성제(道聖諦: 正見, 正思惟, 正言, 正業, 正命, 正精進, 正念, 正定의 八正道).
178) 『불교학대사전』(서울: 홍법원, 1992), p. 1044.
179) Ibid., p. 125.

시간적 인과와 공간적 인과에 도덕적 인과를 더한 소위 혹(惑=無明), 업(業), 고(苦)의 관계를 논한 업감 연기설(業感 緣起說)을 12연기설로 확대 설명한 것이다.[180] 이것은 원시 불교 경전인 『아함경』(阿含經)에 설해져 있는 것으로 근본 불교의 기본사상이다. 그것은 석가모니가 "시간적 공간적 인과관계에 의하여 유무생멸(有無生滅)의 모든 현상이 야기됨을 증득한 것"[181]으로 무명(無明), 행(行), 식(識), 명색(名色), 육처(六處 도는 六入), 촉(觸), 수(受), 애(愛), 취(取), 유(有), 생(生), 노사(老死)의 12변화 과정을 말한다. 이것은 인과(因果)의 상대적 관계 속에서 태생학적(胎生學的)으로 인간을 중심해서 그 변화를 설명한 것이다.

그런데 문제는 이 윤회의 과정이 고(苦)의 과정이라는 것이다. 여기에서 고통을 벗어나기 위해 윤회를 벗어나야 한다는 필연적 논리가 나오게 된다. 윤회를 벗어나 고통을 벗어나는 것을 해탈(解脫)이라고 하는 데 여기에 따르는 여러 가지 설명과 해석이 나온다. 여기에서 불교의 구원론의 성격이 규정된다.

해탈(vimoksa 또는 vimukti)은 "번뇌에 묶인 것에서 풀려 혹은 미혹의 고(苦)에서 풀려 나오는 것"[182]이라고 하는데 본래는 열반과 같이 실천도의 구극의 경지를 나타내는 말이었다. 그러나 후세에 마음으로 욕심을 버리는 것, 지혜로 무지를 깨닫는 것 등 여러 가지로 학파, 종파에 따라 해석 또는 설명을 달리한다. 해탈한 상태의 느낌을 진미(眞味) 또는 일미(一味)라고 하는데 이러한 해석은 열반 곧 윤회를 벗어난다는 본래의 뜻에서 실천적 의미로 발전시킨 개념이다.

대승불교에서는 이타행(利他行)을 강조하여 현실적 가치의 실천을 도모하며 나아가 차원 높은 형이상학으로 색즉시공, 공즉시색(色卽是空, 空卽是色) 곧 이론가 실천, 형이상학과 형이하학을 묶은 차원 높은 사상체계를 이룬다. 이것이 진정한 불교의 모습이라고 볼

---

180) Cf. 홍정식,『불교입문』(서울: 동국출판사, 1964), p. 124.
181) 홍정식, pp. 89~90.
182) 『불교 대사전』, p. 1659.

수 있을 것이다. 그러기에 불교는 어떤 의미에서 종교라기보다 철학이론 또는 윤리라고 보기도 한다. 왜냐하면 불교에는 신 특히 창조신을 거부하며 나아가 영혼의 존재를 거부하고 죄의 사실까지도 거부하며 다만 현실을 고통으로서 악으로만 보려고 하기 때문이다. 이점에서 서양의 범신론적 사상가들과 상통하는 면이 있다.[183] 이점이 현대 인본주의적 신학자들의 사상과 유사한 점이 되며 동시에 전통적 기독교의 사상과 다른 점이 되기도 하는 것이다.

불교적 구원 곧 해탈에 이르는 방법에 있어서 고집멸도(苦集滅道) 사성제(四聖諦)의 진리를 깨달아 지적번뇌(知的煩惱)를 품고, 수도에 있어서는 정의적 번뇌(情意的 煩惱)를 품음으로서 견수이도(見修二道)를 닦아 마침내 무학도(無學道) 곧 아라한(阿羅漢: arahat) 과(果)에 이르게 되는데 아직 살아 있는 아라한을 유여열반(有餘涅槃)이라 하고 죽은 후의 아라한을 무여열반이라 한다. 이러한 부파불교의 교학(敎學)을 체계적으로 설해 놓은 대표적인 논이 구사론(俱舍論: Kosasastra)이다. 소승불교에서는 성불(成佛)보다는 아라한을 실천적 목표로 하여 출가승들을 중심한 폐쇄적 불교가 되었다.

소승불교의 미숙한 부분 중 가장 근본적인 것이 업사상의 근원적 해결이 없는 것이요 형식에 치우쳐 대중구원에 소홀했던 점이다. 이에 대승을 자처한 개혁파에서는 경직되어 가고 있던 불교를 개혁하였던 것이다. 본래 석가모니가 인도교의 계급제도를 타파하고 모든 사람이 다 불성을 가지고 있다(일체중생실유불성; 一切衆生悉有佛性)라고 설파하며 중생을 구원하겠다고 나섰던 불교가 형식화 되어가고 율법화 되어가자 석가모니의 근본정신을 되살리고자 하였다. 그것이 대승불교요 그 지향하는 바가 이타행(利他行)의 강조요 그 사상적 중심이 다불 다보살(多佛多菩薩)사상인 것이다. 다시 말하면 원시불교 곧 아비달마 불교(阿毘達磨 佛敎=部派佛敎)가 집착을 버림

---

183) 사실 서양고대의 범신론적 사상은 그 근원이 인도 유로피안어족의 공통된 사상이라고 볼 것이며 근세 이후의 서양의 범신론은 불교의 영향을 받았다고 보아야 할 것이다.

으로 고통을 제거하려는 소극적 방법을 가지고 아라한이 되고자 하는 자리주의(自利主義) 곧 개인구원에 치중하는데 반하여 대승불교에서는 적극적으로 이타행 곧 선을 행하여 공덕(公德)을 쌓음으로 성불(成佛)하겠다는 것이다.

대승불교에서는 새로운 수행방법으로 6파라밀(六波羅蜜: 보시〈布施〉, 지계〈持戒〉, 인욕〈忍辱〉, 정진〈精進〉, 선정〈禪定〉, 지혜〈智慧〉)을 채용하여 이 세상에서 열반의 피안에 도달할 수 있다고 생각하였다. 그 중에서도 가장 중요한 것이 첫째의 보시(布施)와 끝의 지혜이다. 보시사상이 바로 이타행(利他行)이요 지혜가 바로 대승의 최초 경전인 반야경의 중심사상인 것이다. 지혜는 사상(四相) 곧 아상(我相: 지고한 생각), 인상(人相: 인간만 존귀하게 생각하는 것), 중생상(衆生相: 무아〈無我〉를 알지 못하고 자기에게 집착하는 것), 수자상(壽者相: 유한을 모르고 영생 무한을 추구하는 것)의 거짓됨을 깨닫는 것이다. 이 사상은 대승불교의 창시자라고 볼 수 있는 용수(龍樹: Nagarjuna. B.C. 2세기 또는 A.D. 2세기로 불확실)에 의해 수립된 것으로 보며 그의 저서 『중론』(中論)이 그 기본 경전이다. 그는 8가지 잘못을 바로잡는 팔불(八不)[184]을 가르쳤다. 그리하여 그의 사상은 팔불중도설이라고 한다.

용수의 중관(中觀) 사상은 연기설에 대한 바른 실천적 이해를 도모한 것으로 연기설 자체를 실용적 가설로 보고 궁극적으로는 부정한다. 불교학자 홍정식 교수는 이 사상을 평하여 "허무주의적인 것으로 떨어질 가능성을 내포하고 있다 하겠다"[185]라고 하였다. 이 같은 용수의 사상을 비판하면서 연기의 세계를 긍정하는 교학으로 『해심밀경』(解深蜜經), 『승만경』(勝鬘經), 『능가경』(楞伽經) 등이 나왔으며 무착(無着 A.D. 310~390경), 세친(世親 A.D. 320~408경) 등이 그 대표적 학자들이다. 이 사상을 유가유식설(瑜伽唯識說)

---

184) 불생(不生), 불멸(不誠), 불거(不去), 불집(不集), 불일(不一), 불이(不異), 불근(不近), 불상(不常).
185) 홍정식, p. 157.

이라고 한다. 이것을 초전법륜의 유(有)사상과 용수의 무상법륜(無相法輪) 즉 무(無)사상을 종합한, 유와 무를 지양한 종말법륜(終末法輪)이라고 한다.

이 같은 사상은 삼성학설(三性學說) 곧 실체의 자발성(부동〈不動〉의 원동자〈原動者〉, 제일원인〈弟一原因〉)을 보정하는 의타기성(依他起性: 緣起法), 실체자체를 부정하는 편계소집성(遍計所執性), 그리고 앞의 부정에 부정을 거쳐 다시 긍정으로 돌아오는 것을 원성실성(圓成實性), 비유비무(非有非無)가 아닌 무의유(無의 有)라고 하여 중도교(中道敎)라고 한다. 결국 없는 것으로서 있음을 주장하는 것으로 이것을 승의적 존재(勝義的 存在)라고 한다. 이같은 일체만법의 종자(種子)를 알라야식(alaya-vijnana, 阿懶耶識)이라고 하며 이에 근거한 연기설은 알라야 연기설이라고 한다.

그런데 이 종자(種子)인 식(識)에는 8가지가 있는데 그 8번째 식이 곧 불이일체(不二一體) 곧 마음(心)[186]이라고 한다. 이것이 윤회의 주체라고 한다. 여기에서 소위만물일체가 마음의 소산(一切唯心造)이라는 주장이 나오게 되는 것이다. 결국 대승에서는 일체 심조화 사상에서 적극적으로 세상을 교화하려는 이타행 사상이 나오게 되고 바로 이 이타행 사상이 보살사상의 발전을 가져오게 된다. 그리고 이 보살행의 목표 곧 보살행이 이루어지는 곳 또는 이루어질 곳을 불국토라 하는 것이다. 성문(聲聞: 진리를 듣고 깨달아 행함), 독각(獨覺=緣覺: 스스로 깨달음), 보살(菩薩: 다른 이를 깨닫게 함) 곧 삼승(三乘)[187]을 행함으로 불국토가 이루어 진다는 것이다. 고로

---

186) 일심(一心): 만유의 실체인 진여(眞如). 〈기신론〉에서는 1심을 세워 만유의 본체인 진여의 모양과 만유가 전개하는 상태를 설명하고, 〈화엄경〉에서는 3계(界)가 별법(別法)이 아니고 오직 일심으로 된 것이라 한다(운허용하 저, 『불교사전』(서울: 동국역경원, 1974), p. 740.

187) 일승(一乘): 승은 타는 것, 우리들을 깨닫는 경지에 운반함, 부처님의 교법, 교법에는 소승, 대승, 3승, 5승의 구별이 있다. 일체중생이 모두 성불한다는 견지에서 그 구제하는 교법의 하나뿐이고, 또 절대 신실한 것이라고 주장하는 것이 1승. 법화경을 일승경 또는 일승의 묘전(妙典). 이것을 의빙(依憑)하는 천태종(天台宗)을 원종(圓宗)이라 함은 이 뜻이다. Ibid.

불국토를 이루는 보살만이 진정한 불자인 것이다.[188] 이러한 보살은 무분별지(無分別智: 일체의 정념〈情念〉을 떠난 출세간지〈出世間智〉)와 청정세간지(淸淨世間智: 모든 문제를 자기가 해결해야 할 것으로 생각하는 소명심)를 겸비한 대비행(大悲行)의 실천자인 것이다. 이러한 대비행의 실천자에게는 생사를 초월할 뿐 아니라 해탈하려는 욕심이나 열반에 이르려는 욕심마저 다 버리고 오직 대비행만에 만족하는 자이기에 가는 곳으로서 열반도 없는 것이다(무주처열반; 無住處涅槃). 오직 불국토가 있을 뿐인 것이다.[189] 이러한 참 보살을 무량광(無量光) 또는 무량수(無量壽)라고 하는데 그가 바로 세상의 구세주로서 아미타불이요 미륵불이 되는 것이다. 참 보살의 보살행 곧 하화중생(下化衆生)으로 세상이 불국토가 되는 것을 회향(廻向)이라고 하며 이 회향을 이루는 자는 삼신(三神:法身:Drarmakays, 報身:Sambhogakaya, 應身:Nirmanakaya)을 갖는다 한다. 진리 자체(自性身), 진리실현(受用身), 진리실천자(變化身)를 뜻한다. 불교에서의 일심(一心)[190]사상은 불성(佛性)이 삼신으로 나타나지만 셋

---

188) 세속화신학을 연상케 한다. 현대신학자들은 대개가 불교사상을 알고 있다. 그 중에 콕스(H. Cox)는 전문적인 수행도 했다(H. Cox, *Turning Esat*, N. Y. : Touch Stone Book, 1997).

189) 현대신학의 교회관을 연상케 한다.

190) 일심(一心): 만유의 실체인 진여(眞如). 〈기신론〉에서는 1심을 세워 만유의 본체인 진여의 모양과 만유가 전개하는 상태를 설명한다. 원효는 기신론에 토대하여 일심(一心)에 진여(眞如)라는 본체(本體)가 있고 그와 동시에 생멸(生滅)의 제법(諸法)이 공존하는데 이 때 진여라는 본체를 진여향(眞如向)이라 하고 생멸의 제법을 생멸향(生滅向)이라 하고 이 일심이향(一心二向)이 다시 삼대(三大)로 된다고 한다. 삼대는 마음의 본체로서 체대(體大), 마음의 모습으로서 상대(相大), 그리고 마음의 작용으로서 용대(用大)를 뜻한다. 또한 심(心)은 구식(九識)으로 되어 있다고 하며 안(眼), 이(耳), 비(鼻), 설(舌), 신(身), 오식(五識)과 이를 종합하는 육식(六識), 그리고 그 주체인 칠식(七識, 마나식), 다시 이 칠식을 동(動)케 하여 각종 망염(忘念)을 일으키는 팔식(八識, 알라야식)을 지배하는 無名을 벗어나 본연의 지(智) 자체인 진여(眞如)의 지(智)를 구식이라 한다. 이를 보고 진념(眞念) 또는 무념(無念)이라 하고 이 상태에 이른 자를 각(覺)했다고 한다. 그러나 이 각(覺)과 불각(不覺)은 분리되어 있는 것이 아니고 각 속에 불각이 있고 불각 속에 각이 있다한다. 〈화엄경〉에서는 3계(界)가 별법(別法)이 아니고 오직 일심으로 된 것이라 한다(운허용하 저, 『불교사전』〈서울: 동국역경원, 1974〉, p. 740).

이 아니요 하나일 뿐 아니라 주객, 인간과 자연, 본체와 현상이 다 하나라는 범신적 사상을 드러낸 사상이다. 기독교의 3인격체로서의 삼위일체 하나님 사상과는 차원이 다른 것이다.

불교의 일심(一心)사상이 기독교의 잘못된 신론 중에 하나인 양태적 단일신론과 비슷하나 불교의 삼신론은 양태설적 단일인간론이라고 해야 할 것이다. 도교의 옥황상제의 삼화신(三化身)사상과 비슷하다.[191] 불교의 화신 또는 환생사상은 인도교의 화신 사상과 융합된 것이다.[192]

헤겔은 불교를 유교, 도교, 인도교와 더불어 즉자적 의식에서의 범신론으로 규정한다.[193] 불교는 유일한 인격적 창조신을 부정하는 입장에서 볼 때 무신론이나 사상구조상으로 볼 때 완벽한 범신론이다.

3. 유교: 상제(上帝), 천(天), 태극(太極). 이일분수(理一分殊)

본래 중국 고대 사회에서의 종교는 어느 민족에서나 마찬가지로 자연숭배와 정령숭배 사상이 중심이 되어 있었다.[194] 이와 같은 종

---

191) Cf., 본서 p. 201. 이것은 도교가 불교를 모방해서 이루어진 것이니 그럴 듯 하나 모방작품이라고 해야 할 것이다.
192) 이동주, 『아시아종교와 기독교』(서울: CLC, 1998), p. 51.
193) Hegel, Vorlesungen über die Philosophie der Religion, I. S. 318. Cf. 박영지『헤겔의 신개념』(서울: 서광사, 1996), p. 85~86.
194) 많은 고증적 자료나 문서들을 토대하여 중국 고대의 신화들을 연구한 중국인 학자 하신(何新)은 그의 저서 『신의 기원』(諸神所起源)에서 중국은 상고시대에 일원적인 태양신 신앙이 존재하고 있었다고 한다. 대양은 신명(神明)이라고도 하는데 고대 예술 중에 태양신은 +혹은 +자류의 부호로 표현되고 있다고 한다. 그리고 황(皇), 호(昊), 신(神), 화(華)는 모두 태양숭배와 관련이 있다 한다. 태호(太晧), 태호(太昊), 제준(帝俊), 중화(重華 즉)등은 본래 모두 고대 중국의 태양신의 존호였으나 후에 임금의 칭호로 바뀌었다 한다. 그 외에 황제(黃帝)는 광제(光帝) 공 광명의신이요, 복희(伏羲)도 태양신이었는데 분화하여 남성 상희(尙羲)와 여성인 달의 신 상아(尙娥)가 되었다 한다. 달의 신 아(娥)는 인류 창조신으로 혼인과 생식의 신이며 동시에 죽음의 신이기도 하다. 또 용(龍)은 구름의 의인화요 봉(鳳)은 바람의 의인화요 사(社)는 생식신이요, 고모신(高母神)은 여사신(女社神)이라고 한다. 거북이와 뱀을 합하여 현무신(玄武神)이라 하며 백호(白虎) 곧 흰 호랑이가 후에 달 속의 옥토끼가 되었다 한다. Cf. 하신(何新), 『神의 起原』홍희 역(서울: 동문선, 1993), p. 4~8.

교적 바탕에서 출발한 "중국에서의 신개념은 자연신과 인간신의 단계를 거쳐 주술적 초월신의 성격을 띠다가 개관적 자연질서를 매개로 하여 인문화(人文化)되어 가는 발전 과정을 갖는다. 즉 애니미즘의 다신론에서 조상신(祖上神)을 중심한 인간신으로 발전하다가 초월신인 상제 개념을 갖는데, 중국 신개념의 독특성이라면 이에 그치지 않고 다시금 인간의 현세적 삶, 인간 내부로의 전향이 이루어졌다.[195]

유교의 신개념은 천(天)과 상제(上帝)개념을 중심하여 이해할 수 있으나 다른 한편 이(理) 또는 태극(太極) 등 형이상학적 개념과의 연관 속에서 이해하지 않으면 안 될 줄 안다. 자연 숭배 신 중에서는 사물, 식물, 동물숭배(totemism) 등 여러 가지가 있는데 천(天)이라는 개념은 하나(一)와 큰 것(大)이라는 두 개념이 합해서 이루어진 것이니 여러 가지 자연 숭배가 있으나 그 중에 가장 높고, 가장 넓고 가장 크면서도 하나로 온 세계를 덮고 있는 하늘 곧 천이 최고의 자연신이 된다.[196] 그러나 이 자연신은 한국에서 〈하늘〉에 〈님〉자를 부쳐 인격화해서 하늘님, 하느님이라 부르며 예부터 영고, 동맹, 무천 등의 하늘에 드리는 제사가 있듯이 중국에도 하늘에 제사를 드리는 인격신이 된다.[197] 자연숭배와 조상숭배의 결합은 조상신을 숭상하는 은(殷)이 자연질서와 인륜현실에 관심을 가진 하(夏)를 정복하여 두 문화가 B.C. 18세기 중엽에 합류된 것으로 본다.[198] 결국 민족의 조상신을 천(天) 곧 상제(上帝)로 일치시켜 하늘이 모든 인간을 낳았다고 믿었다.[199] 그리하여 "자연신에게는 자연

---

195) 최문형, "유교 신개념의 전개"『한국동양철학회 제10집』(1998, 12), p. 316.
196) 우리말의 〈한〉은 하나요 큰 것을 뜻하는 바 이 말에서 유래한 것으로 보는 〈한 우리〉(한 울타리) 곧 하늘은 천(天: 一大)과 일치하는 개념으로 보며 인도의 범천(梵天: Brahma)과도 일치한다고 본다.
197) 하신(何神)은 본래 중국 고문자에서는 천(天)과 대(大)는 항상 통용되며 또 대(大)와 인(人)은 같은 자였다고 한다(何神, Ibid., p. 41~42). 그러니 결국 하늘은 큰 사람이 되는 것이다.
198) 최문형, 『中國 古代의 神槪念에 관한 硏究』(성균관대학교 대학원 박사학위논문, 1997). p. 27.
199) Ibid., p. 30.

현상, 조상신에게는 인간사를 기원하던 것이 후기로 오면서부터 모든 것이 조상신 중심으로 정리되었다"[200]로 본다.

본래 정령숭배(animism)신상은 만물 개체 속에 정령(anima) 곧 영혼이 들어있다는 것으로 물활론(hylozoism)과 혼용되기도 하는데 신령사상은 바로 이 정령숭배 신앙의 한 유형이다. 그런데 정복민족은 왕조가 자기들의 통치권을 정당화하기 위하여 점술(占術)을 사용하였는데 이는 자연신과 조상신을 하나로 묶어 격상시켜 통치권의 기반을 구축한 것으로 해석된다. 이렇게 다신(多神)에서 일신(一神), 일신에서 최고신으로 발전한 것이 상제(上帝)인데 상제는 기후의 변화와 기근을 관장하며 인생의 생사화복을 주장하는 인격적 존재로 여겼다. 그러나 은 말기에 이르러서는 상제의 권한이 왕에게로 옮겨지게 됨을 볼 수 있다.[201] 그리하여 신정국가적 성격을 갖게 된다.

주(周)나라 무(毋)왕이 은나라를 멸망시킨 후 주는 은의 상제(上帝) 대신 천(天)을 최고의 존재로 내세워 지배의 권력을 강화했다.[202] 은의 상제가 은나라의 민족신으로서 최고 신이었던데 반하여 주의 천은 모든 민족의 보편적 인격신으로 그 성격을 달리하였다. 그리하여 왕은 천자(天子)로서 천명(天命)을 받아 통치한다는 통치 명분을 세웠다. 그리고 은의 종교적 권위보다 민의(民意)를 존중해서 덕치(德治)를 강조했다. 이같은 역성혁명(易姓革命)의 사관(史觀)하에 공자는 고대 역사서인 『서경』을 썼다.

천(天, 上帝)숭배사상은 춘추전국시대에 와서 공자(公子)에 이르러 큰 변화를 가지게 된다. 주(周)나라가 약해지고 제후들이 득세하여 서로 천하를 통일하겠다고 다투는 가운데 주나라의 황실은 난세를 피하여 숨을 지경이 되었다. 주 나라 황실의 후예로 여겨지는

---

200) Ibid., p. 31. 중국에서 조상신에게 제사 지냈다는 기록은 『서경』(書經)(禹夏書, 舜典)에 처음 나온다.

201) Cf. Ibid., p. 36.

202) 하늘에 제사 지내는 것을 교제(郊祭)라 하고 조상에게 제사하는 곳을 종묘(宗廟)라 하고 땅에 제사하는 곳을 사직(社稷)이라 한다.

중국 변두리 한 모퉁이인 산동반도의 노(盧)나라에 태어난 공자는 최고의 벼슬에 이르렀으나 나이들어 정계에서 은퇴하여 옛 황제의 주나라의 영광을 회복하기 위하여 영웅들을 설득하고자 유세에 나서나 그의 효(孝)에 토대한 충(忠) 곧 충효(忠孝)의 사상, 다시 말해서 태평천하는 무력으로 다투거나 제자백가의 어떤 이론으로가 아니라 제후들이 선왕지도(先王之道)를 따라 옛 아버지의 나라 주나라를 섬겨 다시 충성할 때 비로소 이루어진다는 인의예지(仁義禮智)의 덕치(德治)사상은 주나라를 회복하는 일에 실패로 끝나고 만다.[203] 그러나 충(忠)을 이루기 위하여 강조한 충의 토대로서 효(孝)사상은 하늘 제사보다 조상제사에 더욱 힘쓰게 하였으니 조상숭배가 유교 사상의 중심을 이루게 되었다.

죽은 조상의 영(靈)을 혼(魂)이라고도 하고 영혼(靈魂)이라고도 하며 신(神)또는 귀신(鬼神)이라고도 호칭한다. 더 나아가 이러한 신(神) 또는 귀신 사상은 신령(神靈)[204]이라고 불러 보다 높은 신으로 불리어진다. 산신령(山神靈)은 산 크기에 따라 그 등위를 생각하게 되기도 하며 여기서 자연신과 인간신의 혼합 동일화 현상이 생겨진다고 생각된다. 사람이 죽어 산신령이 된다는 이야기가 많이 나온다. 그러나 "천을 신으로서 신앙하는 종교라고 규정할 수 있는 종교는 유가에 있어서 최후까지 형성되지 않았다. 결국 소박한 종교적 대상으로서의 천에서 두 가지 방향의 관념의 전개를 볼 수 있는데 하나는 정치적 방면이고 다른 하나는 윤리적 방면이었다. 전자는 『서경』의 천명사상을 구성하는 것이고 후자는 『논어』의 규범설에서 볼 수 있는 것이다.[205]

공자의 신개념은 귀신과 제사에 관한 언급과 천, 명, 천명에 관한 언급에서 찾아 볼 수 있으나 일관성이 없이 어떤 때는 인격적으로, 어떤 때는 비인격적인 이법(理法)의 의미로 언급하기 때문에 통

---

203) Cf. 김용배, 『東洋哲學思想史大觀』(서울: 동국대학교출판부, 1961), p. 82.
204) 대대례(大戴禮)에 양(陽)의 정기를 신(神)이라고 하고 음(陰)의 정기를 영(靈)이라고 하였다. Cf. 하신, p. 87.
205) 최문형, "중국고대의 신개념에 대한 연구", p. 49.

일적으로 규정하기가 어려우며 따라서 상반된 해석이 나오게 된다. 천(天)에 대한 논어에 공자가 언급한 것이 14번 밖에 나오지 않는데 그 중에 몇 가지를 들어 보면 "오직 하늘이 크니 요임금께서 그것에 본받으시니라."(唯天子大 唯堯則之)[206] 또 " 하늘이 무슨 말 하느뇨, 사철이 지나며 백물이 태어나니 하늘이 무슨 말 하리요."(天何言哉 四時行焉, 百物生焉, 天何言哉)[207]라고 하였는데 앞 절에서는 이법적 의미가 되었고 뒷 절에서는 인격적이라고 할 수 있겠다.

논어에서의 귀(鬼) 또는 귀신(鬼神)은 죽은 사람의 혼령을 뜻하고 신(神)은 전통적으로 태양을 뜻하는 신명(神明)을 뜻하는데 공자의 언급을 보면 "사람이 의를 힘쓰고, 귀신을 섬기되 그것을 멀리하면 가이 분별이 있다고 할 것이니라"(務民之義, 敬鬼神而遠之, 可謂知矣)[208]자로(子路)가 귀신 섬기는 것을 묻자 "사람을 능히 섬기지 못한다면 어찌 귀신을 섬길 수 있겠는가"(未能事人, 焉能事鬼). 또 죽음에 대해 묻자 "사는 것을 알지 못하는데 어찌 죽음을 알겠는가"(未知生, 焉知死)[209] 하였다.

공자는 석가모니와 비슷하게 이성주의적이어서 형이상학적인 것에 대해 언급을 피하였으나 귀신에 대해서, 조상숭배에 대해서는 현실주의적으로 대응했다고 보아야 할 것이다. 그리하여 제사에 대하서 "제사를 지낼 때 신령이 있는 것처럼 신령에게 제사할 것이니라"(祭知在, 祭神知神在)[210]하였다.

공자의 천명(天命)사상은 다음 구절에서 확고하게 나타난다. "군자(君子)가 경외할 것 셋이 있으니 천명을 경외하고 대인(大人)을 경외하고, 성인의 말씀을 경외하는 것이다. 그러나 소인(小人)은 천명을 알지 못하여 경외하지 않으며 대인을 무시하고 성인의 마씀을 업신여긴다."(君子有三畏, 畏天命, 畏大人, 畏聖人之言, 小人不

---

206) 『論語』, 秦伯
207) 『論語』, 陽貨
208) 『論語』, 雍也
209) 『論語』, 先進
210) 『論語』, 八佾

和天命而不畏也, 狎大人, 侮聖人之言)²¹¹⁾라고 하였다. 또 공자에게서의 천명은 "쉰살에서야 천명을 알았다."(五十而知天命)²¹²⁾고 한 구절에서 그 뜻이 암시되었다고 본다. 이것은 인간의 유한성을 솔직히 표출한 것이라고 볼 수 있으며 자연 세계의 원리와 그에 대처하는 인간적 삶의 법도와 사명의식 같은 것을 어느 정도 터득했다는 것으로 단순하게 이해해도 좋을 줄 안다. 다만 그것이 인간 스스로의 이성적 능력만으로 되는 것이 아니요 삶 속에서 주어진 것임을 나타내고 있다고 보여진다. 소위 운명적 요소를 느끼면서 인간적 노력을 소홀히 하지 않은 그의 삶의 태도를 엿볼 수 있는 것이다. "하늘에 죄를 지으면 빌 곳도 없느니라"(獲罪於天, 無所祈也)²¹³⁾한 것은 그가 인격적 신을 믿었다기 보다는 그의 겸허한 인격에서 한계상황 속의 인간의 실상을 토로한 것이라고 볼 수 있을 것이다. 결국 이성의 한계 내에서의 현실주의자는 의인적(擬人的) 신관을 벗어나지 못한다는 것을 보여준 것이라고 할 것이다. 공자도 범신론적 테두리를 벗어나지 못하였던 것이다.

『주역』은 8괘(八卦)와 64괘, 괘사(卦辭)와 효사(爻辭) 그리고 10익(十翼)으로 되어 있다. 태극(太極)이 변해서 양(陽 -)과 음(陰 --)으로, 음양은 다시 8괘(八卦)로 변해서 건(乾, 하늘, 부친, 건강), 태(兌, 못, 소녀, 기쁨), 리(離, 불, 中女, 고움), 진(震, 우레, 장남, 움직임), 손(巽, 바람, 장녀), 감(坎, 물, 中男, 함정), 간(艮, 少男, 그침), 곤(坤, 땅, 모친, 順)을 이룬다. 64괘는 64개의 점괘(占卦)를 뜻하는데 8괘를 중복해서 만든다. 괘사는 64괘에 대한 설법을 뜻하며 대체로 권선징악적이다. 공자는 태극음양(太極陰陽)설이 골격이 되어 있는 주역(周易)에 괘에 대한 해설인 십익(十翼)을 붙였다. 그렇다면 공자도 형이상학적 의미에서 태극설을 부정하지는 않은 것이다. 전해 내려온 형이상학을 그대로 수용했다고 보아야 할 것이다. 태극은 크고 으뜸인 어떤 것을 전제적으로 상정한 것이라고 볼

---

211) 『論語』, 季氏
212) 『論語』, 爲政
213) 『論語』, 八佾

수 있다. 그리고 그의 변화를 관찰하고 추리하고 상상한 것이다. 그렇다면 여기에서도 공자는 범신론적 사상의 테두리 안에 있다고 봐야 할 것이다.

　　자사(子思)가 지은 것으로 전해져 오는 『중용』(中庸)[214]의 첫 구절에 "하늘의 명을 성이라 하고 성에 따르는 것을 도라 하고 도를 닦는 것을 교라 한다."(天命之謂性, 率性之謂道, 修道之謂敎)고 하였다. 이는 바로 천인합일(天人合一)사상을 나타낸 것으로 여기에서의 도(道)는 희랍의 로고스와 유사한 것으로 본다.

　　공자의 사상을 계승한 맹자(孟子)는 공자의 인본사상(人本思想)을 더욱 발전시켜 소위 민본사상(民本思想)을 이룩했다. "왕도정치(王道政治)의 정당화를 위해 성선설(性善說)을 주장한"[215] 맹자는 천 개념을 전통을 따라 최고신으로서 초월적인 것으로 수용하면서도 동시에 내재적으로 발전시켰다고 볼 수 있다. 그의 세계 본질관은 지기이원론(志氣二元論)으로 마음에 물이 따르는(心主物從) 것으로 본다.[216] 중국에서의 전통적 신개념들은 농사, 질병 등 인간사와 관련된 기능적 다신들이 자연의 현상이면서 수호신으로 섬겨진 것들로서 그 중에 최고의 신이 천(天)으로 되었고, 이 천은 다시 시대시대마다 그 시대의 인간적 문화에 걸맞는 이념으로 이성적으로 합리화시켜 형이상학적 개념으로 형성되게 된다. 맹자가 "(맹자가 말하기를) 행하는 것은 혹 누가 시켜서이며 중지하는 것은 혹 누가 막아서이다. 그러나 행하고 중지하는 것은 사람이 시켜서 될 수 있는 것이 아니다. 내가 제후를 만나지 못한 것은 하늘이니 장시의 아들이 어찌 나로 하여금 만나지 못하게 할 수 있겠는가?"(日行或使之, 止或尼之, 行止非人所能也, 吾之不諸侯天也, 欌氏之子, 焉能使像遇

---

[214] 『중용』의 저자는 공자의 손자 자사(子思)라고 하나 청(淸)에 이르러 반론이 제기되어 대체로 자사가적은 것에 후대인이 보태고 나눔은 것으로 본다. 한편에 치우치지 않는(不偏) 것이 중(中)이요 바로 일정하여 변하지 않는(不易) 것이 용(庸)이니 중용을 중정(中正), 시중(時中), 지선(至善), 과부족(過不及)이라고 한다.

[215] 최문형, "孟子의 神槪念에 관한 연구"『宗敎硏究』16輯(한국종교학회, 1998), p. 186.

[216] 『孟子』, 公孫丑上篇, "志壹則動氣, 氣壹則動志."

哉)²¹⁷⁾라고 할 때 맹자는 공자의 천명사상을 계승하고 있다고 보여진다. 그러나 맹자가 "사람이 할 수 있는 바가 아닌데 어쩔 수 없이 그렇게 된 것을 천이라 하고 거기에 이른 것을 명이라 한다."(非人所能爲也, 莫之爲而爲者, 天也, 莫之致而止者, 命也)²¹⁸⁾라고 한 것은 인간의 노력을 더욱 중시하고 있는 맹자의 견해가 엿보이는 것이라고 할 수 있겠다. 그러한 맹자의 태도는 "운명 아님이 없으나 그 바른 것을 받아들여 따라야 하나니 고로 정명을 아는 자는 위태로운 담장아래 서지 않나니 자기가 할 수 있는 도리를 다하고 죽는 것이 정명이요 자기가 잘못하고 죽는 것은 정명이 아니니라."(莫非命也, 順受其正, 是故, 知命者不立乎墻之下, 盡其道而死者正命也, 桎梏死者非命也)²¹⁹⁾라고 한 절에 더욱 분명히 나타난다. 더 나아가 "맹자가 말하기를 그 마음을 다하는 자는 그 성(姓)을 아나니 그 성을 알면 천을 알 수 있다. 그 마음을 보존하여 그 성을 보양하는 것은 하늘을 섬기는 것이며 요절이나 장수에 의심을 품지 않고 몸을 닦아 천명을 기다림이 명을 세우는 것이니라."(孟子曰, 盡其心者知其性也, 知其性則知天矣, 存其心養其性所以事天也, 夭壽不貳修以事之, 所以立命也)²²⁰⁾라고 한 것과 "백성이 귀하다 할찌니 사직은 그 다음이요 임금은 대단한 것이 아니니라."(民爲貴, 社稷次之, 君爲輕)²²¹⁾라고 한 것은 그의 소위 백성의 뜻이 하늘의 뜻이라는 그의 사상을 표출하는 것으로 보겠다. 결국 맹자의 사상은 자연과 인간과 하늘의 신적인 존재까지를 하나로 묶어 엮은 범신적 사상이라고 보겠다.

후대 송명(宋明)에 이르러 노장(老壯)과 불교의 영향을 받으면서 새롭게 형성된 성리학(性理學)은 단순한 범신론을 넘어서 만유내재신론적 성격을 강하게 드러내고 있다. 주자(朱子)의 이일분수(理一分殊)으로 대표할 수 있는 일상성(日常性)과 비일상성의 문제는

---

217) 『孟子』, 梁惠王下.
218) 『孟子』, 萬草上.
219) 『孟子』, 盡心上.
220) Ibid.
221) 『孟子』, 盡心下.

후기유학의 중심문제가 되어 있다.

"공맹(孔孟)의 유학은 인간이 그 속에 살 수 밖에 없는 일상성에로 정향(定向)되어 있으면서도 다른 한편 일상성 안에서 일상성을 넘어서 가고 있다. 공맹의 유학이 뿌리박고 있는 일상성은 일상성과 비일상성의 교직(交織)으로 이루어져 있다. 그리고 공맹의 유학은 일상성 안에서 일상성의 모든 영역이 그 비일상성인 일자와 인위적인 봉합선이 없이 자연스럽게 일치하게 되는 것을 학문의 최고 목표로 삼는다."[222]

이(理)는 하나이면서 다양하다는 명제 곧 "이일분수(理一分殊)는 정이천이 처음으로 발설했으나 결코 정이천만의 전유물이 아니었고, 정이천을 존숭하던 주자 뿐만 아니라 이 두 사람을 싫어한 왕양명까지도 의심의 여지 없이 당연한 진리로 공유하고 있다."[223]

그러나 "일상성의 세계 전체를 포괄적으로 조망하는 체계적인 학을 수립하고자 한다면, 일상성의 세계 전체를 조망할 수 있는 시점(視點)의 확보가 필수적으로 요구된다. 이 시점은 일상성의 세계 밖에 있을 수도 있고 안에 있을 수도 있다. 그 시점이 일상성의 세계 밖에 있다면 이미 그것은 일상성의 세계를 떠나는 것이 되고 만다. 반면 전체를 조망하는 그 시점이 안에 있을 경우에는 일상성의 세계가 가지고 있는 유동성 및 잡다성과 직접 정면으로 충돌하는 것을 면치 못할 것이다. 일상성 전체가 하나의 체계 속으로 수렴되는 순간 삶의 상식적 지혜로서의 유학은 증발할는지도 모른다. 일상성의 세계에 대한 충실성은 일상성을 전관(全觀)하는 시점의 확보와는 도무지 양립하기 어려운 것으로 보인다."[224] 그럼에도 불구하고 "공자는 『논어』에서 자신의 도(道)가 일이관지(一以貫之)하다고 두 번 말한다. 맹자는 『맹자』에서 모든 사람이 요순과 같이 선한 본성을 가지고 있음을 역설하면서 '도는 하나일 따름이다.'(『孟子』滕文公上)라고 말한다. 『중용』의 작자는 첫머리에서 '천명을 성(性)이라고

---

222) 최진덕, "理一分殊", (한국헤겔학회 발표논문), p. 4.
223) Ibid., p. 5.
224) Ibid., p. 3.

한다.'고 말한다. 『주역』 계사전의 작자는 끊임없이 변하는 이 '역(易)(의 세계)에 (불변의) 태극이 있다.'고 말한다."[225] 결국 "일자를 포기하지 않으면서 일상성의 세계를 하나로 합치는 것밖에 없을 것이다."[226] "일자가 허무로 되는 것을 막으려면 반드시 그 일자를 만물의 세계 안으로 끌고 들어와야 한다."[227] 그리하여 "태극은 초월적 일자로서 역의 세계의 절대적 시작이기만 한 것이 아니고 역은 세계를 산출하는 동시에 역의 세계 어디에나 편재한다."[228]

무극(無極)으로서 "형이상학의 은미(隱微)한 일자인 태극은 형이하학의 음양의 기(機:돌고 도는 기계의 회전축)를 타고 유행하면서 만물 어디에서나 통하여 각 물(物)의 성(性)이 된다. 만물은 각기 제나름의 성을 가지고 있으나 결국은 그 성들은 하나의 태극일 따름이다. 태극은 단지 하나의 실리(實理)로서 일이관지(一以貫之)한다. 그리하여 태극은 천지만물의 뿌리가 되는 것이다. 뿌리는 줄기를 낳지만 줄기와 구분되지 않는다."[229] 이것이 이율곡의 이통기국(理通氣局) 또는 이승기국(理乘氣局)이라는 명제로 표현되기도 한다. 여기에 이르러 유학의 형이상학은 만유내재신론의 형태를 갖추게 되는 것을 보게 된다.

4. 도교: 도(道), 옥황상제(玉皇上帝)

서로 천하의 지배자가 되겠다고 싸우던 전국시대에 노자는 "도(道)를 잃고 덕(德)을 세우고 덕을 잃고 나서 인(仁)을 세우고 인을 잃고 나서 의(義)를 세우고 의를 잃고 나서 예(禮)를 세우니 이같이 인위적인 인의와 예의로 인하여 세상은 더욱 혼란해진다."[230]고 하

---

225) Ibid.
226) Ibid., p. 13.
227) Ibid., p. 14.
228) Ibid.
229) Ibid.
230) 최문형, 박사논문, p. 120.

여 유가의 사상을 인위적인 것으로 배격하면서 초현실적인 자연주의를 주장하였다. 유교의 도가 자연의 변화와 인간의 삶의 법칙인데 반하여 도덕경의 도는 형이상학적인 궁극적 존재다.

『도덕경』에 나타난 도(道)의 개념은 유교의 실천원리로서의 도의 개념과 달리 심오한 형이상학적 성격을 가지고 있다. 이 도는 우주의 근본이며, 천지만물의 시초이며 원리이다. 천지의 운행을 비롯하여 인간의 존재와 삶은 다 이 원리에 순응하여 자연스럽게 운영되는 것이라고 한다. "반(反) 곧 근본으로 돌아가는 것은 도(道)의 움직이는 법칙이요, 약(弱, 강한 것보다 더한 것)은 도의 작용의 모습이다. 천하만물은 유에서 나오고, 유(有)는 무(無)에서 나온다."(反者道之動, 弱者道之用, 天地萬物生於有, 有生於無)[231]고 하였다. 또 "혼돈상태에서 이루어진 것이 있으니 천지보다 먼저 생겼다. 고요히 소리도 없고 형체도 없이 독립자존하여 변함이 없다. 두루 행하되 위태로움이 없어 가히 천하의 어머니가 될 만하다. 나는 그 이름을 알지 못하니 별명을 도라고 부른다. 억지로 이것을 이름 붙여 큰 것이라 한다. 큰 것은 가는(動) 것이요, 가는 것은 멀어짐이요, 멀어짐은 돌아옴이다. 고로 도는 크다, 하늘도 크고, 땅도 크고, 왕도 크다."(有物混成 先天之生 獨立不改 寂兮寥兮 周行而不殆 可以爲天下母 吾不知其名 字之曰道 强爲之名曰大 大曰逝逝曰遠 遠曰反 故道大 天大 地大 王大)[232]하였다. 도의 무한성과 근원성을 말하면서 동시에 자연적 변화 속에서의 변증법적인 순환적 동일성을 말하고 있다. "도(道)가 도라고 표현될 수 있는 불변의 도가 아니요, 이름할 수 있는 이름은 불변의 이름이 아니다. 이름 없는 것이 천지의 지음이요, 이름 있는 것은 만물의 어머니이다. 고로 불변의 무에서 묘한 것을 보고자 하고, 불변의 유에서 그 끝을 보고자 한다. 이 두 가지는 같은 것에서 나와 이름이 다를 뿐으로 이 같은 것을 신비한 것이라 하니 깊고 깊어 모든 신묘한 것의 문이다(道可道非常道 名可名非

---

231) 『道德經』, 第 四十章.
232) 『道德經』, 第 二十五章.

常名 無名天地之 有名萬物之母故 常無欲以觀其妙 常有欲以其乃邀 此兩者同出而異名 同謂之玄 玄之又玄 衆妙之門).[233] 플로티노스 (Plotinos)의 일자(一者)사상을 연상케 한다.

노자의 사상을 한마디로 무위자연(無爲自然)이라고 표현하거니와 그의 우주본체론은 자연발생설(自然發生說)이라고 볼 수 있다. "도는 一을 낳고 一은 二를 낳고 二는 三을 낳고 三은 만물을 낳았다. 만물은 음(陰)을 지고 양(陽)을 안고 충기(沖氣)는 조화를 이룬다."(道生一, 一生二, 二生三, 三生萬物, 萬物負陰抱陽, 沖氣以爲和)[234]고 하였다.

도덕경은 전반은 도에 관해서 말하고 후반은 덕(德)에 대해서 말하고 있다. 그리하여 합해서 도덕경이라 부른다. 노자는 궁극원리로서 도의 이념을 인간적 현실의 원리로서 적용하여 덕(德)론을 펼치고 있다. "사람은 땅을 따르고, 땅은 하늘을 따르고, 하늘은 도를 따르고, 도는 자연을 따른다."(人法地, 地法天, 天法道, 道法自然)[235]함은 결국 인간은 궁극적으로 자연으로서 도를 따르는 것을 말하고 있다. 노자는 도와 덕의 관계를 체(體)와 용(用)의 관계로 말한다. "도가 만물을 분화 생성되는 활동 중에 각기 만물에 내재하여 그 만물의 본성을 이루는데 그것이 곧 덕이다. 간단히 말하면 경험세계로 들어선 도가 곧 덕이다."[236] 이 덕을 체현한 자가 곧 성인(聖人)이다.[237] 노자가 무욕(無慾), 청정(淸靜), 무위자연(無爲自然)을 인간생활의 이상(理想)으로 강조한 것은 당시 춘추전국시대의 여러 나라들이 서로 싸움으로 말미암아 일어나는 살벌한 사회의 불안과 고통이 결국 인간의 욕심과 이기적인 행위 때문이라고 보았기 때문이다. 그리하여 그는 "청정은 천하의 바름이다."(淸靜爲天下

---

233) 『道德經』, 第 一章.
234) 『道德經』, 第 四十二章.
235) 『道德經』, 第 二十五章.
236) 최문형, 박사논문, p. 135.
237) Cf. 『道德經』, 第 二, 三, 二十二, 五十二章.

正)[238]라고 말하고 또 "상선(上善)은 물과 같다. 물은 만물을 이롭게 하고 서로 다투지 아니하고, 여러 사람의 싫어하는 곳에 있는 고로 도에 가까운 것이다. 무릇 다투지 아니하는 고로 허물이 없는 것이다."(上善若水 水善利萬物而不爭 處衆人之所惡 故幾於道… 夫唯不爭, 故無尤)[239]라고 말하였다. 공자의 적극적 처세에 비해 이러한 노자의 소극적 처세는 소극적 이상의 평화주의적 의미를 가지고 있다고 본다.

그런데 "옛날에 일자(一者)를 얻었다. 그리고 하늘이 일자를 얻으니 맑아지고, 땅이 일자를 얻으니 안녕해지고, 신(神)이 일자를 얻으니 영(靈)이 되고, 의욕이 일자를 얻으니 생장하고, 만물이 일자를 얻으니 삶이 되고, 왕은 일자를 얻어 천하의 공(貢)을 이루었다."(昔之得一者, 天得一以淸, 地得一以寧, 神得以靈, 谷得以盈, 萬物得以生, 侯王得一利天下貢)[240] 함을 보면 우주 만물의 변화에 도로서 하나의 원리가 있으며 인격적 신은 희랍철학, 플라톤(Platon)에서와 같이 만물 중의 한 종류에 불과하다. 그리고 천(天) 또한 유교적인 인격적 주재자가 아니라 순수존재로서 천이다.

도교에서 숭배되는 최고의 존재는 도(道)이다. 그러나 그것은 비인격적 형이상학적 존재로 노자에 있어서는 단 한 번 제(帝)라고 하는 인격적 표현을 하였을 뿐이다. 그나마 상징적 표현에 불과하다. 이러한 최고의 존재인 도는 장능(張陵)의 도교에서는 자연숭배와 영혼숭배사상과 결부시켜 인격화해서 원시천존(元始天尊 또는 天皇上帝) 곧 옥황상제(玉皇上帝)를 최고신으로 섬긴다. 원시천존은 삼청(三淸)에 화신(化身)하여, 무한한 존재인 무형천황(無形天皇) 곧 천보군은 옥청궁(玉淸宮)에 거하고, 영원한 존재인 무시천존(無始天尊) 곧 영보군(靈寶君)은 상청궁(上淸宮)에 거하고, 전능한 존재인 범형천존(梵形天尊) 곧 신보군(神寶君)은 태청궁에 거한다고 한다. 특기할 것은 인물의 신격화다. 노자는 원시천존의 화신으로서

---

238) 『道德經』, 第 四十五章.
239) 『道德經』, 第 八章.
240) 『道德經』, 三十五章.

때를 따라 과거에도, 현재에도 성인(聖人)으로, 현인(賢人)으로 나타나 사람의 갈 길을 가르쳐 준다고 한다. 불교의 보살을 연상케 해 준다. 노자 외에 특별한 인물(관우: 關于 등)들을 무수히 섬겨왔다. 또 하나는 자연의 신격화다. 특히 별의 신격화가 많으니 현천상제(玄天上帝)는 북극성이니 현무(玄武) 혹은 북극 성신군(聖神君)이라고도 한다. 성황신(城隍神)은 주나라 때의 여덟 신 중 하나인 수용(水庸)으로부터 바뀌어진 것이다. 이같이 도교에서는 무수한 신들을 섬기고 있다. 여기서 우리는 다신론이 범신론적 사회에서 번창하는 또 하나의 예를 보게 되는 것이다.

C. 기독교의 신관

1. 구약의 신관

구약성서 창세기 1:1은 "태초에 하나님이 천지를 창조하시니라"라고 하여 하나님의 존재를 단적으로 전제하고 있다. 창세기 1:1은 소위 불가지론(不可知論, agnoticism)이나 무신론(無神論, atheism)의 용납을 불허하는 동시에 각종의 다신론(多神論, polytheism)을 철저히 배격한다. 오직 전지전능하신 하나님이 천지를 창조하셨다는 유일신(唯一神)사상은 구약 전편의 사상적 근저(根底)를 이루고 있다. 구약성서는 "신은 존재하느냐?"라는 물음으로 시작하는 것이 아니고 신은 존재한다는 대전제로부터 시작한다. 신의 존재 그 자체는 문제시되지 않았다. 그러므로 구약에는 신의 존재가 자명한 것이어서 증명하거나 변증할 필요가 없었다. 우리는 정신적 바탕과 삶의 기초가 하나님 신앙이었음을 구약성서 전체를 통하여 느낄 수 있다. 구약성서에서는 무신론자(無神論者)에 대한 언급으로 생각되는 구절들이 몇 곳 있기는 하나(시 14:1; 10:4) 이것은 하나님의 뜻을 생각함이 없이 사는 생활태도를 의미하는 것이며, 그의 마음에 하나님이 없다고 생각하는 경우도 소위 철학적이고 논리적인 하나님의 존재를 부정하는 것을 말한 것이 결코 아니다. "어리석은 자"(시 14:1) 또는

"악인", "교만한"(시 10:4)이라는 표현을 받은 불신앙의 사람들에 대하여도 그들이 일시적으로 하나님을 망각할 수 있을지라도 하나님에 대한 생각이 소멸되어 버린다는 것은 있을 수 없는 것으로 생각했다. 망각이 아니면 거역이었던 것이다.

이같이 이론이 아니라 삶 속에서 그대로 섬겨지고 있는 이스라엘, 곧 구약의 하나님의 속성을 추려보면 그는 한낱 이념이 아니라 온전한 실재성을 가진 자로서 독립성, 곧 유일성을 가졌으니 오직 홀로 계신 분이시며(신 4:39), 영원히 변함이 없으신 불변성, 곧 영원성을 가지신 분이시요(시 102:12; 단 6:26), 어디에나 계신 편재성을 가져 시공을 초월하신 분이요(시 139:7~10), 모든 것을 아시는 전지성을 가지신 분이요(대상 28:9), 모든 것을 하실 수 있는 전능성을 가지신 분이다(사 9:6). 한마디로 그는 무한완전(無限完全)하신 절대자이시다. 하나님의 절대성과 자존성, 불변성과 무한성 그리고 단순성을 하나님의 비공유적 속성이라 한다. 오직 홀로 하나님 한 분만이 가지신 독특한 속성인 것이다. 여기에 그 완전성에 있어서 질적 차이가 있는 공유적 속성을 또 가지고 있다. 거룩하심과 선하심, 의로우심, 아름다우심 등이 그것이다.

이같이 절대적으로 섬겨진 구약의 이스라엘 민족의 하나님은 창세기 1장에서는 엘로힘(אֱלֹהִים, 우리말 번역은 하나님)으로 불려졌다. 이 단어는 복수형으로 되어 있으며 그 어원은 엘(אֵל) 혹은 엘로하(אֱלוֹהַּ)에서 유래했다고 하는데 '엘'의 뜻은 '능력 있는', '강한'의 뜻을 지닌 것으로 모든 권능의 근원이 하나님께 있음을 나타내고 있다. 이 말이 이스라엘의 참 하나님에게 사용된 곳만도 217회나 된다. '엘로하'의 의미는 두려움의 대상 또는 존경의 대상을 의미하는 것으로 하나님의 위엄을 나타낸 말이다. 이외에 하나님의 지고성과 초월성을 나타내는 칭호로 엘리욘(אֶלְיוֹן, 지극히 높으신 자)과 아도나이(אֲדֹנָי, 主) 등이 있다. 그러나 이스라엘의 참 하나님의 고유한 호칭은 야웨(יהוה, 여호와)라는 호칭이다. 이 말의 뜻은 "나는 스스로 있는 자"(출 3:4)라는 뜻이다. 스스로 존재하며 자유로운 그는 없는 것을 있게 할 수 있는 자이다. 이 칭호는 호세아 12:5에 "저

만군의 하나님 여호와시라 여호와는 그의 기념칭호이니라"고 한 바 기념칭호이다. "하나님이 모세에게 말씀하여 가라사대 나는 여호와로다 내가 아브라함과 이삭과 야곱에게 전능의 하나님으로 나타났으나 나의 이름을 여호와로는 그들에게 알리지 아니하였고…"(출 6:2~3)라고 한 것은 모세에게 여호와의 이름으로 나타나시는 하나님께서 아브라함에게는 언약만 하신 것을 이제 성취하려는 뜻을 보이신 것이다. 또 여호와라는 칭호는 주로 심판에 연결되어 있음을 볼 뿐 아니라(겔 6:13; 7:27…) 축복과 연결되어 있기도 하다(겔 37:6, 13). 실은 언약은 심판과 축복을 내포하고 있다. 이러한 명칭은 메시야에게 통하는 명칭이기도 하나 70인경에는 여호와라는 말이 모두 퀴리오스(Κύριος, 주님)라는 말로 번역되었고 사도들은 퀴리오스를 그대로 예수의 칭호로 삼았다. 이것은 야웨와 그리스도(메시야)를 동일시한 증거가 된다.

　모세에게 언약의 성취자로 나타난 여호와에 대하여 아브라함에게 언약의 설립자로 나타난 하나님은 엘샤다이(창 17:1)로 그 호칭이 다르게 나타난다. 이는 '엘'과 '샤다이'(שדי)라는 말의 복합어인데 '샤다이'의 뜻은 충분하다는 뜻으로 하나님은 자족자, 곧 전능자인 것을 나타낸다(민 24:4, 16; 시 68:15). 전능자이기에 언약을 하실 수도 있고 언약을 실행하시어 복을 주시는 것이다. 또 츠바요트(צבאות, 만군)라는 칭호는 하나님이 언제나 하나님의 백성과 함께 하여 하나님의 백성을 돕고 보호하고 있는 하나님을 호칭하는 칭호다. 하나님은 피난처로 묘사되며(시 9:9), 목자로, 인도자로 묘사되고(시 23편), 어떠한 경우에도 패배하지 않으시는 주이시다(시 42:2). 만군의 여호와는 졸지도 않으시고 주무시지도 않는(시 121:4) 살아 계신 하나님이시다(시 42:2). 구약성경은 죽은 또는 죽은 것과 같은 우상과 살아 계신 하나님을 언제나 대비시킨다(렘 10:8; 사 44:14~17; 46:1~2). 우주와 역사와 인생의 생사화복을 주장하시는(시 66:7) 살아 계신 하나님이 추상적 또는 죽은 하나님이 아니요, 구체적으로 경험이 가능한 역사적, 인격적 하나님이시다. 인격적 하나님으로서 초월하시면서, 타자로서 가까이 할 수 없는 엄위하신 분이면서도 그는 그의 인격으로 말씀하시고 자기를 계시하신다. 공의의 두려운 하나님이면서 또한 용서의 인자를 가지신 하나님이시다. 그는 지적인 측면에서 완전한 전지성으로 인간을 직접 또는 천사를 통하여 깨우치시며 예언해 주시고 영감으로 계시해 주신다. 정적인 측면에서 무한한 자비의 하나님이시며(신 4:31), 인자하시고(민 14:18) 긍휼을 베푸시는 하나님이시다(느 9:17, 27, 31; 사 54:7). 의지의 측면에서 그는 의의 길로 인도하시며(시 1:23), 선을 이루시는 분이시다.

2. 신약의 신관

구약의 하나님은 공의의 하나님이시면서 구원(救援)의 계획을 세우시고 메시야를 준비시키신 언약의 하나님이셨다.

신약의 하나님은 구약의 언약을 실현하시어 메시야로 하여금 속죄의 과업을 이루신 사랑의 하나님이시다. 구약의 하나님이 대체로 민족적이었다면, 신약의 하나님은 대체로 개인적이라고 볼 수 있다. 구약의 하나님이 이스라엘 중심의 세속적 복의 하나님으로 부각되었다고 볼 수 있는 반면에(그것이 계시적 의미가 있긴 하지만), 신약의 하나님은 개인의 심령적 천국복(天國福)의 하나님으로 부각되었다고 볼 수 있다. 결국 신약의 하나님 개념은 구약의 초월적, 인격적, 살아 계신 거룩한 공의의 성품을 계승하여 가지면서 더욱 사랑의 성품을 발전시켜 가지고 있다. 이에 가장 적합한 호칭이 "아버지"($\pi\alpha\tau\acute{\eta}\rho$)이다(요 8:41; 빌 4:20). 구약에서도 가끔 나타난다. 예수에게 있어서는 언제나 "나의 아버지"로 나타나며, 신자들에게는 대체로 "우리 아버지"로 표현된다(마 6:9, 주기도문). 아버지로서 하나님은 '창조주'를 지시하는 데 사용되기도 하나(고전 8:6; 엡 3:4; 히 12:9) 대개는 사랑으로 보호하시며 도우시며 구하는 것을 흔히 들어 주시며 죄를 용서해 주시는 하나님으로(눅 15장의 탕자의 비유, 양의 비유 등) 나타난다. 그는 "이름이 거룩히 여김을 받을 자"(마 6:9)이시며 존재, 특히 생명의 근원이시며 우리의 보전, 양육, 교육자이시며 하늘나라를 유업으로 주실 자이시다.

　신약에서 가장 공통적인 명칭으로 사용되는 호칭인 '하나님' ($\theta\epsilon\delta s$)은 구약의 '엘', '엘로힘', '엘욘'의 공동 번역어로 '나의 하나님', '너의 하나님', '우리의 하나님', '너희들의 하나님' 등과 같이 소유격과 더불어 사용된 것이 많다. 그 이유는 그리스도 안에서 하나님은 그의 모든 자녀들의 하나님으로서 또는 그들 각자의 하나님으로 인정된 것을 표시한다. '아도나이'와 '여호와'에 대응한 번역어로서 '주'(퀴리오스, $\kappa\acute{u}\rho\iota o s$)라는 호칭은 하나님보다 예수에 대해 더 많이 적용된 것으로 만물, 특히 신민의 소유자요 지배자로서 또는 주(主)로서 권세와 권위를 소유한 자로서의 하나님을 지시한다.

　신약에 있어서 하나님의 개념은 그의 호칭보다 그의 상징적 별호에서 그 개념의 독특한 본질을 더 잘 드러내 준다. 그런데 앞에서도 암시한 바와 같이 신약에서는 "나를 본 자는 곧 아버지를 본 자니라"(요 14:9)라고 말한 바와 같이 예수 그리스도의 별호가 곧 하나님의 별호로서 동일하게 나타난다. 이것은 삼위일체의 하나님에게 있어서 당연한 일이거니와 신약에서는 제2위의 성자가 표면에 부각된 상황에서 하나님의 모습이 드러난다. 한마디로 신약의 하나님은 예수 그리스도를 통해서 나타난 하나님이라 하겠다. 그가 말한 것, 그가 행한 것, 그의 인격, 그가 겪은 일, 그의 제자들이 그에 대하여 말하고 기록한 것을 통해서 하나님의 모습이 나타나 있다. 이제 그 주요한 상징들만 뽑아보면 자연적 상징으로 하나님은 빛이시며(요 1:4~5; 요일 1:5), 생명적 상징으로 하나님은 생명이시며(요 14:6; 11:25), 인격적 상징으로 하나님은 사랑이시며(요일 4:8), 신격적 상징으로 하나님은 영이시다(요 4:24). 빛으로서 하나님은 자연의 본체인 동시에 윤리적 의와 선의 영역이시다(cf. 요일 1:7). 생명으로서 하나님은 모든 이 세상 생명의 근원이시며(요 1:3~4), 인간 생명의 욕망에서 나오는 영생의 욕구를 만족시키시는 하나님이시다(요 6:33, 35; 11:25; 20:31). 살아 계신 하나님만이 자유자요 전능자요 보전자이다. 살아 계신 생명의 하나님을 전제하고서만 질서와 조화와 변화와 발전과 진화가 가능하다(행 17:28). 생명의 하나님의 계시적 활동이 모든 학문적 진리의 생명이다(요 14:6). 살아 계신 생명의 하나님은 활동하시는 하나님이다(요 5:17). 창조의 활동을 하시는 하나님은 구속의 활동을 계속 하신다. 그 모두가 생명을 위한 생명의 활동이다(요일 5:11~12). 창조의 활동, 구속의 활동, 그것은 생의 활동인 바 무에서 유의 활동이다. 그것은 존재 자체를 소유하는 것이다. 존재 자체는 여호와 하나님이시다. 그 생명 속에 복이 있고, 그 복은 하나님을 소유함이요 그것은 영생이다(롬 6:23; 요 3:16; 10:10). 이것은 범신론적으로 하나님을 분유함을 의미하지 않는다. 인격적으로 하나님과 영생함을 의미한다. 성육신과 십자가의 하나님은 하나님의 인격적 사랑의 극치이다. 빛으로서, 생명으로서 하나님은 사랑으로 인간과 상관하시어 끊겼던 신인관계(神人關係)를 다시 살려낸 것이다.

신약에서는 예수의 승천 후 제3위인 성령(聖靈)으로서 하나님이 부각되어 나타난다. 영은 시간과 공간을 초월한 존재를 이름이다. 영으로서 하나님은 편재하시며(고전 12:13), 전지(고전 2:10~11), 전능하시다(눅 1:35). 그는 우리를 죄에서 자유케 하며 우리 안에 거하며(엡 4:30) 감화와 보호와 인도하는 일을 하신다. 범신적으로 동질로서 내재가 아니라 인격적으로 내재한다. 하나님은 경배의 대상이다. "하나님은 영이시니 예배하는 자가 신령과 진정으로 예배할지니라"(요 4:24). "네 마음을 다하고 목숨을 다하고 뜻을 다하여 주 너의 하나님을 사랑하라"(마 22:37). 이는 구약의 교훈이며(신 6:5), 곧 신약의 교훈이다.

3. 바울의 신관

신약에서보다 예수에게서 하나님은 인간에게 더욱 가까워지고 또 바울에게서는 이방인에게 찾아가는 하나님이 된다. 이스라엘 민족만을 향하시던 하나님이 이제는 인류 전체를 향하시는 하나님이 되었다. 전통적 유대인의 신관과 예수의 신관을 이어받은 바울의 신관은 당대의 유대인과 이방인의 신관과 대립된다. 율법주의적(律法

主義的) 공의의 하나님이 강조된 유대인들의 행위계약적 신관에 대하여 바울은 이신칭의(以信稱義, 롬 1:17; 3:28), 곧 믿음으로 의롭게 하시는 은혜계약적 하나님을 강조한다. 제사의식적(祭祀意識的) 행위에 대해 사랑의 신행(信行)을 기뻐하시는 예수의 하나님 사상을 이어받아 바울은 의(義)의 병기(롬 6:13), 순종의 종(롬 6:16)으로 새 생명 가운데서 행하기를 기뻐하시는(롬 6:4) 하나님을 가르친다. 또 "육신에 있는 자들은 하나님을 기쁘시게 할 수 없느니라"(롬 8:8)고 하신 바와 같이 하나님은 형식적, 인위적으로는 관계할 수 없으나 "만일 하나님이 우리를 위하시면 누가 우리를 대적하리요"(롬 8:31)라고 하여 내적, 영적으로 하나님과 교제할 때 우리는 하나님의 살아 계심을 체험할 수 있으며, 그는 우리를 사랑하사 모든 일에 넉넉히 이기게 하시는 자(롬 8:38)이심을 가르쳐 준다. 한 걸음 더 나아가서 "누구든지 저를 믿는 자는 부끄러움을 당하지 아니하리라 하니 유대인이나 헬라인이나 차별이 없음이라 한 주께서 모든 사람의 주가 되사 저를 부르는 모든 사람에게 부요하시도다 누구든지 주의 이름을 부르는 자는 구원을 얻으리라"(롬 10:11~13)라고 한 것은 "이는 저를 믿는 자마다 멸망치 않고 영생을 얻으리라"(요 3:15~16)고 한 사도 요한의 사상과 함께 유대인의 하나님을 온 인류의 하나님으로 가르친 역사적 교훈이라 할 것이다.

　　이방세계에서의 그리스도교 선교는 단순히 그리스도론적 케리그마일 수만은 없었다. 그 설교는 오히려 유일신에 관한 선포로 시작될 수밖에 없었다(cf. 고전 8:4~6; 12:2; 갈 4:8). 바울은 "이는 사람으로 하나님을 혹 더듬어 찾아 발견케 하려 하심이로되 그는 우리 각 사람에게서 멀리 떠나 계시지 아니하도다"(행 17:27)라고 전제하고 다만 그들의 무지 때문에 참 하나님을 찾지 못하고 다신숭배에 빠졌다고 설파하였다. "이는 하나님을 알 만한 것이 저희 속에 보임이라 하나님께서 이를 저희에게 보이셨느니라"(롬 1:19). 고로 회개하고 돌이키라고 권한다. 바울은 자연계시를 인정하였다. 그러나 그것은 초등학문에 불과하기 때문에(갈 4:8; 골 2:8) 하나님의 알게 하시는 특별계시를 통해서 우리는 하나님을 온전히 알게 된다고 하였다. "하나님이 그 아들의 영을 우리 마음 가운데 보내사 아바 아버지라 부르게 하였느니라"(갈 4:6)고 바울은 말하였다. "모든 것이 하나님께로부터 나오고 그를 통하여 이루어지고 그에게로 돌아가는 도다"(롬 11:36). "만물이 그에게서 났고 우리도 그를 위하며"(고전 8:6), "만물이 나오고 만물이 의존하는 자"(히 2:10), "하나님은 만유 위에 계시고 만물을 통일하시고 만물 가운데 계시도다"(엡 4:6)라고 표현한 구절들은 하나님의 초월성과 더불어 내주성을 표현한 것이라고 보아야 할 것이다. 바울에게 있어서 여호와 하나님은 철두철미 창조자, 인격적 하나님이시요, 그에게 오직 살든지 죽든지(빌 1:20) 은혜의 영광과 찬미를 돌려야 할 자요(엡 1:6), "만유의 주 곧 썩지 아니하고 보이지 아니하고 홀로 하나이신 하나님"(딤전 1:17)으로 그에게만 존귀와 영광이 세세토록 있어질 분이시다.

이상에서 본 바와 같이 기독교의 신은 구약의 신관이나 신약의 예수의 신관이나, 또 바울의 신관이나 다 같이 초월적이면서 인격적으로 세계와 역사와 인간 속에 내주하는 절대 유일의 신으로 예배와 찬송과 기도의 대상이 되시는 산 실재의 하나님이 되어 인간에게 계시로 교통하시며 기적을 행하며 축복을 주시는 하나님이시다. 그리고 성육신하시어 메시야로서 십자가에서 희생의 제물이 되어 인간의 속죄를 완성하시고 죽으셨다가 부활, 승천하신 분이다.

또한 보혜사 성령으로서 교회와 역사를 주관하시는 분이시다. 성부, 성자, 성령 삼위일체의 하나님은 성서밖의 모든 신들과 구별되는 인격적 창조신이다.

4. 성서적 창조신론

성서 밖의 동서의 범신론은 인간의 이성에 의존하여 기하학적 또는 수적 사고의 한계에서의 유한한 논리적 추리 사유의 결과이거나 직관 또는 체험의 독단적 결론으로서, 역시 인간의 유한성의 한계에 부딪쳐서 내려지는 인간적 독단으로서 그 특징은 비인격적인 것으로 성서적 인격적 창조신관과는 배치되는 것이었다.

그렇다면 성서적 인격적 창조신은 어떻게 타당한 것으로 주장되어질 수 있는가? 계시의 내용은 과연 무엇인가? 그것을 우리는 어떻게 수용할 수 있는가? 그리고 범신론적 사유는 타파될 수 있는가?

성서는 하나님의 계시로서 말씀임을 자증하고 있다(딤후 3:16). 성서는 "하나님이 가라사대"라고 말하고 있다. 계시는 자연 및 인간과 자연적 연속성을 갖지 않은 초월적 하나님이 인간적 어떤 능력으로 인식할 수 없는 하나님에 관한 것 또는 하나님의 뜻을 인간적 인식 능력에 맞추어 표현해 줌으로서 인간이 인식하게 하는 것을 말한다. 인간이 인식할 수 없게 주어진 계시라면 그것은 인식되어질 때까지 그 계시의 기능은 나타나지 아니한다. 그리하여 인간은 아담, 노아, 아브라함, 모세, 사무엘, 기타 선지자들과 신약의 목자들, 바울같이 하나님의 음성을 듣기도 하고 야곱, 다니엘, 베드로, 요한과 같이 하나님의 계시 내용을 보기도 하고 개인적 삶과 역사 속에서 노아, 아브라함, 야곱, 애굽에서 나온 이스라엘 백성, 초대교회의 성도들과 같이 체험을 통해 깨닫게도 된다.

계시는 인간적 인식 능력에 맞추어 준 것이기 때문에 그 계시 내용이 인간적 표현 형태 곧 감각, 소리, 언어, 문자, 기타 상징 등으로 나타난다. 그리하여 하나님은 한 분 유일하신 분이요(신 6:4; 사 44:6; 요 10:30; 엡 4:6; 딤전 2:5; 요 8:41; 고전 8:6), 영원(창 21:33; 출 3:15; 신 33:11; 계 4:8), 전지(시 33:13; 마 10:29; 행 1:24) 전능(창 1:3; 욥 9:4; 시 66:3)하신 분이요, 선하시고(시 25:8) 의로우시며(창 18:25; 신 10:17; 시 9:8; 롬 9:14), 거룩하시고(호 11:9; 벧전 1:16) 또 빛이시요(요Ⅰ 1:5), 길이요, 진리요, 생명이며(요 14:6), 영이며(요 4:24) 사랑이시라고(요일 4:8) 표현된다. 그 이름이 여호와(창 2:4)라고 한다.

하나님의 속성을 신학에서는 비공유적 속성과 공유적 속성으로 나누어 설명하고 있으나 그 모두가 사실 세상적, 인간적 속성의 유비적 절대성으로 표현된다. 그러나 계시적 인식의 특징은 인간적 인식 능력만으로는 주장할 수 없는 것들을 계시해 주고 있다는 점이다. 그리하여 이 계시를 거부할 때 하나님은 칸트에서와 같이 알 수 없는 것이 되어 버린다. 따라서 주장할 수 없는 것이 되어 버린다. 그리하여 성서를 떠나서 억지로 인간적 수단으로 주장하려 할 때 이성적 또는 체험적 독단이 되어버린다. 그것이 전자의 경우 철학적 범신론이 되고 후자의 경우 종교적 범신론이 된 것이다. 잘못된 이성적 추리는 바른 이성적 추리로 논박할 수 있는 것이다. 인간적 이해의 한계를 넘어서는 직관적 독단적 신개념은 그 내용으로 성서적 개념과 그 차이를 분별하게 된다.

자연은 단순한 피조물이기 때문에 무한자로서 창조자를 요청할 뿐이나 인간에게는 하나님의 형상이 들어있기 때문에 하나님을 유비의 대상으로 절대자를 추리한다. 그러나 그 추리는 하나님의 계시인 성서를 떠나서는 '더듬어 찾는'(행 17:27) '거울 속에서'(고전 13:12)보듯 분명하고 확실한 것이 못된다. 지나쳐 우상과 범신론에 빠질 수 있는 유한성을 가진 것에 불과하다.[241]

인간 이성은 하나님 인식에 있어서 구성적 인식 능력이 아니다. 다만 계시를 수용할 수 있도록 하나님이 창조해 주신 능력일 뿐이다. 계시를 분별할 수 있는 능력일 뿐이다. 이 이성이 사단이 넣어주는 선입견에 빠질 때 이 이성은 바른 판단력을 상실하고 바른 분별력을 잃게 되는 것이다. 우리가 다 그릇 행하여 판단력을 흐려 하나님의 계시를 바로 분별하지 못할 때 성령이 우리로 하여금 계시를 바로 깨닫게 해주는 것이 성서계시 다음에 주어지는 또 하나의 은혜인 것이다. 그러나 "성서 속에서 말씀하시는 그리스도의 권위를 무조건적으로 받아 들이는 것은 불신자와의 풍성한 대화의 가능성을 배제하는 것이라기보다 오히려 그것을 가능케 하는 유일한 기초이다."[242]라고 한 반틸(Vantil)의 태도는 변증가로서 게으르고 무책임한 태도다. 하나님의 계시는 하나님이 인간에게까지 낮아지신 하나님의 사랑의 행위시다. 변증가는 마땅히 전도대상자의 수준, 불신의

---

241) 우리는 그것을 앞에서 실체의 신, 데카르트(Decartes)의 죽은 채로 나아진 신, 또는 인간의 조작신 등으로 살펴봤다.

242) Van Til, *The Deffence of Faith*, 『변증학』, 신국원 역(서울: CLC, 1994), p. 220.

수준에까지 낮아져서, 다시 말하면 인간적 유한한 인식의 수준에까지 낮아져서 성서의 진리를 소개해야 하는 것이다. 성육신적 태도가 필요한 것이다. 필자는 그것을 〈선교적 변증학〉이라고 말하고 싶다. 모든 선교는 토착적으로, 상황화를 통해서 낮아져 이루어진다. 그 모델을 예수 그리스도의 성육신에서 우리는 볼 수 있다. 다만 성서적 이해는 성서의 한계를 넘어설 때, 성서 밖에서 이루어질 때, 자연계시에만 의존할 때 앞에서 논한 대로 범신론으로, 우상으로 빠질 수밖에 없기 때문에(롬 8:7) 항상 성서에 토대하되 철학 등 모든 선입견을 벗어나 성서의 계시를 있는 그대로 수용하는 노력, 〈역토착화〉〈역상황화〉243)의 노력이 필요한 것이다. 그러나 〈역토착화〉와 〈역상황화〉의 작업은 성서의 진리를 순전하게 자기의 선입견적 주관을 버리고 수용하는 것이 절대적인 요건이다.

선입견없이 또는 의도적으로 본 뜻을 아전인수격으로 구부림이 없이 최대한으로 계시로서 성서의 말씀을 수용한다면 신구약의 하나님은 어떤 분인가?

성서는 하나님을 스스로 계신 자 여호와(יהוה)라 하였다(출 3:4). 스스로 계신자라는 말은 그 존재에 있어서 다른 원인을 갖지 않았다는 것을 의미한다. 다른 원인을 갖지 아니하고 존재한다는 것은 절대적 자유성을 가진 존재라는 뜻이다. 절대자유는 자유이기 때문에 다른 어떤 것에 제한을 받지 않는 것이다. 그러나 그러한 절대적 자유의 존재는 우리의 세상의 요청이지 이 세상에는 없는 것이다. 이 세상은 우리가 알고 있는 한, 알 수 있는 한, 경험적으로나, 이성의 논리로나 인과의 사슬 속에 있는 것으로 파악된다. 인과의 사슬을 넘어서는 것을 우리는 생각할 수 없기 때문에 아리스토텔레스는 제일원인, 부동의 원동자라고 밖에 말 못하였다. 그러나 인과의 고리와 연속성을 가진 신은 범신론이라고 우리는 앞에서 살펴보았다. 플라톤 이후 많은 사람들은 신을 실체라고 하였다. 그러나 그것도 똑같이 범신론적임을 앞에서 지적했다.

---

243) 박영지, 『선교신학개설』(서울: 성광문화사, 1997), pp. 51ff.

성서는 여호와 하나님은 그의 피조물과 연속성을 연계하여 갖지 아니한 초월적 창조자라고 소개한다. 창조라는 말은 없던 것을 있게 한다는 뜻이다. 존재를 존재케하는 행위를 뜻한다. 무에 유를 있게 하는 것은 인간 이성으로는 논리적으로 모순이다. 그러기에 그것은 절대적 자유자, 곧 전능자만이 행할 수 있는 것이다. 여호와는 절대적 자유자이기 때문에 그 창조행위의 자격자인 것이다.[244] 그리하여 그는 거룩하시고 위대하시고 높으신 분으로 참으로 인격적 예배의 대상이 되는 것이다.

이성적으로 이해 불가능하며 논리적으로 모순이 되는 이러한 여호와의 속성이 어떻게 가능할 수 있으며 이해될 수 있겠는가?

신약에서는 하나님은 사랑이시라고 하였다(요일 4:8). 여호와의 자존자요 창조자로서의 속성은 사랑의 개념적 특성으로 보다 더 설득력 있는 이해를 제공해 준다. 사랑은 그 본질적 특성이 자유로운 것이다. 자발적인, 자기 원인적인 사랑이 아닌, 다른 원인을 가진, 또는 강요된 사랑은 참 사랑이 아니다. 사랑은 자유로운 인격에서 나오는 인격적 현상이다. 자유로운 인격적 사랑의 하나님이 바로 자존하신 자유자, 창조자 하나님이신 것이다.[245]

사랑의 둘째 특성은 대상을 요구 또는 필요로 하는 것이다. 대상없는 사랑을 우리는 생각할 수 없다. 사랑에는 항상 그의 대상이 존재하는 것이다. 하나님의 삼위일체성은 하나님이 자기 안에 대상성을 가지고 있음을 의미한다. 삼위 곧 세 인격이 어떻게 한 하나님이 될 수 있는가? 그리하여 삼위일체론은 삼신론이 된다고 하는 학설이 강력히 대두되어 있다. 그러나 그와 같은 생각은 인격 또는 사랑의 특성을 이해하지 못하는 생각이다. 두 인격 내지 그 이상의 인격들이 모여 하나의 사랑을 이루게 되는 것이다. 부부일체는 두 인격, 두 개의 사랑이 하나의 사랑을 이루는 것이다. 뿐 아니라 자애(自愛) 곧 자기가 자기를 사랑할 때 사랑하는 자기와 사랑받는 자기

---

244) Ibid., p. 40.
245) Ibid.

로 한 인격이 둘로 분열되나 사랑은 하나로 존재하게 되며 또한 나의 존재도 변함없이 하나인 것이다. 그리하여 아우구스티누스는 니케야대회의 결정인 삼위일체신조를 설명하는 방법으로 양태론을 배격하고 사랑의 개념으로 사랑하는 자 성부, 사랑 받는 자 성자, 그리고 그 가운데서 나오는 사랑을 성령이라고 설명하였다.[246)]

범신론에 빠지는 자들이 부분+부분=전체라는 기하학적인 논리에만 속박되어 인격신을 배격하나 인격적 창조신에게서는 기하학적 논리에 구애받지 않는 비이성적 논리가 성립되어 배격될 것이 아닌 것이다. 수적 기하학적 사유의 논리를 초월하는 초논리적 현상을 사랑의 현상에서 보게 되는 것이다. 사랑의 대상성은 사랑의 무한한 확장성에 의하여 사랑의 대상을 창조하는 창조성과 연계되는 것이다. 창조의 능력은 하나님의 절대적 자유성에 토대하지만 창조의 동기는 사랑의 대상성에 토대하는 것이다.

사랑의 셋째 특성은 곧 지속성이다. 중단되는 사랑, 사랑의 배반, 예를 들어 이혼 등은 참 사랑이 아닌 것이요 있어서는 안 될 것이다. 사랑은 영원한 것이요, 영원한 사랑이 참 사랑인 것이다. "사랑은 모든 허물을 가리우느니라"(잠 10:12)고 성서는 말하고 있다. 여기서 기독교의 구원론이 나오는 것이다. 하나님의 죄의 용서 그것이 사랑의 실현인 것이다. 사랑이 기독교의 구원론의 동기요 기초인 것이다. 성육신은 바로 사랑의 구현이요 그것은 창조적 사랑보다 더 큰 사랑인 것이다. 이 사랑은 쏟아도쏟아도 고갈되지 아니할 뿐 아니라 쏟을수록 더 커지고 더 많아진다고 생각할 수 있다. 인간의 사랑은 불완전하나 하나님의 사랑은 완전무한하다고 생각해야 할 것이다.

만유신론은 존재의 변화와 발전을 주장한다. 그러나 그것은 인격적 사랑의 특성을 떠나서 비인격적 존재만으로 생각한다면 변화의 힘과 발전 곧 성장확대를 설명할 길이 없다. 왜냐하면 이성적 논리

---

246) Augustinus, Trinitate, ⅩⅠ, 2; Cf., ⅩⅤ. 3. 4. Ⅸ. 72. Cf. A. L. 니이브, 『기독교교리사』, 서남동 역(서울: 대한기독교서회, 1985), p. 196.

로는 무에서 유, 하나에서 여럿으로 되는 것이 모순이기 때문이다. 또한 그 양이 늘어나는 것도 설명할 수 없다. 오직 사랑의 무한한 창조적 능력에서만 모든 답을 얻을 수가 있는 것이다. 성서는 여호와 사랑의 하나님을 영이라고 말한다.[247] 하나님은 시간과 공간의 제한을 받지 않는, 기하학적, 수적 제한을 받지 않는 영이시다. 오히려 피조세계의 존재양식과는 다른 특별한 존재 양식을 가지는 영이시라고 성서는 계시해 주고 있다. 피조 세계의 존재양식과 다르기 때문에 이성은 그 존재 양식을 파악할 수 없는 것이다. 다만 다르다는, 초월적이라는, 피조세계의 존재양식과 연속성을 가진 것이 아니라는 뜻에서 부정적으로만 말할 수 있을 뿐이다. 영은 영으로만 알 수 있다[248]고 말한다.

오히려 시간, 공간, 그리고 기하학적 수적 사고방식까지도 영이신 창조주 하나님께서 만드신 것으로 성서는 가르치고 있다(요 1:3). 영이신 창조주, 사랑의 하나님은 오직 유일한 절대자의 자격을 가지신 분이다. 이 하나님은 우리의 생각이, 이성이, 감정이, 의지가, 그 어떤 인간적인 방법으로 만든 존재가 아니요 오직 성서가 구약과 신약을 통하여 계시해 주어서, 그것도 우리 인간이 깨달을 수 있도록 인간적 인식 수단으로 표현해 주어서 알게 된 하나님인 것이다.

이 하나님의 모습을 우리 조상 아담은 바로 알고 있었으나 오늘 우리는 그 하나님의 모습을 다 상실한 상태에서 다만 추리하고, 다만 그러한 존재를 갈망하고 있을 뿐인 것이다. 그 추리와 갈망이 지나쳐 우상과 범신론이 나왔으니 우리는 성서의 계시 내용을 모든 선입견을 버리고 겸손히 순전한 마음으로 파악할 때 우리는 참 하나님을 주로 모시게 되는 것이다.

---

247) 요 4:24. "하나님은 영이시니 예배하는 자가 신령과 진정으로 예배할지니라."
248) 엡 1:17. "우리 주 예수 그리스도의 하나님, 영광의 아버지께서 지혜와 계시의 정신(영: $\pi\nu\varepsilon\upsilon\mu\alpha$)을 너희에게 주사 하나님을 알게 하시고": 고전 2:14. "육에 속한 사람은 하나님의 성령의 일을 받지 아니하나니 저희에게는 미련하게 보임이요 또 깨닫지도 못하나니 이런 일은 영적으로라야 분변함이니라."

성서의 자존하시며 사랑이시며 영이신 하나님은 피조물을 창조하시고도 부분이 되어 절대자의 자격을 상실하지 않으시는 분이신 것이다. 본체가 본체아닌 그림자를 만들고도 본체의 자격에 손상이 없음같이 피조물을 있게도 하고 없게도 하시는 창조주는 그의 존재성에 피조물의 존재성에 의해 어떤 제한을 받지 않는, 기하학과 수적 제한을 받지 않는 영이신 것이다. 이 영적 특성을 피조적 특성의 잣대로 재면서 창조주 하나님을 거부하는 것은 인간이 인간의 유한성을 깨닫지 못한 교만이요 어리석음인 것이다. 인간의 이성과 직관에 얽매이면 필연적으로 범신론적 사고에 빠지나 우리는 마땅히 이성과 직관의 능력의 유한성을 깨닫고 그 유한성을 넘어서는 스스로 계시며 사랑이신 영으로서의 하나님을 모셔드려야 할 것이다.

하나님은 자연이 아니시다. 하나님은 인간이 아니시다. 하나님은 하나님이시니 "하나님은 참되시다 할지어다."(롬 3:41)라고 성서는 말한다. 신즉 자연도 아니요, 자연즉 신도 아니요, 신이 자기를 변화 발전시켜 자연이 되고 인간이 된 것도 아니다. "그리스도인들은 창조주와 피조계의 존재론적 상호상대성(the ontological correlativity)을 부인한다. 왜냐하면, 창조주와 피조계의 구별은 기독교 실재관에서 근본적인 것이기 때문이다. 하나님은 무한하고, 영원하며, 불변하는 영이시다. 그의 이름은 '나는 나이다.'이다. 그는 어떤 의미에서도 피조된 우주에 의존하는 일이 없으시다."(시 50:10~12; 행 17:25).[249]

만유내재신론자들은 범신론이 되지 않기 위해서 신의 초월을 주장하면서 다시 이신론이 되지 않기 위하여 만유를 내재하여 내포한다 하나 자존하시며 사랑이시며 영이신 하나님은 세상을 꼭 내포할 이유가 없는 것이다. 전체가 절대라는 인간적 사고의 틀에서 벗어나 영으로서 사랑으로서 자존하시는 하나님의 창조자이심을 수용해야 할 것이다.

영국의 신학자 웹(C. C. J Webb, 1865~1918)은 일찍이 "최

---

249) Reymond, pp. 60~61.

고 선이 귀속되는 그리고 오히려 영원한 상호교제 속에 존재하는 최고 선인 인격을 넘어 저 위에 비인격적인 그 어떤 것도 존재하지 않는다."[250]고 주장하면서 이 지고자 여호와 창조주 하나님은 자체 안에 대상성을 가지면서 또한 통일성을 가지는 인격적인 분으로 최고의 인격적 활동성, 곧 지(知)와 사랑의 활동성을 가져 인격과 인격이 더불어 교제를 가지는 자라고 하였다.[251]

웹은 면모나 역할을 암시하는 라틴어 페르조나(persona)는 사회적 관계나 능동적 활동성의 사상을 강조하며[252] 같이 인격이라고 쓰여지는 휘포스타시스($\upsilon\pi\acute{o}\sigma\tau\alpha\sigma\iota\varsigma$)라는 희랍어는 독립적이며 근본적으로 불변적 개별성을 강조하는 말이라고 설명한다.[253] 이러한 인격은 단순히 홀로 존재하는 것이 아니고 교제의 대상으로서 타자 곧 다른 인격을 전제한다. 인격은 다른 인격과의 관계 속에서만 존재하는 것이다. 그리하여 종교 안에서 하나님은 우리 안에, 우리는 하나님 안에 거하는데 이 경우 우리의 독특성과 진정한 인격적 관계가 가능하다. 존재론적 전일성(全一性)에서 개체성이 소멸되는 데 반하여 인격적 전일성에서는 개체성이 보존되는 것이다. 이러한 인격성의 특성을 이해할 때 삼위일체의 사상을 이해할 수 있게 되는 것이다. 삼위일체 사상은 인격적 창조주 하나님의 필연적 존재 형태인 것이다.

5. 결론

인식론에 있어서 보편적 개념인식이 없을 때 소피스트(Sophist)들은 상대적 진리, 지식에 빠져 있었다. 이에 소크라테스가 정의(定義)를 통한 개념적 지식 곧 보편적 절대적 개념적 진리를 주장하며

---

250) C. C. J. Webb, *God and Personality*, (London: George Allen & Unwin LTD, 1934), p. 238.
251) Ibid.
252) Cf. ibid., p. 546.
253) Cf. ibid. p. 54.

인식론에 질서를 잡았다. 이성적 인간은 이같이 이성적으로 인식할 때에만 지식을 갖는다. 왜냐하면 "이 개념적인 것들(particular)에 의미를 부여하는 것은 오직 보편(universals); 즉 전포괄적 개념들(all compassing concepts)의 영역이기 때문이다. 지식을 위해서는 보편이 필요하다."254)는 것이다. 이같은 사유가 서양의 철학적 범신론의 사유형태였다. 그러나 〈일즉다〉 또는 〈신즉자연〉 등에서 일 또는 보편을 신으로 보고 다(多)를 자연으로 보면서 신즉자연으로 보는 것은 이성적 연결을 넘어서는 비약에 의한 것이다. 더 나아가 신에서 창조신으로 건너가는 데도 비약하지 않으면 안 되는 골이 있다. 이 같은 사유가 서양의 철학적 범신론의 사유형태였다. "동양의 신들은 모든 것-악과 선까지도-을 포괄한다는 의미에서 무한한 것으로 정의된다. 그러나 그것들은 인격적이 아니다. 서양의 신들은 인격적이었다. 그러나 그것들은 매우 제한적인 것이었다. 튜튼적, 로마 그리고 희랍의 신들이 모두 같은 것들이었다. 무한한 것이 아니었다. 기독교의 신, 성서의 신은 인격적이고 무한하다."255)

반틸도 사람의 지식이 단지 하나님의 지식에 유비적(analogical)인 것이라고 주장하였다.256) "사람의 모든 언급은 하나님의 선해석에 대한 유비적 재해석일 뿐이다. 하나님의 불가해성(The incomprehencibility of God)은 그 어떤 지식적 명제에 대해서도 가르쳐야만 한다."257)

인간은 그때에 인식론적으로 수납적 또는 피동적 재구성을 하게 되는 것이다.258) 그것이 계시를 통한 인간의 초월적 인식인 것이다. 인간의 이성이 수행할 수 있는 최고의 존재론적 통일 곧 존재의 포괄적 전제를 넘어서, 수적인 기하학적인 전체를 넘어서 영적인, 인

---

254) Reymond, p. 110.
255) Francis A. Schaeffer, *Escape from Reason*(Downers Grove: IVP, 1968), p. 25.
256) Cf. Van Til, *The Defens of Faith*, pp. 56, 65.
257) Cf. Reymond, p. 133.
258) Cf. Ibid., pp. 118, 125.

격적인 새로운 차원의 인식에서 창조주 하나님을 믿게 되는 것이다. 즉 범신론적 사유의 틀을 넘어서 창조신의 사유를 할 수 있게 되는 것이다.

　이 창조신이 구약에서의 자존자 여호와요, 신약의 사랑의 하나님이요, 성서 전체가 계시해 주고 있는 영이신 하나님인 것이다. 정직한 인간 이성은 이 하나님을 요청할 뿐이나 겸손한 인간은 이 하나님을 믿고 의지하는 것이다.

　"여호와를 경외하는 것이 지식의 근본이어늘 미련한 자는 지혜와 훈계를 멸시하느니라."(잠 1:7)

　"나 외에 다른 신이 없느니라."(사 44:6)

부 록

II. 불교의 구세론(救世論)과 기독교의 구원관(救援觀) 비교

A. 현대신학의 사회복음적 구원론과 불교의 구세론 비교연구

1. 서론

　20세기를 마감하는 마당에 한국 기독교 신학계에 가장 충격적인 사건은 종교다원론을 가르치던 신학대학의 학장[1]과 교수가 소속 교단으로부터 출교를 당한 일이었다. 한국에서 종교다원론이 본격적으로 거론된 것은 감리교 신학대학원장이었던 윤성범 박사의 저서 『기독교와 한국사상』[2]과 유동식 교수의 『한국종교와 기독교』[3]에서 토착화론을 제기한 후부터라고 할 수 있다. 자유주의적 인본주의적 선교 신학인 토착화론의 열매가 종교다원론으로 맺혀졌던 것이다.

---

　1) 변선환 학장은 "敎會 밖에도 구원이 있다"(월간목회, 7월호, 1977)는 논문을 발표한 바 있다.
　2) 윤성범, 『기독교와 한국사상』(서울: 대한기독교서회, 1964).
　3) 류동식, 『한국종교와 기독교』(서울: 대한기독교서회, 1965).

자유주의적 인본주의자들은 성서적 계시의 권위를 부정하고 신학을 인간학으로 만들어 하나님을 인간 속에, 세상속에 끌어 내리든가, 하나님의 존재를 부정하며, 예수의 신성을 떼어버리고 예수를 하나의 도덕선생,[4] 인간 영웅으로 만들어 기독교를 다른 범신론적 종교와 눈높이를 낮추어 같은 형제로 만든다. 그리하여 기독교에만 구원이 있는 것이 아니고 타종교에도 같은 구원이 있다고 전제하고 종교간의 대립을 지양하고 대화로 평화롭게(shalom) 공존하자고 한다.

현대신학은 각각 그 모양이 다르고 그 정도의 차이는 있어 적극적으로 종교다원론을 주장하기도 하며, 소극적으로 독특한 신학체계를 세워 과학적인 지성사회에 효과적으로 복음을 전하려 한다는 명분을 가지고 나타나기도 하나, 과학과 타종교에 대해 기독교의 절대성을 유지할 방법을 찾지 못한 자들이 권투에서의 클린치 작전 같이 상대의 공격을 피하고 스스로 쓰러지지 않기 위한 비상 수법으로 가지고 나온 신학체계인 점에 공통점이 있다고 볼 수 있다.

인도교, 불교, 유교, 도교 등 동양의 뿌리 깊은 고등종교는 깊은 철학과 상당한 도덕성을 가지고 있다. 분명히 기독교의 새로운 강적임에는 틀림없다. 그러나 깊이 분석해 볼 때 이 모든 종교들은 코를 뚫어 고삐를 맨 황소같이 인간의 피조성이라는 끊을 수 없는 고삐에 매인 종교들이며 우리에 갇힌 사자처럼 인간의 유한성에 갇힌 종교들인 것이다. 우리는 이 인간의 피조성과 유한성을 훨훨 벗어버리고 날개치며 무한히 날아올라 영원한 자유를 누리는 기독교의 유일한 절대성을 결코 포기하고 양보할 수 없다.

선교신학은 계속 선교의 현장에 놓인 장애물을 극복하기 위하여

---

[4] 헤겔이나 슐라이엘마허 등이 예수를 하나의 인간적 모범 또는 원형으로 표현히였는데 Rauschenbusch는 "union of religion and ethics" 또는 "the consciousness of God and the consciousness of humanity blend completely"라는 표현 속에 그의 원리적 기독교 사상을 표현하고 있다. W. Rauschenbusch, *A Theology for the Social Gospel*, (Nashville: A bingdon, 1978. 7th printing), p. 14.

작업을 해 왔으며 그리하여 선교도 이루어져 왔다. 선교는 토착화와 역토착화의 과정을 통해 수행되어 왔다. 역토착화는 토착화 과정에서 변질된 복음의 내용을 순전한 성서적 복음에로의 환원작업을 의미한다.[5] 오늘 현대에 놓인 장애물을 극복하기 위해 또 작업을 해서 오늘의 장애물도 또 극복해야 할 것이다. "만일 신학이 성장을 멈추거나 당대의 환경에 적응하지 못하고 당면 문제에 부딪칠 능력을 가지지 못하게 되면 그 신학은 죽어버리게 될 것이다."[6]

"세계 선교 같은 새로운 과제나 사회문제 같은 새로운 문제가 생길 때 신학은 이러한 것들을 과거의 우리들의 근본신앙에 접목시키고 그것들을 기독교적인 과제와 문제를 삼아 다루지 않으면 안된다."[7] 오늘의 문제는 현대 사상과 종교의 바탕에 깔려 있는 범신론적 사상을 어떻게 훼파하는가 하는 것이 근본 문제요, 거기에서 솟아난 종교다원론을 어떻게 넘어뜨리느냐 하는 것이 현실적인 문제다.

모든 문제를 성령께 맡기고 다만 복음을 선포만 하는 것이 전도자의 유일한 책임이라고 생각하는 것은 게으른 자세요, 무책임한 태도요, 하나님께서 인간 구원의 선교를 스스로 다 해치우시지 않고 선교를 명하시고 교회를 세우시고 전도자를 파송하신 그 뜻을 헤아리지 못한 그릇된 생각이 아닐 수 없다.

바빙크(Bavinck, 1895~1964)가 선교적 목적을 가지고 엘렝틱스를 개발하기 이전부터 서구의 신학자들이 현대인에게 복음을 효과 있게 적응시키기 위하여 많은 노력을 해 왔다. 과학과 합리적 이성에 토대한 현대의 성숙한 지성에 어울리기 위해 불트만(R. Bultmann, 1884~1979)의 비신화화, 본회퍼(D. Bonhöffer, 1906~1943)의 비종교화, 콕스(Harvey Cox, 1929~)의 세속화 등이 나타났었다.

그러나 "결국 그 구원의 사건이란 것은 표석(標石)처럼 전혀 해

---

5) Cf. 본서 pp. 51ff.
6) Rauschenbusch, p. 1.
7) Ibid., p. 7.

석되지 않으채 따로 딩굴고 있다."⁸⁾ "이것도 역시 바르트에게서 처럼 '주어 먹어라 새야, 그렇지 않으면 죽어라!'라는 격이 아닐까?"⁹⁾ 실존적 결단을 요청하나 결단하고 싶어도 결단이 되지 않는 것을 어찌하란 말인가? 믿고 싶어도 믿어지지 않아 믿지 못하는 것이나 결단하고 싶어도 결단이 되지 않아 결단하지 못하는 것이 결국 같은 것이 아닌가?

실체론적 신 증명, 우주론적 신 증명, 목적론적 신 증명, 도덕론적 신 증명은 단순한 신 증명에 그칠 뿐 성서적 창조신 또는 사랑의 신을 증명하는 데는 무력하게 된 지 오래다. 기독교의 세계가 되어 있는 서구 문화권에서도 성서적 신의 절대성을 증명하는 일을 건너뛰고 다만 그 신이 위에 있느냐 아니면 아래에 있느냐, 그 모양새가 어떻게 생겼느냐만 논하고 있다. 현대인 특히 제3세계에서는 먼저 성서적 신의 절대성에 대한 이해가 선결되지 않고는 성서의 권위가 세워질 수 없기 때문에 단순한 성서적 복음은 수납되기가 어렵다. 유일하신 인격적 창조주 하나님 신앙이 확립될 때 범신론은 자연히 무너지며 종교다원론은 쉽게 극복되어질 수 있다.

돌이켜 보면 1928년 예루살렘 세계선교대회에 때를 맞추어 준비했던 허킹(Hocking, 1873~1964)의 선교현지 답사보고서 (*Rethinking Mission*) 이후 교회가 2000년 동안 전승해 온 기독교의 절대성이라는 정체성을 버리고 유교에, 불교에, 인도교, 이슬람교에 눈높이를 낮추어 대화로 평화롭게 공존하자는 종교다원론 사상운동은 종교분쟁 때문에 골머리를 앓는 U. N.에서 팔을 벌리고 환영하는 고마운 도우미였다.

인도에서는 이미 저 유명한 보편종교운동, 사마지운동의 지도자 간디(Gandhi, 1869~1948)가 그렇게도 애절하게 힌두교와 이슬람의 공존을 위해 호소하다가 힌두교 청년의 저격을 받고 목숨을 잃은 바 있었다.

---

8) 김광식, 『現代의 神學思想』(서울: 대한기독교서회, 1975). p. 184.
9) Ibid., p. 185.

사랑과 샬롬(평화)을 부르짖는 이 운동을 반대하는 것은 옹졸하며 편협한 독선적 고집쟁이로 여겨지며, 정의를 외치는 사회복음에 동조하지 않는 자는 비겁한 자로 취급하는 것이 일반 사회의 눈초리가 되기도 하였다. 도량이 넓고 합리적이며 용기 있는 것으로 여겨지는 사회복음, 종교다원론은 과연 어떤 것이며 특별히 이들이 눈높이를 맞추고 있는 대표적인 종교로써 불교의 구세론[10]과는 어떻게 비교될 수 있는가 하는 것은 흥미로운 일이 아닐 수 없다. 그러나 타종교인을 개종시키는 일을 포기한 인본주의적 기독교의 선교사상 곧 종교다원론을 불교의 구세론과 비교해 보는 일은 종교다원론의 그 실상을 더 분명히 깨닫게 하는 일이며 동시에 그것은 대립된 사상으로서 기독교의 절대성을 더 확실하게 깨닫게 되는 길이 될 수 있다고 본다.

그리하여 필자는 대화와 공존의 짝으로서 대표적인 사회복음-해방신학으로 이어지는 일련의 현대신학의 구원론과 불교의 구세론을 비교해 보면서 기독교에만 구원이 있다는 기독교의 절대성을 보다 더 분명하고 확실하게 밝혀 보고자 한다.

선교를 위한 충분한 말씀의 진리와 성령의 인도하시고 비추시고 깨우치시는 힘에 힘입어 우리는 당면한 선교의 장애물을 깨뜨리고 제거하여 순전한 복음, 기독교의 유일 구원의 절대성을 확립하고 증거해야 할 것이다.[11]

무신론적, 범신론적 방향으로 기울어지면서 종교혼합주의에로 빠져 들어가는 현대의 종교적, 신앙적 파도 위에서 춤추고 있는 종교다원론을 어떻게 넘어 설 것인가?

---

10) 대승불교의 대표적인 교리서인 대승기신론(大乘起信論) 첫 페이지 첫 줄에 석가모니의 별호로서 구세자(救世者)라는 호칭이 나온다. 고통 가운데 있는 세상을 구원하는 자라는 뜻이다. 불교의 구원론은 기독교적 구원론과 성격상 차이가 있기 때문에 기독교의 구원론과 구별하여 구세론이라고 했다.

11) 최근의 종교다원론에 관한 관심이 높아지고 있는 가운데 침례교 선교기관인 사단법인 한국해외선교회(GMF)에서 "선교와 종교다원주의"라는 주제하에 네트랜드(Harold Netland) 박사를 초청 세미나(1997. 6. 16)를 개최한 바 있다.

2. 종교다원론의 역사적 배경과 그 성격

초대교회에서 다수의 교부들은 이교에서의 구원을 부정했으나 저스틴(Justin, 185?~254)은 이방철학자들(희랍철학자들)도 예수 이전의 선지자로 간주하였다. 오리겐(Origen, ?~165?)의 만민구원설도 종교다원론과 같이 구원의 영역을 최대한 넓힌 것이라고 볼 수 있다. 생각해 보면 이 문제는 삼위일체론이나 기독론과 더불어 똑같은 비중을 가지고 논의 되어져야할 기독교의 정체성 또는 기독교의 절대성과 직결되는 문제다.

중세에서는 로마제국이 기독교적 절대국가 체제가 되면서 기독교회 안에만 구원이 있다고 보고 교회 밖에는 구원이 없을 뿐 아니라 감독이 없는 곳은 교회로 여기지 않아 구원의 영역을 최소화 하여 가시적 지상교회인 로마가톨릭 교회 안에 한정하였다.

르네상스 이후 크게 부양된 휴머니즘은 중세 하나님 중심 사상에서 벗어나 인간의 이성과 경험을 토대하여 인간이 주권을 가지고 모든 문제를 해결해 나가는, 신으로부터 자유 곧 신 중심사상에서 인간 중심사상에로의 중심운동의 변화를 가져왔다. 중세에서는 기독교가 국교회로 되어진 상태에서 모든 타종교를 배척해 버리는데 별 문제가 없었다. 그러나 중세부터 시작된 세계 여러 지역의 종교에 대한 자료 수집은 신대륙의 발견과 더불어 나타난 서구 식민지 지역(아프리카, 아시아, 아메리카 등)의 종교에 대한 새로운 이해를 가지게 하였다. 많은 공통점에 관심을 가지게 되었다.

종교개혁 이후 정통개신교회는 믿음으로 구원받는다는 바울적 사상에 토대 하여 가톨릭적 인위적 한정을 깨고 '오직 믿음으로'(sola fide)를 구호로 하여 예수만으로 구원이 가능하다는 기독교적 구원의 절대성 신앙에 구원의 영역을 확정하여 전승시켰다.

그러나 과학의 발달과 이성과 감정을 토대로 한 근세 인본주의의 발흥으로 신본주의적 교회의 정체성이 인본주의의 강한 도전을 받기 시작하였다. 허버트 경(Herbert, 1583~1648)을 선구자로 하는 이신론(deism)은 하나님을 초월시켜 기독교를 도덕 종교화 시켰고, 계몽주의는 대속의 구세주를 도덕선생으로 전락시켰으며, 낭만주의적 감정의 신학은 신학을 인간학으로 전락시키는 데 공헌하였다. 과학과 공존하기 위하여 창안된 초월신론은 신앙의 존속보다는 오히려 전통신앙의 변질 또는 포기를 가져왔다. 창조주 하나님을 믿으나 그 하나님은 초월해 있어 그로부터 내려오는 계시나, 섭리나, 축복이 없는, 또한 그에게 올라가는 인간의 기도나, 찬송이 없는, 있으나마나한 떠나버린 아니면 잠자는 신이 되어 결국 남는 것은 인간 중심의 도덕종교밖에 없게 되었다. 초월신론을 계승한 칸트(1724~1781)의 신은 이성으로는 알 수 없고 다만 믿음의 대상이 될 뿐이요 도덕적 정의, 최고선이 보장되기 위해서 의로운 신이 있어야 되겠다는 요청적 신 사상과 이성의 한계 내에서의 종교를 주장하게 되어 도덕 종교사상이 더욱 굳어지게 되었다. 이제 성숙한 인간은 하나님 없이도 살아갈 수 있을 것으로 과신하게 되었다.

17세기부터 시작된 동양종교 경전들의 번역은 19세기에 들어서 본격적으로 수행되었다. 많은 동양 종교의 경전들이 번역되었으며[12] 합리주의와 경험주의 사상의 발흥으로 기독교 신앙에 대한 회의가 일기 시작한 후 고대 및 동양 종교에 대한 연구는 기독교 중심의 연구에 대립하여 종교를 평등하게 보는 경향을 강하게 드러냈다.

이에 따라 객관적 종교학이[13] 발전하게 되었다. 헤겔(1770~1831)은 정신의 변증법적 발전 사상[14]을 체계화하여 종교는 자연종

---

12) 마태오 리치(Matteo Ricci, 1552~1610)가 유교경전 사서(四書)를 라틴어로 번역한 바 있고 트리걸트(Trigault)는 오경(五經)을 라틴어로 번역한 바 있으며 윌리킨스(Charles Wilikins)는 1785년에 브하가바드 기타(Bhagavad-Gita)를 영역하였고 죤스(William Johnes)는 1794년에 마누(Manu)법전을 영역하였고 앙꾸에티 페롱(Anquetie du Perron)은 1802년에 우파니샤드를 라틴어로 번역하였다. 그 후 막스 뮐러(Max Muller, 1823~1900)는 대대적인 인도교 경전 영역사업을 펼쳤다. cf. 금장태, 『동서교섭과 근대한국사상』(서울: 성균관대학교 출판부, 1984).
13) 막스 뮐러가 그의 저서 *Introduction to the Science of Religion*(1873)에서 science of religion이라는 말을 처음 사용하였다. 그리고 시카고 세계종교회의(1893) 이후 종교의 상대성과 종교의 대화를 강조하는 국제적인 모임이 계속되었다.
14) 헤겔 보다 11년 뒤에 태어나 크라우제(K. C. F. Krause, 1781~1832)는 헤겔적 사상을 만유내재신론(Panentheismus)이라고 명명했다.

교를 시작으로 하여 마지막 절대종교인 기독교에까지 발전한다고 하였다. 헤겔이 공허한 신앙의 내용을 메꾸어 보고자 하여 "이성적인 것은 현실적인 것이요 현실적인 것은 이성적인 것이다."[15]라고 구호를 부르짖으면서 변증법적으로 발전시킨 최고의 삼위일체 절대신이 결코 기독교의 절대성을 보장해 주지는 못했다. 오히려 기독교를 다른 종교들과 동등한 위치로 격하시켰다. 헤겔의 절대종교는 기독교의 구원의 유일성을 말하는 것이 아니고 다만 최고로 발전한 종교라는 것에 지나지 않는다.

관념론의 독단을 배격하면서 합리주의적 사상의 무기력함을 극복하고자 슐라이엘마허(1768~1834)가 감정의 신학을 들고 나와 신앙의 내용을 채우고 기독교의 힘을 살려내는 줄 알았다. 이 역시 인간으로부터 솟아나는 절대의존 감정으로는 범신론적으로 기울어져 기독교의 절대성을 유지시키기보다는 칸트, 헤겔과 같이 도덕 종교의 줄에 같이 서게 되었다. 결국 헤겔은 자유주의적, 인본주의적 현대신학의 아버지가 되었고 슐라이엘마허는 현대신학의 어머니가 되었다. 현대신학의 이 이혼한[16] 부부로부터 갖가지 현대신학의 자녀들이 태어나게 되었다.

헤겔의 피를 많이 받은 현대의 신학의 자녀 중에는 헤겔 좌파 스트라우스(Straus, 1808~1874)-포이에르바하(Feuerbach, 1804~1872)로 이어지는 무신론적 유물주의가 있으며(무신론도 일종의 신론이요 공산주의도 일종의 종교라고 말할 수 있다), 딜타이(Dilthey, 1833~1911)-틸레(Tiele, 1830~1902)-트뢸츠(Tröltsch, 1865~1923)로 이어지는 종교발전단계설을 주장하는 종교사학파 계열이 있다. 이 헤겔의 종교발전사상을 이어 받은 종교사학파가[17] 종

---

15) "Was vernunftig ist, das ist wirklich ; und was wirklich ist, das vernunftig" (Hegel, Grundlinien der Philosophie der Rechts, hrsg. J. Hoffmeister(HamburgFelix Meiner, 1966, Nachdruck, 1967), S. 14, 330).

16) 청년기에 같이 책도 출판하던 동지였으나 후에 이성과 감정의 사상적 바탕에 대한 견해 차이로 대립되었다.

17) 종교학에 있어서의 종교사학파의 발전원리를 신학에서 도입하여 신구약 연구에 적용하여 신학에서의 종교사학파가 형성되었다.

교다원론의 토대를 만들어 주었다. 모든 종교는 발전 단계에 있어서 차이가 있을 뿐 본질적으로 동등하다는 것이다. 트뢸츠(E. Tröltsch, 1865~1923)는 모든 역사적인 종교는 상대적이라고 하였다. 헤겔의 발전사상을 생물학에 적용한 다윈(Charles Darwin, 1809~1882)의 진화론, 스펜서(Herbert Spencer, 1802~1904)의 사회진화론이나 샤르뎅(P. D. Sarden, 1881~1955)의 우주적 진화론도 헤겔의 후손으로 볼 수 있다.

하이덱거(Martin Heidegger, 1889~1976)의 존재론이 헤겔의 후손이라고 볼 때 현대의 존재론에 영향을 받은 현대신학자들도 엄밀히 말하면 헤겔의 영향권을 벗어나지 못한다. 뿐만 아니라 헤겔의 사상을 비판하던 바르트(K. Barth, 1886~1986)까지도 헤겔의 영향을 피하지 못하였다.[18]

라이마루스(Hermann Samuel Reimarus, 1694~1768)로부터 시작되었던 성서의 비과학적인 요소 제거운동은 스트라우스(David Friedrich Straus, 1808~1874)의 예수전(*Das Leben Jesu*)에서 본격화 되었다. 그리고 리츨(Albert Ritschl, 1822~1889)과 헤르만(Johann Wilhelm Hermann, 1846~1922)과 하르낙(Adolf Von Harnack, 1851~1930) 등에 의해 계승된 자유주의적 인본사상은 소위 양식비평 또는 고등비평으로 유명해진 벨하우젠(Julius Welhausen, 1844~1918), 부세트(Wilhelm Bousset, 1865~1920), 그리고 종말론적 입장에서 새로운 견해를 펼친 슈바이처(Albert Schuweitzer, 1875~1965) 등 역사학파 신학자들에 의해 계속되었다.

이 같은 자유주의자들이 모든 비과학적인 것들을 배척하여 성서에서 역사적 예수를 찾고자 하는 것을 반대하고 바르트는 사건사

---

18) 김광식은 바르트의 사상이 만민구원설의 이단적 경향을 띠고 있다고 하며(김광식, 『현대의 신학사상』(서울: 대한기독교서회, 1975), p. 133). 박아론도 바르트의 사상을 범신론적인 것으로 규정하면서(박아론, 『현대신학 연구』(서울: CLC, 1995), p. 23). 바르트에게 있어서 "인간은 결코 하나님께 버림받는 운명과 처지에 놓이지 않을 것이다"라고 하면서 그의 만민구원설적 입장을 지적하고 있다. Ibid., p. 38.

(Historie)와 초사건사(Geschichte)를 분리하여 자연계시를 부정하고 전적 타자로서 접촉점을 갖지 않은 초월신을 강조하면서 같은 안목으로 계시로서 성서, 예수 그리스도를 재해석하였다. 그리하여 초역사적 성서, 초역사적 예수 그리스도를 주장하였다. 그리하여 1919년 바르트의 로마주석으로부터 시작된 신정통주의에 의해 공격을 받은, 자연과학에 토대하여 기적을 부인하던 합리주의적 자유주의 신학은 신자유주의 신학 곧 실존주의적 자유주의 신학으로 대치되게 되었다. 그것은 "자유주의의 낡은 연구에서 신정통주의의 새로운 예수연구(the new quest)에로의 씨쏘우(see-saw)효과일 뿐이다.[19] 같은 시대에 인격주의 신학자 브룬너(E. Brunner, 1889~)는 그래도 접촉점이 자연계시(이성) 속에 남아 있음을 주장하였다. 그러나 불트만은 헤겔-스트라우스로 이어지는 비신화화 작업 곧 브룬너의 단순한 자연계시를 넘어서 신화적 껍데기를 벗기고 하이덱거의 실존철학사상에 힘입어 바르트의 초자연적 계시에 대립해서 복음의 본질 곧 실존주의적 케리그마($\kappa\acute{\eta}\rho\upsilon\gamma\mu\alpha$)를 찾고자 하였다. 그러나 역사를 무시하는 불트만의 비신화화에 불만을 가진 판넨버그(1928~)는 역사와 케리그마를 통일해 보려는 역사신학을 수립하였다. 그러나 결과는 범내신론적 사상으로 빠져 신학은 정반합의 순환(범신론-역사주의-초월주의-범신적 신역사주의)의 길을 따르게 되었다. 한편 미국에서는 라우센부쉬의 사회복음 신학이 등장하였다.

안점식은 그의 논문 "종교다원주의 발생의 사상사적 배경"[20]에서 종교다원론의 사상적 배경에 대해서 다음과 같이 결론으로 요약하였다.

"종교다원주의는 20세기에 들어와서 기독교가 본격적으로 종교다원 사회를 경험함으로써 발생하게 된 일종의 종교신학이라 할 수 있다. 물론 기독교가 타종교를 접촉한 역사는 매우 길다. 그러나 기독교의 타종교 접촉은 20세기에 들어와서 더욱 가속화 되어 심층화

---

19) 나용화, 『現代神學評價』(서울: CLC, 1991), p. 25.
20) 한국해외선교출판부, 『선교와 종교 다원주의』 1997, pp. 28~29.

되었다. 교통과 통신 수단의 발달은 종교간의 접촉을 용이하게 했고 인쇄술과 각종 정보매체의 확대보급은 타종교에 대한 여러 가지 정보를 받아들이기 쉽게 만들었다.

그 동안 축적되어온 동양학과 종교학의 지식은 타종교에 대한 이해를 제공하였으며 기독교의 유일성에 대해 도전하는 무기가 되었다. 이러한 도전은 기독교 안에서 먼저 일어났다.

역사주의와 해석학도 자유주의 신학자들에게 방법론을 제공하였고 동양학과 종교학의 지식은 그들에게 자료를 제공하였다. 그리하여 자유주의적 신학자들은 타종교에 대한 기독교의 배타적 우월성에 대하여 회의하기 시작하였다. 그들은 타종교와의 대화를 통해서 타종교와 화해할 것을 주장할 뿐 아니라 혼합주의를 시도했다. 나아가서 종교다원주의 신학자들은 구원에 있어서 기독교의 유일성을 포기하고 타종교에도 구원의 길이 있음을 인정하였던 것이다.

또 한편 20세기 후반에 나타난 다양성과 상대성을 강조하는 포스트모더니즘 사조는 자연과학, 인문사회과학의 영역에서 일어난 사조와 어우러져서 종교다원주의를 낳았다. 그 결과 동양종교에 대한 관심이 급증했으며 뉴에이지 운동을 낳았는데 이러한 경향은 동양학의 발달 및 신과학운동과 맞물려 있는 것이다. 따라서 오늘날 종교다원주의는 포스트모더니즘, 뉴에이지 운동 등과 함께 톱니바퀴처럼 맞물려 돌아가고 있다고 할 수 있다."

종교다원론의 직접적인 신학적 배경은 세속화신학의 발동자인 본회퍼(Bonhöffer, 1906~1943)로부터 살펴보는 것이 유익하다고 생각한다. 세속화신학은 사실 헤겔-니체로 이어지는 '신의 죽음' 사상에서부터 잉태된 것이었다고 본다. 신이 죽은 다음에 남는 것은 세속 밖에 없는 것이다. 적극적으로 무신론을 주장하는 무모함을 피하면서 무신론과 유신론 사이를 곡예하듯 걸어가는 신의 죽음의 사상은 세속적 현실에 관심을 끌어 모아 현실의 문제를 부각시키고 그 문제의 급박성에 몰입하여 즉각적 행동을 촉구한다. 니체가 당시 기독교의 부패상에 구역질을 느끼듯이 본회퍼도 당시 세속적 권력에 무기력하게 야합하는 교회의 모습을 보면서 세속악에 용기있게 대처하여 행동하는 성숙한 신앙인의 행동을 몸소 실천해 비인간화에 대한 용기있는 저항을 촉구했던 것이다. 신의 죽음은 자연히 종교의 죽음으로 이어지게 된다. 본회퍼는 종교의 비종교화를 부르짖으며 현대인의 불신앙적 풍조에 부딪쳐 좌절한 인간의 남은 기력을 북돋우어 용기를 일으켜 내려고 몸부림을 쳤던 것이다. "그러나 본회퍼는 이러한 과제의 필요성만을 제기하였을 뿐 그 비종교적 해설이 어떠한 것이라고 전개하지 못한 채 나치 탄압 속에서 처형된 것이다."[21]

바르트가 초월신론을 주장하였으나 그의 초월신론은 결코 순수한 초월신론은 아니었다. 오히려 범신론적이라는 평을 받을 만큼[22] 실존적 성격을 가진 독특한 초월신론이었다. 같은 시대에 나타난 하이덱거, 틸리히 등의 범신론적 비인격적 존재신론, 내재신론적 과정신학 등과 유사성을 가지고 있다고 본다. 로빈슨은 그의 저서『신에게 솔직히』에서 틸리히와 불트만과 본회퍼를 같이 소개하고 있으며 내재신론을 언급하고 있는 것은 그들의 신사상에 있어서 공통성을 인정한 것이라고 볼 수 있다. 그들의 신은 위에 있는 신이 아니라 아래에 있는 신이다. 이 같은 비인격적 범신론적 신사상은 결국 니체의 신의 죽음의 신과 연계하여 기독교적 무신론으로 발전하였다고 볼 수 있으며 1960년대 미국의 신학계를 강타한 급진신학자들, 우주적 신의 죽음을 말한 알타이저(Thomas J. J. Altizer, 1927~), 문화적 신의 죽음을 말한 해밀턴, 언어적 신의 죽음을 말한 반 뷰렌 등이 그 대표적 인물들이다. 신의 죽음-비종교화-종교다원론의 연계성은 필연적인 것이라고 하겠다.

하비 콕스가『세속도시』(*The Secular City*, 1965)를 출판한 다음 해에 알타이저가『기독교의 무신론의 복음』(*The Gospel of Christian Atheism*, 1966)을 출판하고 풀레처는『사회윤리』(*Social Ethicks*, 1966)를 출판했다. 세속화신학과 상황화윤리 또

---

21) 김광식,『현대의 신학사상』(서울: 대한기독교서회, 1975), p. 229.
22) 각주 12) 참조

한 종교다원론과의 연계성에 빠질 수가 없다. 성속이 하나일 뿐 아니라 브라운은 이웃이 바로 하나님이라고 하며 판넨버그는 같은 소망의 신학자로 역사가 바로 하나님이 됨을 말한다. 이같이 초월적 인격신이 사라지고 인격적 유일한 메시야인 예수가 없는 곳에 종교다원론은 자연스럽게, 아니 필연적으로 생겨지게 된 것이다.

틸리케(Hermut Thielicke, 1908~)는 아우구스티누스(354~436)의 두 왕국설을 이어받아 현실을 현실로 이해할 것을 말했으나 그 신학적 해결점을 강조하지 못했다. 그러나 몰트만은 미래를 현실에 끌어들여 그 해결책을 희망의 신학으로 제시하였다. 본회퍼와 틸리케가 남겨 놓은 숙제를 몰트만이 풀어본 것이다. 그러나 몰트만은 카알 막스(Karl Marx, 1818~1883)의 정치, 경제, 사회적 이론의 매력에 끌려 에른스트 블로(Ernst Bloch, 1885~1977)와의 대화를 통해 민주 자본주의와 공산 사회주의로 양분 대립된 현실세계의 상황을 직시하면서 세속적 당면문제 해결의 어떤 공통분모를 찾아보려 하였다. 그러나 유물주의적 사회주의의 방법론을 신학에 끌어들인 몰트만은 불가불 신본주의적 기독교의 본질을 버리는 희생을 감수하고 타협적 진로를 따를 수밖에 없었다. 예수를 단순히 하나의 혁명적 사회개혁자로 보았다. 예수가 단지 하나의 소망적 산물에 지나지 않게 되었다.

희망의 신학자 몰트만이 1975년 군사독재 아래 있는 한국에 초청되어 방문하였다. 이것은 한국의 급진신학자들이 민중신학을 수립하는데 결정적인 계기를 만들어 주었다. 저임금 정책으로 대기업을 육성하여 경제발전을 도모하던 한국의 현실은 빈부격차로 인해 서민들이 느끼는 소외감과 박탈감과 군사독재에 대한 저항감이 겹쳐져 남미의 해방신학의 영향을 받으면서 김지하, 서남동, 안병무의 해방신학, 이경재의 한(恨)의신학, 문화신학 등의 다양한 형태로 나타났다. 제2차 바티칸 공의회의 사회참여에 대한 적극적 고취와 1961년 W. C. C. 뉴델리 대회에서의 하나님의 선교(Missio Dei) 사상의 영향으로 남미로부터 서구사회에 까지 번진 해방신학은 공산주의의 사회분석 이론과 혁명투쟁 이론을 수용함으로 과격한 폭력투쟁 운동으로 까지 발전하였다. 300년 식민지 역사와 개발도상의 과정에 있던 남미의 상황과 유사한 여건을 가지고 있던 한국에서 한국적 해방신학으로서 민중신학이 발생한 것은 필연적인 일이었다.

민중의 교회를 출애굽교회로 보는 민중신학은 그리스도의 공동체는 가난한 사람들, 감옥에 갇힌 사람들, 병든 사람들의 형제됨이었다. 이러한 민중의 교회는 정통적 민중을 위한 교회와 그 성격이 다른 것이다. 민중이 바로 구원의 주체로서 예수 그리스도가 되는 것이다. 민중의 주동적인 투쟁으로 도탄에 빠져있는 사회가 구조적인 악에서 구출될 수 있다는 것이다. 무신론적 급진신학인 사신신학과 사회복음과 상황윤리의 영향을 종합적으로 받아 토대로 하고 공산 사회주의의 폭력혁명적 수단을 방법으로 한 해방신학의 모든 것이 그대로 수입되어 반만년 간 이루어 보지 못했던 인간화를 이루겠다고 가지는 그 의지가 대단했다. 의지만이 아니라 의식화 교육을 통한 실행력 또한 전에 보지 못했던 것이다.

민중신학의 신학은 만유신론에 토대한 자유로운 혼합신학이라고 밖에 표현할 수 없다. 민중예수, 소외되고 억압받는 자의 교회, 구원으로서 인간화는 오직 정의, 사랑, 평화를 목적으로 한다. 이러한 신학보다 더 완벽한 종교다원론의 요건을 갖춘 것은 없다. 그러나 한국에서의 종교다원론은 종교신학에서 더 큰 문제가 되었다. 서론의 서두에서 언급한 대로 불교와 인도교의 신비주의적 사상에 기독교를 접목한 변선환 교수의 종교다원론이 문제가 된 것이다. 그는 한국의 재래 사상뿐만 아니라 인도의 파니커(Raymond Panikkar), 미얀마의 딘(Khin Maung Din), 스리랑카의 실바(Hyn A. de Silva) 등의 혼합주의적 토착화 신학을 자기의 것으로 삼았던 것이다.[23] 종교다원론은 바로 토착화 신학이요 상황화 신학인 것이다.

---

23) Cf. 이동주, 『아시아 종교와 기독교』(서울: CLC, 1998), pp. 85ff.

3. 현대신학의 구원론

근세 자유주의적, 인본주의적 신학은 기독교의 본질을 단순하게 도덕화하여 예수를 도덕적 모범 내지 도덕선생으로 생각하였다. 이러한 기독교의 도덕종교화 경향은 칸트 이후 더욱 다양하게 체계화되고 발전하였다. 헤겔, 슐라이엘마허 이후 관념론적 경향과 감정을 토대한 실천적 경향이 대립적으로 나타났으나 넓은 의미에 있어서 범신론적 특성은 결국 종래의 초월신론에 토대한 은혜의 복음을 버리고 성숙한 인간의 도덕적 실천을 복음의 본질로 보게 되고 따라서 구원은 모범으로서 예수(Urmensch)를 본받는 삶이 되어 버렸다. "범죄로서의 죄의 용서와 객관적 속죄는 뒤로 물러나 버리게 된다."[24] 특히 신자유주의로 불리우는 실존주의적 현대신학에 이르러서는 구원은 인간의 인간화 곧 실존적 삶을 추구하는 것이 된다. 개개인의 결단에 의해 실행되어지는 초월적 구원의 성취에서 다시 역사적, 사회적 구원에로 관심을 돌린 것이 본회퍼 이후 급진 신학자들의 역사적 현실적 사회구원이다.

이것은 이미 라우쉔부쉬가 그의 저서(*A Theology for the Social Gospel*. 1917)에서 밝힌 바 있는 사회복음 사상에 그 근원을 가진다. 사회구원 문제는 실존주의적 신자유주의 신학과 더불어 니버(Reinhold Niebur, 1896~1971)의『도덕적 인간과 비도덕적 사회』(*Moral Man and Immoral Society*, 1927)-플레처(Joseph Fletcher, 1905~)의『상황윤리』(*Situation Ethics*, 1966)로 이어지는 상황원리와 함께 부각된 것이다. 자유주의적 인본주의자의 반초월신론적 신관을 넘어서 비신화화론이 나왔고 범신론적 신관에서 본회퍼의 비종교화론이 나와 이제 성인이 된 인간은 역사적 사회적 악의 문제를 인간 스스로의 힘으로 해결해 보려는 운동으로 나타났다. 현실 악의 문제를 개인적인 것보다 사회적인 것으로 보고 구조

---

24) O. W. Heick & J. L. Neve,『基督教 神學史』, 서남동 역(서울: 대한기독교서회, 1971. 재판), p. 178.

악을 허물지 않고는 개인적 구원을 성취할 수 없다고 판단한다. 이러한 구조악을 허물기 위해서는 폭력혁명이 불가피하게 되었다. 몰트만의 소망의 신학에서는 목적이 수단을 합리화하게 된 것이다. 아프리카에서는 독립운동, 독립교회운동(free church)으로 반 서구적 운동으로 나타났고 남미에서는 외국 자본주의 경제제국 집단의 착취와 군사독재 정부의 억압으로부터의 해방운동이 해방신학으로 나타났다. 그리고 미국에서는 흑인 해방운동이 흑인신학으로 나타났다.

몰트만의 소망의 신학과 그에 뒷받침된 이러한 해방신학은 한국의 민중신학을 탄생시켰다. 이들의 구원의 개념은 예수 그리스도로 말미암은 십자가의 역사적 속죄과업을 통한 죄로부터의 구원이 아니요 정치적 독재에 의한 압박으로부터의 해방이요, 경제적 착취로 인한 가난으로부터의 해방이요, 문화적으로 소외된, 질병과 무지와 계급적 차별에서 오는 고통으로부터의 해방이다.

이러한 사회구원 사상에는 종교간의 담이 쳐질 수 없고 보편종교론이 필연적으로 나타나게 되고 보편구원론이 자연히 따라오게 되는 것이다. 여기에서 정의, 사랑, 평화의 구호아래 종교다원론이 활기를 얻게 되는 것이다. 개별 종교의 절대성은 해방운동의 방해물로 밖에 여겨지지 않는다. 불행하게도 공산 사회주의의 방법을 도입한 이 운동은 목적이 수단을 정당화시켜 폭력적 혁명의 길을 걷게 된다. 결국 현대신학의 구원론은 인간의 인간화다. 그것은 인간을 비인간적 상황에서 인간의 힘으로, 인간적 상황을 만들어 보자는 것이다. 그러나 결과는 또 다른 새로운 비인간화의 상황을 탄생시켰으니 한국의 민중신학에 있어서 해방운동의 주체인 민중이 바로 구세주가 되다보니 폭력뿐만 아니라 갖가지 개인적, 사회적, 국가적 문제가 발생되고 따라서 그로 인한 극심한 혼란과 고통이 따르게 되었다.

폭력으로 인한 평등 공산사회를 이루려던 공산권 세력이 반세기를 넘지 못해 무너졌다. 그것은 근본적으로 민중 인간의 죄성과 나태성을 간과했던 과오에서 초래된 붕괴였다. 절대종교를 버리고 인간의 보편종교로 인간의 악으로부터 인간을 구원해 보려는 것은 결국 인간의 악을 인간의 악으로 구원해 보려는 무모하고 어리석은 일이 아닐 수 없다.

　재래의 영적 죄로부터의 구원이 아니라 고통으로서의 악으로부터 구원 곧 해방을 추구하는 현대 신학의 구원론은 신본적 절대 윤리를 버리고 인본적 자연주의 원리를 토대한 것으로 볼 수 있다. 성서는 단순한 고통을 죄로 보지 않는다. 인격적 차원에서 절제와 인내는 고통스러운 것이지만 아름다운 덕이요, 가난이 결코 죄가 되는 것이 아니다. 악과 죄는 차원을 달리하여 구별되는 것이다.

　인격신을 떠난 현대신학에는 죄는 사라지고 오직 고통으로서의 악만 문제 삼는 것이다. 물론 고통, 악은 제거해야 할 대상이다. 주님께서도 배고픈 자를 먹이시고 병든 자를 고쳐 주시고 소외된 자를 위로하시고 압박당하는 자를 풀어 주셨다. 그러나 거기에 머무르지 않으시고 "네 죄사함을 받았느니라" 하시고 고통과 악의 차원에서 죄의 차원으로 구원의 문제를 옮겨 인간문제 전체를 해결해 주셨던 것이다.

　그러나 현대신학은 인격신을 버리고 비인격적 범신론적 신관 내지 무신론으로 넘어가게 되면서 인격적 죄 문제는 사라지고 악의 문제만 남게 된 것이다. 인간의 존엄성이 인격에 있을진대 하나님께서 인간을 하나님의 형상을 따라 창조하셨다 하셨으니 이 형상이 바로 인격이 아니고 무엇인가? 죄는 자연에서 나오는 것이 아니고 인격에서 나오는 것이다. 죄는 인격 세계에만 있는 것이다. 자연세계에는 다만 악이 있을 뿐이다. 현대신학이 죄를 악으로 보려는 것은 신을 부정하고 영혼의 존재를 부정하며 죄를 부정하는 불교에서 오직 고통의 악만을 문제 삼는 것과 꼭 닮은 것이니 여기에서 공통분모를 가지게 되어 종교다원론은 필연적으로 나오게 된 것이다. 실은 서구 현대신학의 발생 원인이 근원적으로 동양종교의 영향으로 생겨진 것이니 모양과 목적이 같아질 수밖에 없는 것이었다.[25]

---

25) 사실 스피노자, 라이프니츠의 범신론, 루소의 자연주의, 쇼펜하우어의 염세주의, 니체의 초인사상, 야스퍼스의 포괄자, 하이덱거의 존재론이 모두다 동양사상의 영향을 받은 것이었다. 오늘날 서구에서 번지고 있는 뉴에이지 운동이 불교와 인도교

4. 불교(佛敎, Buddhism)의 구세론(救世論)

(1) 불교의 기원[26]

불교(佛敎)란 불타(佛陀)의 가르침이란 뜻인데 불타란 말은 본래 인도의 상류층에서 쓰인 말인 범어(梵語, Sanscrit)의 붇드드하(Buddha)라는 말을 한문으로 옮긴 것이다. 우리말로는 부처라고 부른다. 뜻으로 옮기면(意譯) 깨달은 자(覺者)를 뜻한다.

주전 6세기 중반에 인도 카필라(Kapila, 迦毘羅) 국왕(城主) 정반왕(Suddhodana, 淨飯王)이 나이 40살 되던 해 4월 8일 태자를 얻어 이름을 싣달타(Siddhartha, 悉達多, 一切義成의 뜻)라고 하였다. 그의 성(姓)은 고오타마(Gautama)이며 사캬족(Sakya, 釋迦)에 속하였다. 우리가 보통 부르는 석가모니(釋迦牟尼)하는 호칭은 석가족속의 모니 곧 존귀한 자라는 뜻이다. 그 말을 달리 석존(釋尊) 또는 세존(世尊)이라고 부른다.

그의 어머니 마야가 해산하려 친정(이웃 콜리야〈Koliya〉족)에 가던 도중 룸비니(Lumbini)동산에 이르렀을 때 갑자기 해산 기운이 돌아 무우수(無憂樹) 나뭇가지를 잡고 겨드랑 밑으로 아들을 낳았다고 하는데 이 전설적인 이야기는 인도에 있는 당시의 네 계급 즉 사제계급(Brahmans), 왕족계급(Ksatrya), 서민계급(Vaisya), 노예계급(Sudra) 중에 왕족 곧 사람의 몸에 있어서 머리, 어깨, 배, 발에 비유할 때 어깨(무사계급)에 속한 계급에서 싣달타가 태어났다는 것을 의미한다.

싣달타가 태어날 때 아홉 마리의 용이 하늘에서 물을 뿜어 아이의 몸을 씻고 네 송이의 연꽃이 땅에서 솟아 발을 받으니 사방으로 일곱 걸음씩 걷고 제자리에 돌아온 후 오른손으로 하늘을 가르키고 왼손으로 땅을 가르키면서 천상천하 유아독존 삼계개고 아당안지(天

의 서구식 각색인 것은 이미 알려진 사실이다. 뉴에이지 운동가들의 신 마이뜨레이야(Maitreya)가 바로 말세에 오리라고 법화경(法華經)에 예언된 불교의 메시야 미륵불인 것이다.

26) Cf. 본서 pp. 128ff.

上天下 唯我獨尊 三界皆苦 我當安之)라고 말했다고 전해오고 있는데 이것은 동물숭배 사상이 있는 인도 사람이 용을 들어, 연꽃을 사랑하는 그들이 연꽃을 들어 자기들의 교조를 높이고 미화한 것에 불과하다. 두 손의 모습은 오늘날 불상의 모습에서 많이 볼 수 있거니와 하늘 위에나 하늘 아래에 홀로 존귀하니 온 세상이 괴로워 내가 이를 편케 하겠다 함은 일개 성주의 아들이 소아적 씨족적 테두리를 벗어나 대아적 안목을 가지게 되어 온 세상의 고통의 문제를 해결해 보겠다는 부처(깨달은 자)로서의 그의 사상과 신념을 신화적으로 표현한 것이다.

인도에서는 힌두교의 사성계급제도에 시달리는 피지배 대중을 구하겠다고 나선 사람중에 쟈이나교 교주 바르드하마나 마하비라 (Vardhāmana Mahāvira)와 석가모니가 대표적 인물이었다. 이들의 공통점은 당시 제사장 계급의 부패의 근원이며 백성들의 족쇄인 사성계급제도(caste)와 동물제사를 반대한 것이다.

싣달타의 어머니 마야부인은 산후 7일 만에 세상을 떠났고 그는 이모인 후비 마하파쟈파티의 손에 자랐다. 싣달타라는 이름 속에는 그의 부친의 야망이 깃들어 있다. 전륜성왕 곧 인도를 통일하여 통일대왕이 되고자 하는 꿈이 있었다. 그리하여 그는 화려한 삼시전을 지어 놓고 수많은 궁녀를 뽑았다. 부친은 왕자로 하여금 세속적 야욕을 기르려 하였다.

그러나 13세 되던 해 봄 농경제에 나갔던 왕자는 채찍 밑에 소가 마지못해 쟁기를 끌고 가는 모습과 벌레는 찍혀 꿈틀거리고 그 벌레를 물고 달아나는 새는 또 날쌘 매에게 채여 찢기는 것을 보았다. 이 일은 그의 마음에 큰 충격을 주었다. 자연세계의 약육강식의 현실적 고통을 목격한 것이다.

그 후에 무예에도 능한 왕자는 경쟁자인 사촌 동생 데바받다를 물리치고 이웃 나라 재상의 딸 야소다라를 비로 맞기에 성공하여 19세의 나이에 결혼하였다. 그런데 어느 날 궁 밖으로 유람을 나갔다가 생각지 않은 것들을 보았다. 동문을 나서서는 수척한 늙은이를, 남문을 나서서는 신음하는 병자를, 서문을 나서서는 북망성을 향하는 한 상여를 보았다. 자기를 낳은 어머니의 얼굴조차도 보지 못했던 왕자는 인생의 생로병사의 고통을 깨달았다. 농경제에서 자연계의 고통을 본 왕자가 이제는 인생고를 또 깨닫게 된 것이다. 그는 다시 북문을 나가 바루를 들고 석장을 짚은 도사를 만났다. 그는 도를 닦아 생사의 윤회를 벗어나 해탈의 즐거움을 얻고자 한다고 하였다. 왕자는 이후에 자기도 도사가 되리라고 마음먹었다고 한다.

여기의 사문유람은 왕자의 사색의 단면을 소설적으로 표현한 것에 불과하거니와 하여간 29세 때 아들 라훌라의 출생으로 온 궁중이 축하연으로 연일 계속되던 한날 밤 몰래 궁을 벗어나 사문이 되었다. 아누강변 발가 선인이 고행하고 있는 숲에 이르러 마부 칸다카에게 애마와 장신구들을 거두어 돌려보내고 수도를 시작하였다. 처음에 고행의 방법이 좋게 생각되지 않아 선정주의자 알라아라 카알라아마에게 배워 선정에 의해, 다시 말하면 무념무상에 의해 열반의 경지인 깊은 무소유처정(無所有處定)의 체험을 했다고 한다. 그러나 그는 그것으로도 만족치 못하고 다시 같은 선정주의자 울다카 라아마풀다를 찾아가 역시 같은 선정의 방법에 의해 비상비비상처정(非想非非思處定)에 들어가 보았다고 한다. 그러나 그는 이 같은 수정주의(修定主義=정신적 노력주의)로는 일시적인 정신적 만족은 있을 수 있으나 그러한 선정에 의한 체험의 순간에서 깨어나면 다시 세속적 언동의 세계로 돌아오게 되니 참된 수도의 길이 되지 못한다고 생각하였다. 이 선정주의의 쾌락주의적 성격은 에피쿠로스 후기의 정신적 쾌락주의와 상통하며 오늘날 신비주의자들이 입신해서 희열을 느끼는 것과 비슷하다.

선정에 만족을 얻지 못한 싣달타는 다시 고행주의자들이 모여 있는 니련선하(尼蓮禪河) 부근 가사산(Gayasars)에 들어가서 본격적인 고행을 시작하였다. 그러나 거기서도 그는 만족을 얻지 못하고 고행을 중단하고 말았다. 그 이유는 고행을 극단으로 하다보니 거의 죽을 지경에 이르게 되었는데 필경 죽게 되면 결국 얻고자 하는 진리도 얻을 수 없게 될 것을 그는 깨닫게 되었던 것이다. 이것을 고행주의의 역리(paradox of asceticism)라고 하거니와 여하간 싣달타는 인도의 재래 종교의 선정과 고행이라는 두 종교적 수행방법을 다 버린 것이다. 고행이란 본래 범어로 타파스(tapas)라 하며 열기(熱氣)를 뜻하는 말로 만물을 생성하는 원동력을 뜻하는 말인데 이 말의 뜻을 바꾸어 사용하여 이 힘에 의해 육체의 힘을 약화시키고 정신을 육체의 속박에서 벗어나게 하여 정신으로 하여금 자유스런 활동을 하도록 하여 정신적 쾌락을 얻고자 하는 것이 고행주의자의 목적이다. 육체적 쾌락주의나 스토아학파의 고행주의가 다같이 소크라테스 이후의 행복주의 윤리에 속하는 것과 같다. 어디까지나 개인적, 자기중심적인 것이다.

싣달타는 선정, 고행 이 두 수행방법을 다 버렸으니 그러면 어떤 방법으로 깨달아 어떠한 상태의 부처가 되었다는 말인가? 고행을 중단한 싣달타는 6년 만에 목욕을 하고 건전한 육체에 건전한 정신이라는 생각에 단식을 중단하고 목장의 아가씨가 주는 우유죽을 마시고 기운을 회복하여 가야(Gaya, 伽耶)언덕 피팔라(Pipala) 나무 밑에 앉아 좌선(坐禪)에 들어갔다.

싣달타는 모든 방해를 물리치고 팔만사천의 번뇌와 생, 노, 병, 사의 고통을 벗어나 어느 날 아침 해뜨는 순간 그 서광과 더불어 깨달아 부처가 되었다. 심안(心眼)이 열려 야녹다라 삼약삼보리(anuttara-samyksambodhi=無上正等正覺)를 얻어 부처 곧 각자(覺者=Buddha)가 되었으니 이로서 석가족의 존귀한 자(석가모니)가 된 것이다. 그리하여 가야(Gaya=伽耶)는 부다가야(Buddhagaya=佛陀伽耶)가 되었고 피팔라수는 보리수(菩提樹, 깨달은 나무)가 된 것이다. 그날이 12월 8일 성도일(成道日)이다. 이로부터 하나의 새 종교가 시작된 것이다. 그러면 그 깨달은 방법은 재래 종교의 선정(禪定)도 아니고 고행(苦行)도 아니고 그 무엇이었으며 또 그 깨달은 내용은 과연 무엇이었는가?

(2) 부처의 진리[27]

싣달타가 깨달아 부처가 된 방법을 내관(內觀)이라고 한다. 내관이란 일종의 직관적 방법이라고 할 수 있는데 명상적 선정에만 치우치지 아니하고 육체적 고행에만 치우치지도 아니하고 그 양측의 단점을 버리고 그 장점만을 택하여 그 중도(中道)를 택하는 싣달타의 독특한 방법이라고 주장되어지고 있다.[28] 절에 가면 앉아있는 부처의 모습이 바로 그 내관의 몸가짐인데 그것은, 두발바닥을 위로 향하도록 하고 결가부좌(結跏趺坐=책상다리)하여 아랫배에 힘을 주고 시선을 한곳에 머물게 하되 눈을 떴으나 아무 것도 보이지 않고 속으로는 아무생각도 없는 지경에 까지 이르러야 하는 수행방법이다. 결국 내관이란 형식적으로 수정주의와 같으나 다만 공리적(功利的)인 태도를 버리는데 그 차이가 있는 것이다. 세간적(世間的)인 것을 포기하고 일체만법을 자기를 기점으로 하여 관망하여 물질적인 것, 정신적인 것을, 여실(如實)히 보는 것이다. 즉, 마음을 주로 하고 외부를 지배할 수 있는 마음을 확립함을 의미한다. 중도(中道)는 유교의 중용(中庸)이나 아리스토텔레스의 중용보다 더 깊은 맛이 있으며 과연 성자다운 수도의 면모를 보여준다. 그러나 그것은 어디까지나 철저한 인간의 노력으로 진리에 이르겠다는 인본주의임에 틀림없다.

싣달타가 부처가 되어 생불(生佛:죽기 전에 열반에 이름을 말함)이 되었다고 하나 그가 죽을 때 이질병에 결려 80세를 일기로 죽었으며 그 사리(舍利=sarira=死身)[29]가 지금까지 보존되어 있음을 자랑하고 있으니 결국 그는 고뇌, 투쟁, 죽음을 맛본 한 유한한 인간임에 틀림없다. 인간으로서 그는 위대한 분이었다.

성도(成道)한지 21일 동안 설법(說法=說敎)의 어려움을 느끼고

---

27) 본서 pp. 133ff.
28) 불교에서는 인도의 쾌락주의적 선(禪)과 구별하여 참선(參禪)이라고 한다.
29) 사람이 죽어 화장을 한 후 남은 재와 뼈와 더불어 나오는 보석같은 것을 사리라고 하여 구슬같은 사리가 많이 나오면 수도를 많이 한 것으로 생각하는데 실은 그 사리는 화장할 때 타지 않는 광물질이 녹아서 만들어진 것이다.

주저하다가 드디어 결심하고 녹야원에 있는 옛 제자들을 찾아갔다. 제자들이 "태자님"이라고 부르며 반기니 불타 말하기를 나는 이미 태자가 아니라 여래(如來=tathagata=그와 같이 옴)라 하여 자기가 진리를 깨달아 진리에서 왔음을 나타내어 자기의 깨달은 바 사성제(四聖諦=4가지 거룩한 진리)와 팔정도(八正道=8가지 진리 실천의 길)를 가르치기 시작하였으니 이것을 초전법륜(初轉法輪=진리의 수레바퀴를 처음으로 굴렸다는 뜻)이라 한다.

사성제란 고성제(苦聖諦), 집성제(集聖諦), 멸성제(滅聖諦), 도성제(道聖諦)를 말하는데 고성제란 일체개고(一切皆苦) 곧 모든 것 특히 인생은 고통이라는 것이다. 이는 불타의 현실파악의 결론이다. 소년시절부터 느껴오던 약육강식, 생로병사라고 하는 현실의 부정적인 측면에서 불타는 염세주의적 세계관 및 인생관에 빠졌다.

불타가 깨달은 둘째의 진리, 집성제란 것은 고성제의 원인 곧 현세의 고통의 원인을 구명한 것으로 모든 고통의 근원은 집착 곧 애욕(愛欲)에 있다는 것이다. 여기에서 크게 나누어 108번뇌가 생긴다는 것이다.

불타의 깨달은 세 번째의 진리, 멸성제는 고통을 없이한 이상적 상태를 말하는 것으로, 멸(滅)은 열반(涅槃=Nirvana)을 뜻한다. 니르바나란 말은 "불어서 꺼버린다"는 뜻이니 집착심 곧 번뇌, 애욕의 불꽃을 꺼서 없애는 것을 의미한다. 불타 이전 힌두교(Brahmanism=Hinduism)의 전통적 술어로 해탈(moksa)이라고 하며 그 해탈한 결과적 상태가 부처가 된 상태라고 하는 것이다. 불교에서의 해탈은 12인연 고통의 윤회를 벗어나는 것을 의미한다.

과연 인간의 힘과 노력으로 멸의 상태가 가능한 것인가? 희랍 철학이 이성적 철학의 한계에 이르러서 윤리의 단계로 넘어 갔으나 윤리의 한계를 느낀 희랍철학은 드디어 종교시대로 넘어간 것을 우리는 잘 안다. 키엘케고르가 윤리적 실존은 결국 절망에 이르게 되며 따라서 종교적 실존에로의 초월을 주장한 것을 우리는 옳게 여긴다. 야스퍼스의 한계상황은 인간의 모든 노력의 유한성을 명백히 잘 설명해 주고 있다. 불타의 멸, 곧 열반은 이상(理想)으로써 훌륭하다. 그러나 그것은 불교 안에서 얼마만큼 실현되고 있는가? 불교 안에서까지도 회의를 품고 결국 대승불교에서는 타력적 사상을 도입하지 않았던가? 이것은 결국 불교 자체에서 고통, 그리고 그 원인 되는 것, 곧 인간의 욕심을 제거할 수 없음을 실토한 것이 아니고 무엇인가?

끝으로 불타가 깨달은 넷째의 진리 곧 멸성제에 이르는 길인 도성제는 실천적 팔정도를 그 내용으로 하는데 그것은 정견(正見=바른 견해), 정사유(正思惟=바른 목적을 가지고 생각하는 것), 정어(正語=정직하고 바른 말을 하는 것), 정명(正命=바로 생애를 이어 나가는 것), 정정진(正精進=성실한 마음을 기울이는 것), 정념(正念=굳은 신념으로 나가는 것), 정정(正定=진리에 이르러 흔들리지 않음), 이상 8가지를 말한다. 직감적으로 이것은 유교의 수신(格物, 致知, 誠意, 正心, 修身)을 연상케 한다. 또한 명상적 지혜를 최고선으로 하는 아리스토텔레스의 윤리에 맞먹는 것으로 보여지기도 한다. 여하간 이러한 윤리 이상의 인간 자력적 실천사상은 그 의지의 가상함은 찬양할 만한 것이겠으나 델피의 신전을 찾아 신탁을 받던 소크라테스의 인간적 겸손을 상실한 것이요, 불타가 깨달았다 하는 사성제라는 것이 결국은 철학적 윤리설의 한계를 벗어나지 못하는 것이라고 보겠다. 어느 면에서 고통이 따른다 해도 선은 선이기에 행해야 한다는 칸트의 의무 윤리의 수준에도 미치지 못하는 면이 있다.

(3) 아미타불(阿彌陀佛)과 미륵불(彌勒佛)[30]

우리나라 사람들이 보통으로 '나무아미 타불'이라고 하는 말은 '나무 아미타 불'이라고 끊어 읽어야 한다. 나모(那牟) 또는 남무(南無)라는 말은 인도말 범어로 나모(namo)라고 하는데 귀의(歸依)한다는 뜻이다. 결국 "아미타 부처에게 나는 귀의합니다"라는 뜻이다.

남방 소승불교(小乘佛敎)에는 석가부처 하나만 있기 때문에 고유명사(Budha)로 표기한다. 북방 대승불교에서 부처(佛陀

---

30) Ibid., p. 150ff.

=buddha, 覺者)는 고유명사가 아니다. 석가부처 외에 많은 부처가 있다.[31] 대개의 불교의 종파들은 여러 종류의 부처 중에서 그 어느 하나를 주존불로 섬기게 되는데 신라의 경우 선종(禪宗)에서는 석가불(釋迦佛)을, 정토종(淨土宗) 계통에서는 아미타불 또는 미륵불을 그 염불의 대상으로 하였다. 절에 가보면 본당(本堂=法堂) 가운데 불상이 안치되어 있는 데 그 가운데 본불상이 그 절에서 중심적으로 섬기는 부처다.[32] 석가불을 종지(宗旨)로 하는 종파에서는 참선(參禪=實踐的 直覺法)을 하되 경전을 깊이 탐구하는데 비해, 정토종 계통에서는 경전의 진리 파악보다 염불(念佛) 및 진언(眞言)이 그 중심이 되고 있다. 염불이란 부처의 이름 또는 몇몇 경전의 이름을 반복하여 암송하는 것 또는 일정한 내용의 기도문의 암송이다. 진언이란 특수한 구문의 암송이다. 이것은 진리의 파악이나 실천보다 부처 또는 경전의 이름 또는 경전의 어떤 구절을 암송함으로써 구제를 받겠다는 것이다. 석가불 계통이 개인의 진리파악과 그 실천에 치중하는데 반하여 아미타불 내지 미륵불 계통은 개인의 행복(극락세계)과 국가의 번영(佛國土思想=世界統一理想國家)에 치중한다고 볼 수 있다. 그런데 신라이후 한국불교는 위의 세 종류의 불상이 가장 많이 더불어 함께 섬겨지고 있다.

석가불이 인도의 싣달타를 의미함은 두말할 필요가 없거니와 아미타불은 무엇이며 미륵불은 또 무엇인가? 아미타불은 서방정토(西

---

31) "너 자신의 구원을 네 자신이 이루라"라고 마지막 말을 남기고 열반한 석가부처는 도움의 부처가 되지 못한다. 그리하여 남방불교는 석가부처만 가지고 있기 때문에 고행으로 자기의 구원을 스스로 이루기 때문에 구원을 이루는 자가 많지 못하다고 소승불교라 한다. 이 명칭은 북방불교에서 부처준 명칭이다. 북방불교에서는 도와주는 부처가 많이 있어 많이 구원 받을 수 있다하여 스스로 대승불교라 하였다. 필자는 불교가 박해 받을 때 남방으로 퍼진 남방불교는 기독교와 접촉이 없어 초기 불교사상을 고수하고 있으나 서북방으로 퍼진 대승불교는 기독교의 영향으로 도와주는 부처사상이 더욱 발전하였다고 생각한다.
32) 좌우에 안치되어 있는 작은 상은 부처가 아니고 보살(bodhisatva)이 석가 부처 옆에는 보현보살(普賢菩薩)과 문수보살(文殊菩薩)이 있고 아미타부처 옆에는 관음보살(觀音菩薩)과 세지보살(世智菩薩)이 있다. 미륵부처는 아직 오지 않은 미래의 부처이기 때문에 보살이 없다.

方淨土) 곧 극락세계를 마련한 여래(如來=Tathagata)로 관세음보살(觀世音菩薩)을 보내어 중생에게 큰 도움을 주게 할 자로서 한마디로 도움의 부처다.[33] 미륵불은 석가불 후에 50억 7천만 년 지나 특히 용화수(龍華樹)[34] 밑에서 태어날 것이며 그는 말세에 석가가 구제하지 못한 나머지 전 인류를 구제하리라고 예언되어진 미래의 구세주다.[35] 그러니 진리탐구자들에게 석가불이 흠모되고 안정된 생활이 보장된 귀족 위정자들에게는 내세에 관한 바람보다 현세의 지위 확보와 확장이 요구되는 바 아미타불의 도움이 필연적으로 필요했으며, 고통 중에 빠져 현실에서 소망이 없는 피지배 서민대중에게는 구세주 미륵불을 앙모하지 않을 수 없는 것이었다. 그래서 미륵불은 흔히 산과 들에 조촐하게 세워지게 되었다. 돕는 부처, 돕는 보살사상이 불교의 이타행(利他行)실천을 발전시킨 것이다.

5. 결론

(1) 불타는 인생의 문제를 기독교에서와 같이 인격적 차원에서 죄를 근본 문제로 삼지 아니하고 고통을 근본문제로 삼았으니 의무의 윤리를 주장하는 칸트의 비판의 대상이 되었던 저급한 자연주의 윤리설의[36] 테두리를 벗어나지 못한 것이다. 인간의 인간 됨이 인격

---

33) Cf. 삼세인과경(三世因果經).
34) 미륵불이 용화수 아래 온다고 한대로 왔다는 한국의 용화교 교주는 종파 이름을 용화교로 정하였다. 이 종파는 음란한 사교였다. 미륵불 사상은 법화경(法華經)에서 나오는 사상이며 신라 말 궁예가 스스로 오리라 한 미륵으로 자처했으며, 일본 일연정종(日然正宗)곧 남묘호렝계교(南無妙法蓮華經敎)파의 창시자 일연(日然)이 스스로 오리라 한 미륵불이라 하였다.
35) Cf. 미륵내시경(彌勒來時經).
36) 자연주의 윤리설은 행복주의 윤리설이라고도 한다. 희랍의 유물론적 쾌락주의나 소크라테스 이후 덕(德)을 추구하는 플라톤-아리스토텔레스로 이어지는 윤리사상이나, 견유학파-스토아학파로 이어지는 고행주의 윤리나, 후대의 공리주의 윤리가 모두 육체적으로 또는 정신적으로 인간의 자연적 행복을 추구하는 윤리로서 자연주의 윤리 또는 행복주의 윤리라고 한다.

적 인간 됨에 있을진대 인간의 문제는 근본적으로 인격적 차원에서 파악해야 옳은 것이다. 오늘날 현대사회가 인류문제를 인격적 차원에서 다루지 못하고 물질 및 본능적 차원에서 다루어짐으로 해서 현대문명의 비극을 초래하고 있거니와 기계문명의 속박에서 인간을 하나의 자연적 존재로만 다루는 태도에서, 인류의 고통(가난, 기근, 질병, 전쟁, 압박, 소외…)에서의 해방에만 관심을 기울이고 인류의 죄에서의 해방을 도외시하는 태도에서, 한마디로 참 종교에 대한 무관심 내지 배척의 태도에서 인류는 하루속히 벗어나야 할 긴박한 위기에 처해있다. 문제해결의 참 길은 오직 인류의 문제를 인격적 차원에서 죄의 문제로 파악하여 궁극적 해결을 하는데서만 가능한 것이다.

불교의 구세론은 고통의 근원을 자연적, 생리학적 내지 심리학적으로 파악한 것이니 인간의 영혼과 인격신의 존재를 부정하는 불교의 범신적 기질에서는 그 이상의 고통의 근원을 찾을 것이 없는 것이다. 인간의 사랑을[37] 대자대비(大慈大悲) 곧 인성적 측면에서만 파악한 것은 신은(神恩)으로 말미암아 주어지는 아가페적 측면을 보지 못한 불타의 깨달음의 한계성을 드러내 준 것이다.

한편, 집착, 번뇌, 애욕이라는 것이 무명(無明=無知)에서 온다고 한 것은 소크라테스에서도 비슷한 견해를 볼 수 있거니와 고통과 악의 기원을 무명 곧 무지에 둔 것은 지행합일설(知行合一說)에 기초한 것이겠거니와 그것은 인간의 지. 정. 의중 하나 지(知)에 전적으로 근원을 추궁한 것이니 최대한 3분의 1의 진리성 밖에 없다고 할 것이다. 성서는 악과 고통의 근원을 죄로 보며 죄는 전 인격적인 근

---

37) 인간의 사랑을 유교에서는 인(仁愛也, 논어 3장)을 사랑이라 하는데 맹자는 설명하여 별애(別愛)라 하였다. 이것은 자기로부터 가까운 자를 더 사랑하는 차등적 사랑을 뜻하는 원리로서 철저히 현실적이다. 이에 비해 불교의 대자대비는 모든 것을 다같이 불쌍히 여기라 함이니 인간과 자연을 구별하지 않는 것이니 지나친 이상주의여서 현실성이 결여되어 있다. 이에 반하여 기독교의 사랑은 신은 더, 사람을 내 몸같이, 자연은 덜 사랑해도 되는 것으로 이상과 현실성을 갖춘 사랑의 개념이라고 할 수 있다.

원으로서 문제되는 것이다. 더 나아가 그나마 지와 행의 합일의 가능성 자체가 또한 문제니 알고도 행치 못하는 것이 인간 약점인 것을 사도 바울은 얼마나 통탄해 마지 않았던가? 자신의 체험 속에서도 알고도 행치 못하는 체험을 우리는 다같이 가지고 있지 않은가? 불교의 근본진리에서는 은혜의 도리를 알지 못한다.

불교에서는 더 나아가 무명을 근본적으로 자아의식으로 말한다. 〈나〉라는 존재를 전제할 때 〈나〉에 관한 애착과 욕심이 따라 나온다는 것이다. 그러므로 그러한 오류에서 벗어나 인간은 아공(我空=나는 없다)을 깨달을 것이며 법공(法空=자연실체는 없다)을 깨달을 것이라 한다. 이것은 고통과 악을 제거하려는 윤리적 이상을 실현하려는 좋은 뜻에서 전개된 철학이기는 하나 그러나 그것은 윤리를 이루려다 윤리의 주체까지 상실해 버리는 윤리주의의 역리라고 말할 수 있지 않을까? 과연 인간의 힘과 노력으로 멸의 상태가 가능한 것인가?

희랍자연철학이 이성적 철학의 한계에 이르러서 윤리의 단계(에피쿠로스학파, 스토아학파)로 넘어 갔으나 윤리의 한계를 느낀 희랍철학은 드디어 종교시대로 넘어간 것을 우리는 잘 안다. 키엘케고르가 윤리적 실존은 결국 절망에 이르게 되며 따라서 종교적 실존에로의 초월을 주장한 것을 우리는 옳게 여긴다. 야스퍼스의 한계상황은 인간의 모든 노력의 유한성을 명백히 잘 설명해 주고 있다. 불타의 멸, 곧 열반은 이상(理想)으로써 훌륭하다. 그러나 그것은 불교 안에서 얼마만큼 실현되고 있는가? 불교 안에서 까지도 회의를 품고 결국 대승불교에서는 타력적 사상(아미타불, 미륵불, 보살사상)을 도입하지 않았던가? 이것은 결국 불교 자체에서 고통, 그리고 그 원인되는 것, 곧 인간의 욕심을 제거할 수 없음을 실토한 것이 아니고 무엇인가?

1세기에 서북방으로 번져간 불교가 기독교를 만나 기독교의 타력적 말세적 요소를 가미하여 대승불교가 변모발전하였는데[38] 20세

---

38) 나무아미 타불 관세음 보살(아미타 부처와 관세음 보살에게 귀의합니다)을 반

기에 와서 기독교가 불교를 다시 만나면서 자력적 현세적 종교로 변모하게 된 것은 매우 아이러니칼한 현상이라고 생각한다.

석가모니는 철저히 자연과 인생을 포함한 전체의 고통 곧 약육강식, 생로병사의 고통으로부터의 구원을 이루려는 구세자였다.[39] 현대 자유주의적 인본주의 신학자들의 구원은 가난과 질병과 압박과 소외로부터의 구원을 이루는 자가 예수 그리스도라고 본다. 불교에서 석가모니는 부처로서 인간이었고 현대신학에서 예수는 그리스도로서 인간이었다. 구원의 내용으로 볼 때 표현은 다르나 속내용은 같다. 불교가 약육강식, 생로병사라고 표현적 자연 현상으로 관찰한데 비하여 현대신학도 가난, 질병, 압박, 소외라고 표면적 문화현상으로 관찰하였으나 고통이라는 악의 본질을 다루고 있는 점에 다름이 없다고 본다.

불교에서 고통의 원인을 욕심으로 보고 해결방법을 지행합일적으로 본 것과 현대신학에서는 고통의 원인을 구조악에 두고 해결방법을 성숙한 인간의 용기있는 투쟁에 둔 것은 전자는 개인적이고 후자는 사회적이라는 차이는 있으나 인간의 노력이라는 점에는 차이가 없다고 본다.[40]

여기서 대승불교의 타력적 부처와 보살의 이타행(利他行)사상이 결코 절대자 하나님의 사랑의 도움이 아니고 먼저 수행한 선배들이 후배들을 도와주는 인간적 차원에서의 도움이라는 것을 간과해서는 안 된다. 이점에서도 예수그리스도를 신으로서가 아니라 인간스승,

---

복함(念佛)으로, 극락에 간다는 것은 예수만 믿으면 구원받는다는 것과 유사하며 말세에 미륵불이 오면 중생이 다 구원받는다는 불교적 메시야 사상은 기독교적 메시야 사상과 유사하다.

39) 대승기신론(大乘起信論), 첫 페이지 첫 줄에 나오는 석가모니의 별호 구세자(救世者)라는 말에서 자(者)자를 주(主)자로 대치해서 그리스도, 메시야를 구세주(救世主)로 번역해 마태오 리치(Matteo Ricci)가 천주실의(天主實義)에서 처음 사용하였다.

40) 라우센부쉬는 죄를 개인적 죄와 집단적 힘(collective forces〈op. cit., p. 72〉) 또는 초인격적 힘(super-personal forces,〈ibid., p. 75〉)으로서 사회적인 악(social evil〈op. cit., p. 22〉)으로 구별하고 사회복음을 강조한다.

모범으로서 고유명사가 아니라 보통명사로 보는 자유주의적 인본주의 신학자들의 견해와 상통하는 점이 있다고 본다.
　결국 현대신학은 기독교의 신본주의적 절대성을 버리고 인본주의적 상대종교에로 낮추어 불교와 눈높이를 맞춘 것이라고 생각한다.
　틸리히가 비인격적 범내신론적 신관에 의해서 조직신학적 종교다원론을 주장한 것이나, 변선환이 범신령주의에 바탕하여 종교신학적 종교다원론을 주장한 것이나 서남동이 범내신주의적 세계관 위에서 종교다원론을 주장한 것이 모두 불자들과 함께 현대 자유주의적 토대 위에서 2인 3각 경주를 하고 있는 것이라고 볼 수 있다.

　(2) 일반적으로 불교와 기독교를 비교할 때 기독교는 타력적 은혜의 종교요 불교는 자력적 종교라고 한다. 그런데 앞장 현대신학의 구원론에서 살펴 본대로 이신론에서 칸트-본회퍼에 이어지는 성숙한 인간론은 초월해 계신 하나님으로부터 내려오는 은혜, 계시, 축복, 섭리적 도움이 없으니 기도와 간구가 불가능하며 찬양은 인간의 감정표현의 독백으로 끝나는 것이다. 기독교의 타력적 요소를 버리고 자력적 입장으로 신앙적 태도를 바꾼 것이다.
　하나님의 존재를 위에 또는 밖에 있다고 생각할 수 없다면 마찬가지로 아래 또는 세상 안에 있다고 말하는 것도 논리적으로 모순이 된다. 하나님은 위에, 밖에 한정할 수 없다면 아래, 또는 안에 한정할 수도 없기 때문이다. 그것은 범신론적 선입견을 가지고 말하는 것이다. 사실 성서는 하나님을 위에, 또는 밖에 한정하지 않고 있다. 성서는 위에도 계시고 밖에도 계시고, 또 세상 안에도 우리 마음속에도 계시는 공간과 시간을 초월한 자유자재하신 영이시기 때문이다. 급진주의자들이 아래 또는 안에 존재하는 범신주의적 신을 말하는 것은 신을 세상 또는 인간과 동일시하려는 저의에서 발설하는 것이다. 그러나 세상과 인간의 피투성을 부정하지 못할진대, 궁극적 실재, 공간적 무한성, 시간적 영원성에 대한 우리의 관심을 떨쳐 버리지 못하는 한, 하나님을 세상이나 인간존재에 한정시킬 수는 없는 것이다.

성서의 하나님은 분명히 인간의 모든 궁극적 관심을 만족시키는 존재이다. 급진주의자들이 임의로 성서의 하나님을 3층적 세계관 등으로 한정시키고 그러한 하나님을 부정하는 논리로 영이시고, 시공을 초월하는 보편적 자유자재의 인격적 하나님을 부정하는 것은 상대의 논리를 왜곡시켜서 비판하는 논리적 오류를 범하는 것이다. 눈을 감고 앞에 피어있는 꽃이 보이지 않는다고, 귀를 막고 바람소리가 들리지 않는다고 하는 것과 같다.

자유주의적 인본주의적 현대신학은 앞에서 말한 대로 범신론적 신관을 가지고 있기 때문에 필연적으로 성숙한 인간의 자력구원을 말하게 되고 동시에 보편구원설의 입장에 서게 되는 것이다. 여기에서 또한 구원의 내용이 고통으로부터의 해방이니 유일한 구원의 매체로 인격적인 그리스도 곧 메시야가 필요없고 단순한 고통을 제거하는 수단만 필요한 것이다. 여기서 자유주의적 인본주의 현대신학자들의 예수 그리스도의 개념이 고유명사에서 보통명사로 해석되게 되며 따라서 성육신 개념이 완전히 인간적 지평에서 이해하게 되는 것이다.

이는 예수 그리스도의 육체로 임하심을 부인하는 적그리스도의 미혹이니(요Ⅱ. 7) "너희는 너희를 삼가 우리의 일한 것을 잃지 말고 오직 온전한 상을 얻으라 지나쳐 그리스도 교훈안에 거하지 아니하는 자마다 하나님을 모시지 못하나 교훈 안에 거하는 이 사람이 아버지와 아들을 모시느니라"(요Ⅱ. 8~9) 하였다. 더 나아가 "누구든지 이 교훈을 가지지 않고 너희에게 나아가거든 그를 집에 들이지도 말고 인사도 말라 그에게 인사하는 자는 그 악한 일에 참여하는 자임이니라"(요Ⅱ. 10~11)라 하였다.

(3) 성서적 복음진리는 철저히 현대신학의 자유주의적 인본주의, 범신론적, 무신론적 종교다원론을 용납하지 않는다. 성서는 인격적 사랑의 하나님께서 살아계셔서 인간에게 유일한, 최선의 구원의 길을 마련하셨으니 "예수께서 가라사대 내가 곧 길이요 진리요 생명이니 나로 말미암지 않고는 아버지께로 올 자가 없느니라"(요

14:6) 하였다. 인격신은 선교의 대전제인 것이다.[41] 인격적으로[42] 자존하셔서 우주만물을 창조하신 살아계신 성서의 하나님은 유일하신 여호와시다. 성서는 하나님의 본성이 사랑이라고 한다(요Ⅰ, 4:8). 사랑은 자유성 곧 다른 원인을 갖지 않는 자발성의 특성을 가진다. 이 특성이 바로 자존성 곧 스스로 홀로 계셔서 만물의 제일원인, 배후의 원인이 되시는 유일한 창조자의 권리가 되는 것이다. 하나님은 자기의 이름을 자존자 곧 여호와(יהוה)라고 알리셨다(출 3:4). 그는 자기 외에 원인을 갖지 않는 존재이기에 자기를 존재케 하는 다른 존재를 갖지 않는 창조자의 자격을 가지는 것이다. 스스로 활동하시는 하나님의 자유성이 바로 없는 것을 있게 하는 하나님의 창조성인 것이다.

사랑은 사랑의 대상을 가진다. 사랑의 이 대상성은 삼위일체의 독특한 하나님을 말해주며 창조의 이유를 해명해준다. 하나님은 사랑의 대상으로 세상을 창조하신 것이다.

사랑은 지속성의 특성을 가진다. 변하는 사랑은 참사랑이 아니다. 하나님의 사랑은 불변하며 영원하다. 이 특성이 바로 인간구원의 기초가 되며 이 사랑의 실행이 바로 인격적 구원의 방법으로서 성육신의 참뜻을 설명해 준다. 고행이 아니고, 깨달음이 아니고, 인간을 최고로 높여 죄인을 의롭다 여기시는 최고의 사랑으로 인간을 구원하시는 하나님의 사랑의 의지가 곧 성육신인 것이다. 하나님의 의지적 선택으로서의 사랑을 통한 은혜의 구원방법 여기에 기독교의 구원의 절대성이 있는 것이다. 선택되지 않은 방법은 방법이 되지

---

41) 박영지, 『선교신학개설』, pp. 39ff.
42) Ibid., p. 39. 여기서 인격(人格)이란 말은 라틴어 persona라는 말에 근거한 표현으로 그 본래의 뜻은 가면, 배역의 뜻을 가지는 말이다. 또 같이 인격이라는 말로 쓰여지는 헬라어 ὑπόστασις는 독립적이며 근본적으로 불변적인 개별성을 강조하는 말이다. 본질과 활동에 있어서 다른 것과 구별되는 자기본연의 특성있는 모습을 지칭하는 말이다. 그것이 사람에게 있어서는 사람으로서 구별되는 사람다움이라는 뜻에서 인격(人格)이라고 표현될 수 있다. 한문의 격(格)자는 구별을 뜻하는 말이다. 그러니 신에게 있어서는 신격(神格)이라고 표현해야 하겠으나 동상으로 신에 대해서도 인격이라는 표현을 그대로 사용한다.

못하는 것이다. 하나님은 자기를 비워 인간의 몸을 입으시고 죄인인 인간에게 찾아오심(approch)으로 자기의 사랑을 실현하셨다. 성육신하셔서 곧 인간화되셔서(indigenization) 인간처럼 사심으로(contextualization) 인간과 더불어 온전한 사랑의 교제를 가지신 것이다(communication). 성육신(incarnation)의 인간 구원 방법은 하나님의 사랑의 최고 최대의 표현이요 선교의 원형적 모델이다. 하나님은 인간 구원의 방법으로 기계적 방법이나 비인격적 어떤 신비의 방법을 택하지 않으셨다. 죄인인 인간을 최고의 인격자로 대우해서 인격적 방법으로 구원하고자 성육신 하셔서 인격적 교제 곧 믿음을 통하여 구원하시기를 원하셨다. 인격적 구원방법 곧 메시야로서 성육신하셔서 죄인의 모습으로 십자가에 달려 죽으심으로 인간의 죄를 대속하시는 최고의 사랑의 방법 곧 커뮤니케이션의 방법을 택하셨다.

우리는 복음을 바로 믿고 참 구원을 소유한 자로서 증인이 되고 전도자가 되어 복음을 알지 못하고 깨닫지 못하는 자들을 설득하고 감화시켜 믿게 하고 세례 주면서 가르쳐 주님이 명한 모든 것을 행하도록 하며 모든 족속을 제자 삼아야 할 것이다(마 28:19~20).

제자 삼는다는 것은 동화되는 것이 아니고 참된 진리에로 이끌어 동화시키는 것이다. 혼합주의, 종교다원론은 제자 삼는 일을 포기하는 것이다. 제자 삼는 일은 개종시키는 일이다.

B. 대승불교의 보살사상과 기독교의 메시야 사상

1. 서론

필자는 앞선 논문 "불교의 구세론과 현대신학의 구원론 비교연구"(한국성서 대학교 교수 논문집 제6권 『一粒論叢』, pp. 1~28)에서 초전법륜의 사제 8정도의 내용을 중심해서 원시불교의 구세론과 현대신학의 사회복음적 구원론을, 다시 말해서 불교의 자력구원의 성격과 현대 인본주의적 기독교의 인간학적 구원론을 비교해 보면서 그 둘 사이의 구원의 내용과 방법에 있어서의 유사성을 지적하고 나아가 둘 사이에서 대화와 종교다원론적 사상이 발생하게 된 것을 밝혔다. 그리고 그와 같은 사상은 성서적 구원론과는 근본적으로 차이가 있음을 말하면서 창조주 하나님의 구속의 은혜를 믿는 성서적 구원론만이 참 구원론으로 절대성을 가짐을 밝혔다.

본 논문에서는 발달불교 곧 대승불교의 구원론 곧 보살사상과 성서적 정통 기독교의 구원론 곧 메시야 사상론을 비교해 보고자 한다. 발달 불교는 원시 불교사상이 세월이 흐름에 따라 변화 발전한 것을 뜻하는 바 원시 불교가 남방으로 발전해 나간 것을 남방불교라 하고 북방 곧 중앙아시아를 거쳐 중국, 한국, 일본으로 발전한 것을 북방불교라 한다. 그런데 기독교가 아직 전해지지 않았던 동남방(스리랑카, 미얀마, 태국, 인도네시아 등)으로 전파된 불교는 대체로 원시 불교사상을 그대로 전승한데 반해 기독교가 전파되어 기독교와 부딪치게 된 인도 서북부 방면, 중앙아시아 쪽으로 전파된 북방불교는 그 사상이 크게 변해서 발달 불교로 불리어지게 된다.

이 발달 불교인들이 스스로를 대승불교(大乘佛敎) 곧 진리의 수레바퀴를 크게 굴려 많은 구원을 이루는 불교라고 자처하면서 남방불교를 소승(小乘) 곧 진리의 수레바퀴를 작게 굴려 적은 구원을 이루는 불교라고 비하하여 소승불교라 불렀다. 이렇게 대승불교 측으로부터 원치 않는 비하적 호칭으로 불리움을 받게 된 남방불교 측에서는 북방 발달 불교 곧 대승불교를 아예 불교로 여기지 않는 대승비불설(大乘非佛說)까지 나오기도 하였다.[43]

현대 인본주의적 기독교의 진리가 정통기독교의 진리와 크게 다른 것처럼 원시불교 곧 아비달마불교(阿毘達磨佛敎: Abhidharma) 사상은 발달불교사상과 크게 차이가 있다. 원시 불교 곧 소승불교에서는 석가모니 유일보살을 주장하는데 반하여 발달 불교 곧 대승불교에서는 다보살(多菩薩) 곧 많은 보살이 있어 많은 구원을 이룬다고 하는 것이다. 현대의 자유주의적 인본주의 자들에게 있어서 그리

---

43) 창가학회 편, 『법화경 입문』(서울: 화광신문사, 2000), p. 19.

스도가 유일한 신적 존재로서 고유명사가 아니고 인간의 모형(Urbild)으로서 보통명사가 되어버린 것처럼 대승불교에서도 석가모니 유일보살 사상을 거부하고 도와주는 선배로서 다보살(多菩薩) 사상을 주장한다. 이 같은 외면적 유사성에 근거하여 기독교와 불교가 유사한 것으로 생각하고 기독교의 자유주의적 인본주의자들은 불교와의 대화 공존을 주장하며 개종전도를 반대하는 종교다원론(보편종교)을 주장한다. 천주교 김수환 추기경은 2000년 5월 24일 오후 2시 서울 수유리 심산선생 묘소 앞에서 제13회 심산(김창숙)상 수상을 알리는 고유제(告由祭)를 올리면서 큰절을 두 번했다. 1939년 천주교는 제사금지령을 내렸었다.(조선일보, 2000. 5. 25. p. 31). 또 WCC 한국 NCC총무 김동완 목사는 2000년 5월 11일 석탄일을 앞두고 축하메시지를 발표했다(조선일보, 2000. 5. 17. p. 4). 한국성서대 앞 OO 교회는 2001년 5월 1일 초파일을 전후하여 〈석가탄신일을 축하합니다〉하는 플래카드를 만들어 교회 앞과 전철역 앞에 걸어 놓았다. 이러한 일들은 천주교, 개신교 가릴 것 없이 모두가 자유주의적 인본주의자들에 의해 종교 다원론 사상을 일반화시키고 있음을 보여주고 있다. 이러한 상황 속에서 오늘의 정통적 복음 선교는 큰 거침돌에 부딪쳐 있다. 성서적 복음 진리가 종교다원론 곧 보편종교론과 다르다면 우리는 불교와 현대신학의 그 정체를 정확히 밝히고 성서적 복음진리의 독특성 곧 절대성을 재확인해서 밝히는 작업이 절실히 필요하다고 생각한다. 현대신학이 기독교의 성서적 복음 진리를 변조해서 불교에 또는 유교, 인도교 등 다른 종교에 눈높이를 맞춘 것을 저들은 바람직한 토착화요, 효과적인 상황화요, 대립투쟁을 제거한 화해요, 인류의 소망인 평화를 지향하는 것이라고 자랑한다.

여기서 우리는 과연 이렇게 등화시키는 목표로서 불교의 진리(보살사상)가 과연 어떤 것인가를 밝혀 보는 것이 문제를 풀어 가는 선결문제가 된다고 생각한다. 그리고 밝혀진 불교의 진리 곧 보살사상과 성서적 복음진리 곧 메시야사상의 특성과 차이를 밝힘으로써 우리는 우리의 선택의 안목을 바르게 밝혀 줄 수 있다고 생각한다.

그리하여 필자는 대승불교의 발생과 발전과정, 그리고 그 사상의 중심내용을 보살개념을 중심해서 소개하고 그것이 정통 성서적 구원론 곧 메시야 사상과 어떻게 다름을 밝혀 우리 앞에 가려진 색안경을 거두어 보고자 한다.

2. 대승불교의 역사와 보살사상

(1) 대승불교의 발전

석가모니가 세상을 떠난 후 500여년이 지난 후 여러 파로 분열된 자리적(自利的) 부파불교(部派佛敎)를 진리의 수레바퀴를 작게 굴리어 소수밖에 구원받지 못한다는 뜻으로 소승(小乘: Hinayana)이라고 비하하여 반대하고 이타적(利他的)사상을 강조하여 진리의 수레바퀴를 크게 굴리어 많은 중생을 구원한다는 뜻으로 자칭 대승불교(大乘佛敎: Mahayana)를 표방하며 불교 유적의 stupa(墳墓)를 관리하고 있던 불자(佛子)들이 중심이 되어 불교역사에 새로운 신앙 운동을 전개했다. 이 자칭 대승불교도들은 석가불(釋迦佛)에만 한정하였던 유일보살(唯一菩薩: Bodhisatva) 개념을 확대하여 많은 보살이 있다고 다보살(多菩薩) 개념을 주장한다.

B.C. 3세기에 남쪽까지 인도 전체를 처음으로 통일한 아육왕(阿育王: Asoka)은 원시불교를 크게 일으켜 전국 각지에 퍼지게 하고 국교의 위치에 오르게 하였었다. 한때 자이나교의 발흥으로 불교의 세가 꺾인 적이 있었으나 두 번째로 강력한 통일국가를 이룩했던(B.C. 130년경) 북쪽 흉노(Hun족) 계통의 쿠산왕조의 3대 왕 카니쉬카왕(月支口, 간다라왕)은 대승불교의 발흥에 크게 이바지하였다. 그리하여 이미 1세기에 도마 사도에 의해 기독교가 전파되었던 인도의 서북부에서 발흥한 대승불교는 간다라(현재 아프가니스탄), 중앙아시아를 거쳐 실크로드를 타고 티베트, 중국, 한국, 일본에까지 전파되었던 것이다. 중국에 불교가 전파된 것이 공식적으로 후한(後漢) 때(A.D. 67)로 보고 있으며 고구려에는 소수림왕 2년(A.D. 372)에 불교를 수용한 것으로 보고 신라에서는 법흥왕 때

(A. D. 528) 불교가 공인된 것으로 본다. 백제도 고구려에 비해 불과 12년 늦은 침류왕 원년에 불교가 들어온 것으로 본다. 그러나 이 모든 나라에 불교가 처음 들어간 것은 공식 년대보다 훨씬 이전이었을 것이다.

11세기경 인도는 이슬람의 침입으로 힌두교와 더불어 불교는 이슬람의 박해를 받게 되고 불교는 해외로 흩어져 나가게 된다. 그리하여 인도 내에서는 별로 발견되지 않는 불경들이 외국에서 보존되어 발굴되고 있다. 소승불교의 경전은 주로 팔리(Pali)어로 되어있는데 스리랑카 등 남방에 보존 발굴되고 있으며 카니쉬카왕 때 범어(Sanskrit)를 불교경전의 언어로 삼은 후 범어로 된 경전들은 네팔, 아프가니스탄, 및 중앙아시아 지역에서 보존 발굴되고 있다. 티베트에서는 7세기 경 불교경전을 번역하기 위해 문자를 창안해서 많은 경전을 번역했다.

불교가 전파되어 가던 실크로드는 기독교 국가인 로마제국과 중국 당나라와 교역이 크게 이루어지던 길이었다. 이 길을 통하여 기독교와 불교가 같이 중국에까지 흘러 들어가게 되었던 것이다. 특히 당나라는 정치적으로 이슬람 세력과 대면하게 되어 이슬람 세력을 견제하기 위하여 당시 기독교 이단으로 정죄 되었던 네스토리우스파가 국교처럼 되어있던 페르시아와 외교관계를 가지면서 8세기경 페르시아로부터 네스토리우스파 기독교를 수용하게 된다. 그리하여 당나라에서는 네스토리우스 기독교를 페르시아교로 부르기도 한다.[44] 일반으로는 경교(景敎)로 알려지고 있으며 신라에까지도 전해진 것으로 생각한다.

여기서 한 가지 짚어보고 넘어갈 것은 실크로드를 타고 서쪽으로 전해진 불교는 마니교에서 배화교(조로아스터교)와 기독교와 혼

---

44) 당시에 중국에서는 페르시아(Syria)를 대진(大秦)이라고 불렀다. 경교는 당 무제(武帝)때(A.D. 845) 탄압으로 소멸 되었다(S, Neill, *A History of Missions*, 〈N. Y.: Penguin Books Ltd., 1979〉, pp. 95~96).(大秦景敎流行中國碑 A.D. 781년 건립).

합을 이루었던 것을 우리는 잘 알고 있으며 이 종교에 어거스틴이 전도사 수준의 신자로 빠져 있었던 것도 잘 알려진 사실이다. 뿐 아니라 어거스틴을 개종시키고 교화시켰던 로마감독 암브로스는 배화교 뿐 아니라 불교사상까지 상당히 알고 있어 마니교를 날카롭게 비판할 수 있었던 것도 잘 알려진 사실이다. 그의 불교사상 비판을 내포한 설교가 오늘까지 전해지고 있는 것이다. 이같이 불교가 서쪽으로 전해져 영향을 미치고 있을 때 똑같이 이때에 사도 도마는 인도에 복음을 전했으며 후에 네스토리우스파도 인도에 전파되었던 것이다. 동으로 전해진 기독교가 인도에서 불교에 영향을 주고 실크로드를 타고 같이 중국에까지 넘어오면서 또 불교에 영향을 주었으리라는 것은 쉽게 짐작 할 수 있다. 필자가 입수한 자료 중에 티베트 불교의 한문경전인 라마다경(喇嘛多經) 38~8에 "언젠가 예수 오시면 내가 깨달은 도는 기름없는 등과 같다."(何時爺蘇來 吾道無油之燈也)라고 하였다. 그 내용을 볼 때 중국불교가 기독교의 영향을 받은 것이 분명하다. 필자는 이러한 점을 대승불교 경전의 형성과정과 그 내용에서 추론해 보고자 하는 것이다.

 이들 범어 대승경전 중 먼저 이루어진 『반야경』(般若經)[45]은 공(空)사상을 중심하여 자아의 실체를 부정하는 아공(我空), 자연의 실체를 부정하는 법공(法空)을 가르친다. 『법화경』(法華經)은 일승(一乘)을 가르쳐 구원(久遠)의 본불(本佛)을 가르치는데 불교의 예언서적 특징을 가진 경전이다. 구마라즙(344~409)이 번역하였다. 『화엄경』(華嚴經)은 광대한 부처 비로자나불(毘盧蔗那佛: Vairocana)의 세계를 가르친다. 이 비로자나불은 밀교의 주불(主佛)이 되었다. 『유마경』(維摩經)은 출가하지 않은 유마가 가르친 교훈을 담고 있으며 『정토삼부경』(淨土三部經)에서는 아미타불(阿彌陀佛)이 서방정토(西方淨土) 곧 극락세계(極樂世界)를 마련하여 모든

---

 45) 『반야경』은 구역에는 『반야 파라밀경』이라 하고 신역에는 『반야파라밀다경』(般若波羅蜜多經)이라 하는데 반야라는 말은 지혜(prajna)라는 범어의 음역이다. 현장(玄裝)이 번역한 『대반야파라밀다경』 600권이 있다.

중생을 구원한다고 한다. 연화수보살(蓮華手菩薩)에게 귀의하여 극락에 왕생하기를 바라면서 아미타불을 부르면 죽은 후에 중생이 업(業)에 의해 윤회하는 6가지 세계인 6취에 들어가서 유전하는 재액을 벗는 공덕을 얻는다고 한다. 대승불교는 원시불교로부터 주석적 연구의 불교를 토대하면서도 따로 다른 보살도를 설하는 개혁 발달 불교다.

대승불교에는 경전 외에 『중론』(中論), 『섭대승론』(攝大乘論), 『대승기신론』(大乘起信論) 등의 논(論)이 있다. 중론은 A.D. 2~3세기경 용수(龍樹: Nagarjuna)가 저술한 것으로 중도사상(中道思想)을 설하여 대승사상의 선구적 기반 사상을 이루고 있다. 비슷한 시기의 『대승기신론』은 마명(馬鳴: Asvaghosa)이 지은 것으로 범어 원본은 전해지지 않고 있으며 현재 전해오는 것은 진제(眞諦: Paramartha 또는 Gunarata: 499~569)와 실차란타(實叉難陀: Siksananda 652~710)가 번역한 한역본 뿐이다. 내용은 대승신앙의 골격을 논한 것으로 서론으로 인연분(因緣分), 주제제시로서 입의분(立義分), 주제해설인 해석본, 실천방법으로 수행심신분(修行心身分), 그리고 아미타불에 의한 정토왕생을 논한 권수이익분(勸修利益分)으로 되어 있다.

대승사상은 계속 일체중생의 불성(佛性)을 인정하는 여래장사상(如來藏思想)을 가르친 『승만경』(勝鬘經)이 이루어지고 일체를 마음의 흐름에 응집시키는 유식사상(唯識思想)에 이어 5~6세기에는 불교 논리학인 5단논법 인명(因明)이 이루어졌다.

인도의 대승불교에는 중관(中觀), 유가(瑜伽)의 두 계통과 밀교(密敎)가 있다. 대승초기부터 일반 민중의 교화를 위해 만들어졌던 주문인 다라니(dharani: 摠持)[46]를 외우고 주법(呪法)을 설하는 밀

---

46) 티베트 불교의 라마교에서는 옴마니 발매훔(Om manipadmehum)이라는 주문을 외우는데 옴마니 반매훔 등 여러 가지로 비슷하게 음역하고 있다. "오 연꽃위의 마니주여"라고 하는 기원의 주문이다. 라마교에서는 연화수보살(蓮華手菩薩)에게 귀의하여 극락에 왕생하기를 바라며 이 주문을 외우면 죽은 후에 6도에 유전하는 모든

교가 성하여 7세기 이후 불교활동의 중심이 되었다. 밀교는 금강승(金剛乘)이라고 불리어 진다. 그 경전으로는 『대일경』(大日經)과 『금강경』(金剛經)이 있다.

이러한 대승불교의 새로운 개혁적 신앙운동은 한(漢)나라 때 중국으로 넘어가서 삼론종(三論宗), 법상종(法相宗), 화엄종(華嚴宗), 천태종(天台宗), 진언종(眞言宗), 율종(律宗), 선종(禪宗)등 여러 종파를 이루게 되었으며 이 외에도 정토종(淨土宗) 등은 말세사상을 일으켰다.

진언종(眞言宗)에서는 현교(顯敎)와 밀교(密敎), 화엄종(華嚴宗)이나 천태종(天台宗)에서는 권대승(權大乘: 方便的)과 실대승(實大乘: 모든 중생이 성불한다는 것)으로 나뉘어지며 기타 여러 모습으로 발전했다.

한편 이승(理乘: 모든 존재의 본질인 진여〈眞如〉), 수승(隨乘: 대상에 수응해서 작용하는 지혜), 득승(得勝: 스스로 깨달음을 얻음과 동시에 다른 사람을 깨닫게 하는 증과〈證果〉)의 삼대승(三大乘)을 말하기도 한다. 이것은 진성(眞性), 관조(觀照), 자성(資成)의 삼궤(三軌)에 해당시킨 분류다. 『대승기신론』(大乘起信論)에서는 대승의 본체를 중생심(衆生心)이라고 한다. 중국 전진(前秦)을 거쳐 우리나라에 들어온 대승불교는 고구려 문자왕(文咨王: 491~518)때 교화가 활발해 졌으며 길장(吉藏: 549~623)은 삼론(三論)을 바탕으로 삼론종을 열었다. 고구려의 대승불교는 신라에 전해졌으며 백제에는 동진(東秦)을 거쳐 들어왔으며 일본으로 전해졌다.

악을 벗어나는 공덕을 얻는다고 한다. 한국에서는 나무아미타불 관세음 보살(南無阿彌陀佛 觀世音 菩薩)을 외우면서 염불을 하면 극락에 간다고 믿는다. 나무는 귀의한다는 범어〈namo〉로 나모(南摸)라고도 음역한다. 아미타불은 서방정토(西方淨土)인 극락세계를 만든 부처요 관세음 보살은 아미타불 좌우에 안치하고 있는 보살인 관음(觀音)보살과 세지(世智)보살을 뜻한다. 그 외에 집집마다 다니며 대문 앞에서 범어 경전 명칭을 외우며 시주하는데 그것은 주문의 의미를 가지며 그 외에도 많은 주문이 있다.

(2) 대승불교의 보살사상

보살은 보리살타(菩提薩陀: Bodhissattva)의 준말이다. 여러 가지 유사한 발음으로 표현한다. 깨달음을 구하는 유정(有情: 求道者)으로서 증득(證得: 깨달음을 얻음)이 확정된 자를 뜻한다. 곧 지혜를 가진 자다. 보살이 모든 사람을 뜻하게 된 것은 대승불교 이후이지만 그 용어와 개념은 B.C. 2세기 경에 성립된 『본생담』에서다. 보살은 육파라밀(六破羅密: 布施, 持戒, 忍辱, 精進, 禪定, 智慧), 사무량심(四無量心: 慈悲喜捨), 무생법인(無生法忍: 불생불멸의 진여를 깨달아 알고 거기에 안주하여 움직이지 않음) 등의 실천을 통해서 이른다고 한다.

보살사상의 기본적 두 개념은 중생을 구하겠다는 서원과 자기의 쌓은바 선근공덕(善根功德)을 남을 위해 돌리겠다는 회향(廻向)이다. 보살의 별칭은 대사(大士), 대사(大師), 대성(大聖) 등 수십 가지가 있다. 그러나 보살에도 그 깨달음의 정도에 따라 계위(階位)가 있으니 52위(位)가 있다. 변역신(變易身)을 받은 보살을 지증(智證)의 보살이라 하며 분단신(分段身)을 받아서 중생을 구하려는 보살을 비증(悲增)의 보살이라 한다.

보살이 행할 목표를 보살도(菩薩道)라 하는데 자리(自利)와 타리(他利)를 겸한 육도만행(六度萬行)이라 하며 이것을 행하는 것을 보살행(菩薩行)이라고 한다. 보살행에는 초발심(初發心: 최초로 진리를 추구함), 행보(行步: 번뇌의 속박으로부터 벗어나려고 수행함), 불퇴전(不退轉: 물러나 중지하지 않음)의 계위가 있으며 일생보처(一生補處) 곧 한 생이 끝나면 다음에 부처가 된다. 이러한 보살의 모습은 머리에 보관(寶冠)을 쓰고 있는 것이 특징이며 여러 보살의 다른 점은 가지고 있는 소지품 등이 구별해 준다. 대표적으로 미륵(彌勒), 문수(文殊), 관세음(觀世音), 대세지(大勢至) 등 무수한 보살 외에 역사상 인물도 보살로 부르고 있으니 용수, 세친 등이 대표적인 보살이며 한국에서는 원효도 보살로 호칭한다. 대승불교에서 가장 대표적인 보살이 미륵(彌勒: Maitreya)보살이다.

보살개념이 확대되면서 미륵보살이 생겼다. 현재 도솔천에 거하며 말세(末世)에 와서 모든 중생을 구한다고 한다.[47] 그 다음에 마촉불, 아미타불(阿彌陀佛: 法藏菩薩)등이 나타났다. 자비의 보살로는 관음(觀音), 세지(世智=大勢至)가 있고, 반야경 계통에는 문수(文殊), 화엄경 계통에는 보현(普賢), 지장(地藏) 보살이 있다.

    미륵 신앙은 B.C. 2 세기 또는 1 세기에 인도에서 발생한 것으로 추정하나 실제로는 인도 서북부와 서역(西域: 현재 아프가니스탄)에서 크게 유행하였으며 미륵이 오면 이 세상은 낙토(樂土)가 된다고 믿었다. 중국 법상종(法相宗)의 고승 현장(620~664)이 쓴 『대당서역기』(大唐西域記)에 이 미륵 신앙을 언급하고 있으며 또한 장려하여 4세기경에 중국에서 크게 번창하였다고 한다. 그리하여 미륵불을 믿는 미륵교의 유파(流派)가 많이 생겼다고 한다. 우리나라에는 불교 도입 초기부터 미륵불 신앙이 성행하였다고 하며 미륵불은 석가불, 아미타불과 더불어 삼대(三大) 부처 중에 하나로 섬겨졌다. 그러나 교학(敎學)이 성행하면서 쇠퇴하게 되었다. 아미타불이 현세의 안녕과 번영의 부처로서 특히 신라의 왕, 귀족들의 선호라는 부처임에 비하여 미륵불은 착취당하고 압제받는 서민들의 부처다. 서민들은 현세에는 소망이 없으니 말세에 와서 모든 중생을 구한다는 미래의 부처(未來佛)에 기대를 걸고 의지하는 것이다. 그리하여 석가불과 아미타불을 중심한 화려하고 웅장한 사찰에 비하여 논산, 은진미륵처럼 미륵불은 야산 기슭 서민들이 사는 마을 곁에 초라하게 서있는 것이다. 정교한 미술적 조각물로 보이지 않는 미륵불은 아직 오지 않았기 때문에 옆에 보필하는 보살도 없이 홀로 서있는 것이다. 미륵불은 부처라기보다는 보살이라는 호칭으로 더욱 친근히 불리어 진다.

    미륵불(彌勒佛: Maitreya)은 석존(釋尊) 입멸 후 56억 7천만년 뒤 말세에 오리리고 예언된 불교의 구세주이다. 성은 자씨(慈氏)이

---

47) 오늘날 서구에서 유행하고 있는 뉴에이지(Newage) 운동의 신앙대상이 바로 이 마이뜨레이야(Maitreya, 미륵불)이다.

고 이름은 아지다.(阿逸多: Ajita : 無勝)이며 바라내국 바라문(Brahman: 제사장 계급) 집에 태어나 석존의 교화를 받고 먼저 입멸(入滅: 竹陰)하여 도솔천에 올라가 하늘에서 천인(天人)들을 교화(教化)하고 말세에 화림원(華林園)안에 있는 용화수(龍華樹)아래 성도하여 3회 설법(說法: 가르침)으로 석존의 교화에서 빠진 모든 중생을 제도(制度: 구원)한다고 한다. 이러한 예언을 내포하고 있는 경전을 『미륵경』 또는 『미륵삼부경』(彌勒三部經)이라 하는데 미륵을 의지하여 도솔천에 가는 것을 논한 『상생경』(上生經), 미륵이 세상에 올 것을 논한 『하생경』(下生經), 미륵이 부처가 될 것을 논한 『미륵성불경』(彌勒成佛經: 彌勒來時經)이 있다. 그러나 미륵삼존(彌勒三尊)을 말할 때는 미륵불 좌우에 대묘상 보살(大妙相 菩薩)과 법화림보살(法華林菩薩)을 안치하고 있다.

미륵사상은 여래장(如來藏) 불성사상(佛性思想)과 표리관계를 이루며 불(佛), 보살(菩薩), 일체중생(一切衆生)의 활동은 상구보리 하화중생 자미도 선도타(上求菩提, 下化衆生, 自未度, 先度他) 즉 위로 깨달아 부처가 되는 것을 추구하며 아래 곧 중생을 교화하되 자기보다 먼저 다른 사람을 제도하는데 힘쓴다는 자기구원을 넘어 이타행의 타인구원 사상으로 발전하였다는 것이다.

이러한 돕는 자로서 보살사상이 발전하면서 부처라는 칭호보다 보살이라는 칭호가 더욱 친근하게 사용되어지게 되었다. 그러나 보살을 의지하여 구원을 받을지라도 실천적 행위가 전연 없는 것이 아니니 대승계(大乘戒) 또는 보살계(菩薩戒)라는 것이 있어 10중 38경계(十重四八輕戒) 곧 열 가지 중한 실천항목과 가벼운 48가지 실천항목이 있다. 그 명칭과 내용이 종파마다 다소 차이가 있다.

(3) 대승불교의 구원론의 특징

대승불교의 사상을 이해하기 위해서는 인도교의 사상과 소승불교의 사상을 비교하면서 이해하는 것이 도움이 된다.

불교의 출발은 현실에 대한 석가모니의 직관적 분석 곧 현실 판단으로부터 시작된다. 현실에 대한 석가모니의 깨달음을 삼법인(三

法因)⁴⁸⁾이라 한다.

 첫째 제행무상(諸行無常)은 고대 서양철학자 헤라클레이토스의 만물유전(萬物流轉)사상과 유사하게 현실을 변화의 관점에서 보되⁴⁹⁾ 형이상학적이기보다는 실천적 삶의 관점에서 본 것이다.⁵⁰⁾

 둘째 제법무아(諸法無我)는 제행무상에서 상주불변(常住不變)하는 것을 부정했으니 불변적 실체(實體 또는 我)가 있을 수 없는 것이다. 다시 말해서 객관적 세계의 실체도 주관적 인간에 있어서 영혼도 없다는 것이다. 이것 역시 형이상학적 이론이라기보다는 윤회의 주체가 되는 실체도 결국은 소멸되어 없어지는 것이니 부정하고, 자아에 집착하는 것이 탐욕의 원인이 되어 고통을 유발하게 되니 그 고통으로부터 해방을 위하여 자아를 부정하게 한 것이다.

 셋째 일체개고(一切皆苦)는 영원히 살고 싶어도 죽음을 면치 못하고 세상은 원하는 것에 부응해 주지 않으니 모든 것이 고통일 수 밖에 없다는 것이다. 불교에서는 8가지 고통(八苦: 生, 老, 病, 死, 愛別離苦, 怨憎會苦, 救不得苦, 五陰盛苦)을 말한다.

 넷째 열반적정(涅槃寂靜)은 타오르는 욕망의 불꽃을 불어서 끈 상태를 의미하는 것으로 고통을 이긴 불교의 이상상태를 가리키는 말이다. 생리적(生理的), 심리적 고통뿐 아니라 내면적 무명(無明=無知)과 애욕(愛慾)으로 인한 고통까지를 극복하여 얻어진 체험적 상태를 말한다. 이러한 상태를 전통적으로 인도에서는 해탈이라고

---

48) 법인(法印)이라는 말은 "진실하여 허망하지 않은 진리" (홍정식, 『불교입문』, (서울: 동국출판사, 1964), p. 76.)를 말하는 것인데 남방불교에서는 제법무아(諸法無我), 제행무상(諸行無常), 일체개고(一切皆苦)를 말하고, 북방불교에서는 제행무상, 제법무아, 열반적정(涅槃寂靜)을 말한다. 겹치는 것 두 개와 겹치지 않는 것 두 개를 합해서 4법인으로 말하기도 한다. 실존주의 철학의 힌싱직 현실 분석을 상기시킨다.

49) 현대의 과정철학을 상기시킨다.

50) "시간과 존재는 전연 같은 것(一如)으로 시간은 그 스스로가 존재하는 것이 아니라 반드시 법(法)에 의하여 존재하는 것으로 존재 그대로가 시간인 것이다"(時無別體依而立).(홍정식, Ibid., p. 77)

한다.[51]

　이러한 석가모니의 현실파악을 인도교를 비롯한 인도의 여러 종교가 공통적으로 공유하고 있는 업(業: karma), 윤회(輪廻: samsara), 해탈(解脫: vimoksa) 등의 기본 사상에 토대한 것이다.

　인도교의 가장 오랜 경전인 B.C. 12 세기경의 『베다』(Veda)[52] 경전에서는 태초에 아무것도 없었는데 일자(一者: Tad Ekam)가 있어 그로부터 스스로의 충동에 의해 숨쉬었고 욕망(kama)이 일어나 의식(意識)이 시작되었다고 한다. 비유(非有: asad)에서 유(有: sad)의 연자(緣者: bandth)를 찾았다고 한다.[53] 그리고 끝 구절에서 "이 창조가 어디로부터 유래하였는가? 아마 스스로 되었는가 아니면 그렇지 않을지도 모르지만 가장 높은 하늘에서 그것을 굽어보는 자 그만이 알거야! 그도 모를지도 몰라!"[54]라고 한다.

　이러한 존재의 출발을 시작이 설명되지 않은 업(業: karma 운동 또는 행위)이라고 한다. 이 업으로부터 변화가 시작되어 윤회전생(輪廻轉生)이 생사세계(生死世界)를 거듭하여 과거세(過去世), 현재세(現在世), 미래세(未來世)를 돌고 돈다는 것이다. 이 법을 불교에서는 정신적인 의식(意識)의 움직임으로 본다. 이 업은 불교에서 일반으로 신구의(身口意) 삼업(三業)을 말하는데 대승에서는 모두를 사(思: 意志)라고 한다.[55] 인도교에서는 유물론적 세력이 강한데 불교에서는 유심론적 인상이 강하게 느껴진다.

　윤회(輪廻: samsara)는 12인연(十二因緣)을 말하는데 12연기(十二緣起)라고도 한다. 이것은 사람이 죽은 후 영혼이 그 몸에서 떨어져 풀, 나무, 새, 짐승에 깃들인다는 전주설(轉住說)로부터 발달한 것이라고 한다.[56]

---

51) 고대 희랍철학에서의 해탈로서 이고상(離苦相: atharaxia)과 이욕상(離欲相: apatheia)을 연상케 한다.
52) Rig Veda x, 129:1~7. 무유찬가(無有讚歌).
53) Aristoteles의 제1원인을 상기시킨다.
54) Heidegger의 형이상학을 상기시킨다.
55) 『불교대사전』(서울: 홍법원, 1992), p. 1044.
56) Ibid., p. 1215.

시간적 인과와 공간적 인과에 도덕적 인과를 더한 소위 혹(惑=無明), 업(業), 고(苦)의 관계를 논한 업감 연기설(業感 緣起說)을 12연기설로 확대 설명한 것이다.[57] 이것은 원시불교 경전인 『아함경』(阿含經)에 설해져 있는 것으로 근본불교의 기본사상이다. 그것은 석가모니가 "시간적 공간적 인과관계에 의하여 유무생멸(有無生滅)의 모든 현상이 야기됨을 증득한 것"[58]으로 무명(無明), 행(行), 식(識), 명색(名色), 육처(六處 또는 六入), 촉(觸), 수(受), 애(愛), 취(取), 유(有), 생(生), 노사(老死)의 12변화 과정을 말한다. 이것은 인과(因果)의 상대적 관계 속에서 태생학적(胎生學的)으로 인간을 중심해서 그 변화를 설명한 것이다.

그런데 문제는 이 윤회의 과정이 고(苦)의 과정이라는 것이다. 여기에서 고통을 벗어나기 위해 윤회를 벗어나야 한다는 필연적 논리가 나오게 된다. 윤회를 벗어나 고통을 벗어나는 것을 해탈(解脫)이라고 하는 데 여기에 따르는 여러 가지 설명과 해석이 나온다. 여기에서 불교의 구원론의 성격이 규정된다.

해탈(vimoksa 또는 vimukti)은 "번뇌에 묶인 것에서 풀려 미혹의 고(苦)에서 풀려 나오는 것"[59]이라고 하는데 본래는 열반과 같이 실천도의 구극의 경지를 나타내는 말이었다. 그러나 후세에 마음으로 욕심을 버리는 것, 지혜로 무지를 깨닫는 것 등 여러 가지로 학파, 종파에 따라 해석 또는 설명을 달리한다. 해탈한 상태의 느낌을 진미(眞味) 또는 일미(一味)라고 하는데 이러한 해석은 열반 곧 윤회를 벗어난다는 본래의 뜻에서 실천적 의미로 발전시킨 개념이다. 이것은 석가모니가 부처 곧 깨달은 자(佛陀: Buddha)가 된 것을 해탈하였다고 하는 것과 상통하는 것이다. 비록 실천적 의미가 강조되었다 하나 존재론적으로 윤회를 벗어난다는 사상을 떠나는 것은 아니다. 불교의 구원론은 열반(涅槃, nirvana)과 해탈의 두 개념이 복합된 차원에서 이해해야 할 것이다.

---

57) Cf. 홍정식,『불교입문』(서울: 동국출판사, 1964), p. 124.
58) 홍정식, p. 89~90.
59) 『불교 대사전』, p. 1659.

결국 실천적 현실적 구원과 존재론적 미래의 구원이 어떻게 조화되었나를 이해해야 할 것이다. 현실적으로 고행이나 선(禪)을 행하여 고통 속에서 고통을 극복하는 구원과 선업(善業)을 이루어서 고통의 상태를 벗어나는 미래적 구원을 구하는 두 가지 구원을 다 같이 얻어야 되는 것이다. 그러나 종파에 따라서는 그 어느 하나에 치중하는 경향이 있다.

그런데 한국적 불교에서는 그 여러 가지 계파가 다 있지만 크게 세 가지로 구별해 볼 수 있다.

첫째는 단순히 현실의 고통에 머물러 있으면서 현실적 고통을 극복하려는 순수한 개인적 수행을 지향하는 부류가 있는가 하면 반대로 불국토[60]를 이루어 현실사회를 이상세계로 변화시키려는 이상주의 부류도 있었다. 통일 신라의 이념이나 궁예 또는 왕건의 의지에서 나타났으나 이러한 사상은 정치적으로 이용되기가 쉬웠다.

일반적으로는 현실기복 내지는 내세기복 사상이 대중화되어 있는 것이 한국불교의 현실이라고 보겠다. 이것은 한국의 재래 무속신앙의 영향으로 이루어진 하나의 혼합 종교현상이라고 볼 수 있을 것이다. 그러나 적어도 순수불교, 특히 대승불교에서는 이타행(利他行)을 강조하여 현실적 가치의 실천을 도모하며 나아가 차원 높은 형이상학으로 색즉시공, 공즉시색(色卽是空, 空卽是色) 곧 이론과 실천, 형이상학과 형이하학을 묶은 차원 높은 사상체계를 이룬 것이 진정한 불교의 모습이라고 볼 수 있을 것이다. 그러기에 불교는 어떤 의미에서 종교라기보다 철학이론 또는 윤리라고 보기도 한다. 왜

---

60) 불국토(佛國土)라는 말은 부처님이 계시는 국토 또는 부처님이 교화하는 국토를 뜻하는데 부처가 주재하고 지배하고 교화하는 불토(佛土)라고도 하며 불계(佛界), 불찰(佛刹)이라고도 한다. 유부(有部)에서는 부처가 태어난 이 세상을 뜻하기도 하고 삼론종(三論宗)에서는 중생을 교화하는 중생토(衆生土) 또는 정토(淨土)라고도 한다. 법상종(法相宗)에서는 부처에 의하여 변화되는 곳이라는 뜻에서 변화토(變化土) 또는 법성토(法性土)라고 하며 천태종(天台宗)에서는 교화하는 부처의 몸과 교화 받는 땅이 둘이 아니라는 뜻에서 신토불이(身土不二)라고 하며 화엄종(華嚴宗)에서는 시방정토(十方淨土), 정토종(淨土宗)에서는 아미타 부처의 삼신(三神)에 따라 법신토(法身土), 보신토(報身土: 極樂), 응신토(應身土)라고도 한다(불교 대사전, p. 610).

냐하면 불교에는 신 특히 창조신을 거부하며 나아가 영혼의 존재를 거부하고 죄의 존재까지도 거부하며 다만 현실을 고통으로서 악으로만 보려고 하기 때문이다. 이점에서 서양의 범신론적 사상가들과 상통하는 면이 있다.[61] 이점이 현대 인본주의적 그 현대의 신학자들의 사상과 유사한 점이 되며 동시에 전통적 기독교의 사상과 다른 점이 되기도 하는 것이다.

불교적 구원 곧 해탈에 이르는 방법에 있어서 고집멸도(苦集滅道) 사성제(四聖諦)의 진리를 깨달아 지적번뇌(知的煩惱)를 품고, 수도에 있어서는 정의적 번뇌(情意的 煩惱)를 품음으로서 견수이도(見修二道)를 닦아 마침내 무학도(無學道) 곧 아라한(阿羅漢: arahat) 과(果)에 이르게 되는데 아직 살아있는 아라한을 유여열반(有餘涅槃)이라 하고 죽은 후의 아라한을 무여열반이라 한다. 이러한 부파불교의 교학(敎學)을 체계적으로 설해놓은 대표적인 논이 구사론(俱舍論: Kosa-sastra)이다. 소승불교에서는 성불(成佛)보다는 아라한을 실천적 목표로 하여 출가 승들을 중심한 폐쇄적 불교가 되었다.

소승불교의 미숙한 부분 중 가장 근본적인 것이 업사상의 근원적 해결이 없는 것이요 형식에 치우쳐 대중구원에 소홀했던 점이다. 이에 대승을 자처한 개혁파에서는 경직되어 가고 있던 불교를 개혁하였던 것이다. 본래 석가모니가 인도교의 계급제도를 타파하고 모든 사람이 다 불성을 가지고 있다(一切衆生悉有佛性)고 설파하며 중생을 구원하겠다고 나섰던 불교가 형식화 되어가고 율법화 되어가자 석가모니의 근본정신을 되살리고자 하였다. 그것이 대승불교요 그 지향하는 바가 아타행(利他行)의 강조요 그 사상적 중심이 다불 다보살(多佛多寶薩) 사상인 것이다. 다시 말하면 원시불교 곧 아비달마 불교(阿毘達磨 佛敎=部派佛敎)가 집착을 버림으로 고통을 제거

---

61) 사실 서양고대의 범신론적 사상은 그 근원이 인도 유로피안어족의 공통된 사상이라고 볼 것이며 근세 이후의 서양의 범신론은 불교의 영향을 받았다고 보아야 할 것이다.

하려는 소극적 방법을 가지고 아라한이 되고자 하는 자리주의(自利主義) 곧 개인구원에 치중하는데 반하여 대승불교에서는 적극적으로 이타행 곧 선을 행하여 공덕(功德)을 쌓음으로 성불(成佛)하겠다는 것이다.

대승불교에서는 새로운 수행방법으로 6파라밀(六波羅蜜: 布施, 持戒, 忍辱, 精進, 禪定, 智慧)을 채용하여 이 세상에서 열반의 피안에 도달할 수 있다고 생각하였다. 그 중에서도 가장 중요한 것이 첫째의 보시와 끝의 지혜다. 보시사상이 바로 이타행(利他行)이요 지혜가 바로 대승의 최초 경전인 반야경의 중심사상인 것이다. 지혜는 사상(四相) 곧 아상(我相: 지고한 생각), 인상(人相: 인간만 존귀하게 생각 하는 것), 중생상(衆生相: 無我를 알지 못하고 자기에게 집착하는 것), 수자상(壽者相: 유한을 모르고 영생 무한을 추구하는 것)의 거짓됨을 깨닫는 것이다. 곧 아공(我空) 법공(법공)의 진리를 깨닫는 것이다. 이 사상은 대승불교의 창시자라고 볼 수 있는 용수(龍樹: Nagarjuna. B.C. 2세기 또는 A.D. 2세기로 불확실)에 의해 수립된 것으로 보며 그의 저서 중론(中論)이 그 기본 경전이다. 그는 8가지 잘못을 바로잡는 팔불(八不)을 가르쳤다. 그리하여 그의 사상은 팔불중도설이라고 한다.

용수의 중관(中觀) 사상은 연기설에 대한 바른 실천적 이해를 도모한 것으로 연기설 자체를 실용적 가설로 보고 궁극적으로는 부정한다. 불교학자 홍정식 교수는 이 사상을 평하여 "허무주의적인 것으로 떨어질 가능성을 내포하고 있다 하겠다"[62]라고 하였다. 이 같은 용수의 사상을 비판하면서 연기의 세계를 긍정하는 교학으로 『해심밀경』(解深蜜經), 『승만경』(勝鬘經), 『능가경』(楞伽經) 등이 나왔으며 무착(無着 A.D. 310~390경), 세친(世親 A.D. 320~408경) 등이 그 대표적 학자들이다. 이 사상을 유가유식설(瑜伽唯識說)이라고 한다. 이것을 초전법륜의 유(有)사상과 용수의 무상법륜(無相法輪) 즉 무(無)사상을 종합한, 유와 무를 지양한 종말법륜(終末

---

[62] 홍정식, p. 157.

法輪)이라고 한다.[63]

이 같은 사상은 삼성학설(三性學說) 곧 실체의 자발성(不動의 原動者, 第一原因)을 보정하는 의타기성(依他起性: 緣起法), 실체자체를 부정하는 편계소집성(遍計所執性), 그리고 앞의 부정에 부정을 거쳐 다시 긍정으로 돌아오는 것을 원성실성(圓成實性), 비유비무(非有非無)가 아닌 무의유(無의有)라고 하여 중도교(中道敎)라고 한다. 결국 없는 것으로서 있음을 주장하는 것으로 이것을 승의적 존재(勝義的 存在)라고 한다. 이 같은 일체만법의 종자(種子)를 알라야식(alaya-vijnana, 阿懶耶識)이라고 하며 이에 근거한 연기설은 알라야 연기설이라고 한다.[64]

그런데 이 종자(種子)인 식(識)에는 8가지가 있는데 그 8번째 식이 곧 불이일체(不二一體) 곧 마음(心)이라고 한다. 이것이 윤회의 주체라고 한다. 여기에서 소위 만물일체가 마음의 소산(一切唯心造)이라는 주장이 나오게 되는 것이다. 결국 대승에서는 일체 심조화 사상에서 적극적으로 세상을 교화하려는 이타행 사상이 나오게 되고 바로 이 이타행 사상이 보살사상의 발전을 가져오게 된다. 그리고 이 보살행의 목표 곧 보살행이 이루어지는 곳 또는 이루어질 곳을 불국토라 하는 것이다. 성문(聲聞: 진리를 듣고 깨달아 행함), 독각(獨覺=緣覺: 스스로 깨달음), 보살(菩薩: 다른 이를 깨닫게 함) 곧 삼승(三乘)을 행함으로 불국토가 이루어진다는 것이다. 고로 불국토를 이루는 보살만이 진정한 불자인 것이다.[65] 이러한 보살은 무분별지(無分別智: 일체의 정념〈情念〉을 떠난 出世間의 智)와 청정세간지(淸淨世間智: 모든 문제를 자기가 해결해야 할 것으로 생각하는 소명심)를 겸비한 대비행(大悲行)의 실천자인 것이다. 이러한 대

---

63) 헤겔과 하이덱거의 존재론을 연상시킨다. 그들은 불교사상을 깊이 알고 있었다.
64) 헤겔의 정신(Geist: mind)의 정반합의 변증법적 발전 사상을 연상시킨다.
65) 세속화신학을 연상케 한다. 현대신학자들은 대개가 불교사상을 잘 알고 있다. 그 중에 하비 콕스는 전문적인 수행도 했다(H. Cox, *Turning East*, N. Y. : Touch Stone Book, 1977).

비행의 실천자에게는 생사를 초월할 뿐 아니라 해탈하려는 욕심이나 열반에 이르려는 욕심마저 다 버리고 오직 대비행만에 만족하는 자이기에 가는 곳으로서 열반도 없는 것이다(無住處涅槃). 오직 불국토가 있을 뿐인 것이다.[66] 이러한 참 보살을 무량광(無量光) 또는 무량수(無量壽)라고 하는데 그가 바로 세상의 구세주로서 아미타불이요 미륵불이 되는 것이다. 참 보살의 보살행 하화중생(下化衆生)으로 세상이 불국토가 되는 것을 회향(廻向)이라고 하며 이 회향을 이루는 자는 삼신(三神: 法身, 報身, 應身)을 갖는다 한다. 진리자체(自性身), 진리실천(受用身), 진리실천자(變化身)를 뜻한다.

3. 기독교의 메시야 사상

기독교 구원론의 중심은 메시야 사상에 있다. 메시야를 헬라어로 그리스도라 번역하고 우리말로 구세주라고 번역하였다. 구세주라는 말은 의미상 직역이 아니고 간접적으로 번역한 것이다. 메시야(משח)라는 히브리어는 〈기름 부은 자〉라는 뜻인데 그것을 헬라어로 〈기름 부은 자〉라는 뜻인 그리스도(χριστός)라고 번역한 것을 한문으로 기독(基督)이라고 음역하였다. 그러나 뜻으로 번역할 때 참 뜻을 이해하기 어렵기 때문에 석가모니의 별호 중에 세상을 구원한다는 의미를 가진 구세자(救世者)[67]의 자(者)자를 주(主)자로 바꾸어 구세주(救世主)라고 번역한 것이다. 이것은 중국에 최초의 천주교 예수회 선교사로 왔던 마테오리치(Matteo Rici, 1552~1610)가 기독교의 하나님을 천주(天主)로 표현하고 메시야를 구세주(救世主)로 표현한 것으로 생각된다.[68]

---

66) 현대신학의 교회관을 연상케 한다.
67) 『대승기신론(大乘起信論)』첫 페이지 첫 줄.
68) 마테오 리치는 중국의 역사가 오래되어서 하늘의 주인을 잊어버리고 하늘만 섬기고 있는데 천주교는 하늘의 주인을 기억하고 섬기는 종교이다. 그러니 유교와 천주교는 사실 같은 종교라고 설득하여 중국인들의 환심을 사서 선교의 문을 열었다. cf. 『천주실의』(天主實義): 마테오 리치가 쓴 전도책자(1595).

"종말론적 대망에 있어서 마지막 때에 나타날 하나님이 임명한 왕을 지칭하는 호칭으로서 문자적으로는 기름 부은 자라는 뜻"[69]을 가진 메시야라는 말은 구약에 39회 사용된 용어이나 그 중에 29회는 이스라엘 또는 유대왕을 지칭한 것으로 본다. 또 1회는 하나님의 도구로 쓰여진 뜻으로 페르시아왕 고레스 왕을 지칭해서 쓰기도 하였다(사 45:1). 그 외에 예언자로 간주된 족장에게도 적용되었고(시 105:15; 대상 16:22) 이스라엘 민족을 지칭하기도 하였다(시 28:8; 84:9). 그러나 유대인들의 생각에는 두 가지 입장이 있으니 하나는 유대인들이 어려움에 처할 때 메시야가 나타나서 다윗의 영광을 다시 이룰 것으로 믿는 것이요 다른 하나는 영적으로 모든 죄와 고통에서 인류를 구원하리라는 것이다. 특히 후자는 신약에 나타나는 메시야 그리스도의 중심 사상이다. "메시야 사상은 구원과 심판의 의미를 갖는다. 구약의 종말론에서 중심이 되는 내용은 야웨께서 심판과 구원을 통해 자기의 통치권을 완성시키기 위하여 오심"[70]을 뜻한다(창 49:10; 슥 9:9). 의(義)의 심판을 통한 완전한 구원을 뜻한다.

메시야 사상의 최고(最古)의 사상적 언급은 창세기 3:15에 "여자의 후손은 네 머리를 상하게 할 것이요"라고 한 심판을 통한 구원의 암시에 나타나 있다고 본다. 다음으로 아브라함에게 축복하신 말씀 중에(창 12:1~3) 아브라함이 복의 근원이 될 것이며 그 자손 이삭의 후손을 통하여 이루어질 것이라 한 것이다. 창세기 49:8~12에 야곱이 유다에게 축복한 축복의 말, 민수기 24:15~19에 나타난 발람의 예언, 그리고 가장 분명하게 나타나는 이사야의 예언이 있다(사 7:10~15; 9:2~7; 11:1~10). 이사야의 표현 중에 "이새의 줄기에서 한 싹이 난다"고 한 것은 바로 직접적인 메시야에 대한 예언으로 본다.

메시야에 대한 예언은 여러 가지 칭호로 나타나는데 구원과 심

---

69) 『기독교 대백과사전』(서울: 기독교문사, 1989), p. 27.
70) Ibid., p. 28.

판의 하나님으로서 야웨와 관련하여 야웨의 기름부은 자(시 84:9), 야곱의 하나님에게 기름부은 자(삼하 23:1), 인간에게 인간의 몸을 입으시고 오심을 뜻하는 인자(υἱός του ἀνθρώπου, 단 7:13~14), 하나님의 권위로 오심을 뜻하는 하나님의 아들(υἱός του θεου) (호 11:1; 요 10:20), 구원의 주권을 뜻하는 주님(κύριος) (마 8:20), 구원자이심을 강조하여 예수의 이름과 같이 사용한 구원자 예수 (σωτήρ Ἰησους) (빌 3:20), 그 외에 다윗의 자손, 주의 종, 고난의 종(사 52:13~53; 53:12), 모퉁이의 머릿돌, 희생양(사 28:16) 등 다양하게 나타난다.

이러한 메시야 예언이 예수의 탄생으로, 그의 삶으로, 그의 죽으심으로 이루어졌다는 것을 신약전체가 주장한다. 마태복음은 그가 왕으로 오심을 그의 족보를 통해 증거하고(마 1:1 이하), 마가복음은 그가 희생의 제물되심을 메시야(막 8:29), 하나님의 아들(말 1:11; 9:7), 주(막 11:3) 등의 표현으로 나타냈고 누가복음은 낮아져 오신 인자(人子)로서(눅 5:24) 죄를 사하시는 권세를 가진 자로 나타내고 있다(요 1:1~3). 신약전체가 중보자로서 메시야를 신성과 인성을 겸하여 가짐으로 하나님과 인간의 화해자의 역할을 수행함을 가르치고 있다. 메시야는 전능하신 하나님께서 인간의 몸을 입으시고 성육신 하셔서 오셨음을 신약은 증언하고 있다.

메시야의 기름부은 자라는 뜻은 전통적으로 성직자의 임직시에 머리에 기름을 붓는(민 35:25; 삼상 10:11) 일을 고려한 것이다. 그리하여 메시야의 세 가지 직분으로 기름부음을 받는 성직자인 제사장 직분, 선지자 직분, 왕의 직분을 말한다.

메시야로 태어난 예수를 찾아 경배했던 동방박사들(마 2:1~12)은 세 가지 예물 유향과 몰약과 황금을 그 세 가지 직분에 대한 상징으로 드려 저들의 신앙을 표현한 것으로 생각한다. 기독교의 메시야 신앙에 대한 최초의 정확한 신앙고백이었다고 생각한다.

메시야의 제사장 직분은 속죄의 기도를 드리는 직분으로 인간과 세상의 근본문제를 불교와 같이 고통으로 보기보다는 죄로 보고 속죄의 문제를 인간과 세상 구원의 선결 문제로 본 것이다. 증곡문웅(增谷文雄)은 바울의 사상에 대해서 "이성은 이미 인간의 자랑이 아니고 오히려 인간의 지혜나 이성은 겸허할 때만이 칭찬 받아야 할 것이라고 생각된다. 그리고 인간 이성의 대신으로 절대자의 앞에서 인간의 유한성을 그 본질로서 자각한다. 그 유한성이란 무엇보다도 먼저 죽는 것이고 인간이 죄를 짊어진 것이라는 데서 인간의 자각을 설하고 있다. 그러나 사(死)와 죄라는 양자에 대하여 말한다면 사(死)보다는 죄 쪽에 중점을 두고 있고 죄로서 사(死)의 근거로 하고(롬 6:23) 있는 것이 인간 해설의 현저한 특색의 하나이다."[71] 죄는 창조주와 인간과의 인격적 관계문제이다. 근본원인을 설명할 수 없는 악의 문제에 대하여 성서는 모든 존재의 최고 상위의 존재 단계로서 인격성을 모든 문제의 근원으로 말하고 있는 것이다. 그리고 속죄라고 하는 것은 인격현상 중에서도 최고의 인격현상인 사랑으로 문제 해결의 실마리를 삼은 것이다. 고통에 대한 단순한 인정적(人情的) 심정($\phi\iota\lambda\iota\alpha$)을 넘어서 배반자, 원수까지도 사랑($\dot{\alpha}\gamma\dot{\alpha}\pi\eta$)하는 희생적 사랑의 고차원적 속성만이 모든 문제 해결의 완전한 길이 됨을 말하고 있는 것이다. "하나님이 세상을 이처럼 사랑하사 독생자를 주셨으니 이는 저를 믿는 자마다 멸망하지 않고 영생을 얻게 하려 하심이라"(요 3:16)하였다. 외아들을 십자가에서 대속의 제물로 삼아 불순종의 인간의 죄를 용서하고 구원한다는 것은 모든 문제의 근본 해결을 뜻한다.

기독교의 메시야 사상은 초림과 재림으로 말한다. 초림은 속죄의 과업을 수행하기 위해 성육신 하셔서 곧 인간의 인식 수단으로 하나님의 구원의 계획 곧 복음을 증거하시고 그것을 그대로 실현 하셨으니 제사장 직분으로 십자가에 달려 희생양(요 1:29)이 되신 것을 말한다. 예수는 십자가 위에서 "다 이루었다"(요 19:30)하시고 숨을 거두시었다. 재림은 복음이 세상 끝까지 전파된 후 마지막 우주 역사의 종말에 예수는 심판의 주로서 다시 오실 것을 뜻한다(행

---

71) 증곡문웅, 『불교와 기독교의 비교』, 최현각 역(서울: 진여원, 1983), pp. 47~48.

1:9~11). 그때에 모든 구원받은 자가 영적인 영원한 천국에서 영생을 누리게 될 것을 뜻한다. 이 천국은 모든 믿는 자의 마음에서 싹이 트고 교회 안에서 자라고 그리고 예수 그리스도의 재림 때 완성되는 것을 뜻한다. 영생은 곧 부활의 몸으로 천사와 같이 하나님과 더불어 영원히 의와 사랑의 통치아래 고통과 죽음이 없이 사는 완전한 인간의 삶을 뜻한다. 이것이 성서적 기독교의 구원의 궁극적인 모습이다.

이러한 기독교의 구원론은 철저히 하나님의 은혜 곧 사랑에 토대한 것이요 동시에 인간의 믿음의 삶을 의미하는 것이다. 철저히 타력적인 하나님의 구원 행위에 토대하면서 동시에 인간의 최선의 믿음의 실천으로 이루어지는 구원인 것이다. 증곡문웅은 불교와 기독교의 상이한 점을 다음과 같이 논술하였다. "우리들은 여기에서 석존(釋尊)의 길과는 전혀 상이(相異)한 길을 알 수 있다. 석존(釋尊)은 자기를 의처(依處)로 하여 법(法)을 근거로 한 것이고 더 다른 의처(依處)를 구(求)하지 말라고 가르치고 있다. 그런데 여기서는(기독교: 필자주) 자기를 의지하는 마음은 버려질 것이며 이성의 납득을 반기는 마음은 물리쳐지고 단지 예수 그리스도에 의처(依處)함으로써 믿음의 꽃이 핀다고 되어있다. 그것들은 전혀 상이(相異)한 길이고 거기서 생각하고 있는 인간해석도 또한 전혀 상반되어 있는 것을 우리들은 우선 확실히 알아야만 되겠다. 즉 그 하나는 인간이성의 신뢰를 토대로 하고 거기서 스스로 해석의 길을 타개하여 나아가야 한다는 것을 가르치고 있고 또 하나는 오히려 인간이성(人間理性)의 단념을 토대로 하여 자기의 허무함과 죄를 자각하고 신(神)에 의하여 구제의 은혜(恩惠)를 받으려고 하고 있다. 다같이 암흑과 광명사이에 방황자가 결연(決然)히 암흑을 뚫고서 광명(光明)을 찾으려고 하는 소원(所願)으로 출발하였다. 그러나 그 택한 길은 전혀 상이(相異)한 것이다."[72] 현대 인본주의자들은 이 하나님 은혜의 사랑과 희망을 심리학적인 것으로 대치해 버리려고 한

---

72) 增谷文雄, Ibid., p. 51.

다. 하비콕스는 말한다. "사랑과 희생은 너무 오래되고 낡은 용어다. 내가 생각하기로는 둘 다 다만 새로운 심리학을 위한 확실한 기초를 제공할 뿐이다."[73)]

현대의 인본주의 신학자들이 이 메시야를 사회구원을 주도하는, 독재와 투쟁하는 자유의 투사, 가난과 질병으로 고통당하는 자들의 이웃, 등으로 인간화하여 기독교를 도덕 종교화 하며 종교 다원론으로 기울어진 것에 대하여는 서론에 말한 대로 앞선 논문에서 밝혀 비판하였거니와 성서적 정통 기독교의 사상은 결코 메시야를 인간의 모범으로만 보는 것을 용납하지 않는다. 그는 인간의 모범일 뿐 아니라 신적 권위를 가지시고 인간의 죄를 사하시고 인간을 죄로부터 구원하시고 아울러 영육을 다 변화시켜 영생케 하시는 완전 절대의 구원자이신 것이다.

4. 결론: 기독교의 절대성

불교신앙의 핵심을 잘 표현한 말이 있다. 〈아제 아제 바라 아제 바라 승 아제 보리 사바하〉(阿堤 阿堤 波羅阿堤 波羅乘阿堤 菩提 娑婆訶 : Gate gate paragate parasamgate bodhisvaha) 〈가세 가세 함께 가세 저승에 건너 가세 가서 깨달음으로 마치세〉의 뜻이다. 깨달음으로 해탈하여 윤회를 벗어 고통을 벗어나는 열반의 세계에 들어가자는 것이다. 이 말이 대중들에게는 보살들의 도움으로 아미타불이 마련한 극락이나 미래의 부처 미륵불이 마련한 도솔천이나 병 고치는 부처 약사불이 마련한 동방만월세계 유리국토에 가는 것으로 생각한다.

이와 같은 대승불교의 구원론을 앞서 보살사상을 중심해서 그 역사적 발생 형성과정과 내용 그리고 역사적으로 현실적으로 경전과, 교단과, 신앙실천에서 나타난 모습들을 살펴보았다. 또 한편 소승불교와 비교하여 대승불교의 구원론의 특성을 살피면서 서양사상

---

73) Haryey Cox, *Turning East*(N. Y. : Touchstone Book, 1977), p. 88.

에서의 범신론적 사상들과의 유사성을 많이 지적하였다. 그것은 불교적 사상의 바탕이 그 근원부터 신적인, 형이상학적인 것과 인간과 자연을 하나로 생각하는 범신론적 사상임을 지적한 것이었다. 특히 불교적 사상은 인간 중심적 범신론임을 주목해 볼 수 있다. 그것은 윤회의 출발을 식(識)으로 보는 것으로부터 해서 윤회의 과정 또한 태생학적 사고를 중심하고 있는 점으로 해서 더욱 그러하다. 또한 불교의 구원론이 깨달음과, 현실을 고(苦)로 보고 그 구원론을 인정적(人情的) 대자대비(大慈大悲)사상에 중심을 두고 있음이 불교는 다분히 실존적 특성을 가지고 있음을 주목해 보았다. 또한 대승보살의 이타행(利他行)사상 또한 다분히 윤리적 실천으로 구원을 이루려는 공덕(功德)사상[74] 곧 인간의 자력구원 사상임을 살펴보았다. 필자는 이같은 사상이 사상적 교류가 있던 같은 시기에 같이 번창하던 점을 주목하여 불교의 아미타염불사상이나 미륵불의 말세 구원론이 기독교 사상의 영향을 받았으리라고 주장하였다. 그러나 불교는 인간으로서의 보살의 차원의 이타행을 넘지 못하는 것이요 기독교는 인간이 아닌 창조자로서 인격적 절대자의 은혜 곧 사랑에 의한 구원임이 그 차이점이 될 밝혔다.

석가모니의 삼신(三身: 法身, 報身, 應身)사상은 기독교의 삼위일체(三位一體)사상과 비슷하게 보인다. 그러나 그 내용은 크게 다르다. 불교의 화신론은 힌두교의 화신론과 혼합된 것으로 본다. 법신(Dharmakaya)은 진리자체(眞如)를 뜻하며, 보신(Sambhogakaya)은 법신이 중생을 구하기 위해 나타난 모습을 뜻하며, 응신(Nirmanakaya)은 화신(化身)이라고도 하는데 석가모니처럼 역사적 인물로 태어난 모습을 말한다. 불교에서의 일심(一心)사상은 불성(佛性)이 삼신으로 나타나지만 셋이 아니요 하나일 뿐 아니라 주객, 인간과 자연, 본체와 현상이 다 하나라는 범신적 사상을 드러낸 사상이다. 기독교의 3인격체로서의 삼위일체 하나님 사상과는 차원

---

74) 종교개혁 이전 천주교의 구원론은 소위 안셀무스의 공로설이 중심이 되고 있었고 토마스 아퀴나스 또한 은혜신앙뿐 아니라 인간의 이성의 공로를 중시 하였다.

이 다른 것이다.

불교의 일심(一心)사상이 기독교의 잘못된 신론 중에 하나인 양태적 단일신론과 비슷하나 불교의 삼신론은 양태설적 단일인간론이라고 해야 할 것이다. 도교의 옥황상제의 삼화신(三化身)사상과 비슷하다.[75] 불교의 화신 또는 환생사상은 인도교의 화신 사상과 융합된 것이다.[76] 뿐 아니라 "불교의 확장과 시대적 변천에 따라 불교는 여러 민간신앙과 혼합되어 갔고 불타의 복수화와 신격화에 따라 불교는 타력구원신앙으로 변천하게 되었다. 불교가 여러 세대의 민족들과 만나면서 토착신들과 혼합되고 그들의 다신숭배를 받아들여 부처는 그 신들 위에 서게 되었고 구세주의 위치로 승격되었다. 민간신앙 대상들이 무수히 부처화 또는 보살화 되었다."[77]

기독교 구원론과 불교의 구세론이 접근해서 유사성을 가지게는 되었으나 그 근본 바탕이 되는 창조신론과 범신론적 사상의 차이 때문에 하나는 이성적, 인정적, 인간 의지의 실천적 구원론에 머무르게 되고[78] "다른 하나는 끝까지 절대자 중심의 타력적 은혜구원론을 지켜 나가고 있다고 보겠다. 만약 석존의 말씀을 지혜의 소리라고 표현한다면 예수의 말씀은 생명의 소리라고도 말할 수 있을 것이다."[79]

유한한 인간 삶의 개선 발전의 노력만을 추구한다면 철학과 도

---

75) 도교에서는 도(道)를 인격화해서 원시천존(元始天尊) 또는 천황상제(天皇上帝) 곧 옥황상제(玉皇上帝)라고 하고 옥황상제는 다시 화신(化身)한다. 무한한 존재인 무형천황(無形天皇) 곧 천보군(天寶君)은 옥청궁(玉淸宮)에 거하고, 영원한 존재인 무시천존(無始天尊) 곧 영보군(靈寶君)은 상청궁(上淸宮)에 거하고 전능한 존재인 범형천존(梵形天尊) 곧 신보군(神寶君)은 태청궁(太淸宮)에 거한다고 한다. 이것은 도교가 불교를 모방해서 이루어진 것이니 그럴 듯 하나 모방작품이라고 해야 할 것이다(박영지,『종교학개설』3판(서울: CLC, 1998), p. 201.).

76) 이동주,『아시아종교와 기독교』(서울: CLC, 1998), p. 51.

77) Ibid.

78) 천주교의 공로설(교황권)을 배격하고 기독교의 본래적 정통신앙으로의 환원을 주장하는 개신교(Protestant)의 사상을 필자는 기독교의 성서적 정통사상으로 보며 현대의 인간학적 자유주의적 인본주의 사상을 정통에서의 이탈로 본다.

79) 증곡문웅, p. 61.

덕적 실천에 머무를 수 있으나 인간의 궁극적 구원, 완전한 구원을 추구할 때 종교는 절대자를 의지하고 그 절대자의 은혜로 구원받을 수밖에 없다고 생각하지 않을 수 없다고 본다. 대승불교의 보살사상은 결국 세상을 고통으로만 보는 편협한 소극적 관점에서 자력적 실천에만 관심을 집중하다가 자기 모순적 논리에 빠져 자아의 실체와 우주의 실체를 부정하게 되고 따라서 인간의 영혼과 우주만물의 창조주 절대신을 부정한 인본주의가 되었다고 본다. 결국 타력적인 사상이 이타행의 공덕설로 끝나 인간 자력구원의 한계를 벗어나지 못하였다고 본다. 기독교의 메시야 사상은 철저히 인격신 여호와 창조주 하나님의 주권으로, 그의 사랑과 의로서 인간의 구원의 계획을 세우시고 그것을 실행하여 죄로 말미암아 유한성 곧 사망과 고통을 벗어날 수 없는 인간을 구세주 메시야 그리스도를 통하여 구원하여 영생케 하는 완전구원 사상이다.

"다른 이로서는 구원을 얻을 수 없나니 천하 인간에 구원을 얻을만한 다른 이름을 우리에게 주신 일이 없음이니라 하였더라."(행 4:12)

참고문헌

경전류

성서
The Rigveda. Penguin Classics, 1981.
The Upanishads. Penguin Chassics, 1971.
The Bhagavad Gita. Penguin Classics, 1980.
『사서 오경』(四書五經).
『효경』(孝經).
『노자도덕경』(老子道德經). 을유문고 42. 남만성(南晚星) 역. 서울: 을유문화사, 1972.
『대승기신론』(大乘起信論)(프린트 本), 동국대학교.
『유식학개론』(唯識學槪論)(프린트 本), 동국대학교.
『구사학개론』(俱舍學槪論)(프린트 本), 동국대학교.
백룡성역해(白龍城譯解). 『금강경』(金剛經). 京城: 三歲譯會, 昭和 12年.
『묘법연화경』(妙法蓮華經) 상·하. 서울: 卍상회, 4288.
신소천. 『심경』. 『금강경강의』. 서울: 불교서적센터, 1970.

국내서적

가이슬러, 노르만 L. 위거찬 역. 『종교철학개론』(宗敎哲學槪論). 서

울: 기독교문서선교회, 1982.
계일승. 『세계종교사대요』. 서울: 기문사, 1960.
김동기. "기독교와 동양사상에서 초월자와 일치 연구." 카톨릭대학 대학원 석사논문, 1980.
김득황. 『한국사상사』. 서울: 남산당, 1984.
_____. 『한국종교사』. 서울: 해문사, 1963.
김동화. 『불교교리발달사』(프린트 本). 동국대학교, 1967.
김용배. 『동양철학사상사대관』. 서울: 동국대학교 출판부, 1961.
김정현 감수. 『세계종교사전』. 서울: 종로서적 출판주식회사, 1989.
로버트슨, 롤랜드. 이원규 역. 『종교의 사회학적 이해』(The Sociological Interpretation of Religion). 서울: 대한기독교출판사, 1984.
류동식. 『한국종교와 기독교』. 서울: 대한기독교서회, 1965.
류재신. 『불교와 기독교의 비교연구』. 서울: 대한기독교출판사, 1980.
리데나워, 프릿츠 편. 『무엇이 다른가?』. 서울: 생명의 말씀사, 1971.
매쿼리, 존. 『20세기의 종교사상』. 한숭홍 역. 서울: 나눔사, 1989.
박기민. 『한국신흥종교연구』. 서울: 혜림사, 1985.
박영지. "헤겔의 신관에 관한 연구." 충남대학교 대학원 박사논문, 1992.
박형룡. 『비교종교학』. 서울: 한국기독교연구원, 1981.
반틸, 코넬리우스. 위거찬 역. 『종교심리학』. 서울: 기독교문서선교회, 1991.
버트, E.A. 박기준 역. 『불교의 진리』. 서울: 양문사, 1960.
변종호. 『종교의 비교연구와 그 결론』. 서울: 신생관, 1971.
보스, J.G. 한성수 역. 『세계종교들에 관한 기독교적 비판』(A Christian Introduction to Religions of the World). 서울: 삼영서관, 1983.
부루너, 에밀. 윤성범 역. 『종교철학』(Religions Philosophie Evangelischer Theologie), 세계사상 교양전집 2. 서울:

　　　　　을유문화사, 1971.
브로우, R. 홍치모 역.『종교의 기원과 사상』. 서울: 총신대 출판
　　　　　부, 1981.
샤프, 에릭. 윤이흠. 윤원철 옮김.『종교학』. 서울: 한울, 1986.
서경보.『불교철학개론』. 서울: 명문당, 1971.
　　　　『세계의 종교』, 을유문고 11. 서울: 을유문화사, 1973.
쉴링, S.P. 조만 역.『무신론시대의 하나님』. 서울: 현대사상사,
　　　　　1990.
스미드, H. 이상호 외 4인 역.『세계의 종교들』. 서울: 연세대학교
　　　　　출판부, 1985.
스트렝, F.J. 정진홍 역.『종교학 입문』(Understanding Religious
　　　　　Man). 현대신서 43. 서울: 대한기독교서회, 1973.
앤더슨, J.N.D. 박영관 역.『비교종교론』. 서울: 예수교문서선교
　　　　　회, 1979.
앤더슨 N. 민태운 역.『세계의 종교들』. 서울: 생명의 말씀사,
　　　　　1985.
오데아, T.F. 전규식 역.『종교사회학 입문』. 서울: 대한기독교서
　　　　　회, 1985.
오토, 루돌프. 윤성범 역.『종교입문』(Das Heilige), 세계사상 교양
　　　　　전집 2. 서울: 을유문화사, 1971.
왕빈.『신화학 입문』. 서울: 금란출판사, 1980.
운허용하.『불교사전』. 서울: 동국역경원, 1974.
웨버, 막스. 이상율 역.『유교와 도교』. 서울: 문예출판사, 1991.
윤성범.『기독교와 한국사상』. 서울: 대한기독교서회, 1964.
이정복.『서양철학사 연구』. 서울: 학문사, 1986.
임석진, 황문수 편.『헤겔 연구 1』. 서울: 범우사, 1984.
잉거, M. 한완상 역.『종교사회학』. 서울: 대한기독교서회, 1982.
장석영.『종교철학』. 서울: 홍신문화사, 1967.
장성만, 진영석.『현대종교사회학』. 서울: 태화출판사, 1981.
장병길.『종교학개론』. 서울: 박영사, 1975.

정병조. 『인도철학사상사』. 서울: 서림사, 1977.
정진홍. 『종교학서설』. 서울: 전망사, 1985.
　　　外. 『한국종교의 이해』. 서울: 집문당, 1985.
증곡문웅. 최현각 역. 『불교와 기독교의 비교연구』. 서울: 진여원, 1983.
질송, 에티엔느. 김규영 역. 『철학과 신』. 서울: 대조사, 1969.
채필근. 『비교종교론』. 서울: 대한기독교서회, 1965.
최광렬. 『종교는 무엇인가?』. 서울: 학우사, 1980.
콤스토크, W.R. 윤원철 역. 『종교학』(The Study of Religion and Primitive Religion). 서울: 전망사, 1985.
틸리히, P. 정진홍 옮김. 『기독교와 세계종교』. 서울: 대한기독교서회, 1969.
파니카, R. 김승열 옮김. 『종교간의 대화』. 서울: 서광사, 1992.
한국종교사회연구소 편. 『한국의 종교와 종교법』. 서울: 민족문화사, 1991.
홍법원 편. 『불교학 대사전』. 서울: 홍법원, 1992.
홍정식. 『불교입문』. 서울: 동국출판사, 1964.
황선명. 『종교학개론』. 서울: 종로서적, 1983.
황성기. 『불교학개론』. 서울: 보림사, 1991.
힉, J. 황필호 역. 『종교철학개론』. 서울: 종로서적, 1982.

외국서적

Champion, S.G. and Short, D. *Readings from World Religions*. N.Y.: Premier Books, 1959.
Copleston, F. *A History Philosophy*. N.Y.: Image Books, 1965.
Dhiravamsa. *A New Approach to Buddhism*. Lower Lake, Ca., The Dawn horse Press, 1972.
Eliade, Mircea. *A History of Religious Ideas*. Trans., by

    Williard R. Trask. Chicago and London: The University of Chicago Press, 1982.

    ed., *The Encyclopedia of Religion*. N.Y.: Macmilan Publ. Co., 1987.

Frazer, James G. *The Golden Bough*. N.Y.: Avenal Books, 1981.

From, E. *Psychoanalysis and Religion*. New Haven & London: Yale Univ. Press, 1950.

Geisler, Norman L. *Philosophy of Religion*. Grand Rapids: Zondervan, 1974.

Hegel, G.W.H. *Frühe Schriften*, Werke Bd. I. Frankfurt. Surkamph Verlag, 1971.

    Phänomenologie des Geistes. Der Philosophischen Bibliotek Bd. 114. Hamburg: Verlag von Felix Meiner, 1952.

    Vorlesungen Über die Philosophie der Religion. Ⅰ. Ⅱ. hrsg Lasson, N.G. Hamburg: Verlag von Felix Meiner, 1974.

Hick, John. *Philosophy of Religion*. Englewood Cliffs. New Jersey: Prentice hall, 1973.

Hocking, W.E. *The Meaning of God in Human Experience*. New Haven: Yale Univ. Press, 1912.

King, W.L. *Introduction to Religion*. N.Y.: Harper and Row Publ., 1954.

Kirk, G.S. *Myth*. Berkeley and Los Angeles: Cambridge Univ. Press, 1970.

Küng, Hans. trans. by Edward Quinn. *Does God Exist?* N.Y.: Vintage Books, 1980.

Lower, Quentin. *Hegel's Concept of God*. Albany: State Univ. of N.Y. Press, 1982.

Lessa, W.A. and Vogt, E.Z. *Reader In Comparative Religion*. N.Y.: Harper and Publ., 1972.

Menzies, Allan. *History of Religion*. London: John Murray, 1922.

Owen, H.P. *Concepts of Deity*. London: Macmilan, 1971.

Pannenberg, W. *Theology and the Kingdom of God*. Philadelphia: Westerminster Press, 1969.

Patter, C.F. *The Faiths Men Live By*. N.Y.: Ace Books, Inc., 1955.

Radhakrishnan. *Indian Philosophy*. London: George Allen & Unwin LTD, 1960.

Schaeffer, F.A. *The God Who is There*. Downers Grove. Illinois: IVP, 1968.

Schmidt, E. *Hegels Lehre von Gott. Ein Kritische Darstellung*. Guetersloh, 1952.

Start, Niman. *The Philosophy of Religion*. N.Y.: Oxford University Press, 1979.

Smith, H. *The Religions of Man*. N.Y.: Mentor Book, 1958.

The University of Chicago. ed., *The Great Books*. Chicago: Encyclopaedia Britanica, Inc., 1989.

Tillich, Paul. *The Courage To Be*. Glasgow: Collins, 1962.

Trueblood, David Elton. *Phlosophy of Religion*. Ann Arbor. Michigan: Baker Book house Co., 1977.

Webb, Clement C.F. *God and Personality*. London: George Allen & Unwin LTD, 1934.

Williamson, R.K. *Introduction to Hegel's Philosophy of Religion*. N.Y.: State Univ., of N.Y. Press. Albany, 1984.

색 인

10익 187
16세기의 종교연구 10
17세기의 종교연구 10
18세기의 종교연구 11
19세기의 종교연구 12
3강령 189
3심 155
3인 143
3혜 143
4수 156
5경 186, 199
5계 109
5대 85, 112, 126, 171, 177
5대 의무 169
5원소 111
5정심관 143
5행 155, 156, 184
64괘 184, 187
6불 143
6원리 110
7요소설 102
8괘 187

8정도 190
8조목 189

(ㄱ)

가나안 224
가미 206
가바르 223
가브리엘 168
가사산 131
가야 132
가영승 86
간디 117
감은사 149
강게샤 114
강신 64
개벽신화 91
개혁파 241, 242
게마라 227, 229
결가부좌 109, 133
결례 65, 210
결의론 141
결정론 102

결집 138
겸익 148
경 138, 188
경경저존 206
경교 202
경험주의 11
계몽주의 48, 242
계시종교 42, 50, 53
고고학적 연구 13
고구려 145, 146, 147, 148
고레스 222
고려 158, 160
고사알라 102
고성제 134, 135
고오타마 128
고증학 193
고지기 205, 207, 208, 209
고행주의 29, 131, 132, 141
고행주의 역리 131
공감주술 62
공문십철 186
공양 104, 154, 156
공자 34, 128, 184, 185, 186, 187, 188, 190, 191, 192, 193, 194, 198, 199
공포설 37, 38, 39, 42, 48
과학만능주의 24
관세음보살 150, 152
관음보살 153
광개토왕 147

괘사 187
교종 158
교체신 89
구루 94, 176, 177, 179
구사론 139
구세주 151, 172, 177, 221, 222, 236
구자라트 124
궁극적 관심 33, 76
궁예 152
권청승 88
궤계설 48, 49
균여 157
그란트 177
그리스도 40, 44, 76
극락 41, 151, 153, 154, 155, 156
근책 140
금기(타부) 65
금욕주의 126, 127, 174, 175
기능심리학 49
기대승 193
기도승 88
기림사 149
기성종교 50, 58
기술적 정의 34
기시모도 히데오 32
기우제 183
기포드 14
김대성 149, 150

콩트 15, 24, 32, 37, 48

(ㄴ)

나무아미타불 150, 155
나아낙 175, 176, 177, 178, 179
나암데브 115
나치 227, 242
나팔절 239, 240
낙원 168, 174, 220
남방불교 139, 142
내관 92, 133, 158
내제 109
네스토리안파 167
노아 166, 168, 224
노자 196, 198, 199, 200, 201, 202, 203, 204
노장철학 192, 204
녹원 132
논 138, 139
『논어』 186, 191
농경제 130
누미누스 76
뉴턴 24
능력심리학 25, 30
니간타 나타푸트라 102, 122
니르바나 136
니산월 239
니야야 수트라 112
니야야파 111
니체 25, 46, 78, 80

니혼지 205, 207, 208, 209, 210
님바아르카 114

(ㄷ)

다리오 222
다윗 167, 168, 224, 226
단일신 89, 232
단자론 26
달덕 191
달도 191
달마대사 158
담시 147
당위적 정의 34
대각국사 158, 159
대반열반경 139
대승 142, 144
대승기신론 139, 157
대승수행관 145
대웅 125
대중부 140
『대학』 186, 188, 189
덕천 211
덕치주의 186
데바 220
데바 사마아지 116, 118
데바닫다 130
데카르트 79
도 34, 74, 88, 189, 190, 191, 196, 197, 199, 200, 201, 232

도관 202
『도덕경』 196, 198, 199, 200
도덕의식설 44, 46
도덕법칙 74, 88, 220
도덕부정론 102
도덕적 초월 74
도덕종교 25, 26, 29, 30, 180
도사 130, 203
도성제 134, 137
도솔천 154, 155, 156
도의국사 158
동방견문록 10
동아제국 212
동인유합결 112
두순 157
뒤르껭 15, 16, 30, 32, 47, 48
딜타이 14

(ㄹ)

라마크리슈나 118
라마누자 114
라마나 마하르시 119
라마크리슈나 전도회 118
라비 인드라나트 타고르 116
라아마누쟈파 115
라아마아난다파 115
라이프니쯔 26
라후 167
라훌라 130, 132
락탄티우스 32

람밤 229
람제이 76
랍비 227
레닌 24, 40
로마제국 227
로빈슨 79
로스 10
루소 15, 28
루크레티우스 37
루키아누스 9
룸비니 129
리그 베다 86, 90, 92, 93, 95
리보 37
리츨 31
링가야타파 114

(ㅁ)

마나이즘 13, 64
마누 법전 103
마니교 10, 54, 216
마니즘 64
마디바 114
마라난타 148
마레트 13, 15
마르코 폴로 10
마명 139, 157
마술 72
마야 128
마온하 215
마왕 132

마우리야 124
마우리야 왕조 103, 106
마이너스 11
마틴 부버 242
마하디 172
마하브하라타 104, 105
마하비라 123, 124, 126, 129
마하스바라 101
마하파쟈파티 130
막스 뮐러 12, 27, 37, 43, 54, 89
만뜨라 86
만요슈 208
만유재신론 92
맑스주의 48
망령 27
맥 레난 65
맹자 190, 192, 198
『맹자』 186, 190
메디나 165, 166
메시야 50, 226
메일레 32
메카 165, 166, 167, 169, 176
멸성제 134, 136
멸후빈 147
명당사상 63
명치유신 206, 211
모례 147
모방적 주술 62
모세 41, 55, 56, 166, 168, 225, 226, 228, 229, 230, 231, 237
모세 마이모니드 229
모슬렘 163, 173
모하메드 163, 164, 165, 166, 167, 168, 169, 170, 171, 173, 174, 178
목샤 126
묘각 145
묘법연화경 152
무교병 240
무녀 176
무당종교 38, 63, 64
무량수경 139, 155
무명 135
무사도 210
무시천존 201
무위자연 198, 200
무유찬가 89
무저항주의 117
무한감설 43
무형천황 201
묵호자 147
문무왕 149, 150
문수보살 152
문화단체 119
물활론 52, 61, 63, 120, 174, 213
미가도 210
미륵보살 143, 155

미륵불 143, 150, 151, 152,
153, 154, 155
미만사파 107, 110, 111
미슈나 227, 229
미신 26, 39, 43, 61, 66, 194,
202, 204
미트라이교 217
민족종교 20, 52, 122, 205,
213, 227, 243
밀의종교 88, 91, 96

(ㅂ)

바 173
바로 9
바루나 88
바르드하마나 122
바리새인 227, 237
바벨론 12, 182, 216, 224, 226,
229
바아다라야나 111
바이샤 94, 102
바이세시카파 107, 110, 112
바이유 88
바하 울라 173
바하이교 173
박수 63
반야경 139
발가 131
발달불교 142
발달심리학 67

발라바파 115
발전설 14
방술 199, 200, 201, 204
방중술 200, 201, 204
배물교 60
배불정책 162
배화교 53, 220
백백교 203
버질리우스 37
벌코프 34
범 92, 110, 132
범형천존 201
범서 95
범신론 26, 46, 74, 79, 92,
104, 134, 159, 160, 174, 232
범아일여 98, 99, 111
범주 89
법 110
법공 135
법보 137, 138
법장 157
법주사 148
법화경 139, 158
법화종 158
법흥왕 147
베다 54, 86, 87, 88, 89, 91,
94, 95, 96, 97, 102, 103,
104, 105, 110, 119, 126, 214
베다경전 86, 94, 102, 103,
110, 118

베단타 107
베로수스 9
베르그송 16
베버 16
베이컨 10
벤디다드 216
변역 187
보리 144
보리수 132
보살 142, 143, 144, 145, 152, 154, 178, 201
보수파 231, 242
보시 144, 156
보조국사 158, 159
보천교 203
보현보살 152
보후마나 219
복약법 200, 204
복희 182
본말론 189
본회퍼 78
볼프 31
봐츠 88
부견 146
부림절 240
부다가야 133
부득이와 박박이 152
부르누프 12
부버 76, 242
부사산 206

부셋 14
부적 62
부처 128, 129, 132, 133, 136, 142, 143, 144, 150, 151, 154, 155, 160
부파불교 142
부활 78, 212, 220, 222, 230, 236, 237
북방불교 139, 142, 150, 162
분트 15, 37
분황사 148
불공 155
불교 10, 16, 33, 35, 41, 43, 52, 53, 54, 56, 57, 58, 64, 74, 80, 96, 100, 101, 102, 103, 104, 106, 107, 112, 114, 115, 119, 121, 122, 124, 128, 132, 135
불국사 149, 150
불보 137
불상 136, 141, 146, 149, 151, 156
불숭배 60
불역 187
불타 128, 134, 135, 136, 137, 138, 141, 142, 143, 144, 145, 149, 150, 151
불트만 78
뷰렌 78
브다시스파 180

색인   415

브라마 사마아지 116, 117
브라마나스파티 93
브라운 78
브라흐만 92, 93, 95, 96, 98,
　100, 101, 104
브로스 11
브리하스파티 93
브야사 104
브하가바드-기타 105
브하크티 101, 106, 175
비구 137, 140
비구니 140
비단길 164
비쉬타스파 215
비슈누종파 112
비스팔드 216
비전도교 53
비파 시바파 115
빈켈만 13

(ㅅ)

사교 22, 26, 37, 47, 50, 58,
　59, 152, 153, 203, 204, 213
사념주 143
사단설 191
사단칠정설 193
사두개인 227, 237
사라센 제국 170
사르트르 75, 76, 80
사리 126, 134, 153

사마아지운동 116
사문유람 130
사바티에 39
사부대중 140
사사 200, 226
사산 왕조 218
사서삼경 186
사성제 134, 137
사성제도 96, 118, 127, 129
사아다아란 브라마 사마아지
　117
사울 226
사이비종교 26
사직단 183
사트나아미이파 115
사트남 176, 178
사홍서원 144
사회학설 47
산쟈야 102
삼강오륜 192, 195
삼계 89
삼귀의 140
삼림서 96
삼매 110, 111, 116
삼매경 109, 154
삼보 126
삼신관 144
삼약삼보리 132
삼장경 138
삼프라티 124

삼황 182
상상설 42, 43
상좌부 141
상청궁 201
상키야송 108
상키야파 106, 107, 108, 109, 110
생기설 63
샤머니즘 62, 63, 136, 149, 161, 162, 205, 211
샤무히타 86
샤악타파 115
샤이바파 113
샤이바 시드드한타파 113
샨들리야 98, 99
『서경』 186, 188
서경보 159, 160
서물숭배 42, 43, 58
서방정토 154
서화담 193
석가모니 128, 133, 156, 158
석가불 144, 148, 150, 151, 152
석굴암 149, 150
석존 128
선다싱 181
선민사상 227, 235
선불교 159
선악과 233
선약 200, 201
선왕지도 105, 195

선정주의 131
선종 150, 158
선지자 195, 226, 230
성경적인 견해 33
성교회 117, 120
성력파 113
성리학 192, 193
성문사 147
성불 145, 153
성선설 190, 191
성신군 202
성악설 192
성신숭배 104
성황당 65
세계종교 53, 122, 173, 177, 214, 222, 223
세속오계 148
세속파 115
세존 128
세지 152
세지 보살 152
세친 139
세페르 예지라 242
셈 224
소수림왕 146
소승 142, 143, 144, 145, 148, 158, 161
소크라테스 47, 129, 132, 135, 137
소학 189

속죄 89, 221, 222, 223, 234, 235, 240
속죄일 239, 241
솔로몬 168
송광사 159
쇠이야틴 168
쇠틴 168
수나 173
수니파 173
수발타라 143
수정주의 131, 133
수피파 174
순도 146, 147
순례 126, 168, 178, 181
순세파 102
순자 192
순환적 초월 77, 80
술탄 170
쉘링 27
슈드드하르마 124
슈루티 86
슈미트 14
슐라이엘마허 12, 14, 24, 28, 29, 30, 49, 74, 76
스므리티 103
스타벅크 70
스텐리 헐 70
스투파 122
스트하나크바시파 125
스펜서 11, 13, 15, 27, 42, 64

스피노자 26
승가 140
승보 137, 140
『시경』 188
시내산 226, 240
시바 싯다안타파 115
시바교 113
시바신 104, 112, 113, 114, 115
시바신 종파 115
시아파 172
시온주의 238, 242
시천교 203
시크 176, 177
시크교 52, 114, 174, 177, 178, 179, 180, 181
시크왕국 180
신도 52, 202, 204, 206, 207, 208, 209, 210, 211, 212
신무천황 206
신보군 201
신본주의 130
신비사상 96, 98, 100, 101, 248
신비체험 73, 80, 118
신사 208, 209, 210, 211, 216
신사예배 206
신선술 199, 200, 203
신숭배 종교 53
신애 105
신지학 95, 96
신칸트학파 30

신탁 49, 137, 247
신화종교 27
신흥종교 58, 203, 204
싣달타 128, 129, 130, 131, 132, 133, 142, 143, 150
싣드한타스 123
실사구시 194
실학파 194
심리학적 기원설 37, 39
십계명 226, 228
십문화쟁론 158
십주 145
십지 145
십행 145

(ㅇ)

아가다아 229
아가마스 123
아공 135
아니마 63, 229
애니미즘 13, 14, 56
아닥사스다 222
아도 147
아도나이 232
아라한 143, 145
아랍 166, 172, 225, 243
아랑야카 96
아르준 177, 179
아리만 217, 219, 221
아리스토텔레스 133, 137, 167, 191
아마데라스오 오미가미 206, 208
아마디이야파 173
아마르다스 179
아미타경 139
아미타불 149, 150, 151, 152, 153, 154, 156
아베스타 215, 216, 217
아부베르 167
아불 아바스 170
아브라함 164, 166, 168, 224, 225, 236
아브 바크르 171
아쇼카왕 103, 104, 106, 124
아아리아 사마아지 117
아지타 102
아칼리스파 180
아크바르 10
아트마람 118
아트만 93, 95, 96, 98, 99, 100, 101
아트하르바 베다 86, 91, 92, 93, 94, 96
아하드 하암 242
아후라 마즈다 214, 215, 217, 219, 220, 221, 222
『악기』 125, 186, 188
악령 92, 168, 220
악신 89, 217, 219, 220, 221

안거 140, 141
안본영부 32
안식일 228, 229, 238, 239
알 몬다잘 172
알라 167, 168
알라아라카알라아마 131
알렉산더 로스 10
알리 171, 172
알타이저 78
알포트 72
앗시리아 12, 226
앙가드 179
앤드류 랭 14
야곱 168, 224, 225, 277
야마 88, 95, 154
야마 왕국 95
야마천 94
야소다라 130, 132
야슈트 216
야스나 216
야스퍼스 35, 136
야주르 베다 86, 90, 91
야즈나발키아 99
야트립 165, 166, 167
약사여래 154
양지양능설 191
어거스틴 10, 32, 70, 79
업 100, 101, 113, 122, 126, 178
에릭슨 72

에피쿠로스 37, 131, 248
엑크하르트 78, 79
엘레아데 75
엘로힘 167, 232
엥겔스 24
여래 134, 150
여호와 33, 40, 48, 50, 51, 64, 222, 228, 229, 232, 241
역사적 배경 164
열반 74, 130, 133, 136, 142, 143, 144, 154, 156
염라대왕 155
염불 151, 155, 162
영보군 201
『예경』 188
예루살렘 166, 170, 226, 227, 229, 239, 240, 242
예언자 55, 57, 166, 170, 173, 181, 214
예정 27, 169
엔지시키 213
오두미 204
오륜 192
오르무즈드 217, 219
오리게네스 10
오마이야드 왕조 170, 171, 172
오말 170, 171
오순절 239, 240
오제 182
오타만 167

오토 15, 29, 37, 74, 75, 76
오트만 171
옥청궁 201
옥황상제 201
왕도 186
왕생 154, 155
왕양명 192
요가 100, 108, 110
요가 수트라 108
요가파 106, 107, 108, 109
욕망설 39, 41
용수 111, 157
용화교 152
우게모지 209
우다시파 179
우사 183
우상 116, 125, 224, 228, 277
우파니샤드 93, 95, 96, 97, 98, 99, 100, 101, 105, 115, 116, 127
우파사카 140
우파시카 140
운사 183
웃다카 라아마푿다 131
웃달라카 99
원광법사 148
원불교 162
원시불교 139
원시종교 14, 36, 47, 52, 64, 78

원시천존 201
원왕생가 155
원인 찬가 90
원효 138, 156, 158, 159, 161
위로 향한 초월 76
유 90, 184, 197
유기론 193
유대교 10, 52, 54, 56, 57, 165, 168, 172, 224, 225, 227, 230~239, 242, 243
유동식 161
유론 107
유마경 139
유물론 30, 43, 100, 110, 114, 118, 193, 242
유사종교 37, 152, 156
유월절 239, 240
유일신관 165, 194
유일신교적 체계설 14
유일신사상 116, 120, 164, 180, 222
유일자 89, 90
유즈 108
유헤메루스 9, 13, 47
유헤메리즘 13
육사외도 102
육상산 192
육파라밀 144
윤리사상 141, 154, 220
윤리종교 31, 52, 56, 195

윤회 95, 100, 106, 107, 108,
　111, 114, 116, 126, 130,
　178, 180, 233, 244
율 138
율법 55, 57, 102, 103, 104,
　120, 141, 164, 168, 226~
　235, 237, 240
융 15, 40, 76, 79, 91
음양 184, 186
음양오행설 183
의상법사 157
의인적 자연신 86, 88, 255
이나리 208
이단 58, 153, 237
이맘 172, 173
이불란사 147
이블리스 168
이사 101
이삭 168, 224, 225, 276
이세 208, 211
이슈와라크리슈나 107
이스라엘 55, 57, 172, 224~
　228, 234, 236, 239, 240,
　241, 242, 243
이스마엘 168, 172, 224
이슬람교 53, 54, 56, 116, 160,
　170, 174, 176, 178, 180,
　181, 218
이승기국 193
이신론 10, 24, 78

이원론 46, 106, 126, 190, 192,
　193, 218, 223, 234
이율곡 193
이자나기 206
이자나미 206
이차돈 147
이타행 142, 145
이퇴계 193
인 143, 145, 185, 191
인간숭배종교 24
인간학 42, 78
인도교 52, 85, 94, 96, 102,
　104, 106, 107, 112~116,
　118, 120, 122, 125, 126,
　127, 176, 178
인드라 88, 90
인본종교 44
인연 143
인의예지 191
인젤 167
인중유과론 108
인타프 60
일반계시 50
일반계시 종교 53
일승불교 161
일연정종 152
일체신 87
일체중생실유불성 144
입신 63, 131
잉카 55, 61

(ㅈ)

자기 객관화 72
자기 부정 72
자기 확대 72
자력교 53, 125
자부르 166
자연숭배 25, 27, 38, 42, 52, 60~64, 183, 184, 194, 195, 201, 202, 205
자연신화 학파 12
자연종교 11, 52, 53, 56, 58, 60, 85, 194, 207
자유성 232, 248
자존성 232, 276
잠재의식 40, 70, 73, 74, 76, 79, 80
잡신숭배 180
장노 200
장능 197, 199, 200, 202, 204
장막절 239, 240
장자 179, 199, 200, 224, 239, 240
『장자』 199, 200
장횡거 192, 193
쟈마스푸 215
쟈이나교 52, 54, 56, 102, 103, 112, 115, 121~127
적취설 160, 180
전도교 53
전륜성왕 130
전변설 89
전설 10, 105, 129, 167, 176, 182, 187, 198, 209, 228
전염성 주술 62
전적 타자 76
절대의존 29, 49, 81
절대종교 37, 58
점성술 61, 120, 183
정다산 194
정려 109
정령 15, 16
정령숭배 29, 38, 42, 43, 52, 56, 60, 62, 63, 64, 183, 184
정명도 192
정반왕 128
정방 147
정이천 192
정토경 139
정통파 115, 229, 231, 242
정학녀 140
제감 109
제계 109
제임스 15, 76, 78
제자백가 129, 185
젠드 216
젠드 아베스타 216
조계종 157, 158, 159
조로아스터 216, 218, 221
조로아스터교 10, 54, 56, 58, 167, 214~220, 222, 223,

224
조상숭배 13, 15, 42, 43, 52,
　57, 60, 63, 64, 182, 184
조식 109, 200
조식법 200
조신 108
조하라히 210
조하르 242
존 듀이 49, 76
존재 자체 76, 263
종교법 103
종교본능설 49
종교사학파 30
종교심리학 17, 18, 23, 70
종교의식 11, 33, 38, 47, 73,
　95, 176, 179, 206
종교적 초월 74, 76
종교철학 14, 16, 17, 18, 20,
　21, 22, 30
종교체험 73, 74, 76, 77, 80,
　81
종교학 12, 14, 17, 19, 20, 21,
　22, 32
종교현상 17, 20, 21, 34, 38,
　39, 42, 48, 65
죄더블롬 31, 32
조셉 허츠 234
조지 스펜서 11
주공 185
주렴계 192

주문 62, 86, 92, 109, 201
주물 38, 62, 65, 92
주물숭배 11, 52, 61
주법사 92
주법종교 91, 92
주술 10, 13, 14, 43, 56, 58,
　60, 62, 64, 65, 120, 184,
　194, 195, 201
주술신앙 52, 62
주역 91, 187, 190
『주역』 186, 187
주자 192, 193
주회암 192
중 140
중도 133
중동전쟁 243
중론 157
중생주 88
중심을 향한 초월 76, 79
중용 133, 186, 190, 191, 248
『중용』 186, 190
증자 189
지나 120, 122
지멸 108, 120
지모신 86
지바 121
지엄 157
지옥 31, 94, 114, 169, 174,
　206, 220, 221, 222
지자대사 158

지행합일설 135
진 186
진속일여 161
진아 99
진언 151
진인 200, 201
집단 무의식 39, 79
집성제 134, 135

(ㅊ)

찬드 178
찬드라굽타 124, 179
참선 151
참위설 162, 202
창조 24, 39, 48, 90, 92, 95,
  110, 114, 148, 168, 206,
  208, 219, 221, 230, 232,
  233, 236
창조성 232
창조주 14, 32, 51, 93, 176,
  194, 232, 236
채식주의 118, 122, 126, 181
챠이탄야파 115
찬도기야 우파니샤드 99
천계경 103
천교회 118
천당 156, 220, 221
천리교 203
천부설 49
천사 168, 199, 216, 222, 235

천상천하 유아독존 129
천연숭배 52, 60
천인합일설 190
천조대신 206, 209, 210
천지개벽 88
천태산 158
천태종 157, 158
천황 182, 206~211
철학사학파 14
청색옷파 125
체계설 14
초막절 239, 240
초월신 78
초월의 대상 74
초월자 19, 73, 74, 75, 76, 78,
  79, 80, 81, 108
초월자의 차원 75
초월자의식 73
초전법륜 134
총지 109
최고선 45
최면술 72
『춘추』 186, 188
춘추전국시대 129, 185, 198,
  199
출가 122, 140, 147, 181
충효사상 195
칠성단 160
침류왕 148

(ㅋ)

카나아다 110
카니쉬카왕 107
카디자 165
카발라아 242
카비르 175
카비이르 115
카샤파 93, 102
카스트제도 103, 104, 110, 115, 119, 121, 127, 178, 180
카아바 169
카아파말리카파 115
카알라 찬가 92
카알리 113, 118
카트야야나 104
카필라 107, 128
칸다카 131
칸트 12, 25, 30, 31, 39, 44, 45, 46, 78, 81, 134, 137, 153, 192
칼 막스 24
칼빈 16, 34
케발리 123
코란 116, 117, 168, 171, 173, 174, 178, 218
코에스텐바움 76
콜리즈 31, 49
콜링톤 64
쾌락주의 29, 102, 130, 132
쿠라이쉬 164
쿠마라팔라 124
쿠산 왕조 106, 112
쿠자누스 10
쿠탐 164
쿤 12
퀴레네 학파 47
크리슈나 104, 105, 108, 115, 118, 119
크샤트리야 94, 97
클라크 학파 70
키에르케고르 74, 76, 81, 136
키케로 32

(ㅌ)

타고르 116
타력교 53
타르구밈 227
타부 16, 64
타일러 12, 13, 29, 57
타파스 93, 131
탁발승 126
탄트리즘 113
탈리트 238
탈무드 227, 229, 231
태극 182, 187, 232
태양숭배 154, 216
태을교 203
태초 90, 99, 178, 219, 222, 238
테텐스 30

테필건 211
텐리교 209
텐진 209
토라 164, 226, 227, 228, 230, 237, 239
토브 242
토속학 13, 18
토착화 42, 136, 139, 146, 152, 153
토테미즘 43, 52, 60, 64, 65
토함산 149
통불교 161, 162
통일교 213
투영설 39, 40
트뢸취 14, 31
특별계시 49, 50, 53
티르트한카라 123, 125
틸레 12, 14, 29, 56
틸리히 33, 74, 75, 76, 79

(ㅍ)

파다르타다르마 상그라하 110
파르시교 52
파르티안 왕조 217
파순 132
파슈파타파 115
파쿠다 102
파탄잘리 104, 108
파테트 221
판두 105, 118

팔괘 182
팔시교 223
팔정도 134, 137
페르시아 9, 10, 56, 86, 166, 167, 171, 173, 174, 214, 217, 218, 222, 225, 226, 227, 237, 240
페트리 13
포박자 200
포살 140
포이에르바하 24, 39, 47, 76, 256, 258
푸루사 91, 95, 96, 101, 108, 110
풍백 183
프라아르타나아 사마아지 116, 118
프라크리트 102, 108, 124, 176
프레이저 13, 65
프로이드 15, 24, 40, 41, 76, 79
프롬 76
프르기아교 54
플라톤 26, 77, 119, 217
플로티노스 28, 248, 250
플루타르크 9
피카드 11
피타고라스 28
피히테 30, 46, 253
핀스커 242

(ㅎ)

하늘숭배 184, 195
하등종교와 고등종교 52
하랍바 85
하르트만 27
하산 171, 172
하시딤주의 242
하이드 11
하치만 208
한국불교의 특징 161
한 무제 202
한문경전 139
한민족 162, 183, 212
한유 192
할라카아 229
할례 237
해동종 157
해심밀경 139
해탈 29, 41, 80, 100, 101, 106, 108~114, 120, 122, 124, 126, 130, 142, 154
행복주의 132, 153, 156, 204
행제승 88
허무주의 80
허버트 스펜서 13, 15, 27, 64
허즐 243
헐 70
헐러크 68
헤겔 12, 14, 24, 25, 27, 42, 57, 78

헤로도토스 9
헤지라 166
현광법사 158
현상학적 연구 17
혜사 158
호국불교 146, 148, 149, 150, 160, 161
호부 62
호세인 172
혼령숭배 204
혼백 183
혼합종교 10, 50, 116, 160, 162, 168, 172, 174, 177, 180, 181, 195, 204, 207, 211, 212, 217
홉스 11, 48
홍섭국사 158
화엄경 139, 157
화엄종 157
화합중 140
황건의 난 204
황금가지 13
황룡사 148
황수영 149
황제 182, 186
황천 183
회고적 초월 77, 78
회교 10, 50, 53, 97, 113, 115, 116, 124, 163, 164, 166~170, 172~176, 180

회귀운동 77
회당 226, 227, 239, 240
회심 70, 72
회의 70, 71, 80, 91
회의론 11, 102
효 63, 185, 187, 195
『효경』 189
효사 187
훈고학 192
흄 11, 38
흥륜사 148
희랍신화 47
희랍제국 227
희망설 39, 41, 42
흰옷파 125
히버트 14
히브리 10, 11, 55, 58, 78,
　116, 167, 168, 225, 226, 231
힌두교 74, 85, 102, 103, 106,
　107, 112, 117, 119, 120,
　121, 124, 129, 136, 160,
　174, 176, 178~181, 215,
　218

CHRISTIAN LITERATURE CRUSADE

사단법인 기독교문서선교회는 청교도적 복음주의신학과 신앙을 선포하는 국제적, 초교파적, 비영리 문서선교기관입니다.

사단법인 기독교문서선교회는 한국교회를 위한 교육, 전도, 교화에 힘쓰고 있습니다.

만일 당신이 예수 그리스도와 그리스도인의 생활에 대하여 알기를 원하시면 지체 말고 이메일이나 서신연락을 주십시오. 주 안에서 기쁜 마음으로 도움을 드리겠습니다.

서울 서초구 방배동 983-2
Tel. (02)586-8761~3

사단법인 기독교문서선교회

종교학 개설

A Critique on Religion and Religions

1990년 6월 16일 초판 발행
2006년 1월 6일 4판 발행

지은이 박영지

펴낸곳 · 사) 기독교문서선교회
등록 · 제16~25호(1980. 1. 18)
주소 · 서울시 서초구 방배동 983-2
전화 · 02) 586-8761~3(본사)   031) 923-8762~3(영업부)
팩스 · 02) 523-0131(본사)   031) 923-8761(영업부)
홈페이지 · www.clcbook.com
이메일 · clc@clckor.com

ISBN 89-341-0325-6 (93230)

* 낙장 · 파본은 교환해 드립니다.